2019 辽宁沿海经济带发展研究报告

渤海大学辽宁沿海经济带发展研究院
渤 海 大 学 海 洋 研 究 院 著

中国财经出版传媒集团
中国财政经济出版社

图书在版编目（CIP）数据

2019辽宁沿海经济带发展研究报告／渤海大学辽宁沿海经济带发展研究院，渤海大学海洋研究院著．--北京：中国财政经济出版社，2020.9

ISBN 978－7－5095－9945－7

Ⅰ.①2…　Ⅱ.①渤…　②渤…　Ⅲ.①沿海经济－经济带－经济发展－研究报告－辽宁－2019　Ⅳ.①F127.31

中国版本图书馆CIP数据核字（2020）第141335号

责任编辑：彭　波　　　　责任印制：史大鹏

封面设计：卜建辰　　　　责任校对：李　丽

中国财政经济出版社 出版

URL：http：//www.cfeph.cn

E－mail：cfeph @ cfemg.cn

社址：北京市海淀区阜成路甲28号　邮政编码：100142

营销中心电话：010－88191537

北京财经印刷厂印装　各地新华书店经销

710×1000毫米　16开　20.5印张　352 000字

2020年9月第1版　2020年9月北京第1次印刷

定价：68.00元

ISBN 978－7－5095－9945－7

（图书出现印装问题，本社负责调换）

本社质量投诉电话：010－88190744

打击盗版举报热线：010－88191661　QQ：2242791300

本书各部分研究人员

专题报告一：辽宁海洋产业发展研究报告

课题组组长：李庆满

课题组成员：王　乐　金彦龙　戴万亮　阎秀丽　张征超

报告撰写人：王　乐　李庆满　金彦龙　阎秀丽　戴万亮

专题报告二：辽宁海港、陆港和空港融合发展研究报告

课题组组长：周宝刚

课题组成员：干双双　李东晓　闫歆玥

报告撰写人：周宝刚　干双双　李东晓　闫歆玥

专题报告三：辽宁海洋体育产业发展研究报告

课题组组长：李大庆

课题组成员：李庆满　单丽娟　刘　宏

报告撰写人：李大庆　刘　宏

专题报告四：辽宁海洋产业投资基金组建与运作研究报告

课题组组长：朱方圆

课题组成员：张满林　韩光强　苏明政　李一芳　杨　哲　李　健　肖　航　吴佳倩

报告撰写人：朱方圆　杨　哲　李　健

专题报告五：辽宁沿海经济带文旅融合发展研究报告

课题组组长：鲁小波

课题组成员：鲁小波　陈晓颖　张满林　吕俊芳　单福彬　秦志学　邱　明　马淑红　祁向文

报告撰写人：鲁小波　陈晓颖

专题报告六：辽宁沿海经济带特色小（城）镇健康发展研究报告

（研究单位：辽宁省城乡建设规划设计院有限责任公司）

课题组组长：马廷玉

课题组成员：张雪娜　刘人龙　韩碧君　马　健　韦　佳　贾建生
金彦龙　单丽娟　马颖泽

报告撰写人：马廷玉　张雪娜　刘人龙　韩碧君　马　健　韦　佳
贾建生　金彦龙　单丽娟　马颖泽

专题报告七：辽宁沿海经济带乡村振兴战略的推进路径调查研究报告

课题组组长：靖　飞

课题组成员：王绪龙　宁国强　宋　丽　陈丽梅

报告撰写人：靖　飞　王绪龙　宁国强　宋　丽

专题报告八：辽宁沿海经济带民营经济发展研究报告

课题组组长：孙雅静

课题组成员：董　丹　赵晓波　闵海燕　王　娟　张海英

报告撰写人：孙雅静　董　丹

序一

2017年10月，党的十九大作出了“坚持陆海统筹，加快建设海洋强国”的重大部署。2018年6月，习近平总书记在山东考察时强调：“海洋经济发展前途无量。建设海洋强国，必须进一步关心海洋、认识海洋、经略海洋，加快海洋科技创新步伐。”加强海洋领域研究，大力发展海洋经济，是贯彻实施党中央“海洋强国”战略和习总书记讲话精神的使命担当，是新时代加快创新驱动发展、培育经济新动能的客观要求。“辽宁沿海经济带开发开放”国家战略实施11年来，临港产业获得了长足发展，树立海洋强省意识，培育壮大海洋经济，有利于促进辽宁沿海经济转型升级，有力地推动辽宁全面振兴和全方位振兴。

本书由渤海大学辽宁沿海经济带发展研究院和渤海大学海洋研究院合著完成，对辽宁沿海经济带的临港经济和海洋产业发展问题进行了深入研究，涉及海洋产业体系、港口融合、滨海旅游、海洋体育、海洋产业基金、民营经济、特色小镇等多个问题，是一部特色鲜明的学术著作。本研究对于辽宁制定“十四五”发展规划，谋划新一轮辽宁沿海经济带发展具有很重要的指导意义。

中国工程院院士

丁德文

2020年6月5日

序二

2018～2019年，辽宁省委省政府加快推进“一带五基地”建设，深入实施“五大区域发展战略”，辽宁沿海经济带开发开放取得新进展。沿海各市着力优化营商环境，推动民营经济加速发展；全面扩大对外开放，主动融入“一带一路”建设；加快协同发展步伐，基本完成沿海港口整合；推进传统产业转型升级，加快海洋经济发展；强化科技创新，加快新旧动能转换；开展河流和近岸海域综合治理，成效明显。

2020年是实施“十三五”规划收官之年，辽宁省政府工作报告提出要“抓好沿海经济带新旧动能转换试验，大力发展海洋经济，推进港口、产业、城市融合发展”。为此，《2019辽宁沿海经济带发展研究报告》在梳理2018～2019年辽宁沿海经济带发展状况基础上，结合省委省政府的工作重点，重点研究了海洋经济、港口融合、特色小镇建设、乡村振兴、民营经济等八个专题。主要内容如下：

专题报告一：辽宁海洋产业发展研究报告。对辽宁海洋经济发展的总体情况、辽宁沿海经济带6城市的海洋产业发展情况进行了分析，指出了辽宁海洋产业发展存在的问题，提出了发展建议。

专题报告二：辽宁海港、陆港和空港融合发展研究报告。分析了辽宁海陆空港的发展现状、辽宁海陆空港融合发展的主要特征、存在的主要问题，提出了对策措施。

专题报告三：辽宁海洋体育产业发展研究报告。分析了国内外海洋体育产业发展现状，指出了辽宁沿海城市海洋体育产业发展现状和存在的主要问题，提出了辽宁海洋体育产业结构布局设想，并分别从海洋产业体系建设、海洋体育企业发展、海洋体育产业基础设施建设、推动体育与旅游产业融合发展、海洋体育产业人才培养等方面进行了论述。

专题报告四：辽宁海洋产业投资基金组建与运作研究报告。分析了辽宁组建海洋产业投资基金的必要性、优势和不足，介绍了国内外组建海洋产业投资基金的典型案例，探讨了辽宁海洋产业投资基金的组建模式和运行机制，提出了推动辽宁海洋产业投资基金发展的保障措施。

专题报告五：辽宁沿海经济带文旅融合发展研究报告。回顾了辽宁沿海经济带旅游发展情况，指出了文旅融合大背景，分析了辽宁沿海经济带文旅融合新动态，论述了文旅融合的研究方法与模式，提出了辽宁沿海经济带文旅融合战略设想及保障措施。

专题报告六：辽宁沿海经济带特色小（城）镇健康发展研究报告。分析了特色小（城）镇建设背景，指出了辽宁沿海经济带特色小（城）镇建设成效与问题，论述了国内外特色小（城）镇经验借鉴，提出了辽宁沿海经济带特色小（城）镇发展思路、目标、举措和政策建议。

专题报告七：辽宁沿海经济带乡村振兴战略的推进路径调查研究报告。从产业兴旺、生态宜居、乡风文明、生活富裕和有效治理五个方面进行了调查分析，并提出对策建议。

专题报告八：辽宁沿海经济带民营经济发展研究报告。介绍了辽宁沿海经济带民营经济的地位和作用，分析了辽宁沿海经济带民营经济发展现状，论述了辽宁沿海经济带民营经济发展问题及制约因素，提出了对策建议。

《2019 辽宁沿海经济带发展研究报告》的撰写得到了辽宁省政府和沿海 6 市政府相关部门、省政协及沿海各市政协、相关企事业单位和社会友人的大力支持，以及中国财政经济出版社的鼎力相助，在此一并表示衷心的感谢！由于时间仓促和自身水平限制，我们的研究成果可能还存在偏误，希望有关部门、专家学者、广大读者给予批评指正。

赵　晖

2020 年 6 月 6 日于渤海大学

目录

专题报告一　辽宁海洋产业发展研究报告 …… 1
一、辽宁海洋经济发展的总体情况 …… 2
二、辽宁沿海经济带海洋产业发展概况 …… 8
三、辽宁海洋产业发展存在的问题 …… 31
四、加快辽宁海洋产业发展的建议 …… 36

专题报告二　辽宁海港、陆港和空港融合发展研究报告 …… 42
一、引言 …… 42
二、辽宁海陆空三港的现状 …… 43
三、辽宁海陆空三港融合发展的主要特征 …… 56
四、辽宁海陆空港融合发展存在的问题 …… 58
五、辽宁海港、陆港与空港融合发展措施 …… 62
六、结束语 …… 66

专题报告三　辽宁海洋体育产业发展研究报告 …… 69
一、引言 …… 69
二、国内外海洋体育产业发展现状 …… 70
三、辽宁沿海城市海洋体育产业发展现状和存在的主要问题 …… 75
四、构建辽宁海洋体育产业结构布局，加强城市协同 …… 83
五、推动海洋体育产业体系建设，加速拓展海洋经济新产业 …… 85
六、积极培育发展海洋体育企业，促进辽宁海洋经济发展 …… 88
七、加强海洋体育产业基础设施建设，创建海洋经济发展新平台 …… 90
八、实现体育与旅游产业融合，加快海洋体育产业推广 …… 91
九、加快海洋体育产业人才培养，培育海洋经济人力新动能 …… 92

专题报告四　辽宁海洋产业投资基金组建与运作研究报告 …………………… 94
一、引言 ……………………………………………………………………………… 94
二、辽宁构建海洋产业投资基金的现实分析 ……………………………………… 96
三、辽宁建立海洋产业投资基金的必要性 ………………………………………… 99
四、辽宁组建海洋产业投资基金的优势和不足 …………………………………… 102
五、组建海洋产业投资基金的案例分析 …………………………………………… 108
六、辽宁海洋产业投资基金组建模式 ……………………………………………… 111
七、推动辽宁海洋产业投资基金发展的措施 ……………………………………… 113

专题报告五　辽宁沿海经济带文旅融合发展研究报告 …………………………… 117
一、辽宁沿海经济带旅游发展回顾 ………………………………………………… 117
二、文旅融合大背景 ………………………………………………………………… 122
三、辽宁沿海经济带文旅融合新动态 ……………………………………………… 124
四、文旅融合的研究方法与模式 …………………………………………………… 137
五、辽宁沿海经济带文旅融合战略 ………………………………………………… 140
六、辽宁沿海经济带文旅融合的保障措施 ………………………………………… 183

专题报告六　辽宁沿海经济带特色小（城）镇健康发展研究报告 ……………… 189
一、特色小（城）镇建设背景 ……………………………………………………… 190
二、辽宁沿海经济带特色小（城）镇建设成效与问题 …………………………… 196
三、国内外特色小（城）镇经验借鉴 ……………………………………………… 207
四、辽宁沿海经济带特色小（城）镇发展思路与目标 …………………………… 215
五、辽宁沿海经济带特色小（城）镇健康发展的举措和政策建议 ……………… 217

专题报告七　辽宁沿海经济带乡村振兴战略的推进路径调查研究报告 ……… 230
一、引言 ……………………………………………………………………………… 230
二、产业兴旺的推进途径 …………………………………………………………… 233
三、生态宜居的推进途径 …………………………………………………………… 238
四、乡风文明的推进路径 …………………………………………………………… 244
五、生活富裕的推进路径 …………………………………………………………… 253
六、有效治理的推进路径 …………………………………………………………… 256

专题报告八　辽宁沿海经济带民营经济发展研究报告 …………………… 265
一、引言 …………………………………………………………………… 265
二、辽宁沿海经济带民营经济的地位和作用 ………………………… 266
三、辽宁沿海经济带民营经济的发展状况 …………………………… 270
四、2019 年辽宁沿海经济带促进民营经济发展具体举措及成效 ……… 290
五、辽宁沿海经济带民营经济发展存在的问题 ……………………… 299
六、加速提升辽宁沿海经济带民营经济发展的对策与路径 ………… 303

专题报告一

辽宁海洋产业发展研究报告

国际社会普遍认为，21世纪是海洋世纪。近年来，世界海洋经济发展已步入快车道，全球人口和产业不断向沿海地区聚集，海洋经济在世界经济体系中的地位日趋重要。主要海洋国家和地区海洋意识普遍增强，不断优化海洋经济发展战略，力求在海洋竞争中占得先机。

党的十九大报告提出“坚持陆海统筹，加快建设海洋强国”。国家层面先后发布了《全国海洋主体功能区规划》《关于全面建立实施海洋生态红线制度的意见》《全国科技兴海规划》《全国海洋经济发展“十三五”规划》等政策文件，建设了一批国家级海洋经济创新发展示范城市、海洋经济发展示范区、海洋综合开发试验区、科技兴海产业示范基地和海洋牧场示范区，推动我国海洋事业快速发展。

辽宁是海洋大省，大陆和岛屿海岸线总长度约2800千米，约占全国海岸线总长度的8%，其中大陆海岸线长度约占全国的12%。作为东北地区海陆门户，辽宁省发展海洋经济具有得天独厚的优势。近年来，辽宁省委省政府积极推进海洋经济领域各项工作，正在努力实现由海洋大省向海洋强省跨越。辽宁沿海地区是国家海洋强国战略的重要组成部分，党中央、国务院高度重视辽宁沿海经济带建设，新时代赋予辽宁沿海经济带新的历史使命，辽宁必须把海洋经济的文章做得更好。

为了更好地推动辽宁海洋经济发展，2019年辽宁沿海经济带政协（锦州）研讨会委托渤海大学辽宁沿海经济带发展研究院开展了一系列调查研究，本报告是其中的成果之一。

本报告包括四个部分：第一部分，对辽宁海洋经济发展的总体情况进行分析。第二部分，对辽宁沿海经济带 6 城市的海洋产业发展情况进行概述，主要介绍了沿海各市的海洋经济发展概况、重点产业发展、海洋科技创新以及海洋生态环境保护情况。第三部分，分析了辽宁海洋产业发展存在的问题。第四部分，针对存在的问题提出几点建议。

本报告得到了省政协，省发改委、省自然资源厅、省科技厅、省工信厅、省经贸厅、省农业农村厅，沿海各市政协，沿海各市的自然资源局、科技局、文旅局、工信局、市场监督管理局、沿海港口企业等单位的大力支持。

为完成课题，课题组在调研基础上，参考了相关统计年鉴、统计公报、政府工作报告、发展报告、研究报告以及部分媒体报道资料，在此表示衷心感谢。由于时间紧、任务重，本报告还存在许多不完善之处，敬请各部门领导和专家批评指正。

一、辽宁海洋经济发展的总体情况

早在 1986 年，辽宁省委、省政府就提出了建设“海上辽宁”的战略设想。2009 年 7 月 1 日，辽宁沿海经济带开发开放上升为国家战略。“十二五”期间，辽宁出台了《辽宁省海洋环境保护办法》《辽宁省海域使用管理办法》。“十三五”以来，辽宁海洋经济发展动力进一步增强。辽宁省海洋与渔业厅编制发布了《辽宁省海洋与渔业“十三五”科技发展规划》，引导全省海洋与渔业科技事业持续健康发展。2017 年 8 月，省政府发布《辽宁省海洋主体功能区规划》，推进辽宁省海洋主体功能区布局，指导辽宁海洋空间开发。2017 年，省发改委又出台了《沿海经济带三年攻坚计划》，提出大力发展海洋经济。《2019 年辽宁省政府工作报告》提出要“统筹六市联动，加强协同协调，大力发展临港产业和海洋经济，着力建设产业结构优化的先导区、经济社会发展的先行区。强化海陆统筹，促进陆域经济与海洋经济互动联动发展。”

（一）辽宁海洋生产总值及其占地区生产总值的比重

1. 2018 年辽宁海洋生产总值。2018 年，辽宁海洋生产总值 3140.4 亿元，海洋生产总值占地区生产总值的比重为 12.4%（见图 1－1）。其中，海洋第一产业增加值 322.4 亿元，第二产业增加值 931.8 亿元，第三产业增加值 1886.2 亿元，海洋第一、第二、第三产业增加值占海洋生产总值的比重分别为 10.27%、29.67% 和 60.06%。

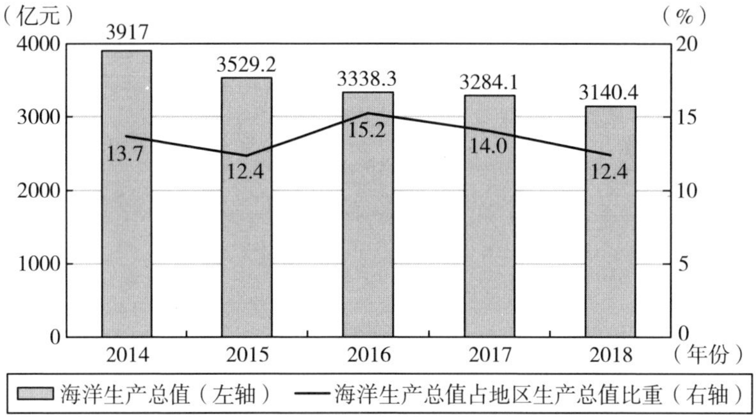

图 1-1　2014~2018 年辽宁海洋生产总值情况

资料来源：作者自绘。

2. 辽宁海洋生产总值占地区生产总值的比重。2014~2018 年，辽宁海洋生产总值占地区生产总值的比重在 12.4%~15.2% 之间波动，近三年呈回落态势。2018 年，这一比重为 12.4%，高于全国平均水平的 9.3%（其中包含内陆省份），仅高于江苏的 8.23%、河北的 7.21%、广西的 7.38%，低于天津、山东、上海、浙江、福建、广东和海南，在沿海 11 个省份当中处于中下游水平（见表 1-1）。

表 1-1　2018 年沿海地区海洋生产总值情况

地区	海洋生产总值（亿元）	地区生产总值（亿元）	海洋生产总值占地区生产总值比重（%）
辽宁	3140.4	25315.4	12.4
河北	2596.7	36010.3	7.2
天津	5028.0	18809.6	26.7
山东	16000.0	76469.7	20.9

续表

地区	海洋生产总值（亿元）	地区生产总值（亿元）	海洋生产总值占地区生产总值比重（%）
江苏	7618.8	92595.4	8.2
上海	9183.0	32679.9	28.1
浙江	10996.0	56197	19.6
福建	10095.0	35804	28.2
广东	19326.0	97277.8	19.9
广西	1502.0	20352.5	7.4
海南	1400.0	4832.1	29.0
合计	83415.0	496343.7	16.8

注：各地海洋生产总值主要来自媒体信息，会存在一定误差。

近 5 年来，全国海洋经济连续增长（见图 1－2）。2018 年，全国海洋生产总值达到 83415 亿元，其中，北部海洋经济圈海洋生产总值 26219 亿元。辽宁作为海洋大省，海岸线长度占全国海岸线总长度排名居前，但同期海洋生产总值却仅占北部海洋经济圈四省域（辽宁、河北、天津和山东）的 11.98%，表明当前辽宁海洋经济在全省经济发展格局中的定位有待提高，未来发展空间较大。

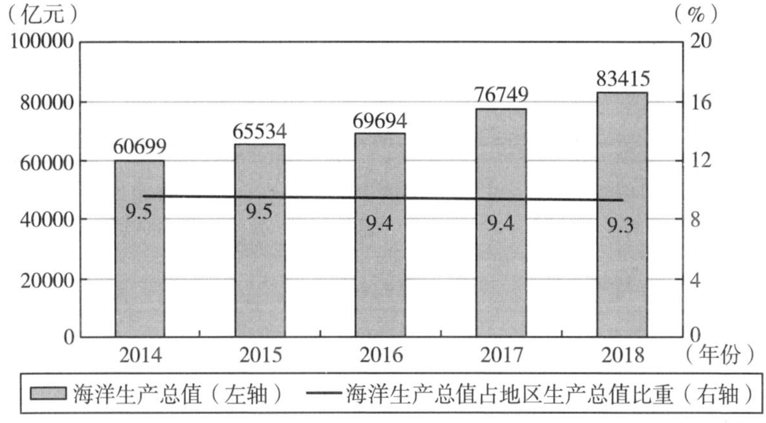

图 1－2　2014～2018 年全国海洋生产总值情况

（二）辽宁海洋生产总值占全国海洋生产总值的比重

近5年来，辽宁海洋生产总值在全国海洋生产总值中的比重从2014年的6.45%下降到2018年的3.76%，表明沿海其他省份海洋经济发展步伐正在加快，而辽宁海洋经济与发达省份的差距在逐步拉大（见图1－3）。

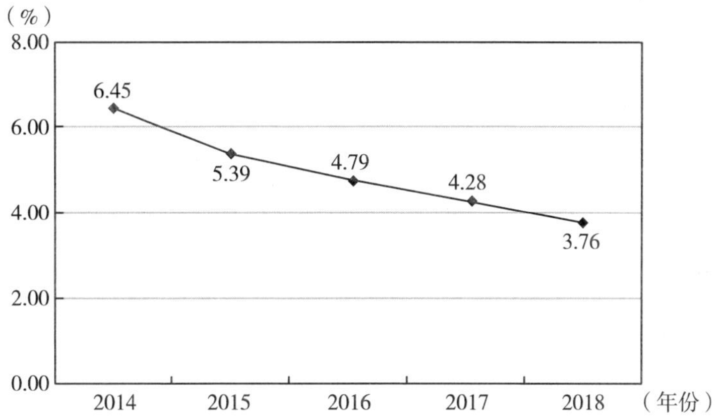

图1－3　2014～2018年辽宁海洋生产总值在全国海洋生产总值中的比重

（三）辽宁海洋三次产业增加值占比变化情况

2014～2018年，辽宁海洋三次产业增加值总体都呈下降趋势（见表1－2、图1－4）。从三次产业增加值占海洋生产总值比重来看，海洋第一产业先增后降，总体平稳；第二产业呈下降态势；第三产业呈上升态势。

表1－2　　2014～2018年辽宁海洋三次产业增加值　　单位：亿元

年　　份	2014	2015	2016	2017	2018
海洋第一产业增加值	418.7	404.1	424.9	449.6	322.4
海洋第二产业增加值	1411	1236.7	1192.3	1045	931.8
海洋第三产业增加值	2087.3	1888.4	1721.1	1789.5	1886.2

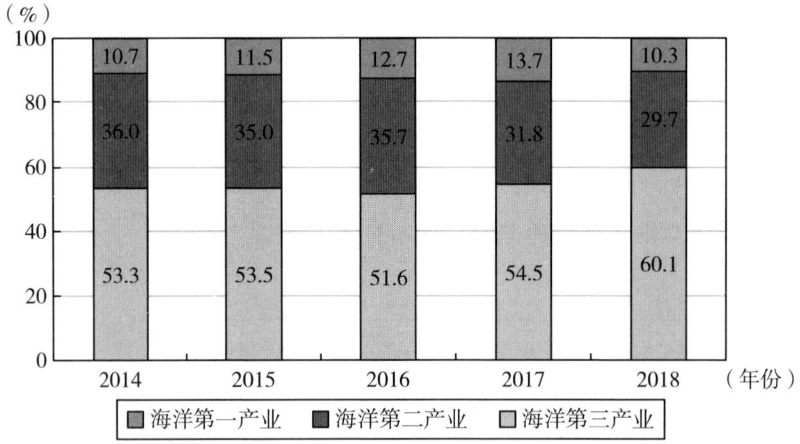

图 1-4　2014～2018 年辽宁海洋三次产业增加值的比重

与全国平均水平相比（见表 1-3），辽宁海洋第一产业占比相对较高，约为全国平均水平的 2 倍；第二产业的比重低于全国平均水平；第三产业的比重与全国平均水平相差不大。

表 1-3　2014～2018 年辽宁海洋三次产业增加值与全国的对比

年份	辽宁			全国		
	第一产业	第二产业	第三产业	第一产业	第二产业	第三产业
2014	10.7	36.0	53.3	5.1	43.9	51.0
2015	11.5	35.0	53.5	5.1	42.2	52.7
2016	12.7	35.7	51.6	5.1	39.7	55.2
2017	13.7	31.8	54.5	4.7	37.7	57.6
2018	10.3	29.7	60.1	4.4	37.0	58.6

（四）按国标大类划分的产业增加值及比重

依据国家标准《海洋及相关产业分类》（GB/T 20794-2006），海洋经济划分为两类三个层次：第一类是海洋产业，海洋产业包括主要海洋产业（核心层）和海洋科研教育管理服务业（支持层）；第二类是海洋相关产业（外围层）。2014 年以来，辽宁主要海洋产业增加值在海洋生产总值中的比重一直非常接近

50%；海洋科研教育管理服务业增加值比重逐渐上升，2018 年已超过 20%；海洋相关产业增加值比重逐渐下降，2018 年已下降至 31.15%（见表 1－4）。

表 1－4　　2014～2018 年辽宁三个层次海洋经济情况

年份		2014	2015	2016	2017	2018
增加值（亿元）	主要海洋产业	1927.8	1633.5	1623.8	1630.7	1520.6
	海洋科研教育管理服务业	579.4	625.5	533.7	573.1	641.7
	海洋相关产业	1409.8	1270.3	1180.9	1080.3	978.1
比重（%）	主要海洋产业	49.22	46.29	48.64	49.65	48.42
	海洋科研教育管理服务业	14.79	17.72	15.99	17.45	20.43
	海洋相关产业	35.99	35.99	35.37	32.89	31.15

（五）海洋细分产业增加值及变化情况

近 5 年来，辽宁海洋渔业、海洋交通运输业、滨海旅游业、海洋科研教育管理服务业发展迅速，成为支柱产业；海洋船舶工业发展较好；海洋化工、海洋油气、海洋电力、海洋盐业、海洋生物医药、海水利用、海洋工程建筑业等产业不断发展，但规模仍然较小（见表 1－5、图 1－5）。

表 1－5　　2014～2018 年辽宁各海洋产业增加值　　单位：亿元

产业类型		2014	2015	2016	2017	2018
主要海洋产业	滨海旅游业	778.2	542.6	598.1	682.7	732.8
	海洋渔业	523.9	479.8	504.2	528.8	406.9
	海洋交通运输业	408.9	426.3	300.8	262.5	261.8
	海洋船舶工业	101.5	79.9	125.6	98.7	67.4
	海洋化工业	44.6	20.9	15	19.5	21.5
	海洋电力业	14.9	15.8	16.7	17.1	18.1
	海洋油气业	10.5	6.5	3.7	5.3	6.8
	海洋生物医药业	0.2	0.1	1.2	2.3	2.6
	海洋盐业	3.4	2.2	2.1	1.7	1.7

续表

产业类型		2014	2015	2016	2017	2018
主要海洋产业	海水利用业	0.6	0.6	0.7	0.8	0.9
	海洋工程建筑业	41	58.6	55.8	11.4	0.3
	海洋矿业	0	0	0	0	0
	小计	1927.8	1633.5	1623.8	1630.7	1520.6
海洋科研教育管理服务业		579.4	625.5	533.7	573.1	641.7
海洋相关产业		1409.8	1270.3	1180.9	1080.3	978.1
合计		3917.0	3529.2	3338.3	3284.1	3140.4

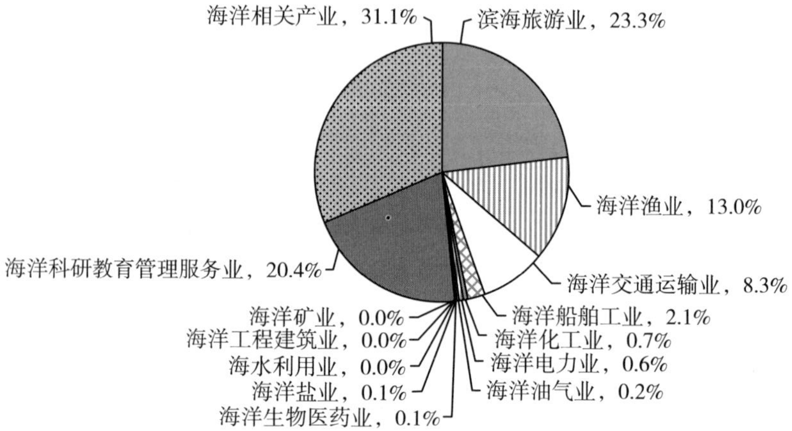

图 1－5　2018 年辽宁海洋细分产业增加值比重

二、辽宁沿海经济带海洋产业发展概况

辽宁沿海经济带作为辽宁海洋经济发展的主要承载区，一直积极探索发展海洋产业。几年来，海洋及相关产业亮点不断涌现，海洋科技创新能力不断提升，海洋生态保护工作不断加强①。

① 由于统计口径不尽相同，沿海各市的各海洋产业增加值的总和与省级数据会略有差异。

（一）大连

大连是辽宁沿海经济带的核心城市，拥有沈大国家自主创新示范区、金普新区和辽宁自贸区（大连片区），正在加快建设东北亚重要国际航运中心，在辽宁海洋产业中的地位十分重要。2016 年，大连市出台《大连市海洋经济发展“十三五”规划》，提出到“十三五”期末，基本建成海洋经济强市和国家海洋经济发展示范区。《2019 年大连市政府工作报告》提出加快打造海洋经济强市，研究制定加强国家海洋中心城市建设指导意见，大力发展海洋渔业、海洋交通运输业、海洋旅游业、海洋船舶业、海洋工程装备制造业等现代海洋经济五大主导产业，加快发展海洋生物制药、海洋清洁能源、海洋新材料等新兴产业，积极推进海洋信息服务、涉海金融保险、涉海法律服务等海洋服务业，高质量建设现代海洋牧场，推动大连由海洋资源大市向海洋经济强市转变。

1. 发展概况

近 5 年来，大连海洋产业中比重最大的是滨海旅游业，其次是海洋渔业和海洋交通运输业，海洋船舶工业规模较大，但近 2 年下滑严重；海洋化工业、海洋药物和生物制品业近 2 年发展较好。其他海洋产业规模较小（见表 1－6、图 1－6）。

表 1－6　2014～2018 年大连海洋产业增加值情况　单位：亿元

产业类型	2014	2015	2016	2017	2018
海洋旅游业	402.4	453.9	499.4	460.8	648
海洋渔业	355.8	370.4	397.2	420.87	344.5
海洋交通运输业	32.9	32.3	34.0	164.8	125.4
海洋化工业	2.1	2.1	1.3	47.4	55
海洋船舶工业	170.0	152.6	140.9	49.1	41.7
海洋药物和生物制品业	0.2	0.1	0.2	41	4.1
海洋工程装备制造业	—	—	—	12.4	2.5
海洋可再生能源利用业	2.4	2.4	2.3	48	2.4
海水利用业	5.2	5.0	5.2	1.2	1.7
海洋盐业	2.7	1.7	1.6	1.1	1.1
海洋工程建筑业	41.5	63.0	78.6	3.3	0
合计	1015.2	1083.4	1160.6	1249.97	1226.4

注：本表不包含海洋科研教育管理服务业和海洋相关产业，海洋可再生能源利用业包含海洋电力业。

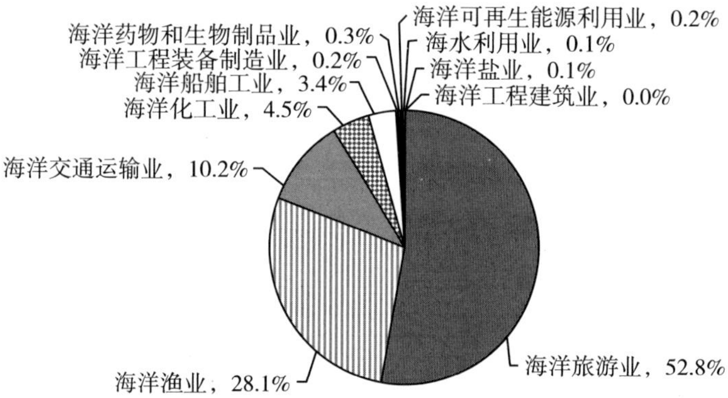

图 1－6　2018 年大连各海洋产业增加值比重

2. 重点产业发展情况

（1）海洋渔业。大连大力发展渔业经济，已基本构建起水产养殖业、捕捞业、增殖渔业、水产品加工流通业、休闲渔业五大渔业产业体系。在水产养殖业方面，由于自然资源条件优越，特种海产品由过去以天然野生资源增殖为主，发展到目前以人工育苗、底播增养殖为主的产业化生产经营模式。近年来，大连提出“加快打造海洋经济强市，高质量建设现代海洋牧场”的发展战略，叫响“大连海鲜”品牌，打造“蓝色粮仓”。

大连在海洋牧场建设领域走在全国前列，目前全国共批复的 4 批 86 家国家级海洋牧场示范区，其中有 14 家位于大连，占全国总数的 16.27%，是国家级海洋牧场最多的城市，中国国际海洋牧场暨渔业新产品新技术博览会也落户大连。截至 2018 年，大连市累计投入建礁资金约 22.45 亿元，投放各类鱼礁约 1578.55 万立方米。通过积极开展海洋牧场建设，海洋牧场区生态环境得到显著改善，刺参、鲍鱼、海胆等海珍品资源增产明显，大泷六线鱼、黑鱼等本土鱼类资源得到有效恢复。大连海参、大连鲍鱼、獐子岛海参、獐子岛鲍鱼、獐子岛虾夷扇贝、大连虾片先后入选国家地理标志产品。

2018 年，大连海洋渔业增加值为 344.5 亿元。地方水产品总产量 216.0 万吨，其中绝大部分都是海洋水产品。

（2）滨海旅游业。大连海岸线长 2211 千米，有沙滩 94 处、海湾 61 个、岛礁 200 多个、湿地 9 块、滨海自然保护区 9 个（其中国家级自然保护区 3 个）。辽宁省的五个 5A 级景区中有两个位于大连市，分别是大连老虎滩海洋公园 · 老虎滩极地馆、大连金石滩景区，均为滨海景区，也是辽宁沿海经济带仅有的两个5A级景区。其他A级景区55个，其中大部分位于滨海地带。星级宾馆饭店132家，旅行社475家。

大连市高度重视旅游产业发展，设立了旅游发展专项资金，2017年将专项资金提高到6000万元。2018年出台了《大连市人民政府关于进一步深化全域旅游加快旅游业发展的实施意见》《关于加快邮轮旅游发展实验区建设的实施意见》《大连研学旅行基地建设与服务规范》等一系列文件，积极简化和取消部分旅游行政权力，在全行业推行网上快捷便民服务，实现“一站式服务”。在旅游产品开发方面，现已形成海洋文化系列、海鲜美食系列、节庆活动系列、乡村体验游系列、时尚体验系列等300多个旅游产品。大连积极发展邮轮旅游、包机专列旅游，举办了游艇展览、国际海钓大赛等众多滨海旅游活动，滨海旅游特色显著。

2018年，大连市接待国内游客9288.1万人次，比上年增长10.4%；接待海外过夜游客110.3万人次，增长3.7%。旅游总收入1440.0亿元，增长12.5%。全年举办展会131次，比上年增长0.8%；展出面积139.2万平方米；参观人数1016.2万人次。

（3）海洋交通运输业。大连港位于西北太平洋的中枢，自然条件非常优越，是东北地区转运远东、南亚、北美、欧洲货物最便捷的港口。2017年6月，招商局集团与辽宁省政府以大连港集团和营口港务集团为基础，启动辽宁港口整合工作。2019年1月，辽宁港口集团有限公司正式成立，集团总部落户大连。

近年来，大连积极参与“一带一路”建设，“辽满欧”班列常态化运行，开通国内首条直达斯洛伐克的中欧班列，东北亚国际航运中心建设开启新里程。大连港积极推进国有企业混合所有制改革和国有资本管理机制创新工作，2019年7月，“大连港集团探索国内集装箱码头股权整合的新路径”入选商务部发布的全国自由贸易试验区第三批“最佳实践案例”。

2018年，大连全市沿海港口货物吞吐量4.7亿吨，比上年增长2.8%；集装箱吞吐量976.7万标箱，增长0.6%。拥有集装箱班轮航线98条，其中外贸航线80条，内贸航线18条。2018年，大连港在中国港口货物吞吐量排名中位列第8位，在全球20大集装箱港口中排名第16位。完成客运吞吐量392万人次，同比增加4.3%；完成滚装吞吐量97.9万辆，同比减少6.7%。

（4）海洋船舶工业。大连海洋船舶工业为我国国防建设和经济发展做出了巨大贡献。2012年9月，中国第一艘航空母舰“辽宁舰”在中国船舶重工集团公司大连造船厂正式交付海军。2017年4月，中国首艘国产航母001A型航空母舰在大连正式下水，现已完成多次海试。2017 年，中船重工大船集团成功交付我国最大级别 20000TEU 集装箱船“中远海运双子座”，刷新中国建造交付最大集装箱船的纪录，标志着我国超大型集装箱船建造进入世界第一方阵。2018 年 12 月，大连重工·起重集团有限公司研制的全球首支、世界最大 22000 标箱集装箱船用 W12X92 型曲轴成功下线，是我国从“造船大国”到“造船强国”升级的标志性产品。

（5）海洋设备制造业。大连海洋设备制造业技术实力雄厚。2017 年，由大船集团海工公司为中海油服建造的第六代 A5000 型深水半潜式钻井平台完成深海测试，标志着我国高端深海装备制造能力的进一步提升。2018 年，中船重工大连庄河海上风电装备产业园通过竣工验收，产业园将主要为中国三峡集团辽宁大连庄河 30 万千瓦海上风电项目提供配套服务。

（6）海洋电力业。中国三峡集团在大连庄河建设了 30 万千瓦海上风电项目，系我国北方首个海上风电项目。项目场址中心距离岸线约 22 千米，平均水深超过 20 米，是国内首个建成投产满足“双二十”标准的海上风电项目。2017 年 10 月，海上主体工程正式开工建设，克服了突发性恶劣天气、海域地形复杂、水深跨度大等施工难点，攻克了海上风电抗冰难题，完成了世界最长单根无接头 220 千伏交联聚乙烯三芯海缆敷设、国内首座寒冷海域海上升压站吊装。2018 年底，实现首台 3.3 兆瓦机组并网发电；2019 年 1 月，实现国内首台低温型 6.45 兆瓦大容量风电机组并网发电，现已正式进入规模化商业运行。

（7）海洋化工业、海洋盐业与海水利用业。大连以大化集团搬迁改造为契机建立了大连松木岛化工园区，现形成了一个以精细化工、海洋化工、合成气化工、特色石油化工为主的化工园区。大化集团年产合成氨 30 万吨、联碱 60 万吨、硝铵 20 万吨、浓硝酸 3 万吨、复混肥 50 万吨和纳米级氢氧化镁阻燃剂 1 万吨。大连盐化集团年产海盐 80 万吨，其中食用盐 30 万吨。大化集团、大连盐化集团、大连国有资源投资有限公司、大连市国有资产经营有限公司共同出资成立了大连海洋经济产业园发展有限公司，重点开展海水淡化与精制盐项目。

3. 海洋科技创新

（1）重视科技创新对海洋经济的引领作用。大连拥有大连理工大学、大连海事大学、大连海洋大学、中科院大连化物所、中船 760 研究所等全国领先的涉海大专院校、科研院所，海洋人才汇聚。大连将海洋科技创新作为重点发展领域，先后出台了《关于全面实施创新驱动战略加快建设东北亚科技创新创业创投中心的意见》《大连市重点产业领域科技创新指南》《大连国家自主创新示范区三年行动计划》等一系列文件，都将海洋科技创新及产业发展作为重点工作之一。目前，大连市形成了科技创新基金、科技重大专项、科技重点研发计划、科技人才研发支持资金、科技成果转化政策资金等方面在内的，与国家科技资金管理体系相衔接的科技资金支持体系。2018 年、2019 年度实施的各类科技计划项目中涉海领域的科技项目合计 60 余项，合同金额近亿元。

（2）整合提升海洋科技创新平台。突出海洋创新平台的旗舰作用，整合相关高校科研院所和企事业单位创新资源，先后成立了国家刺参产业科技创新联盟、国家虾夷扇贝产业科技创新联盟、辽宁省海洋产业校企联盟、大连海洋产业发展促进会、大连海洋科技创新联盟、海洋智能产业技术创新战略联盟、绿色健康养殖微生物制剂产业技术创新战略联盟等国家、省、市级产业科技创新联盟。

（3）强化海洋科技企业创新主体作用。健全以企业为主体的产业化创新体系，充分发挥企业在创新决策、研发投入、科研组织和成果转化的主体作用。加大科技经费对企业创新的资助力度，支持涉海骨干企业建立自主研发机构及产业化创新平台，开展应用性、基础性、前沿性创新研究，着力培育一批有国际竞争力的海洋创新型领军企业、独角兽、瞪羚企业。将海洋经济全领域纳入高新技术企业培育范围，目前大连市涉海科技企业数量达到 1000 余家，其中涉海高新技术企业 39 家。对新认定的涉海高新技术企业市、区两级给予 20 万 ~40 万元的支持，对高成长性的涉海科技企业的支持政策正在积极研究中，拟给予最高 1000 万元的研发经费和研发设备费支持。鼓励多种模式的产学研合作，引导和规范高等学校或科研机构的科技人才到企业兼职，鼓励高校以多种方式与企业合作，采取产业联盟、理事会、股份制、会员制等形式，设立一批由龙头企业承担的海洋科技产业化创新平台。积极争取各级政府产业引导基金，撬动社会投资支持相关产业发展。

（4）积极推动海洋科技成果转化。充分发挥市场化运作机制，推动企业、大学、科研机构跨学科、跨部门深度合作，推进海洋科研成果转化孵化试点，建设海洋技术转移中心和科技成果转化服务示范基地，鼓励企业、院校、社会团体和个人创办海洋科技孵化基地等服务平台。实施重大科技成果转化项目，按企业上年度研发投入的 50% 给予补助，金额可达 1000 万元；按技术合同实际发生技术交易额的比例，对相关企业、高校院所、技术服务机构、技术经纪人分别给予 10%、5%、3% 和 1% 的补助；对具备一定规模和服务能力的新建技术转移机构，最高给予 200 万元支持。2017 年、2018 年，大连市有 150 余项海洋科技成果转化。目前，大连海事大学的海上通信系统项目、大连理工大学的海洋小卫星项目和精细化工项目、中科院大连化物所的催化剂项目等一批重大项目正在积极推进。

4. 海洋生态保护

大连高度重视海洋生态保护工作，强化规划引导和约束，实施总量控制和红线管控，深化海洋资源科学配置和管理，严格海洋环境监管与污染防治，加强海洋生态保护与修复，强化海洋监督执法，实施绩效考核和责任追究。近年来，海洋生态环境质量有所好转、海域海岛资源利用更加高效、海洋空间开发保护格局得到优化、基础保障能力大幅提升。2016 年和 2017 年大连市近岸海域功能区个数达标率均为 95.6%，2018 年达标率为 85.3%。

大连坚持生态优先原则，渔业环境得到修复，增殖放流的规模、种类和数量都呈逐年递增趋势。2018 年，全市增殖放流中国对虾等苗种幼体 22.87 亿尾，通过增殖放流，增加了近岸海域优质渔业种群生物量，水域生态群落结构和环境得到有效恢复，地方优势渔业物种得到有效保护，水生生物资源得到有效补充，维护了生物的多样性。

2019 年 5 月，大连市印发了《大连市渤海综合治理攻坚战作战方案》，将重点任务分解到各个责任单位。

（二）丹东

丹东是中国最大的边境城市，是亚洲唯一一个同时拥有边境口岸、机场、高铁、河港、海港、高速公路的城市，是中国海岸线的北端起点，是辽宁沿海经济带“黄海翼”重要节点城市。

1. 发展概况

海洋渔业、滨海旅游和海洋交通运输业是丹东的海洋支柱产业。其中，滨海旅游业所占比重最大，而且增幅显著。海洋渔业次之，但下滑严重。海洋交通运输业位列第三，其他产业规模相对较小（见表 1－7、图 1－7）。目前已经初步形成了海洋捕捞、海水养殖、水产品加工、港口运输、滨海旅游、海洋风电等多产业协调发展的海洋经济格局。其中“东港大黄蚬”列入第一批中国－欧盟互认地理标志保护清单。

表 1－7　　2014～2018 年丹东海洋产业增加值情况　　单位：亿元

	2014	2015	2016	2017	2018
海洋生产总值	310.85	255.34	288.73	305.82	310.55
滨海旅游业	190.89	149.76	173.52	196.03	219.4
海洋渔业	95.95	80.23	86.17	71.18	58.6
海洋交通运输业	23.04	24	28.8	18.72	9.6
海水利用业	0.8208	1.1688	0.075	0.82	0.94
海洋电力业	0.1356	0.1654	0.1466	0.0902	0.0953
海洋盐业	0.014	0.0196	0.019	0.017	0.019

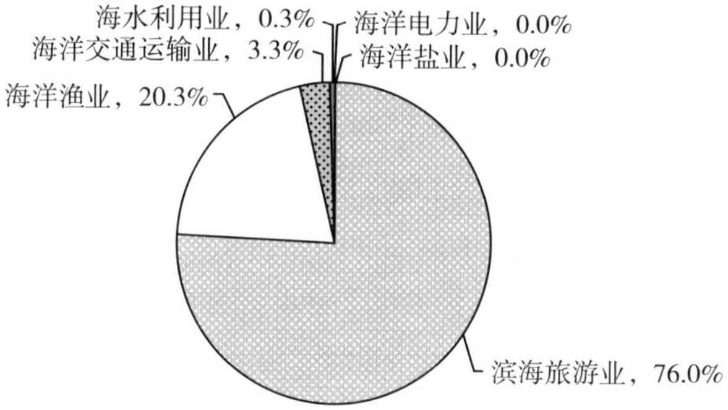

图 1－7　2018 年丹东各海洋产业增加值比重

2. 重点产业发展情况

（1）海洋渔业。近年来，丹东海洋渔业已经开始向高质量发展转变。在水产养殖业方面，全市大力推广立体生态健康增养殖模式，促进了海水增养殖业快速发展。其中，滩涂浅海增养殖贝类 7.4 万公顷，港湾混养对虾、海蜇、海参、贝类等 0.79 万公顷，每年增殖放流对虾、牙鲆鱼、梭子蟹苗种 2 亿多尾，使海水增养殖业年产量达到 32.4 万吨，实现产值 36.4 亿元。丹东自 2010 年开始启动海洋牧场建设，2015 年被批准为第一批国家级海洋牧场示范区，已取得两处人工鱼礁区建设用海的海域使用权，用海面积 360.08 公顷。

水产品加工方面，初级加工领域形成了速冻水产品系列、水产方便食品系列，深加工领域形成了水产调味品系列、水产调理食品系列、发酵产品系列等特色系列产品。2018 年，全市有海洋食品加工销售企业 138 家，其中规模以上企业

41 户，年加工量 40.5 万吨，并以冷链物流形式销往全国各地。其中，水产品出口 16.9 万吨，国际市场以日本、韩国及欧盟国家为主，创汇 4.71 亿美元，位列全省第二名。

远洋捕捞渔业方面，先后启动了安哥拉、塞拉利昂等远洋捕捞项目，现有远洋捕捞作业渔船 44 艘，年产量 9 万吨。近海捕捞量得到有效控制，年产量稳定在 8.7 万吨。

（2）滨海旅游业。近年来，丹东各级政府部门大力开展海岛整治修复、修建滨海公路、建设观鸟设施、改善海岛水上交通，大力推进“蓝色海湾”建设，为丹东滨海旅游业发展创造了极为有利的条件。

丹东市出台了《丹东市全域旅游战略实施方案》《丹东市旅游发展“十三五”规划》《丹东市城市风格总体规划》和乡村旅游、沟域旅游等专项规划，以及县（市）区旅游规划，科学引领产业发展。以创建国家边境旅游试验区为契机，主动服务和融入国家总体外交战略重要平台，加快沿边开发开放。已形成边境、红色、生态、温泉、江海五大旅游精品集群，赴朝边境旅游已成为丹东乃至辽宁最具牵动力和影响力的旅游产品。

目前，丹东共拥有国家、省级以上品牌称号等资源 37 处。其中，国家级风景名胜区 3 处、国家 A 级景区 25 处、全国农业旅游示范点、国家级生态旅游示范区等国家级特色景区 17 处。拥有星级饭店 34 家，旅行社 116 家，旅游商品生产企业 100 余家，旅游行业规模名列全省第三位，仅次于大连和沈阳。近五年丹东市旅游总收入和国内旅游者人数（见图 1－8）。

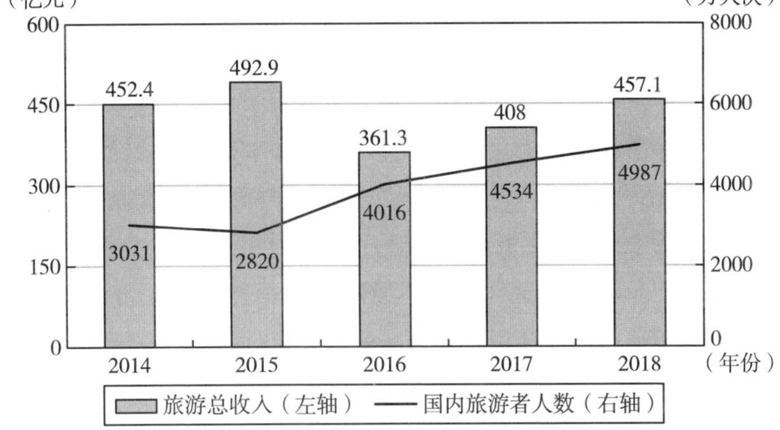

图 1－8　2014～2018 年丹东市旅游总收入和国内旅游者人数

（3）海洋交通运输业。经过十几年的建设和发展，丹东港已拥有粮食、钢材、矿石、煤炭、集装箱等专用、通用泊位50余个，先后开通了美、日、韩、俄等70多个国家和地区港口航线，2018年，完成吞吐量1.01亿吨，是东北东部重要的出海通道。

（4）海洋电力业。2018年9月，中广核辽宁公司携手万家电力工程集团，与东港市人民政府签署合作开发综合能源框架协议书，在东港开发投建600万千瓦海上风电项目，预计投资额可达1100亿元，项目投产后将成为全国最大的海上风电开发项目。

3. 海洋科技创新

丹东市海洋科技发展主要围绕海洋生物资源开发利用技术领域进行。深入开展产学研合作，先后创建了海洋经济、海洋生物工程、海洋食品等5个院士工作站，实现了贝类养殖、海参深加工等多个技术领域的突破。相继完成了“三疣梭子蟹良种繁育技术研究”及“海参西洋参胶囊开发”等科技项目，获得发明专利15项。目前，丹东拥有涉海高新技术企业2家、省级海洋类创新联盟1个。

4. 海洋生态保护

丹东实施市县两级海洋行政管理，海域动态监测和海监执法机构比较健全，海域管理机制也比较完善。丹东坚持规划用海、科技用海、环保用海、保护用海、依法用海，制定了《养殖用海规划》《丹东大东港区区域建设用海规划》，落实近岸海域监测制度，落实用海评价监督制度，实施海岛修复保护项目，落实防灾减灾应急预案，强化渔船和渔港水域管理，坚持开发与保护并重，不断加强海洋生态环境建设。

监测数据显示，丹东市近岸海域水环境质量总体良好。各区域海水水质均达到海洋功能区的相关要求，大部分符合清洁、较清洁海域水质标准；沉积物质量良好，综合潜在生态风险低；海洋生物质量良好，符合无公害水产品质量标准；海水增养殖区环境状况基本满足其功能要求；海水入侵程度较轻；土壤盐渍化范围较大；海洋垃圾密度较低；赤潮监控区养殖环境综合风险指数较低，适宜养殖。

（三）锦州

锦州是辽西区域中心城市，是环渤海经济圈、东北亚经济圈的交汇点，连接东北内陆与渤海的黄金走廊。

1. 发展概况

滨海旅游业、海洋交通运输业、海洋渔业和海洋电力业是锦州海洋经济四大支柱产业。滨海旅游业在锦州海洋经济中占主导地位，2018 年在海洋经济中所占比重为 57.5%；海洋交通运输业、海洋电力业发展呈上升趋势；海洋渔业发展下滑严重，增加值从 2014 年的 42.57 亿元下降到 2018 年的 26.17 亿元（见表 1 – 8、图 1 – 9）。

表 1 – 8　2014 ~ 2018 年锦州海洋生产总值情况　单位：亿元

	2014	2015	2016	2017	2018
海洋生产总值	487.2	342	362.52	383.72	379.19
滨海旅游业	272.2	153.1	162.28	197.87	218.93
海洋交通运输业	30.51	30.76	32.61	40.57	53.62
海洋渔业	42.57	40.87	43.37	45.06	26.17
其中：海洋水产品加工业	8.50	7.49	8.27	8.37	7.61
海洋电力业	6.87	8.46	8.97	9.08	9.09

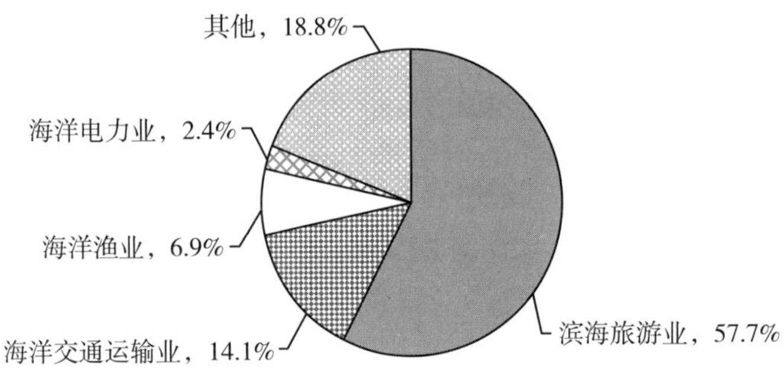

图 1 – 9　2018 年锦州各海洋产业增加值比重

2. 重点产业发展情况

（1）海洋渔业。近 5 年来，锦州市海洋捕捞量、海水养殖量和养殖面积均有所下滑（见表 1 – 9）。

表 1-9　　　　2014～2018 年锦州海洋渔业情况

年　　份	2014	2015	2016	2017	2018
海洋捕捞量（万吨）	9.0044	9.0016	4.6075	4.4785	3.98
海水养殖量（万吨）	29.5111	29.7014	31.4091	31.9824	11.6819
养殖面积（万亩）	137.394	124.5825	113.1015	105.066	81.549

浅海增殖放流方面，在锦州浅海人工增殖保护区内，开展以底栖贝类为主的增殖放流活动。到 2019 年，累计放流菲律宾蛤仔幼贝 30.27 亿粒，毛蚶幼贝 17.78 亿粒，魁蚶幼贝 1.06 亿粒，中国对虾苗 30.26 亿尾，海蜇苗 2.69 亿头，梭子蟹苗 0.6 亿只，褐牙鲆苗 0.0475 亿尾。

人工鱼礁建设方面，主要投放于大笔架山南部 4 海里处和小笔架山东南 13 海里处。截至 2019 年，共建成人工鱼礁区面积 2.2369 万亩，累计投放鱼礁 15.8494 万空立方米，投入总资金 7039.4 万元。

2016 年国家级海洋牧场示范区项目获批，项目位于锦州市小笔架山东南 13 海里处，规划面积 573 公顷，获批资金 2500 万元，主要开展人工鱼礁和海洋牧场多功能信息监测管理平台建设，投放保护增殖型人工鱼礁 1920 座、方型多功能复合型生态礁 630 座，共计 4.33 万空立方米。

通过开展渔业增殖放流以及人工鱼礁示范区建设，礁区内海洋生物多样性明显高于礁区外，礁区内藻类优势明显，浮游动物丰度属中等，双壳类幼体数量密集；礁体生物附着丰富，底栖生物种类丰富，底播的菲律宾蛤仔等贝类资源扩散到周边海域，在白沙湾形成了新的菲律宾蛤仔资源场。

（2）滨海旅游业。锦州历史悠久，文化底蕴深厚，旅游资源丰富。全市现有景区（点）48 处，其中 4A 级景区 12 处，3A 级景区 11 处，全国工农业旅游示范点 4 处，星级宾馆 24 家，五星级温泉企业 1 家，国家金叶级绿色旅游饭店 2 家，旅行社 39 家，文化企业 55 家，民营文化企业 2249 家，文化旅游从业人员 18 万人。

4A 级景区有锦州笔架山风景区、锦州辽沈战役纪念馆、医巫闾山风景名胜区、锦州市博物馆、锦州北普陀山风景名胜区、锦州世界园林博览园、锦州北镇大朝阳温泉山城旅游区等。

2018 年，锦州市全年旅游总收入 218.9 亿元，增长 12.3%。其中，国内旅游收入 210.5 亿元，增长 12.5%；入境旅游收入 11696 万美元，增长 1.2%。全年接待国内外旅游者 2944.7 万人次。其中，接待国内旅游者 2935 万人次，增长 12.0%；接待入境旅游者 9.7 万人次，增长 1.0%。

（3）海洋交通运输业。锦州港是辽宁港口集团的重要组成部分，现有泊位 27 个，目前最大可停靠 30 万吨级油轮和 10 万吨级散杂货轮，4 个集装箱专用泊位具备接卸第六代集装箱船舶的能力，年通过能力超亿吨，集装箱通过能力 360 万标箱。近 5 年来，锦州港吞吐量连年增长，发展态势良好（见表 1－10）。

表 1－10　　2014～2018 年锦州港吞吐量情况

年　份	2014	2015	2016	2017	2018
港口吞吐量（万吨）	9520	9192	8949	10511	10960
集装箱（万 TEU）	88	82	83	122	162

2017 年，锦州港港口吞吐量首次突破亿吨大关，集装箱也首次突破百万 TEU。近年来，锦州港积极打造“一带一路”建设的新“桥头堡”，已成为“辽满欧”“辽蒙欧”综合交通运输大通道建设的重要节点。目前，锦州港正在积极推进 30 万吨级航道改扩建工程及 30 万吨级矿石码头建设工程，积极推动中蒙俄铁路出海新通道建设。

3. 海洋科技创新

近年来，锦州市委、市政府深入实施“以港兴市、创新驱动战略”，充分发挥科技对产业发展支撑和引领作用，积极推进锦州市海洋产业发展。

（1）深化与域外院校科技合作。近年来，市政府先后与中国农业科学院、大连海事大学、大连海洋大学、辽宁省农科院等高校院所建立全面科技合作关系，在海洋经济发展规划、海岸带开发建设、海洋生态环境保护及海洋渔业产业发展等方面开展务实合作。连续二十三年举办农展会、农博会和农业科技成果对接会，邀请中科院青岛海洋研究所、辽宁省海洋水产科学研究院、大连海洋大学等高校院所的海洋渔业领域知名专家携带最新科技成果来锦参会参展，促成“刺参病害预警及防治技术”“南美白对虾高效养殖技术应用与示范”“浅海滩涂贝类资源修复及增养殖技术示范”和“贝类种质资源保护技术应用”等 10 余项科技成果在锦落地转化。此外，推动航星集团、辽宁利达自动化设备等企业分别与中科院声学所、大连海事大学等高校院所联合开展了“舰船综合船桥系统”

“自容式声学多普勒流速剖面仪”“无人船智能驾驶系统”等高端海洋装备的研发。

(2) 充分发挥驻锦高校资源优势。发挥高校在教学、科研、人才和设施设备方面的优势，围绕锦州沿海经济带建设发展，开展学科建设、产学研合作、人才培养和平台建设。2015 年，渤海大学获国家教育部批准成立了航运学院，成为辽西地区的航运人才培养基地。以渤海大学励建荣教授团队为依托，先后组建生鲜农产品贮藏加工及安全控制技术国家地方联合工程研究中心、国家鱼糜及鱼糜制品加工技术研发专业中心等科研平台，并向企业免费或成本收费开放；2017 年，渤海大学励建荣教授的“鱿鱼贮藏加工与质量安全控制关键技术及应用”成果荣获国家科技进步二等奖；渤海大学牵头组建了辽宁省生鲜食品产业技术创新战略联盟，并给予 20 万元财政后补助；渤海大学、辽宁工业大学与锦州笔架山食品有限公司、凌海市达莲海珍品养殖有限责任公司等企业联合开展“毛虾高值化加工关键技术及产业化”“解决鱿鱼丝甲醛含量超标技术”“辽宁西海岸生物技术 CIS 系统开发”和“笔架山风景区智能化广场技术开发”等项目研发。

(3) 积极推动科技园区建设。2015 年，为促进现代渔业提质增效，实现现代渔业技术链与产业链深度融合，锦州市政府推动锦州龙海馨港科技有限公司组建了海河生物研究院、中科院成果转化凌海分院和龙海馨港郑绵平院士工作站，并以大有经济区为载体组建以现代海洋渔业为主导产业的“辽宁锦州农业科技园区”。同年，被国家科技部认定为第七批国家级农业科技园区。2018 年，科技部等国家 9 部委联合《印发振兴东北科技成果转移转化专项行动实施方案的通知》，将“支持锦州市以国家农业科技园为依托，建设海珍品产业特色小镇”纳入行动方案。目前，锦州市拥有涉海高新技术企业 3 家，国家农业科技示范园 1 个。

4. 海洋生态保护

按照国家、省海洋环境监测方案要求，锦州完成了近岸海域环境质量、入海排污口、海水增养殖区、江河入海污染物、重点排污口邻近海域、海水入侵和土壤盐渍比、海上垃圾、海上溢油及赤潮等 8 项监视监测任务。

锦州市海域海水水质状况向好发展。第二类水质海域面积约为锦州所辖海域总面积的 80%。第三类水质海域总面积约为 15%，海域主要分布在滨海新区白沙湾、王家排污口和大凌河口近岸海域。第四类水质海域总面积约为 5%，主要分布在锦州港排污口和小凌河口近岸海域。2015 年近岸海域功能区水质达标率为 83.3%，2016～2018 年均为 100%。总体来看，近岸海域海水水质情况稳中向好，锦州市海水养殖区及近岸海域海水水质基本满足各海域功能区标准要求。2019 年 6 月，锦州市印发了《锦州市渤海综合治理攻坚战实施方案的通知》，将重点任务分解到各个责任单位。

（四）营口

营口是全国综合交通枢纽和港口型国家物流枢纽承载城市，是东北亚重要的出海通道，是“一带一路”倡议重要的交通节点之一，国际海铁联运大通道的重要枢纽和国际物流中心，是辽宁沿海经济带“大连－营口－盘锦”主轴上重要节点，拥有辽宁自贸区营口片区，海洋经济发展条件优越。

1. 发展概况

营口市海洋支柱产业包括滨海旅游业、海洋交通运输业、海洋渔业。其中，滨海旅游业增速较快，海洋渔业规模不断缩小，海洋交通运输业有所增长，但增幅不大（见表 1－11、图 1－10）。

表 1－11　2016～2018 年营口各海洋产业产值　单位：亿元

	2016	2017	2018
海洋旅游业	210.6	235	263.4
海洋交通运输业	81	102	103
海洋渔业	89.54	59.95	34.26
海洋化工业	0.03	10	12.8
海洋可再生能源利用业	0.71	0.70	1.8
海洋盐业	1.0	1.18	0.89
海洋工程建筑业	12.7	8.95	0
海洋船舶工业	1.12	0	0

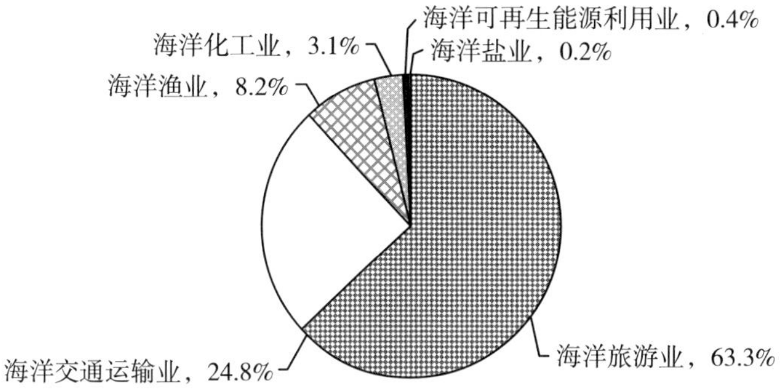

图 1－10　2018 年营口各海洋产业产值比重

2. 重点产业发展情况

（1）海洋渔业。积极转变渔业发展方式，调整优化产业结构，不断推动渔业转型升级。全市积极打造集约化渔业产业。大力推广鱼虾套养、稻田养蟹等养殖新模式，节约养殖空间，减少渔业养殖水域污染。目前，全市渔业养殖面积达到 59.9 万亩，其中海水 50.9 万亩。渔业管理部门加快推进渔业园区基地建设，提高产业化经营水平，重点建设了 4 个水产品加工园区、5 个渔业养殖示范基地、2 个出口基地和 1 个现代物流基地，充分发挥辐射带动作用，促进渔业提质增效。在海水养殖上，重点发展深水抗风浪网箱养殖。与此同时，积极推动捕捞业转型升级，加快推动渔船装备升级改造、节能减排和渔船标准化，目前全市渔船基本实现动态管控，信息覆盖率达到 100%。

通过推进渔业三次产业融合发展，努力打造渔工贸、产加销一体化的产业体系，全市共有水产加工企业 57 家，目前基本形成了集机械制造、海产品加工、淡水鱼加工、饲料加工、鱼药联营销售、技术服务指导和水产品流通交易于一体的较完备的产业链条。鲅鱼圈区被评为中国首个国家级出口海蜇质量安全示范区和省级海蜇出口示范区，"营口海蜇"被评为辽宁省"十大渔业品牌"。鲅鱼圈区水产精深加工园区被确定为省级现代渔业园区；大石桥市辽东湾（高坎）水产城的建设，极大提升了周边地区淡水养殖及相关现代服务业水平。获批国家级海洋牧场一个。

（2）滨海旅游业。营口拥有国家 A 级旅游景区 20 个，6 个 4A 级景区中有 5 个位于滨海地带，分别是望儿山景区、月亮湖景区、仙人岛白沙湾黄金海岸、虹溪谷温泉旅游区、营口团山国家级海洋公园。

拥有星级以上宾馆 20 家，其中，五星级旅游饭店 5 家（含温泉五星级 3 家）。旅行社及旅行社分公司共计 127 家，其中设立社 68 家（含 3 家国际旅行社），国内旅行社分公司 28 家，国际旅行社分公司 31 家。

2018 年全年国内外旅游人数 2764 万人次，比上年增长 3.0%。其中，国内旅游人数 2756 万人次，增长 3.0%；入境旅游人数 8 万人次，增长 1.8%。旅游总收入 263.4 亿元，增长 12.1%。

（3）海洋交通运输业。营口港地处丝绸之路经济带和海上丝绸之路的交汇区，位于“京津冀协同发展”与“东北老工业基地振兴”两大战略区的结合部，整体区位优势突出。营口港货物吞吐量排名全国沿海港口前十位，资产规模曾在辽宁省属国有企业中排名第一，在辽宁港口集团中具有极为重要的地位。

营口港拥有集装箱、汽车、煤炭、粮食、矿石、钢材、大件设备、成品油及液体化工品、原油等 9 类货种专用码头，其中矿石码头、原油码头为 30 万吨级，集装箱码头可靠泊第五代集装箱船。主要作业货种有铁矿石、钢材、煤炭、粮食、非矿、成品油及化工产品、化肥、原油、内贸商品汽车、集装箱等。

现有外贸直航航线 4 条，分别是东南亚航线、日本关东航线、韩国釜山航线、韩国仁川航线（国际客货班轮航线）。另有通过天津、大连、宁波、上海中转世界各地的外贸内支线 4 条。外贸直航航线和外贸内支线合计可达到每月 50 班次以上。内贸集装箱航线已覆盖中国沿海 30 个主要港口，航班密度达到每月 420 班次以上。营口港海铁联运网络已覆盖东北三省和内蒙古东部地区，海铁联运量在中国沿海港口排名前列。

营口港主动对接“一带一路”、新一轮东北振兴等，提出了“互联港 +”和“TEU”两大发展战略，旨在以营口港为中心，纵横贯通东西和南北物流通道。东西方向通过“营满欧”通道，加强海铁联运，形成营口港 – 俄罗斯 – 欧洲的陆路运输通道；南北方向通过与南部沿海港口、长江沿线、西南地区、东盟的深度合作，形成营口港 – 中国东部及东北亚 – 中国南部并辐射大西南和东盟的海运通道。营口港现已开通 6 条中欧班列，并已开行新东方快车精品班列和回程班列。2015 年 9 月 3 日，营口港与俄罗斯铁路股份公司在习近平总书记和普京总统的共同见证下签署了合作备忘录。

2018 年，营口港完成吞吐量 2.93 亿吨，同比增加 13%，其中集装箱 604.19 万标准箱，占公司总吞吐量的 44.59%，散杂货 1.62 亿吨，占公司总吞吐量的 55.41%。散杂货类中，金属矿石和钢材的吞吐量占其中的 45.23%，其他散杂货货种主要包括矿建材料、粮食、机械设备、煤炭及制品、石油天然气及制品、非金属矿石等。

（4）海洋船舶工业和海洋装备制造业。目前，营口海洋船舶工业以零部件为主，2018 年生产海洋工程用船 1 艘，生产 1200 方舶船 2 艘，由营口首一船舶修造有限公司制造。海洋装备制造业方面，依托北钢管业年产 25 万吨大口径无缝钢管、加宝海洋石油钻井平台附件、营口特殊钢锻造深海采油装备核心部件、营口重型机械公司大型结构件、中船重工精品钢材深加工等项目，大力发展海洋工程装备、港口物流机械和海洋石油勘探装备设施等产业，打造海洋高端装备制造业产业体系。

3. 海洋科技创新

近年来，营口先后出台了《关于贯彻落实创新驱动发展战略建设科技强市的实施意见》《营口市科技强市工程（2017～2020 年）实施方案》和《营口市推动科技创新十项政策》等政策文件 12 个，还出台了科技成果转化项目后补助管理办法、企业研发投入后补助实施方案、企业·博士双创计划实施方案等配套政策。

（1）推进产学研用深度融合。鼓励校企双方共同开展技术攻关，科技成果转移转化，组建人才培养基地等工作。组织相关高校院所来营，针对海洋领域企业开展专项成果发布会，努力构建高校同企业间桥梁，推进产学研深度融合，打通科技成果转化“最后一公里”。邀请大连海洋大学、沈阳农业大学等高校院所专家帮助营口海洋企业解决技术难题，加强产学研合作和科技成果转化。鼓励有条件的企业建设省、市级工程技术研究中心。2018 年出台了《营口市企业·博士双创计划实施方案》，并在营口理工学院试点实施。首批共支持 11 个配对项目，拨付项目资金 60 万元，帮助企业解决技术难题、开发新产品、培养人才队伍等，取得了较好的社会效益和经济效益。

（2）积极培育发展高新技术产业。加大对高新技术企业认定的宣传力度，通过走访调研了解企业的申报诉求，做好优惠政策的宣传及服务工作。加强对高企苗企的辅导，按照初创期、成长期、壮大期不同的发展程度，采取相应的服务措施。2018 年，营口市海洋制造业研发经费约为 2000 万元，开发新产品 6 项，拥有涉海高新技术企业 1 家。

（3）重视海洋科技人才队伍建设。充分激发科技人才的创新活力和潜力，打牢科技创新的人才基础。积极参与“海外学子创业周”活动，开展国际科技合作交流，引导创新要素向海洋领域企业研发一线集聚，不断引进高层次创新人才、高端复合型人才和创新团队。

4. 海洋生态保护

2019 年 5 月，营口市印发了《营口市渤海综合治理攻坚实施方案》，将重点开展陆源污染治理、海域污染治理、生态保护修复行动、环境风险防范等行动。其中，陆源污染治理主要包括入海河流污染治理、入海排污口排查整治、严格控制工业直排海污染源排放、“散乱污”企业清理整治、水污染物排海总量控制、严格环境准入与退出。海域污染治理主要包括海水养殖污染治理、船舶污染治理、港口污染治理、海洋垃圾污染防治、建立实施湾长制等。

（五）盘锦

盘锦市是中国重要的石油、石化工业基地，是辽宁沿海经济带重要节点城市之一。

1. 发展概况

近年来，盘锦市把海洋产业作为转型发展的关键，海洋经济总量和竞争力加快提升。2015 年以来，海洋经济实现连续四年增长，已经成为全市发展的重要支撑（见图 1－11）。滨海旅游业、海洋渔业和海洋交通运输业是其支柱产业。

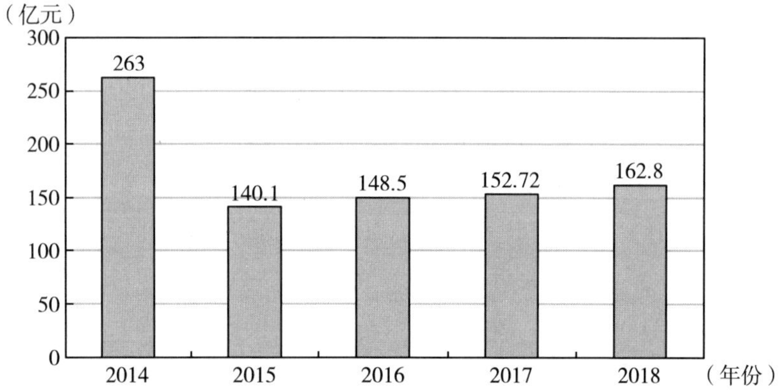

图 1－11　2014～2018 年盘锦海洋产业增加值

2. 重点产业发展情况

（1）海洋渔业。按照“经济循环型、资源节约型、环境友好型”的发展理念，建设现代海洋渔业产业体系。加强水产原良种繁育，加快制定水产良种发展规划，重点建设一批河蟹、泥鳅、海参、贝类、海蜇等具有竞争优势的大宗品种和优势品种的遗传育种中心和原良种场，提高水产苗种质量和良种覆盖率。大力发展标准化健康养殖，提升产业规模和效益，积极建设养大蟹示范区，全面谋划盘锦河蟹推介和营销，进一步提升品牌知名度和影响力，“盘锦河蟹”成功注册《地理标志证明商标》，2018 年被认定为“辽宁省著名商标”。充分利用国家减少渔用柴油价格补贴鼓励转产转业的惠渔政策，切实强化渔业资源保护与修复，积极开展增殖放流。渔业基础设施建设加快推进，二界沟中心渔港、东北亚海产品交易中心、辽宁每日现代渔业产业园、香港宏安集团扩建胡家河蟹市场、生物多样性保护区建设和人工鱼礁建设等一批重大项目顺利实施或建成投产。

（2）滨海旅游业。盘锦市地处渤海之滨，南邻辽东湾。境内海岸线长 118 千米，海域面积 1425 平方千米。盘锦沿岸旅游资源潜力巨大，依托独具特色的滨海芦苇湿地、红海滩等自然资源和历史积淀形成的辽河口文化，盘锦成为辽宁唯一的国家全域生态旅游示范区创建城市，红海滩旅游度假区为国家级生态旅游示范区。

盘锦科学谋划推进旅游业发展，积极推进旅游项目建设，加快辽东湾新区、红海滩旅游度假区、红海滩国家风景廊道等重点景区和旅游区建设，推动大洼黄金珠宝城、台北士林夜市、兴隆台文化艺术区等重点旅游项目落实到位，打造盘锦特色旅游精品。提高旅游服务监管水平，完善旅游服务功能，进一步加强旅游基础设施建设，提升设施配套水平和服务接待能力。加大监管力度，保持旅游市场的良好秩序。加大旅游对外宣传力度，充分利用中央电视台、微信等各级各类媒体，通过机场、火车站、动车组等宣传盘锦景区。

盘锦拥有国家 A 级旅游景区 16 个、星级以上宾馆 10 家、旅行社 63 家。2018 年，接待国内外旅游者 3048.65 万人次，比上年增长 15.7%。其中，接待国内旅游者 3036.93 万人次，增长 15.7%；接待入境旅游者 11.72 万人次，增长 2.8%。全年旅游总收入 253.1 亿元，比上年增长 15.1%。其中，国内旅游收入 246.3 亿元，增长 15.5%；旅游外汇收入 10284.6 万美元，增长 3.1%。

（3）海洋交通运输业。盘锦以港口为核心，相继建成了疏港铁路、沈盘铁路、高速公路、国省干道等一大批基础设施，联合查验功能和大通关体系加快完善，海铁联运、海陆联运快速发展，保税物流中心即将封关运作，涉海公共服务能力与效率不断提升。盘锦成为辽宁三条通往欧洲国际大通道的重要节点，成为东北及蒙东地区最便捷的出海口之一。

盘锦加快发展原油及化学品运输、粮食物流及油脂加工等临港物流业。目前，以粮食加工物流、集装箱物流、保税物流、交通运输物流、贸易物流、集装箱班轮航线开辟等为重点，已签约落地引进中储粮、汇福粮油集团、益海嘉里集团、北大荒集团、京粮集团等粮油加工、仓储、物流等粮食产业项目 8 个，总投资 243 亿元。石化、粮食两大交易中心建设正在有序推进，临港经济成为经济发展的新引擎。

（4）海洋工程装备制造业。海洋工程装备制造曾经是盘锦一大特色产业，主要发展海上自浮式钻井平台等高端海洋装备制造。2012 年，由中石油旗下的渤海装备辽河重工有限公司自主研制的，拥有完全自主知识产权的第一艘自升式海上钻井平台 CP－300 正式交付使用，填补了国内自升式海洋钻井平台自动化的技术空白。

3. 海洋科技创新

盘锦依托大连理工大学盘锦校区的优质教育资源和科技研发能力，引进了一批科技类高端创业人才，产学研协同创新迈向深度融合。大连理工大学科技园成功入驻 9 家企业研发中心。光合蟹业等 3 个省级专业技术创新平台、水产业和海洋工程装备 2 个省级技术创新战略联盟成功组建。忠旺研究院和运橡胶研究院正在全力打造国家级工程技术研究中心。无人机、新材料等战略性新兴产业加快发展。实施了一批重大产业创新战略项目，钻井平台、钻机、顶驱、抽油机等产品均达到国际先进水平。

4. 海洋生态保护

近年来，盘锦全面开展滨海湿地生态恢复工作。在国家海洋局的大力支持下，投资 3 亿多元，对近 6 万亩滨海湿地进行生态修复，全面启动“退养还滩整治工程”。2019 年将全面完成辽河口海域 8.4 万亩围海养殖池塘的回收以及周边滩涂潮沟的整治，恢复其自然滩涂地貌。2019 年 5 月，盘锦市政府办公室印发了《盘锦市渤海综合治理攻坚战实施方案》，将任务分解到各个责任单位，确保渤海综合治理攻坚战方案的顺利实施。

（六）葫芦岛

葫芦岛是环渤海经济圈最年轻的城市之一，扼关内外之咽喉，为中国东北地区的西大门，素有“关外第一市”之称。

1. 发展概况

葫芦岛滨海旅游业、海洋渔业、海洋交通运输业历史悠久，发展稳定。海洋船舶工业、海洋工程装备制造业等新兴产业正在崛起。泳装产业特色显著，市场份额约占全世界1/4，与福建晋江、浙江义乌并称为全国泳装三大基地。

2. 重点产业发展情况

（1）海洋渔业。葫芦岛海岸线全长260千米，居辽宁省第二位。拥有500万亩近海水域、21万亩沿海滩涂，海洋资源丰富，年产海产品200万吨。积极推动水产品加工业发展，扶持壮大了一批水产品加工龙头企业，开发了一批拥有自主品牌和附加值高的水产品，葫芦岛市菊花女食品加工有限公司2018年被评为全国轻工业电商百强企业。在海洋牧场方面，葫芦岛被列入国家级海洋牧场示范区建设规划（2017～2025年）。

（2）滨海旅游业。葫芦岛市是中国优秀旅游城市、国家森林城市、国家级园林城市，“中国国际泳装文化博览会”“中国古筝艺术文化节”“中国葫芦国际展销会”等活动的常驻举办城市。葫芦岛全市旅游资源总量357处，世界级6处、国家级37处。现有风景名胜55处，国家A级景区23处，其中4A级景区7处。4A级景区有兴城海滨风景名胜区、兴城古城、葫芦山庄、灵山风景名胜区、觉华岛旅游度假区、九门口水上长城、绥中县银泰水星海洋乐园等。旅游业总体发展态势良好，旅游总收入和旅游者人数逐年提升（见表1－12）。

表1－12　2015～2018年葫芦岛旅游业发展情况

数量 年份	旅游总收入		国内旅游者人数		入境旅游者人数	
	（亿元）	增速（%）	（万人次）	增速（%）	（万人次）	增速（%）
2015	145	8.4	1824	12.6	4.4	1.8
2016	167.3	15.4	2064.7	13.2	4.5	2.2
2017	181	8.2	2231.2	8.1	4.6	1.9
2018	205	13.3	2450	9.8	4.7	2.2

（3）海洋交通运输业。葫芦岛积极开展对外合资合作、推动港城互动、以港兴市，把葫芦岛港融入“一带一路”，使港口成为中蒙俄经济走廊与海上丝绸之路衔接的重要节点。2018 年，葫芦岛市港口吞吐量完成 3189 万吨，增长 22.9%。

（4）海洋船舶工业。渤海船舶重工有限责任公司 31 万吨干散货船已交付使用，并列入国家首台套目录。以中盈游艇为代表的游艇产业快速发展，锦龙游艇 2018 年建成投产，实现产值 8.5 亿元，2019 年预计实现产值 15 亿元。

（5）海洋设备制造业。葫芦岛大力发展海洋核动力平台等非船产业。中船重工 719 所海洋核动力平台项目可行性研究报告及厂址区域核应急方案已通过专家评审。总装建造厂 431 厂已经开始进行备料。中广核海洋核动力平台项目正在积极推进。

（6）泳装产业。泳装产业是葫芦岛的海洋特色和支柱产业。经过近年来的跨越式发展，已经完成了由生产加工型到集设计研发、制作加工、市场营销、品牌会展、旅游文化开发、线下实体与线上电商立体营销于一体的服务型平台转变，实现了产业集群化、品牌国际化、营销网络化的产业布局，在企业数量、生产规模、技术水平、产品质量、自主品牌、电子商务及出口创汇等方面，均取得了长足发展。

2018 年，葫芦岛共有泳装生产企业 1200 余家，年产泳装约 1.9 亿件，年产值超 140 亿元。泳装电商超过 3.5 万家，年销售额 50 亿元，相关从业人员 10 余万人。中国兴城泳装企业先后并购了美国 INGEAR、HAPARI，俄罗斯 IGOR，德国 ELEMAR、西班牙 AQUA CUBA 等国外泳装品牌，海外仓遍布美国、俄罗斯、德国、西班牙、巴西等十几个国家和地区。葫芦岛泳装经常亮相巴黎、米兰、伦敦、纽约等国际时装周，是中国民族品牌的代表，为中国名牌走向世界发挥了模范作用。

至 2018 年，葫芦岛国际沙滩泳装文化博览会已连续举办八届，是中国目前层次最高、规模最大、商品种类最全、到会客商最多、成交效果最好的综合性国际贸易泳装产业盛会，国际影响力巨大。

3. 海洋科技创新

葫芦岛积极鼓励企业开展重大技术装备研制工作，壮大海洋制造产业。渤海船舶重工有限责任公司分别投资 2800 万元和 1500 万元研发新一代节能环保超大型原油船产品和新一代节能环保 21 万吨散货船产品；中船重工（葫芦岛）特种电缆有限责任公司分别投资430万元和135万元研发水密电缆和舰用电力、控制、通信电缆。同时，该公司积极加强创新平台建设，与上海至正道化高分子公司联合建设船舰线缆用新材料生产基地和海洋工程电缆国家实验室。葫芦岛拥有涉海高新技术企业2家，国家级孵化器1个，国家级和省级众创空间各1个。

4. 海洋生态保护

葫芦岛坚持树立生态优先、海陆统筹、集约节约的海洋生态保护意识，不断推动海洋生态文明建设稳步发展。2016年至2018年，葫芦岛近岸海域水质达标率均为100%。按照国家和省级层面的海洋督察整改要求，葫芦岛将进一步深化海洋生态环境监测评价工作、规范海洋工程建设项目的审批和监管、实施生态环境保护与修复、加强海洋保护区建设与管理。

三、辽宁海洋产业发展存在的问题

近年来，全省及沿海各市在海洋经济领域虽然取得了积极成效，但与国内其他沿海地区相比，还存在着很大的差距，必须引起高度重视。

（一）发展规划滞后，定位有待提高

向海而生是辽宁沿海经济带的基础优势，沿海区域发展必须充分利用海洋空间和资源。在全球、全国都在大力发展海洋经济的背景之下，辽宁个别地方仍然存在海洋经济意识不浓，海洋经济定位不突出问题。从全省来看，发展海洋经济还未列入省级重点战略，海洋经济在辽宁振兴发展和新旧动能转换中的定位仍需进一步提升。

1. 缺少整体的战略规划

2017年，国家发展改革委、国家海洋局印发了《全国海洋经济发展“十三五”规划》，目前全国11个沿海省、直辖市（不含港澳台地区）基本都制定了海洋经济发展“十三五”规划。辽宁虽然在渔业、渔业科技、港口物流、旅游等领域制定了专项规划，但直到2019年4月才正式启动编制《辽宁省海洋经济发展规划》。2017年，辽宁出台了沿海经济带三年攻坚计划，提出大力发展海洋

经济，但后续具体计划和措施有待及时跟进。

2. 海洋经济战略定位不高

在各类综合规划中，没有突出海洋经济的重要地位，在专项规划中对海洋经济的定位也相对保守，创新驱动不足。在《辽宁省“十三五”规划纲要》全文中，“海洋”一词仅提及 4 次，“沿海”一词仅提及 5 次。而在《山东省国民经济和社会发展第十三个五年规划纲要》中，“陆海统筹，建设海洋强省”独立成篇，规划用了三章内容来详细论述如何优化海洋开发布局、如何抢占海洋科技制高点、如何完善海洋经济体系。

3. 园区发展海洋特色不突出

目前，辽宁的国家级经济技术开发区、国家级高新区、国家级新区、国家自主创新示范区（2 个片区）、自贸区（3 个片区），大多分布在辽宁沿海经济带。但这些产业载体关于发展海洋经济的定位仍不突出，与广东、山东、浙江等沿海省份差距明显。2016 到 2018 年，在国家级海洋经济创新发展示范城市和海洋经济发展示范区建设项目的立项过程中，全国沿海有 10 个省、直辖市和自治区获批此类项目，唯独没有辽宁。

（二）产业结构不优，布局仍需完善

1. 产业结构不优

辽宁省海洋产业结构仍以传统的渔业、港口运输、滨海旅游等产业为主，海洋第二产业规模和实力有待于提高，海洋战略新兴产业比重极低，发展滞后。

2. 产业规模相对较小

2018 年，全国海洋生产总值为 83415 亿元，而辽宁海洋经济总量只有 3140.4 亿元，占比 3.76%，追赶的空间还很大。在主要海洋产业中，除了三大传统海洋产业以外，其他海洋产业的全省总体规模均未达到百亿。

3. 空间分布不均衡

目前辽宁沿海经济带的“一核一轴”相对较强，“两翼”较弱；核心城市大连海洋经济发展领先，但对其他沿海城市的示范辐射作用不强。

4. 海洋空间开发利用不深入

《辽宁省海洋主体功能区规划》中提到，辽宁“60%以上的海域开发利用，集中于近岸10米等深线以浅海域，海洋空间资源开发利用不均衡问题表现突出。海岸和近岸海域空间的高密度、高强度开发，导致近岸海域开发利用潜力、可持续发展能力明显降低。”

（三）海洋科技创新引领作用亟待提升

1. 海洋科技创新要素布局仍需优化

（1）人才方面。目前，辽宁海洋科技人才无论在数量，还是在质量上，与国内海洋经济发展省份相比，仍有差距。《2017年中国海洋统计年鉴》显示，辽宁海洋科技机构从事科技活动人员总数为1836人，在全国排名第6位，虽然位置相对靠前，但绝对数量与北京、广东、山东和上海差距较大，而且人才流失情况较为严重。

（2）金融支持方面。辽宁现有海洋金融的政策体系还不全面、不系统，现有金融工具对海洋经济支持的力度有限，目前只有大连在金融支持海洋经济发展和科技创新方面出台了一系列政策，其他沿海城市还缺少完善的措施。

（3）平台建设方面。辽宁目前拥有各类海洋科技创新平台近150余家，但是存在高校及科研机构平台多，企业平台少；市级、省级平台多，国家级平台少；大连市平台多，沿海其他城市少等问题。

（4）科技创新主体方面。全省涉海类高新技术企业数量还不到60家，涉海类科技型企业不多，难以承担众多领域科技创新的重任。

2. 关键领域科技攻关仍需加强

辽宁在现代海洋牧场建设、水产品保鲜及初级加工、海洋船舶工业、海洋装备制造业、泳装产业等领域具有一定的技术优势。但从总体上看，辽宁海洋经济创新驱动的程度还远远不够，科技对经济带动能力有限。目前，辽宁还没有形成全方位的海洋科技创新体系，在海洋生物医药产业、海洋能源产业、海水利用产业、海洋高端装备、海洋生态环境保护、现代海洋物流产业等战略新兴产业领域的创新能力相对较弱，关键领域的重大科技攻关数量较少，各个产业的信息化和智能化程度也有待进一步提升。

3. 科技成果转化体系需要完善

《2017 年中国海洋经济发展报告》显示，我国海洋科技成果转化率仅为 25% 左右，远低于发达国家的 70%，实现产业化的不足 5%[①]。辽宁海洋科技成果转化和成果应用与上海、山东和广东存在差距，加剧了海洋产业发展的滞后性[②]。

（四）海洋生态环境保护需要进一步加强

1. 海洋污染物控制仍需加强

入海河流污染、入海排污口、“散乱污”企业、沿海城乡生活污染、海洋渔业污染和滨海旅游业污染都给海洋生态环境造成了直接的影响，沿海园区建设和港口扩张更是进一步加大了对海洋生态环境的压力。依据《2018 年辽宁省生态环境状况公报》，2018 年全省共对 76 个陆源入海排污口监测 412 次。达标排放次数占监测总次数的 81.3%。其中渤海监测入海排口 42 个，达标排放次数占监测总次数的 79.0%。黄海监测入海排污口 34 个，达标排放次数占监测总次数的 84.4%。主要污染指标为总磷、化学需氧量、氨氮和悬浮物。工业、市政、排污河和其他类型排污口的达标次数比例分别为 76.5%、87.2%、77.4% 和 95.8%。未达标排放的占比仍然很高。海洋生态环境治理“上热、中温、下冷”问题突出。

2. 海水水质仍有较大改善空间

依据《2018 年辽宁省生态环境状况公报》，2018 年省辖海域面积为 41300 平方千米，其中一类海水水质面积占比 52.7%，二类占 37.3%，三类占 3.8%，四类占 2.2%，劣于四类海水水质面积 1639 平方千米，占 4.0%。劣于四类海水水质主要分布在辽河口至大辽河口、普兰店湾和鸭绿江口近岸海域，主要污染要素

---

① 国家发展与改革委员会，国家海洋局．《2017 年中国海洋经济发展报告》［M］．北京：海洋出版社，2017.

② 李显显．对中国沿海地区海洋科技与海洋产业耦合协调发展研究［J］．海洋经济，2017（2）：30－38.

为无机氮和活性磷酸盐。渤海省管海域面积中，一类、二类占比 80%；黄海省管海域面积中，一类、二类占比 95.4%。近岸海域中，渤海湾、辽东湾海域水质堪忧，仍然处于污染排放和环境风险的高峰期、生态退化和灾害频发的叠加期。

3. 对围填海管理的监管有待加强

随着海洋经济的发展，用海用地规模不断扩大，海洋工程逐步增多，围填海领域存在问题较多。2018 年国务院海洋督察组向辽宁反馈围填海专项督察情况，指出辽宁在围填海管理、近岸海域陆源污染防治等方面仍然存在问题。

4. 岸线和湿地资源存在破坏现象

由于近岸大规模建设开发，缺乏管护措施，一些岸滩出现较大程度砂土流失、岩石风化、沙质退化。岸线附近还存在违建房屋、渔船乱停、私采乱挖、垃圾遍地等影响城区环境的脏、乱、差现象。海岸带的持续的开发和利用也造成了湿地面积严重退化及减少。由于人工开地、填海造田，使原生芦苇湿地面积减少，自然水系遭到一定程度的破坏。由于海岸大坝与围海养殖池塘的修建，切断了各潮沟与海、河的通道，导致滩涂植被发生明显变化，覆盖度下降。

（五）海洋产业管理体制机制仍需优化

1. “九龙治海”问题仍然存在

过去一段时期，海洋经济基本上是依据资源的自然属性发展起来的，大部分是按行业和部门分头运作和管理的，对整体海洋经济资源的多头管理、条块分割状态，利益割据导致了资源浪费、效益低下及环境破坏。在各级自然资源部门组建以后，“九龙治海”情况有所改善，但问题仍然存在。目前，辽宁海洋产业管理职能分散在省发改委、自然资源厅、工信厅、交通运输厅、文旅厅等多个部门。管理服务未形成合力，管理措施缺乏系统性、全局性和针对性。

2. 海洋经济统计体系尚不完善

目前，辽宁还没有建立统一口径、完善的海洋产业统计体系。2006 年，国家已经出台了海洋产业统计标准（GB/T 20794 - 2006《海洋及相关产业分类》），国家海洋局每年发布海洋经济统计公报，但辽宁有关部门及沿海各市还不能及时发布“海洋经济”公开统计数据，对相关研究与决策缺乏必要支撑。

四、加快辽宁海洋产业发展的建议

辽宁全面振兴、全方位振兴需要把海洋经济作为新动能，必须坚持陆海统筹，深入实施创新驱动发展战略，着力推动海洋经济高质量发展。

（一）必须高起点谋划海洋产业发展

党的十八大做出了建设海洋强国的重大部署。党的十九大进一步明确提出“坚持陆海统筹，加快建设海洋强国”。习近平总书记多次强调“建设海洋强国是中国特色社会主义事业的重要组成部分，要进一步关心海洋、认识海洋、经略海洋，推动我国海洋强国建设不断取得新成就。”2019 年 7 月，李克强总理在大连考察时强调“辽宁海岸线长、港口条件优越，是个聚宝盆，要坚持转身向海全面开放，深化对内对外合作，力争站到国际竞争上风口，辐射带动东北地区振兴发展。”

发展好海洋经济是新时代赋予辽宁的新使命，全省上下必须转变观念，切实增强海洋意识，把建设“海洋强省”提升为省级重点战略，尽快出台高层次的辽宁海洋经济发展规划，制定细分产业规划，对全省海洋经济进行合理的空间布局，打造辽宁沿海经济带升级版，使之成为辽宁全面振兴、全方位振兴的蓝色新动能以及新时代海洋强国的重要增长极。

2020 年，辽宁将启动“十四五”规划编制工作，在规划编制中，必须把海洋经济提升到新高度，准确把握辽宁海洋经济的发展现状，科学设置发展目标，合理规划海洋产业体系和空间布局，详细谋划海洋科技创新和海洋生态保护，加快发展海洋高新技术产业。在各类相关的专项规划中，要始终把辽宁作为海洋大省来整体考虑，实施海洋强省重大战略。在沿海各市的规划中，要格外强化海洋经济的地位和作用。要积极研究国内外沿海发达地区的建设经验，取长补短，力争上游，思想更解放一些，胆子更大一些，步子更快一些，措施更多一些。

（二）优化海洋产业结构布局，构建现代海洋产业体系

积极贯彻党的十九大报告关于“建设现代化经济体系，实现经济高质量发

展”的战略要求，着力构建实体经济、科技创新、现代金融、人力资源协同发展，互联网、大数据、人工智能和实体经济深度融合的产业体系。

1. 优化海洋产业空间布局

辽宁构建现代海洋产业体系，可以在辽宁沿海经济带“一核、一轴、两翼”总体空间布局基础上，通过“一带发展，一核示范，多点驱动，三极增长”，实现辽宁海洋产业空间布局优化和转型升级。

（1）一带发展。“一带”即辽宁沿海经济带。辽宁沿海经济带开发开放10年以来，“临港产业”获得快速发展。未来10年以至更长时间，辽宁沿海经济带要打造升级版，必须把“海洋产业”作为发展重点，实现“临港产业”与“海洋产业”融合发展。

（2）“一核”示范。“一核”即大连市。大连市是辽宁沿海经济带的核心城市。大连涉海高校资源丰富，拥有较多的人才、平台和载体，海洋科技创新能力较强，海洋经济基础较好。作为辽宁发展海洋产业的核心城市，未来要强化引领、示范和带动作用，推动技术扩散和产业转移。

（3）“多点”驱动。“多点”即“多个产业园区”。依托大连金普新区、辽宁自贸区大连和营口两个片区以及多个国家级、省级开发区，构建“1+2+N”开放和创新平台，设置海洋产业专业园区，大学科技园、创业园等载体，多点共同发力，形成合力，驱动海洋产业快速发展。

（4）“三极”增长。“三极”即指海洋传统产业、海洋服务业、海洋新兴产业三个领域。要基于区位、资源和产业基础，通过产业细分，实现错位发展、特色发展，加快转型升级海洋传统产业，提质升级海洋服务业，扩能升级海洋新兴产业，构建辽宁现代海洋产业体系，推动海洋产业与临港产业融合发展，打造辽宁沿海经济带升级版。

2. 构建现代海洋产业体系

（1）改造提升海洋渔业、滨海旅游业和海洋交通运输业。海洋渔业，在建设海洋牧场和巩固初级加工业的基础上，积极向产业链下游延伸，充分利用科研院所资源，重点做大做强海洋健康食品产业。滨海旅游业，要做大海洋文化产业、海洋体育业等朝阳产业。海洋交通运输业，在现有业务的基础上应积极推进智慧港口建设。

（2）创新发展海洋船舶工业、海洋设备制造业、海洋化工业、海洋电力业。

作为海洋第二产业的主战场，辽宁要继续保持海洋船舶工业的优势，促进船舶工业军转民。稳步扩大海洋设备制造业、海洋电力业的规模，强化海水化学资源利用，包括海水制盐、海水提钾、海水提溴、海水提镁等。在鼓励本地企业发展壮大的同时，也要积极从外部招商引资，共同开发建设类似大连庄河和丹东东港海上风电项目的大项目，形成更多专业化的产业集群，同时不断提升自主创新能力，提质增效。

（3）发展壮大海洋生物医药业、海水利用业、海洋信息服务业等海洋战略新兴产业。延长海产品产业链条，通过深度研发，制成海洋生物医药、医用材料、功能食品和化妆品，提升产品附加值。鼓励沿海缺水城市建设海水淡化民生保障工程，鼓励海岛、船舶和产业园区扩大海水利用规模，积极提升海水利用创新能力，扩大海水利用业产能。利用计算机、网络、现代通信技术等手段，对海洋信息进行生产、收集、加工、存储、检索和利用，并以信息为产品，为海上航运、滨海旅游、沿海养殖、海洋渔业、海洋资源开发等企业、管理部门、研究机构提供智能化服务。

（4）大力发展海洋科研教育管理服务业。重点加大对涉海高校学科、平台的支持力度，推动相关学科和专业加强合作。支持大连理工大学、大连海事大学、大连海洋大学、大连工业大学、辽宁师范大学、渤海大学在相近领域建立产业技术创新联盟，更好地对接地方经济发展，在海洋环境监测预报服务、海洋保险与社会保障、海洋科学研究、海洋技术服务、海洋地质勘查、海洋环境保护、海洋教育、海洋管理等领域为企业和地方解决实际问题。

（5）培育发展其他海洋及相关产业。积极发展海洋工程建筑业、海洋农林业、涉海产品及材料制造业、涉海建筑与安装业、海洋批发与零售业及涉海服务业，为主要海洋产业提供重要的支撑。

（三）提升海洋科技创新能力，引领海洋经济转型升级

1. 要加快培养引进海洋科技人才

（1）依托省内涉海高校培养高质量的海洋科技人才。建议教育、人力资源管理等相关部门对涉海类高校人才培养情况进行摸底调查，建立海洋经济专项人才数据库，为各主要海洋产业提供详细的人才信息。建议教育主管部门制定《涉海学科和专业发展规划》，加大投入力度，强化海洋科技创新人才培养。要深化

人才培养模式改革，使涉海高校学科专业与产业需求紧密对接，深化校企合作，实行订单式培养，引导毕业生在辽就业创业。

（2）加强域外人才引进工作。把海洋科技人才引进纳入辽宁人才引进专项规划，重点支持。人才引进要与辽宁海洋产业结构布局相衔接，支持重点区域、重点学科、重点产业、重点企业和重点项目。

2. 加快培育发展海洋金融

海洋金融包括海洋信贷、基金、保险、信托、证券以及地区间的金融合作等金融手段，本质上是一种产业金融。鼓励沿海各市积极申报国家级海洋经济示范项目，争取中央财政资金支持。强化政策引导，协同推进政策性银行、开发性银行和商业性银行实施产品创新，引导银行设立“海洋科技贷”服务，支持涉海企业参与“一带一路”建设和海洋经济发展。组建辽宁海洋产业发展基金，扶持创新型涉海企业成长壮大。引导风险投资支持海洋初创企业，支持涉海企业进入资本市场。加强省内外海洋金融合作，积极发展海洋保险业，并设立海洋产权交易平台。

3. 优化提升海洋科技创新平台

必须加快建设重大科技基础设施和海洋技术创新平台，优化海洋科技创新基地布局，建立健全海洋相关重点实验室、技术中心、创新联盟、院士工作站、产业研究院、科技创新中心、协同创新中心、众创空间等各类平台，构建具有辽宁特色的区域海洋科技创新体系。要调查全省海洋科技创新平台建设情况，建议由科技主管部门会同海洋产业相关主管部门对海洋类创新平台进行统一规划和统筹管理。要对接海洋产业定位，大力发展高校创新平台，加大人才、资金投入力度，提升平台创新能力，加速科技创新及成果转化效率。要推动涉海企业海洋科技创新平台建设，依托上下游企业、同行企业及高校进行合作创新。要加强区域新型创新平台建设，加强与山东、广东等省重大海洋科技创新平台合作，在人才培养和科研项目上开展合作，或将科研项目外包，实现“借鸡生蛋”或“借鸡孵蛋”。要探索与“一带一路”沿线国家和中国—中东欧“17+1”合作国家共建科技平台。

4. 培育壮大海洋科技创新主体

大力培育创新型企业，建立“涉海小微——千帆企业——科技小微——规上企业——高新企业”梯次培育体系。加速发展涉海中介组织及涉海高校，大力发展涉海信息服务、专业技术服务、环境监测及治理服务、科技培训、科技咨询、人才市场、知识产权及相关法律服务、科技成果转化服务等服务业，为涉海制造业企业提供创新支撑。

5. 打造优化海洋科技创新载体

要充分依靠现有产业载体，在现有产业结构基础上，强化海洋产业定位或设置海洋产业专业园区，然后通过海洋科技创新，推动相关产业发展。大连市应该进一步强化海洋强市战略，充分利用海洋科技人才、平台和载体优势，强化海洋科技创新，按照海洋经济创新发展示范城市和海洋经济示范区标准高水平建设，建成具有国际影响力的海洋科技创新中心。

（四）高度重视和加强海洋生态环境保护工作

1. 坚定实施海洋生态“红线”制度

要增强海洋生态环境保护意识，坚定实施渤海、黄海海洋生态“红线”制度，按照生态红线区管控措施，严格区域限批，严把海洋工程环评核准关，加强现场监管，杜绝高能耗高污染产业转嫁海洋，切实减轻海洋环境压力，建设美丽海洋、生态海洋和文明海洋。

2. 加强源头管理与污染治理

要加大源头管控，统筹推进近岸海域环境综合整治。加强陆源污染防控，加强入海排污口溯源排查力度，大力推进排污口清理整治，提高达标排放程度，加大入海河流污染治理力度，推进沿海地级以上城市污水处理厂提标改造。严格近岸近海开发管控，强化海上污染防控。要积极推进海岸与海洋生态保护与修复，进一步减少劣四类和四类海水水质的面积和比例。

3. 认真贯彻落实督察整改任务

要认真贯彻落实中央生态环保督察组、国家海洋督察组督察反馈意见整改任务，能立即整改的要立行立改，不能立即整改到位的要实事求是研究制定整改方案，明确整改目标、完成时限和责任人，确保整改工作落实落到位，已完成整改的要坚决杜绝再次出现类似问题。

（五）构建协同高效的海洋产业管理体制机制

1. 健全产业管理体制

青岛市和厦门市都成立了专门的海洋发展局，取得了较好的效果。辽宁如果不能在部门设置上有所突破，至少应该推动海洋产业从“分散管理”转向“协同管理”。

（1）组建“海洋经济发展委员会”。即不对现有部门进行调整，但要在省市两级层面组建“海洋经济发展委员会”，由省、市主要领导任主任，发改、自然资源、工信、交通运输、文旅、金融等部门机构主要领导任委员。委员会作为一个跨部门、跨行业的虚拟组织，负责海洋产业发展的战略规划、政策细则、产业推进、海洋科技、海域使用与海岛利用、渔政和渔港、海岸带保护等事项进行集中研讨，形成系统的海洋经济的政策体系并推动实施。

（2）建立海洋经济发展联席会议制度。由省市主要领导作为会议召集人和主持人，相关部门机构主要领导作为会议成员，定期召开会议研讨解决海洋经济协调发展问题。

2. 完善统计对决策的支持机制

要推动统计部门根据《GBT 20794－2006 海洋及相关产业分类》全面系统地开展海洋经济统计工作；及时发布统计公报；加强产业相关主管部门之间的横向联系，确保统计工作质量。在此基础上，可以建立海洋产业发展数据库或信息平台，为政府决策提供支持，为产学研合作创新提供接口。

3. 建立对口山东、青岛合作机制

辽宁和山东都处于环渤海经济圈，隔海相望，地缘关系紧密。近年来，山东海洋经济发展十分迅猛，定位高，思路清、发展快、创新强、干劲足。山东海洋科技资源丰富，海洋经济发展走在全国前列，青岛海洋经济在沿海城市当中又属于排头兵。建议辽宁学习山东，大连学习青岛，双方建立对口合作机制。在人才、平台、科技、产业、载体等方面深化全方位合作，努力推动优势互补、良性互动、协同发展、互利共赢。

专题报告二

辽宁海港、陆港和空港融合发展研究报告

一、引　　言

2017 年 10 月，党的十九大报告做出了“坚持海陆统筹，加快建设海洋强国”的重大战略部署。2019 年 1 月，辽宁港口集团成立标志着辽宁沿海港口资源优化整合迈进新的发展阶段。与此同时，2019 年辽宁省政府工作报告明确指出“加快港口全面整合步伐，推动海港、陆港、空港融合发展”作为促进辽宁省陆域经济与海洋经济互动联动发展的重要手段。辽宁沿海港口的发展对建设辽宁海洋强省具有巨大引擎作用，以沈阳港、东北冷鲜港为代表的内陆港口可为辽宁海港提供重要的货源腹地和业务支持，而以沈阳桃仙国际机场和大连周水子国际机场为首的空港口岸对丰富小、快和高附加值货源货种具有重要补充作用。随着辽宁省深度融入共建“一带一路”，只有将海港、陆港和空港全面整合，形成以海港为龙头、陆港为心脏、空港为羽翼三位一体的立体交通物流网络，才能有效统筹辽宁海域、陆域与空域经济，构建辽宁区域经济发展新格局。辽宁是东北地区唯一的沿海省份，以辽宁沿海港口整合为契机、推动海、陆、空港融合发展是实现辽宁海域、陆域与空域互动联动发展的重要战略措施，对深入推进东北振兴，辽宁全面振兴、全方位振兴具有重大战略意义。

二、辽宁海陆空三港的现状

（一）海港

辽宁海港主要包括大连港、锦州港、营口港、丹东港、葫芦岛港和盘锦港。海港主要支柱产业有石油化工、装备制造、冶金、农副产品加工、船舶机械等。其中每个港口均有石油化工业务，装备制造业以大连港和营口港为主，农副产品加工以锦州港和丹东港为主。依靠这些支柱产业，辽宁省各港口从 2014 年以来得到稳步发展。辽宁省各港口 2014 ~ 2018 年货物吞吐量和集装箱吞吐量分别如图 2 - 1 和图 2 - 2 所示。

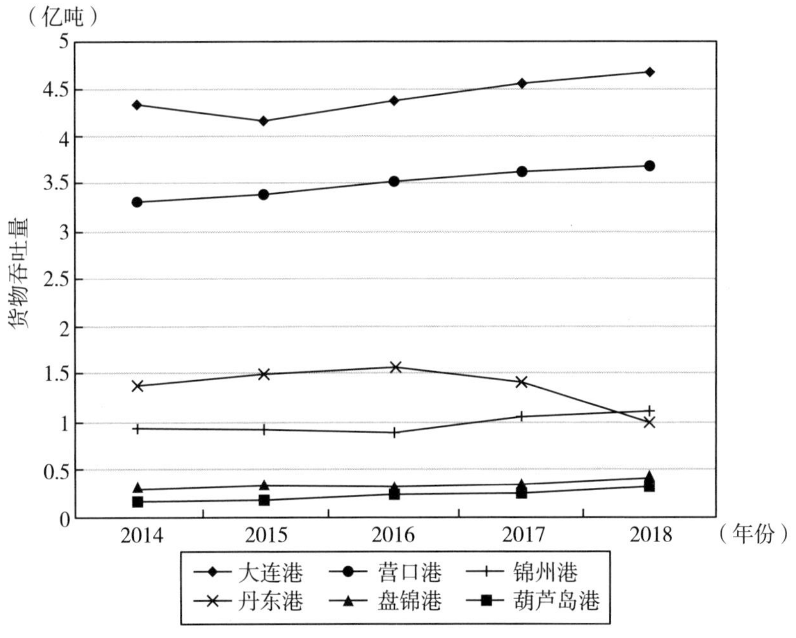

图 2 - 1　辽宁省各海港 2014 ~ 2018 年货物吞吐量

资料来源：2015 ~ 2018《辽宁统计年鉴》《辽宁年鉴》《中国港口统计年鉴》。

由图 2 - 1 可知，在辽宁省各港口中，大连港货物吞吐量最大，2015 ~ 2018 年，逐年增长，增速较快；营口港货物吞吐量仅次于大连港，并逐年增长；锦州港和丹东港的货物吞吐量紧随其后，2018 年，锦州港货物吞吐量呈上升趋势，

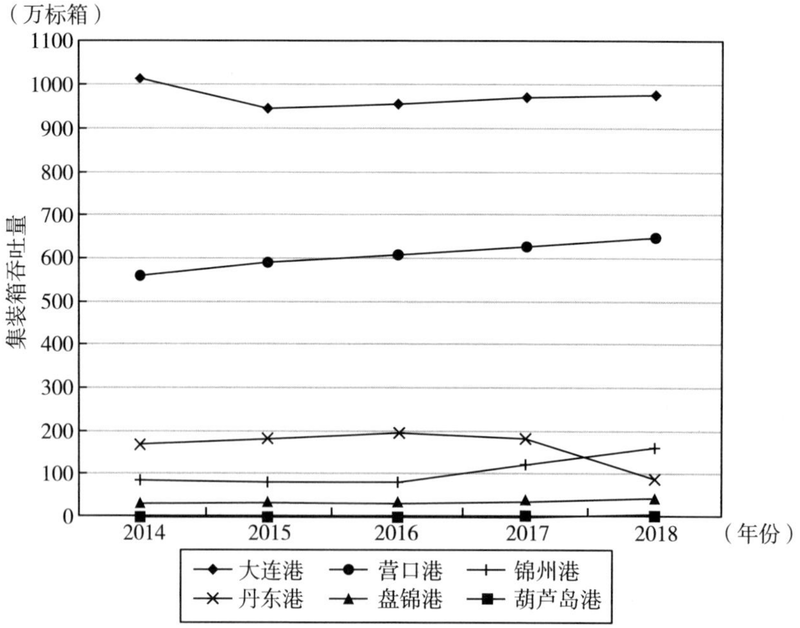

图 2－2　辽宁省各海港 2014～2018 年集装箱吞吐量

资料来源：2015～2018《辽宁统计年鉴》《辽宁年鉴》。

而丹东港货物吞吐量呈下降趋势；盘锦港和葫芦岛港的货物吞吐量最少，每年的数据较为平稳。

由图 2－2 可知，2014～2017 年，辽宁省各港口集装箱吞吐量排名依次为：大连港、营口港、丹东港、锦州港、盘锦港和葫芦岛港。2018 年锦州港集装箱吞吐量反超丹东港，成为辽宁省集装箱吞吐量排名第三的港口，但与大连港和营口港还有一定差距。

辽宁省海港总体呈现以大连港和营口港为中坚力量，带动其他小港发展的趋势。大连港的货物吞吐量和集装箱吞吐量一直保持绝对领先地位。大连港是哈大线的终点，以东北三省为经济腹地，是东北的门户。至 2019 年，大连港货物吞吐量排名全国第十，集装箱吞吐量排名全国第八。目前，大连港已成为中国主要集装箱海铁联运和海上中转港口之一。营口港是东北地区及内蒙古东部地区最近的出海港，东北地区最大的货物运输港，辽东湾经济区的核心港口。凭借着优越的地理位置，成为辽宁省吞吐量第二的大港。至 2019 年，营口港的集装箱吞吐量跻身于全国十大港口之列，排名第十，货物吞吐量排名全国第十八。辽宁省其他小港的货物吞吐量和集装箱吞吐量远远不如大连港和营口港。若要真正实现大港带动小港共同发展，港口整合是必经之路。

为全面提升港口竞争力，实现辽宁省港口共同繁荣，招商局集团和辽宁省政府于2017年启动辽宁港口整合工作。以大连港集团有限公司、营口港务集团有限公司为基础，开展央企、地方合作。辽宁省政府与招商局集团签署了《港口合作框架协议》，双方合作建立辽宁港口统一经营平台——辽宁东北亚港航发展有限公司。2018年2月，大连港集团、营口港务集团股权划分工作完成，并完成工商变更。2018年11月，招商局集团、辽宁省、大连市、营口市、辽宁东北亚港航发展有限公司签署了辽宁省港口合作增资协议，招商局集团通过增资方式入股辽宁东北亚港航发展有限公司，并取得49.9%的股权，辽宁东北亚港航发展有限公司办理完成更名及增资相关的工商变更登记，正式变更为“辽宁港口集团有限公司”。2018年12月3日，股权交割工作顺利完成。2019年1月，辽宁港口集团正式挂牌成立，标志着辽宁港口整合取得重大突破和进展。整合以前，辽宁省海港运营主体和股权结构及实际控制人如表2-1所示。

表2-1　辽宁省各海港运营主体①

港口	运营主体	运营港区	股权结构	实际控制人
大连港	大连港集团有限公司	大窑湾港区、长兴岛港区、太平湾港区	大连市国资委持股100%	大连市国资委
营口港	营口港务集团有限公司	鲅鱼圈港区、营口港区、仙人岛港区	营口市国资委持股100%	营口市国资委
锦州港	锦州港股份有限公司	笔架山港区、龙栖湾港区	最大股东为大连港投融资控股集团有限公司持股19.08%	无实际控股人（第一大股东大连港投融资控股集团有限公司为大连港集团子公司）
盘锦港	盘锦港集团有限公司	荣兴港区	营口资产经营有限公司持股80%	营口市国资委

① 资料来源：辽宁省各海港公司年报、募集说明书，中债资信整理。

续表

港口	运营主体	运营港区	股权结构	实际控制人
葫芦岛港	葫芦岛集团有限公司	柳条沟港区	最大股东为宏运集团有限公司持股 50.54%	自然人王宝军
	绥中港集团有限公司	绥中港区	营口港务集团持股 100%	营口市国资委
丹东港	丹东港集团有限公司	大东港区、浪头港区	最大股东为日林实业有限公司（香港）持股 36%	自然人王文良

由表 2－1 可知，辽宁省港口整合以前，各港口主要运营商为大连港集团、营口港务集团、丹东港集团及锦州港股份。其中，锦州港股份为 A 股上市公司，其第一大股东大连港投融资控股集团有限公司为大连港集团子公司，持有 19.08% 股份；盘锦港集团有限公司原为营口港务集团全资子公司，虽然 2014 年营口港务集团将其持有的盘锦港集团股份全部转让给营口市资产经营公司，但盘锦港仍归属营口港务集团统一管理运营；葫芦岛港包括柳条沟港区和绥中港区两个规模化港区，规模均很小，分别由葫芦岛港集团和绥中港集团运营，其中前者第一大股东为民营企业宏运集团，后者为营口港务集团全资子公司；丹东港运营主体丹东港集团为中外合资企业，其第一大股东为民营企业日林实业有限公司（香港）。2018 年 12 月股权交割工作完成以后，大连港和营口港的股权结构为：辽宁省国资委占股 50.1%，招商局辽宁占股 49.9%。大连港的运营主体不变，仍为大连港集团有限公司，实际控制人由大连市国资委转变为辽宁省国资委；营口港的运营主体不变，仍为营口港务集团有限公司，实际控制人由营口市国资委转变为辽宁省国资委。2019 年辽宁港口集团挂牌成立以后，辽宁省国资委将其持有的辽港集团 1.1% 的股权无偿转化给辽宁招商局。此次转化后，大连港和营口港的控股股东不变，实际控制人都由辽宁省国资委转变为招商局辽宁。

（二）陆港

陆港，又称内陆港、无水港，是指在内陆地区建立的具有报关、报验、签发提单等港口服务功能的物流中心。在陆港设置有海关、动植物检疫、商检、卫检等监督机构为客户通关提供服务。同时，货代、船代和船公司也在陆港内设立分支机构，以便收货、还箱，签发以当地为起运港或终点港的多式联运提单。内陆的进出口商则可以在当地完成订舱、报关、报检等手续，将货物交给货代或船公司[1]。陆港是内陆城市兴建的大型综合物流园区，一般以公路、铁路、航空为依托，进行对外贸易。随着我国经济的飞速发展，外贸出口量逐年递增，港口的重要作用日益凸显，沿海各地区都在大力改建、扩建、新建港口，港口间的竞争愈演愈烈。如何争取到更广阔的经济腹地和货源，在内陆地区建设陆港，是港口发展的一种必然选择。

2016 年 11 月，《东北振兴“十三五规划”》提出以来，加强陆海统筹、促进陆海互动发展等内容已被提升到战略高度。将港口“内迁”在内陆形成一个拥有除海运外所有港口功能的内陆港，扩大了港口的辐射面积，将无水港城市的区位优势延伸为具有沿海国际性港口城市的优势，实现了沿海港口的可持续性发展。海港与陆港相互影响、相互贯通，是一个有机整体，辽宁省主要陆港的建设均有海港参与。下文以沈阳国际陆港、浑南无水港、法库内陆港、辽中内陆港、义县内陆港、朝阳内陆港和沈阳东北冷鲜港为代表，介绍辽宁省陆港的发展现状。

1. 沈阳国际陆港

营口港为了充分发挥陆港的作用，联合沈阳市政府共同成立沈阳港（集团）有限公司。2016 年 1 月 18 日，沈阳市政府与营口港务集团就合作组建沈阳港（集团）有限公司签约，加快打造沈阳内陆无水港，建设依托陆海联运大通道的经济走廊，加强港口与内陆腹地的联系，实现互动发展。

该国际陆港的建设选址在沈阳，由沈阳市多方面的地理优势决定。沈阳地处辐射辽宁省省内六大港口的四百公里范围内，向南通过沈大、沈山、沈丹等多条铁路连接六大海港，向北、向西借由中欧班列经满洲里、二连浩特口岸出境，有利于打通辽宁省港口深入内陆腹地的大通道，加速形成“1（沈阳陆港）+6（六大海港）”陆海联运对外开放体系。随着近年东北地区经济空间由核心集聚向“轴带拓展、各区联动”演进，以沈阳经济区为代表的辽中南城市群逐渐成为东北地区经济发展的核心[2]。

沈阳港位于沈阳市苏家屯区四环旁，距离桃仙国际机场 15 千米，是沈阳市政府以“营满欧”“沈满欧”班列为载体，对接国家“一带一路”建设，打造以沈阳为核心的集陆港、海港功能于一体的东北亚乃至欧亚国际物流中心。包含快件分拨中心、集中安检中心、综合办公楼、停车场、员工宿舍及相关附属设施，实现多品牌集中分拣、集中安检、人力资源集中调配、运力资源集中安排等多项集约化功能。

沈阳港集团的创建，主要是发挥沈阳中心城市的辐射带动作用，推动沈阳经济区成为辽宁经济发展的发动机和新引擎，带动其他地区加快形成集聚效应，错位发展。通过港口整合，使沈阳的汽车零配件和整车、机械装备等获得最佳进出海口。以沈阳港为载体，依托辽宁沿海各港口，借助沈阳中心的公路、铁路网络和沈阳桃仙国际机场，打造集海运、公路、铁路、航空等多种运输业态为一体的多式联运物流服务平台。

组建沈阳港的新模式，相当于将港口移到了腹地，使近海城市沈阳成为具备所有海港功能的港城。发挥沈阳作为“辽满欧”运输通道重要节点，连接丝绸之路经济带和海上丝绸之路的区位优势，将沈阳打造为东北亚集疏港体系重要节点，建成以“沈满欧”铁路为出口的陆路口岸、以沈阳港为出口的海港口岸、以桃仙机场为出口的空港口岸，形成“三位一体”的海陆空立体枢纽架构。

2. 浑南无水港

营口港在沈阳市浑南新区建立一个占地 4 万平方米的浑南无水港，开通了辽宁中部城市群快捷的出海通道。浑南无水港是以沿海港口为主体组建的无水港，投入运营后，运输能力每年可达 10 万 TEU，占营口港全年吞吐能力的 11% 左右，给营口港带来巨大的经济效益。同时营口港在浑南无水港内建立港务机构，一切物流都可经由专业人员办理，这意味着货物在沈阳就可以办理出关手续，大大降低了沈阳市及周边地区企业出口产品运输的成本，便于大规模运输。沈阳作为东北区域中心城市的重要性越来越明显，无水港将在相当程度上降低相关物流成本，拉近沈阳地区与营口港的空间距离，凸显无水港对辽宁中部城市群经济的巨大拉动效应。

3. 法库内陆港

营口港参与建设的法库内陆港是一座集公路运输、铁路运输、海运、船货代理、仓储、装卸、拆装箱、报关、报检、贸易、分拨配送、信息咨询等功能于一体的提供综合物流服务的内陆港，特许经营粮食收购。法库内陆港位于辽宁省沈阳市法库县法库物流经济区，目前占地 20 万平方米，各种仓储库、集装箱吊运机械及各种陆运机械配备齐全。与营口港已建成直通关运作模式，使营口港与法库内陆港形成有机整体，法库内陆港引入港口先进的信息化服务和场站管理模式，提升了服务水平。

法库内陆港对于进一步辐射辽宁北部、吉林、黑龙江和内蒙古东部地区，完善法库的集疏运网络和物流服务功能，提升法库的物流服务水平，促进法库及周边地区的经济社会发展具有十分重大而深远的影响，并为辽宁北部、吉林、黑龙江和内蒙古东部地区资源发往东南沿海和世界各地开通最便捷的国际物流通道。

4. 辽中内陆港

辽中陆港建立于 2007 年 7 月，总体规划面积为 1097 亩，总投资 10 亿元。一期工程已于 2009 年初建成投入使用，分为集装箱装卸区、大件杂货装卸区、物流存储区、综合服务区及行政管理 5 大功能区和 5 万平方米集装箱、件杂货堆场。已拥有 1 万平方米通用库房 2 座，5000 平方米维修车间 1 座，1000 平方米修洗箱库 1 座，集装箱正面吊、叉车等大型机械全部配套。陆港的服务范围包括货物中转，集装箱物流，仓储管理与配送，货物代理与运输组织等。辽中陆港临近沈阳近海经济区，处于沈西工业走廊的最前端，是服务沈阳及其周边区域货物海运最便捷的出入口和集散地。

5. 义县内陆港

锦州港义县内陆港项目是辽宁辽锦生化科技有限责任公司投资建设，项目位于九道岭产业区，距锦州港 85 千米，是辽西、蒙东及吉林西部主产区粮食输港的必经节点。主要建设集装箱堆场 3 万平方米，30 万吨标准化粮食仓储库，粮食质量检验检测中心，农产品电子交易平台，物流信息平台及粮食综合物流配套设施。

锦州港以辽宁辽锦生化科技有限责任公司现有粮食仓储物流基础设施为依托，在义县设立了锦州港在辽西地区的第一个内陆港。在义县内陆港内，货物可以“一站式”完成订舱、报关、报检、签发提单等一切通关手续，然后通过公铁运输等方式将货物运送到港口，搭乘集装箱实现直接装船出海，即港口内移、就地办单、海铁联运、无缝对接。在义县设立内陆港相当于把锦州港直接搬到了义县。义县除了不临海、没有船外，已具备与锦州港几乎相同的港口功能，借此实现“通江达海”的新跨越。锦州港义县内陆港的建立，使得内陆港与义县两者间相互依存、互利共赢，对锦州港而言，港口将得以开辟发展的“第二战场”，有利于港口完善物流链，实现码头前沿向内陆腹地延伸的转型重构，有利于“北粮南运”黄金水道的进一步发展与壮大；对义县而言，有利于更快融入海洋经济发展，形成腹地与沿海的互动格局，同时也解决了企业烦琐通关的程序模式，效率得以提高，成本得以降低，与企业传统的自主完成运输、报关、检验、吊装、港杂费和港口操作费等相比，在内陆港内“一站式”完成通关手续，再通过公铁联运方式将货物运送到锦州港直至装船出海，每标箱至少可降低费用100 元，从而使企业更具竞争力。

港城合作中，锦州港和义县倾力发展内陆港项目，进一步做大做强粮食业务，使内陆港年中转量达到 10 万 TEU。锦州港把辽宁辽锦生化科技有限责任公司现有的部分仓储库作为延伸仓储库，将申报大连商品交易所指定期货交割库。

6. 朝阳内陆港

朝阳内陆港站由锦州港和辽宁华兴集团朝阳市和兴粮食贸易有限责任公司共同建设，于 2017 年 3 月 14 日揭牌。这是朝阳市的第一个内陆港，对于朝阳市仓储物流业向纵深发展有重要意义。

辽宁华兴集团朝阳市和兴粮食贸易有限责任公司的前身是朝阳县七道岭粮库，于 2014 年由国企转制为民企，是隶属于朝阳县粮食局的中心粮库，主要盛产优质玉米。该库区距离丹锡高速公路南双庙出口 8 千米，307 省道 1 千米，锦州港 45 千米，交通十分便利。该库区现有仓容 15 万吨，是朝阳地区最大的单体库，其基础设施完善，具备承接散粮中转库的优势。年加工 15 万吨粗粮食品车间于 2017 年全面投入建设，达产后公司将成为一个集粮食种植、收购、仓储、加工、贸易于一体的大型综合性粮食开发企业，实现年营业收入 4.5 亿元。朝阳内陆港在此地建设，不仅为企业出口开辟了绿色通道，且对于提升集团、行业影响力，增强一二三产业融合效能，引导当地主导产业健康发展，起到积极推动作用。

7. 沈阳东北冷鲜港

沈阳副食集团和大连港、大连毅都集团三方合作经营东北冷鲜港。东北冷鲜港位于沈阳浑南，紧邻环城高速，距石庙子出口 500 米，距二环新立堡大桥 1 千米，北接沈抚二号线，南邻沈抚大道，门前有轻轨站点及地铁延长线，占地面积 80 万平方米，总投资 30.7 亿元，是目前东北最大的 70 万吨专业冷库。东北冷鲜港占据了沈阳临近大连港的港口贸易优势与沈阳航空港的进出口贸易便利。通过整合农副、海鲜、肉类、果蔬等产品交易，创新打造一站式交易的业务模式；建设多温控冷链仓储物流中心，助推东三省生鲜贸易网络的建设与完善；建设功能强大的内陆港平台，承办各类别商检业务，实现沈阳内陆口岸的优势加强；搭建金融服务平台，充分整合供应链上下游资源，为上下游诚信经营的中小企业提供有力的金融支持。沈阳副食集团针对当前沈阳果品的消费需求日益增长的现状，在东北冷鲜港投入先进的市场配套设施，建设全新的水果交易中心，商户免费入驻，并推出全方位的后续优惠政策，以便更好地实现东北冷鲜港的民生内涵。

东北冷鲜港是集大型冷链仓储、冷链物流、配送分拨、国内国际农产品贸易、金融服务于一体的专业冷链物流产业园区。依托副食集团多年来对市场管理的成熟探索，未来冷鲜港将逐渐完成水果、水产品、冻肉三大品项的融合，总体升级冷鲜港的市场服务平台功能，打造规模化、智能化、现代化、数据化、金融化的交易中心。东北冷鲜港将树立沈阳乃至东三省的果品类冷鲜市场的典范，为传统市场升级为全新的专业冷链物流产业园确立标杆。

内陆港的投资建设与发展模式趋向多样化，在发展外部环境的同时，要不断加强内涵建设，使内陆港成为沿海港口与内陆地区真正实现功能互为延伸的载体平台，在进一步提升沿海港口的服务辐射和带动作用的同时，有效服务和支持内陆地区经济的发展。

（三）空港

空港一般用于冷链运输，生鲜、药品以及很多高科技产品的运输，也可用于医疗器械、贵重物品、图纸资料、关键零部件、货样、单证等小件物品、鲜活易腐物品、活体动物、贵重物品、危险物品、有时间限制要求的物品的快捷运输，比较急用的货物，当公路运输不能满足客户要求的时效的情况下客户也会选择空运。辽宁省境内共有九座机场，其中包括：沈阳桃仙国际机场、大连周水子国际机场、大连金州湾国际机场（在建）、朝阳机场、丹东浪头国际机场、锦州湾国际机场、鞍山腾鳌机场、大连长海机场、营口兰旗机场。

1. 沈阳桃仙机场

沈阳桃仙机场是中国一级干线机场，中国八大区域性枢纽机场之一，东北地区航空运输枢纽和多市公用机场。机场的地理位置十分优越，以机场为中心，距沈阳市中心 20 千米，距抚顺、本溪、鞍山、铁岭、辽阳营口等城市均不超过 100 千米，并通过高速公路与各城市呈辐射状连接，为辽宁经济社会和物流持续平稳较快发展提供有力支撑。根据《全国民用机场布局规划》及《中国民用航空发展第十一个五年规划》将沈阳桃仙机场定位国内骨干中型机场，并突出了沈阳桃仙机场在东北振兴中的地位和作用[3][4]。沈阳桃仙国际机场作为辽宁的重要通商口岸，对沈阳乃至辽宁物流业发展起到重要的促进作用。

依托沈阳桃仙国际机场，可以快速承接世界各地的新鲜水果，例如由智利起飞的全货机能够满载刚刚采摘的水果直接降落到沈阳桃仙国际机场，实现“产地直达”的采购模式。以往只能通过海运方式抵达沈阳，而现在通过空港运达、海港转运、铁路运输等多式联运的方式送达，大大缩短了新鲜水果到居民餐桌的时间。进口的水果可以直接通过空中运输到达沈阳，与沈阳市政府一直大力发展农产品现代流通体系建设和对外贸易有关，政府部门致力于冷鲜产品的产业链与物流链“双链”的研究，在打造冷链 O2O 全程供应链的过程中成功解决冷鲜产品运输“最后一公里”的问题，实现了国内外冷鲜产品快速配送的想法。沈阳桃仙国际机场又开放了进境冰鲜水产品和活体动物运输，由桃仙机场参与合作的“海陆空立体”冷链物流网络平台，可以将水果等直接跨洋运输到东北地区。有了政府政策的支持和密集的空中交通网络，将带动沈阳物流业的崛起。统计沈阳桃仙国际机场 2015～2018 年货邮吞吐量（如图 2－3 所示）。

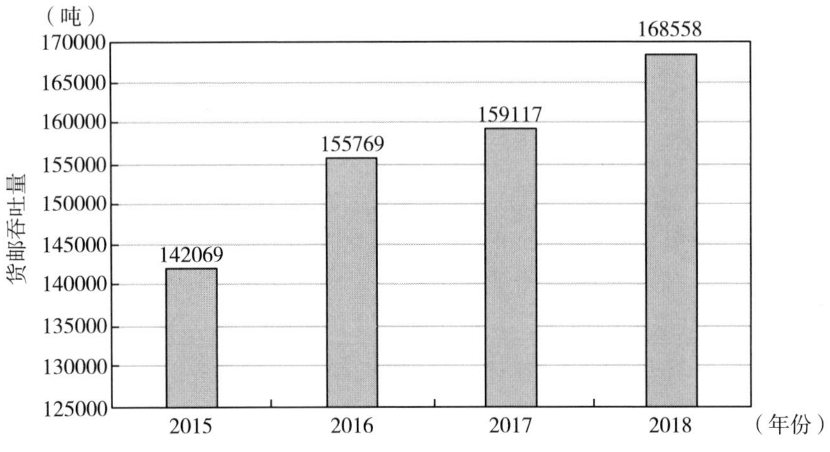

图 2－3　沈阳桃仙国际机场 2015～2018 年货邮吞吐量

资料来源：中国民用航空局发布 2015～2018 年《民航生产统计公报》。

2. 大连周水子国际机场

大连周水子国际机场是国务院批准的对外开放的国际机场、首都机场的主备降机场和环渤海地区的门户枢纽机场，是东北振兴和辽宁沿海经济带开发战略中的核心机场。大连周水子机场错综复杂的航线形成了覆盖国内各大城市的航空运输网络，架起了四通八达的对外交流和经济交往的空中桥梁，为大连市物品流动、运输提供了强有力的航空质量保障，极大增强了大连在东北亚国际航空市场的竞争力。

大连周子水国际机场的货运不仅有普通货物，如邮件、服装、电子等，还包括特种货物，如鲜活易腐品、活体动物类、易碎物品类、贵重物品（金银首饰、贵重手表、现金）、危险品等货物的运输。例如大连周水子国际机场活体海豚的运输，由于是活体动物的运输，对于空运的运输服务、专业水平和装卸时间都有严格的要求。机场拥有大连市政府政策的支持，海关第一时间启动应急机制，制定相关监管流程，争分夺秒地开展检疫和查验工作，尽量缩短运输和通关时间，确保海豚顺利通关，完成了对活体海豚的空中运输，然后再通过陆运的方式将海豚送至海洋馆。目前，大连中空已基本垄断大连鲜活市场，通过几次活体动物的成功操作，也为大连中空物流运输在行业中声誉提高、业务拓展奠定了基础。除此之外大连市政府还提出了“航补”的策略，对新增直飞亚洲国际货运航线每班补贴5万元，新增直飞港澳台货运航线每班补贴3万元，新增国内货运航线（不含港澳台）每班补贴3万元。在大连机场全年货量增长10%以上（含10%）的前提下，对在大连直飞定期货运航线或腹舱载货定期航班的航空公司，按各航空公司增量贡献比例（净增量不低于100吨）奖励资金500元/吨，以及原有货运航线加密按新增货运航线的补贴标准的50%执行[5]。统计大连周水子国际机场2014~2018年货邮吞吐量（见图2-4）。

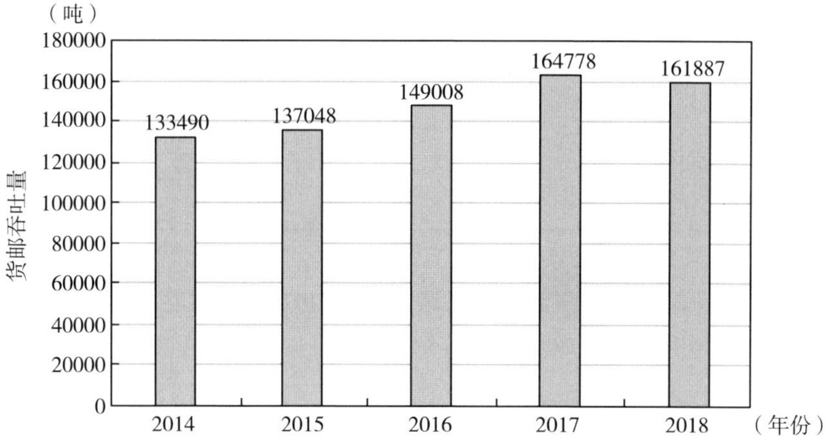

图2-4　大连周水子国际机场2014~2018年货邮吞吐量

资料来源：中国民用航空局发布2014~2018年《民航生产统计公报》。

3. 锦州湾国际机场

锦州湾国际机场隶属于辽宁省机场管理集团有限公司管理，是辽西地区的枢纽机场，区位优势十分明显。锦州市依托锦州湾国际机场，带动机场周边临空经济发展。通过规划建设锦州临空产业园区，发展通用航空产业；通过招商引资，引进通用航空产业项目；通过相关政策，加快促进相关项目早日落地。目前，锦州湾国际机场周边临空经济区规划正在扎实开展，以通用航空基础产业、高科技制造业、高端服务业、通用航空相关产业、物流业为主要发展方向。伴随着锦州湾国际机场的开通，锦州的通用航空产业、临空经济都将迎来新的发展，并且带动区域经济实现快速发展。

锦州市政府提出要按照“十八届三中全会”精神的要求，结合“一带一路”和新一轮东北振兴发展等国家倡议，依托锦州市区位优势和产业特点，构筑海、陆、空多式联运现代立体交通格局，把锦州建设成“渤海湾物流之都”，成为连接华北、辐射内蒙古、面向东北腹地的区域性物流集散地，构建具有国际竞争力的现代物流服务体系。统计锦州湾国际机场 2015 ~ 2018 年货邮吞吐量（如图 2 – 5 所示）。

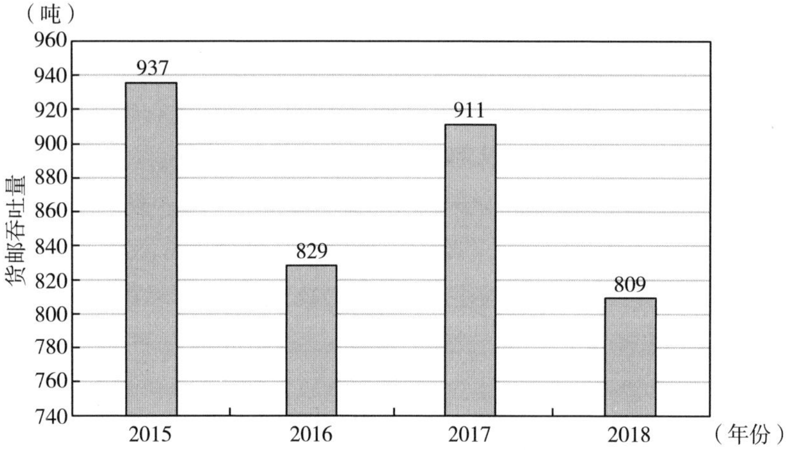

图 2 – 5　锦州湾国际机场 2015 ~ 2018 年货邮吞吐量

资料来源：中国民用航空局发布 2015 ~ 2018 年《民航生产统计公报》。

4. 营口兰旗机场

营口兰旗机场是辽东湾地区枢纽机场、环渤海地区重要机场、东北地区主要民用机场之一。2016 年 5 月 1 日，营口兰旗机场开通至上海、哈尔滨货运业务，营口机场首次开通货运业务。

营口市作为东北唯一的国家物流枢纽城市，而营口兰旗机场又是营口市物流运输的重要空港，不仅因为它的地理位置优越，还与政府推行的物流政策密不可分。政府实施现代物流业发展规划，以发展方向、目标、功能定位、框架体系及空间布局等方面指导现代物流业发展。同时各县市、区政府和有关部门制定和完善区域物流、港口物流、交通物流、涉农物流等发展规划和实施方案，加强规划、引导和完善现代物流体系的建设。统计营口兰旗国际机场 2016～2018 年货邮吞吐量（如图 2－6 所示）。

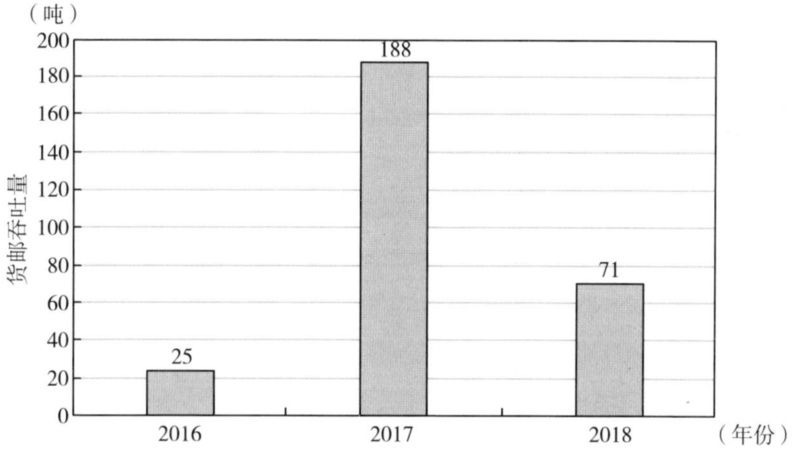

图 2－6　营口兰旗国际机场 2016～2018 年货邮吞吐量

资料来源：中国民用航空局发布 2016～2018 年《民航生产统计公报》。

5. 丹东浪头国际机场

丹东浪头国际机场在新中国成立之初，只是一个小型军用机场，还不是真正意义上的航空港。2003 年辽宁省机场管理集团公司成立，集团公司现辖沈阳桃仙国际机场、锦州湾机场、丹东浪头国际机场、朝阳机场和鞍山腾鳌机场。集团公司成立以来，在振兴东北老工业基地的大环境下，安全形势平稳，运输增长迅速，服务质量提高，改革稳步推进，效益逐年提高。丹东市政府根据相关政策规定，对丹东浪头国际机场空港物流业提供了支持。

6. 朝阳机场

朝阳机场是东北地区建设使用比较早的机场之一，始建于 1933 年，曾为东北民航的发展做出过重要贡献。朝阳机场原隶属中国北方航空公司朝阳飞行大队，2004 年 8 月，实行机场属地化改革，中国南方航空集团北方航空公司将朝阳机场移交给辽宁省机场管理集团公司管理。

7. 鞍山腾鳌机场

鞍山腾鳌机场是一座位于辽宁省鞍山市的军民合用机场，目前属于利用空军机场开展民航包机运输飞行业务。2010 年 4 月 1 日鞍山机场正式通航，航班为北京至鞍山、鞍山至北京。

8. 大连长海机场

大连长海机场是中国第一个县级民用机场，现在由大连周水子国际机场集团公司对长海大长山岛机场进行全权管理，中国飞龙专业航空公司执行该航线空中飞行任务。大连市政府与大连机场集团签订的战略合作框架协议决定要将长海机场的跑道扩展，配备先进的导航、通信等空管助航设备，把长海机场建设成大连乃至东北地区具有海岛区位优势和特色的重要的旅游性支线机场，并且开辟新航线，开辟长海至东北、京津地区及日韩等空中物流运输航线，实现“岛岛通飞机”，实施客货并重的发展战略，推进海岛航空综合物流园建设，大力开展货运包机业务，满足海岛鲜活水产品等高端货物的快速运输，实行客货互补的经营模式。

为认真贯彻落实“一带一路”综合实验区建设总体方案精神，辽宁省加快沈阳机场第二跑道、大连新机场等重大交通基础设施项目的进度。2018 年，辽宁 5 个支线机场航空节点能力不断提高，构建了“辽海欧”北极东北航道、“辽海欧”印度洋航道、辽宁“空中丝路”通道，其中“空中丝路”国际及港台航线已达 55 条。预计到 2021 年，通过扎实推进“硬软联通”，空中航线、信息互联等总体能力在全国位次会得到明显提升。

三、辽宁海陆空三港融合发展的主要特征

（一）陆港是三港融合的纽带

陆港是海港与空港融合发展的纽带。海港和空港均需要利用陆港的货物中转

功能才能高效完成区域进出口贸易活动[6]。因此，陆港又被称为“家门口”的“出海口”。如沈阳的汽车零配件、整车和机械装备经过沈阳港运输至营口港完成出口业务，进口的中高端鲜活农产品需要经过大连港运输至东北冷鲜港进而辐射到整个东北地区。依托沈阳、大连空港，可以直接、快速地承接世界各地的新鲜水果、生鲜、活体动物等商品，这些空运来的进口货物，不仅能供应本地市场，还可销往东北各地，甚至俄罗斯境内。而沈阳和大连周边地区的高价值干果、海鲜等东北土特产品，也能通过空港销售到全球需求市场。辽宁三港融合可以以陆港为纽带、载体，依托辽宁沿海各港口，借助沈阳和大连中心城市的公路、铁路和空港网络，构建集海运、公路、铁路和航空等多种运输业态为一体的多式联运物流平台，打造东北亚地区物流中心枢纽。

（二）陆港建设均有海港参与

辽宁省主要陆港建设均有海港参与。陆港功能是海港功能的部分前移，而海港将借助陆港的铁路、公路交通网络优势增加货源腹地支持。沈阳港是沈阳市政府与营口港紧紧抓住“一带一路”倡议及新一轮东北振兴等国家战略机遇，贯彻中央五大发展理念“开放合作”的具体体现。沈阳港集团目前下辖 6 个公司，包括 5 个内陆港，1 个货站，均是主港区的喂给港。东北冷鲜港由大连港、沈阳副食集团与大连毅都集团三方合作经营，具有目前东北最大的 70 万吨专业冷库。义县内陆港是锦州港与辽宁辽锦生化科技有限责任公司共同投资建设，是辽西、蒙东及吉林西部主产区粮食输港的必经节点。

（三）政府具有重要宏观引领作用

无论是辽宁沿海港口的整合，还是海港与陆港、陆港与空港之间的合作，国家、省、市政府都具有非常重要领导与指引作用。如辽宁港口集团是以大连港和营口港为基础，由辽宁省委、省政府牵头，与招商局集团合作，在国务院、交通运输部等中央部委的支持下进行的辽宁省港口资源的全面整合。沈阳港则是沈阳市政府与营口港集团合作组建，对接国家“一带一路”倡议，打造以沈阳为核心，集陆港、海港功能于一体的东北亚乃至欧亚国际物流中心节点。东北冷鲜港也是沈阳副食集团贯彻沈阳市委、市政府“一企一策”部署，积极推进国企综合创新改革的成果。因此，辽宁海港、陆港和空港之间的融合更加离不开省委、省政府的顶层设计，政府的宏观领导与指引对三港融合必将起到非常重要的作用。

四、辽宁海陆空港融合发展存在的问题

（一）政府宏观规划引领力度不够

目前，政府对三港融合的宏观规划引领存在以下三个问题。第一，政府没有有效的破除各类要素的流动壁垒、发展海陆空相关企业的主观能动性，三港经营环境的扶持政策有待加强。以沈阳桃仙机场为例，离桃仙机场最近的沈阳空港物流有限公司是很好的合作伙伴，沈阳空港物流有限公司主营有预包装食品兼散装食品、乳制品（不含婴幼儿配方乳粉）的批发兼零售。沈阳空港有限公司可以充分发挥区域位置的优势，与桃仙机场进行合作，由空港直接运输主营物资，再通过公路等陆路运输到公司，或者由公司输出的物品通过空港运输直接远销东北各地，甚至俄罗斯境内，但政府宏观规划中缺少明确的引领空港和海陆空相关企业合作共赢指引。在这一点可以参考西安市政府对空港和企业联合制定的实施策略，西安市政府积极推进西安西咸国际空港与周边企业联合[7]。为促进海陆空相关企业的发挥主观能动性，西安市政府推出鼓励相关的电子商务行业领军企业入驻空港新城，对行业国际前 100 名或国内前 30 名的企业（经权威机构认定），在空港新城设立全国性总部（须含全国结算中心）的，给予最高不超过 500 万元开办费补贴；在空港新城设立区域性或功能性总部（须含区域结算中心）的，给予最高不超过 200 万元开办费补贴。对于全国或区域性总部，按照年度对空港新城经济发展的实际贡献，五年内给予一定额度的资金奖励：经认定年营业收入超过 1 亿元的企业，视企业对地方财政贡献，前两年给予全额补助，后三年减半补助[8]。

大连市政府在对三港融合政策方面也提出要改善三港融合的社会环境、经济环境、技术环境、政治环境等经营环境，但相比西安市提出的优惠政策来说力度远远不够。

第二，在国家实施以“一带一路”建设为重点，形成陆海内外联动、东西双向互济的全面开放新格局的战略背景下，辽宁省还未充分利用沿海港口、内陆港、自贸区、保税区和机场的优势，深度参与“一带一路”建设和打造海陆空

全方位开放格局。根据大连市政府印发关于大连国际物流中心建设规划的指导思想中提及积极融入国家“一带一路”建设，推进物流基础设施建设，优化物流业空间布局，完善现代物流服务体系和物流网络体系，打造全方位开放格局，建设规划中并未有明确的发挥沿海港口、内陆港、自贸区、保税区和机场优势，进一步扩大改革开放的指示。

另外，辽宁省在拓宽三港融合发展的投资和融资渠道方面还存在不足，三港融合过程中的投融资形式、渠道相对单一。像新加坡、德国等国家为代表的港口投融资一般采取政府投融资的形式，采用该形式投融资的国家通常把港口作为社会经济基础设施，港口的功能不仅是物流枢纽，更是国家经济的基础，可以对产业、城市的发展起到推动作用。再如英国、美国等国家地区在港口融合的投融资建设上主要采用的是私营企业投融资的形式。这种融资形式是政府始终在港口投资计划方面不参与，港口运营自负盈亏，有利于港口盈利，但在建设中没有对港口的投融资特性进行充分考虑，很多经济效益较差的港口建设动力不足。我国部分省市采用了政企共建投融资的形式，兼顾了港口的公共性和营利性，政府每年都从公共投资中拿出一部分用于港口内、外以及公用用地的建设及维护工作。这一投融资形式也较好地适应了我国当前的经济体制和发展特点，并取得了较好的发展成果[9]。辽宁省在推动三港融合的进程中应充分利用各港的优势，采取合适的投融资形式。

第三，在推进三港融合等重大基础建设项目时，国外港口融合得出有经验的经营和管理方法应该借鉴和采用。例如美国东北大西洋沿岸港口和内陆港进行资源整合时，政府政策明确指出了港务局的职责为港口码头建设与维护和港口信息系统建设，这一经营政策的制定奠定了大西洋沿岸港口和内陆港资源整合成功的基础。港口码头建设与维护是为了浚深港口航道，以接纳船型更大、吃水更深的船型；港口信息系统建设是为了更好地为船公司、海关、码头提供港口货运情况的即时信息[10]。日本也有相同的成功例子，像东京湾港口和陆港的整合，东京采用了运输省协调港口群发展、内联外争和分工明确的方法，根据临港工业带的布局，各个港口的发展定位有所不同。在通过对美日港口融合的资源中可以看出无论是美国还是日本的运输省，在港口群的管理和建设方面都发挥着至关重要的作用，它们缓解港口之间的竞争关系，协调港口发展方向，出台相关政策辅佐协调。运输省良好的功能制定使各港口达成组团发展的共识。另外进行港口群总体规划时要系统全面，眼光长远港口群的规划要将港口的发展与临港工业相结合，还应与国家交通运输系统相结合[10]。以上是国外有关港口融合的经验，辽宁省在进行三港融合时也可以结合实际情况借鉴。

在主动对接国际高端管理、驱动三港融合的行政服务平台方面，辽宁省还未建立健康全面的三港融合行政管理服务体系。像宁波港在建立了海运物流网络运营组织的海陆一体化行政管理服务体系之后，海陆融合程度大大加强，双方取得了最大程度的合作共赢。宁波港的海陆一体化行政管理服务体系掌控服务产品的完整性和质量，国际海运业者和港口码头企业是实现海运服务链功能和组织整合中的渠道领袖，前者通过“编织”海向网络、打造登陆的港口节点、进而继续构建陆向网络，后者具有整合陆向的运输、仓储配送和航运服务支撑功能的优势[10]。我省也可以通过搭建合理的三港融合行政管理服务体系来有力的推动三港融合发展进程。

（二）运营决策主体融合意愿不强

辽宁海港、陆港和空港的融合进程中，各港口决策主体的合作意愿是导致三港融合是否成功的重要因素。主要包括三点：首先，在海、陆、空港融合过程中，缺乏合理的利益分配机制。例如在大连周水子国际机场、大连港和中心城市之间实行多式联运时，缺乏合理的利益分配机制，导致港口融合过程中利益划分混乱，降低各决策主体合作意愿，因此应增加可调节各方利益冲突的分配机制。参考西安陆空融合的例子，在融合过程中增加了调节各方利益冲突的分配机制，降低了各方的利益冲突。西安陆、空两港融合进程中由于陆港与空港业务量和发展规模和态势有明显的差异，各自服务的货源种类有的相同有的不同，在货源运送过程中，没有合理的规划与分配，使货源竞争愈演愈烈。而西安陆港和空港具有不同的分支利益要求和价值取向，如果利益分配不均衡或为了实现整体目标而使一方代价较大，必然导致协同关系的破裂[7]。可想而知，双方在本领域内存在很多竞争点，也必然会随着时间的推进、客户要求的不断提升而逐渐加剧，在两港融合过程中，相关企业要设置公平合理的利益分配机制，使矛盾化解，得以合作共赢，从而提高整体竞争优势。

其次，辽宁海、陆、空港各决策主体需要进行尝试性的合作，而合作的第一步是明确权利与义务的法律契约，清晰的契约条文是避免各主体产生利益纠纷的最有效工具。而我省海、陆、空港的初步融合还缺少明确的契约以解决各港口决策主体的合作信任问题。契约主要应涉及财务管理制度的详细设定，包括如财务核算、内部控制、股利分配等各项制度。由于港口集体企业整合之前处于利益主体地位各不相同，其契约中涉及的财务管理制度均根据各自需要实现要求及总体目标来选择或制定的；但港口集体企业整合后就应属于新型的企业群体，拥有统一的总体目标，所以选择或制定财务管理制度就必须根据整合后的港口集体企业目标利益来进行。在契约的财务管理制度设定过程中应注意新集团企业在制定内控制度时，要建立一致的内控体系，并借助制度形式合理固化集体企业的内控，形成规范的内控管理，做到有章可循，有法可依，补充集体企业内控制度的不足。契约条文中除了各决策主体之间的财务管理制度，还应涉及内部的激励制度条例，企业内部建立实施有效的内部激励条例，从款项中抽出一部分作为工作积极员工的奖励，对工作不负责的员工进行处罚，奖惩范围为各区域公司、风险控制部、事业部主管领导、各单位高层，奖惩和月度绩效工资建立联系。通过契约约定的内容，约束各运营决策主体，从而解决各主体之间的合作信任问题[11]。

最后，推动海、陆、空港融合发展，需要三港中的一方做牵头。海港是具有水陆联运设备和条件，供船舶安全进出和停泊的运输枢纽。海港借助陆港的铁路、公路交通网络优势增加货源腹地支持。人们把港口作为国际物流的一个特殊结点，辽宁省作为中国最早实行对外开放政策的沿海省份之一，海港功能相比于陆港和空港来说较为齐全。例如大连港位于辽东半岛南端的大连湾内，港阔水深，冬季不冻，万吨货轮畅通无阻，是次于宁波舟山、上海、天津、广州、苏州、青岛、唐山的全国第八大海港，同时货物总吞吐量世界排名第十位。大连海港集团已与世界上多个国家、地区和港口建立了海上经贸航运往来关系，已成为中国主要集装箱海铁联运和海上中转港口之一，同时大连港拥有中国最大、最先进的原油码头和矿石码头，大连港新港还是国内自有储罐储量最大的港口。陆港是设在内陆经济中心城市铁路、公路交汇处便于货物装卸、运输、存储的车站，是内陆经济中心城市依照有关国际运输法规、条约和惯例设立直接对外开放的通商口岸和现代物流操作平台，是沿海港口在内陆经济中心城市的支线港口。陆港也是内陆城市直接融入“一带一路”的必要大门，是丝绸之路经济带陆地国际运输网络的节点，规划建设陆港是为了促进内陆城市外向型经济发展，为国际资本和东部优质资本向内陆双转移提供国际物流平台。陆港还是内陆对外的通商口岸，为内陆地区进出口企业在本地提供直接进入国际运输网络和国际市场的通道入口。陆港功能是海港功能的部分前移，辽宁省主要陆港建设均有海港参与。空港则可以完成海港与陆港难以完成的长距离、及时性干线运输，主要运输物资有高精度仪器、活体动物、医疗器械等，空港功能是陆港、海港功能的补充。综合辽宁省的海、陆和空港发展状况来说，海港是牵头的最佳选择，但海港还并未在融合发展中起到主要作用，或者辽宁省可以根据省政府的领导设立专门负责的行政管理体系来统一海、陆、空港的融合发展。总之，辽宁海、陆、空港还未达成统一的战略融合意愿。

（三）物流服务货源货种协调不畅

从物流系统论角度看，整个供应链运行效率的高低不仅取决于单个港口环节的效率，还依赖于与各港连接的每一个环节的运行情况。因此，在统筹兼顾、相互协调与协作的基础上，实现海港、陆港和空港的联动发展，才是提高辽宁竞争能力的基础和前提。

辽宁省是我国重要的商品粮食生产基地、装备制造业基地、钢铁基地、原材料基地，所以辽宁省海港主要针对油品、粮食、钢铁矿石等货物进行运输。例如，大连港、营口港的支柱产业是石油化工、装备制造、冶金，港口主要货种为油品、汽车、集装箱、铁矿石；锦州港和丹东港都以农产品加工为支柱产业，港口主要货种为粮食；盘锦港和葫芦岛港以石油化工为支柱产业，其港口主要货种为油品和煤炭[12]。辽宁省陆港主要运输粮食、煤炭、金属制品等，高附加值货物少。

由于省内货源以资源性、粗加工产品为主，与空港运输货种不符，使得空港目前还是三港发展的一块短板。陆港是海港在陆地的延伸，又是连接海空两港的纽带，所以陆港兼具海空两港的货物种类，是三港货源货种最为丰富的区域。辽宁港口群基本都以散货和集装箱为主，运输煤炭、矿石和粮食等大宗商品，与空港物流货物所要求的附加值高、技术型产品、时效性强等特征不符。因此二者之间难以建立紧密的联动关系。

五、辽宁海港、陆港与空港融合发展措施

（一）政府宏观政策引领

政府宏观政策的可行性引领对海港、陆港与空港融合发展具有关键性作用。政府可以采取以下措施促进海陆空融合发展。第一是制定加快海、陆、空三港融

合发展的优惠政策。优惠政策制定可以参考福州市出台的港口扶持政策，如福州市政委在推出的《对接国家战略建设海上福州工作方案》中，为促进福州港口生产，推动江阴港区集装箱业务规模化发展，扶持政策年均经费约1亿元。加强对集装箱航线、集装箱运量增长、整车进出口等方面的补贴，鼓励福州港务集团加大揽货场站建设力度，参与投资建设为福州港提供对接服务的省内（福州市以外）、省外陆地港项目，市财政对福州港务集团投资的每个陆地港给予500万元的补贴支持[13]。辽宁省大连市政府工作报告中也有关于制定海陆空三港融合发展的优惠政策。例如加快航运中心建设，推动大连港向质量效益港、商务便利港、物流枢纽港、绿色低碳港、平安和谐港转型升级[14][15]。优惠政策的提出是当前发展的迫切需求，也顺应世界港口转型大势。我国港口扶持发展的优惠政策还有很多，比如绿色港口建设智慧港口建设，对三港融合发展的基建征地、用海、动迁等费用给予合理补偿，对基建项目给予定期减免土地使用税的优惠，对三港融合企业给予一定所得税优惠等，辽宁省政府应制定相应的发展优惠政策来推动三港融合进程，提高港口整合速度。

第二是大力拓展海、陆、空三港融合发展的投资和融资渠道。融资渠道分为境内融资和境外融资两部分，境内融资的方式有PPP融资（公共政府部门与民营企业合作模式）、港口供应链融资、发行债券、资产证券化等形式；境外融资有跨境人民币贷款、跨境债券、跨境融资租赁、离岸资产证券化等形式。PPP融资模式是指政府与社会资本共同合作建设基础设施，以协议为基础，形成利益共享、风险共担的合作关系，以确保合作的顺利完成。对于港口建设而言，这种融资模式吸引了社会资本，减小了财政和建设主体的资金压力[16]。港口供应链融资是指金融机构以港口企业为供应链核心来提供融资与其他结算、理财服务，同时为港口企业的上下游的企业提供贷款、预付款代付及存货融资等服务。发行债券的融资途径，债券是按照法定程序发行，并承诺按一定利率支付利息并按约定条件偿还本金的债权债务凭证。相比于银行贷款，发行债券具有融资数大，成本较低，期限灵活[16]。辽宁省应结合自身情况采取合适的融资渠道，并积极拓展三港融合的投融资渠道。

第三是加快建立高效、统一的海、陆、空三港融合发展的行政管理服务体系。在建立统一的三港融合行政管理服务体系中，由于各港企业环境的差异，各个企业的财务管理目标不尽相同，投资方要实现最大程度的企业价值，获取更多的收益，就必须在行政管理服务体系中设置统一的财务管理目标，可为三港融合发展宏观构图。统一的财务管理目标的设定可以说是将企业的理财行为优化描述、科学整合。另外统一的财务管理目标还可以促进新集体企业财务决策的公平合理，所以也可以保持投资、融资活动规划和新集体的日常理财行为统一规范。除了在行政管理服务体系中可以设立统一的财务管理目标，也应建立合理的财务信息平台。整合成新的集体企业以后，之前各个企业使用的财务分析较为混乱，只能单纯地进行各自的日常核算，建立合理的财务信息平台，将各类统计资料和物资运输资料准确及时地反馈给下属公司，充分共享信息，进而完美融合财务与业务讯息，为企业领导提供科学分配资源的依据[11]。

（二）决策主体利益协调

辽宁省海陆空的深度融合要求海陆空三港作为一个整体，实现“1 +1 +1 > 3”的效果。合理可行的利益协调分配机制可加强运营决策主体的融合意愿，从而实现辽宁海、陆、空港交融式合作发展。

首先，借鉴辽宁海港整合的成功经验，若重组成立辽宁海、陆、空港集团，股权分配是各港口决策主体进行利益协调的重要方式。股权分配包括资金股权分配和经营管理股权的分配。在资金股权分配上，海陆空三港应遵循贡献与收益平衡、风险与收益平衡的原则。海陆空三港功能不同、贡献程度不同，因此收益也会存在差异，可根据三港的总资产、利润和业务规模进行利益协调分配。在经营权分配上，一般由原经营管理公司继续经营；若原经营公司经营管理不佳，则可由三方共同寻找新公司进行经营管理工作。

其次，若构建辽宁海、陆、空港企业战略联盟，科学合理的契约是保障三港战略联盟稳定运营的关键因素，也是协调三港利益分配最有效的法律工具。三港所涉及的企业也可通过签合同的方式形成企业联盟，从而促进三港联动。辽宁港口集团、沈阳港集团有限公司、沈阳桃仙国际机场股份有限公司、沈阳铁路集团有限公司等囊括海陆空领域的领军企业强强联合。共同组建辽宁三港运营商联盟，致力于打通壁垒，协商解决问题。企业之间相互参与对方项目的规划设计、投资，成为利益共享者之一。联盟中的各主体遵守契约，履行义务，行使权力，实现利益共享，风险共担。

最后，无论是综合港口集团或是三港战略联盟均可通过第三方监管部门监督进行利益分配。权威的第三方监管单位可以有效实现对海、陆、空港物流服务能力和质量的监管，并根据海、陆、空港的收益贡献度对利益进行协调分配。

（三）物流服务功能优化

在物流功能方面，海港、陆港、空港在物流功能方面存在相互影响、相互作用的关系。陆港承担了海港的部分物流活动，海港将陆港纳入原有的物流活动范畴，空港则与海港、陆港之间有功能和业务的交叉以及内在的密切关联性。因此，为加快海、陆、空三港融合发展，应整合并优化现有的物流功能资源，通过协同运作建立功能协同机制，在一定程度上将各自独立的业务环节整合为步调一致、互促共生的功能共同体。

功能协同是在功能设置上的协同。陆港内部可以实现的功能包括办理进出口货物的通关、货运代理、保税仓储、集装箱租赁等。海港所实现的功能包括进出口货物的验放、装船、中转等。空港可以实现装卸搬运、保税仓储及过港保障与服务等功能。为实现功能协同，海港、陆港和空港应积极整合并优化现有运输服务资源，将海、铁、空交通基础设施和运输工具的潜能充分开发，推动建立多式联运物流模式。加强沈阳空港与大连保税中心、营口物流中心的联动，围绕多式联运，开展“一票通关”等业务，推进机场、港口码头、铁路枢纽等设施一体化建设。加强连接海港、陆港及空港的综合运输通道建设，建设连接货物起讫点的串、并联综合运输通道，通过多式联运形成组合优势，得到一个布局合理、高效调度、高效运作的协同运输网络。在保税仓储方面，通过协同运作把分散在海港、陆港和空港的仓储孤岛凝聚为一体化的仓储体系，避免资源重复建设，充分发挥仓储设施的功效。同时，在海港、陆港、空港相互沟通时，应推动模式创新，推动建立口岸大通关发展模式[17]。建立辽宁口岸大通关一体化，建全通关互认模式，建立区域通关服务平台并统一三方的认证标准，推动东北地区空、海、陆口岸通关协作，打破跨区域通关限制，减少通关环节、促进通关效率、降低通关成本，推进辽宁地区电子口岸互联互通，实现口岸管理相关部门信息共享。三港之间应互相吸纳物流功能，使货物托运人能够做到就近选择港口办理货物托运、报关通关等业务，再依托运输网络进行下一步的运输作业。海港、陆港和空港的功能协同能够将沿海地区、内陆地区的货物运输变为相当于港口内部的货物运输，使三港之间业务无缝对接，实现一体化功能运作。

在物流业务方面，辽宁省海、陆、空港之间在物流业务方面存在着区别和联系。辽宁省海港主要运输粮食、油品、钢铁等大宗货物，在辽宁省港口集团成立后，港口资源得到有效整合，各港口之间竞争关系明显改善，物流业务和资源得到了合理分配。辽宁省空港主要运输小件、快件及高附加价值货品，与海港在货种方面有较大差别。辽宁省陆港则是连接海、空两港的纽带，兼具两港的货物种类，是三港货源货种最为丰富的区域。

首先，针对三港之间物流业务的区别，辽宁省应从根本上改变空港业务量较低、在三港发展中处于短板地位的情况。辽宁省应重视发展与航空货运密切相关的产业，依托科技进步，加快腹地产业结构调整和升级步伐，促进经济增长由主要依靠第二产业带动向依靠第一、第二、第三产业协同带动转变。以跨境电商为契机，以冷链物流等新兴产业为主导，拉动省内的航空物流需求，在巩固普货、邮件等传统物流渠道的同时，积极抢占快件、特货等新型物流渠道。其次，辽宁省在提高空港业务量的同时，还应保证海港和陆港原有的粮食、钢铁矿石等大宗货物的业务额稳步增长。应加大农产品深加工力度，开发附加价值高、竞争力强的适箱运输产品，另外还应利用高新技术对传统制造业进行改造，提升制造业技术含量。最后，辽宁省应重视陆港在海、陆、空三港中的纽带地位，基于供应链的视角，合理定位陆港的功能。随着全球经济一体化的深入，越来越多的企业把全球化供应链运作模式作为企业的运营模式。产业布局不断向生产地和消费地靠近的趋势使港口成为全球供应链上的重要节点。从地理位置上看，陆港能够使整个供应链更大程度贴近生产地和消费地，更容易实现“门到门”服务，提高供应链中的物流服务水平。因此，基于供应链的视角合理定位陆港的功能，通过陆港提高海港、空港的联系程度，加强互动，提高整个供应链效率，才能真正发挥对辽宁省经济发展的促进作用。

六、结束语

辽宁省地处东北亚的核心，是东北地区唯一的沿海省份，是联结欧亚通道的重要出海口，也是支撑中蒙俄经济走廊的东方桥头堡。为打造“立体丝路”筑牢东北陆海空门户，形成海陆空三位一体、内外互联互通的优势局面，辽宁省聚焦有限空间，创新驱动发展，首先深入推进大连、营口、锦州、盘锦、葫芦岛等沿海港口整合，打造世界级港口集群；其次把港口功能前移到自贸区，构建海铁联运大通道，发挥陆港的中心枢纽作用；最后，加强空中丝路与海陆港的高效联系，实施空铁联运，搭建全方位、多层次的交通骨架网络，提高枢纽地区的带动能力。但港口整合是一项复杂的系统工程，特别是海陆空三港的融合。三港融合在利益分配和发展定位等方面会存在不同程度的问题，如何更大程度地实现资源共享、优势互补，形成分工合理、协同配合的利益共同体是三港融合的关键所在。针对辽宁省三港融合过程中政府宏观规划引导不够、运营决策主体融合意愿不强和物流服务货源货种协调不畅的问题，提出以下解决措施。首先，政府为海陆空三港融合制定优惠政策、扩展融资渠道以及建立高效的行政管理体系等；其次，通过股权合理分配、签订契约等方式实现决策主体的利益协调，加强其融合意愿；最后，建立三港功能协同机制，在一定程度上将各自独立的业务环节整合为步调一致的功能共同体。只有坚持以政府宏观政策为引领，努力协调好各参与主体的利益关系，加速各项物流功能联动发展，形成以海港为龙头、陆港为心脏、空港为羽翼的全方位立体交通网，才能促进更紧密更自由更便利的互联互通、经贸投资和人文交往，共建以辽宁省为枢纽和先行区的东北开放格局，才能将辽宁省打造为综合物流枢纽，全面提高对外开放水平，使辽宁省成为东北亚重要的国际物流平台之一。

参考文献

［1］邹伟宏．东北地区内陆港选址规划研究［D］．大连海事大学，2009.

［2］李燕，刘雨佳．东北亚国际枢纽陆港：沈阳的机遇与发展策略［J］．国际经济合作，2019（3）：95－104.

［3］中国民用航空发展第十一个五年规划［J］．综合运输，2007（1）：70－80.

［4］全国民用机场布局规划［J］．综合运输，2008（2）：22－28.

［5］大连市人民政府办公厅．大连市人民政府办公厅关于印发大连国际物流中心建设规划（2016～2020）的通知［Z］．2016－09－06.

［6］张汝彬，孙婧，韩良兰，李娟秀，张政，秦岩．天津空海港物流一体化发展对策研究——基于综合运输视角下［J］．现代商贸工业，2017（2）：31－32.

［7］贾果玲．西安国际陆港与空港物流协同运作研究［J］．合作经济与科技，2017（4）：9－11.

［8］西安市人民政府．西咸新区空港新城关于扶持跨境电子商务产业发展奖励补贴政策的若干意见［Z］．2017－11－21.

［9］刘洪义，杜鹏程，王能贝．浙江港口投融资创新模式探索［J］．中国港口，2016（5）：28－30.

［10］刘帅帅．国际视角下的辽宁沿海港口资源整合［J］．财经界（学术版），2011（9）：104．

［11］杨筱冰．财务管理视域下港口整合存在的问题及其解决措施［J］．财经界（学术版），2016（10）：204，288．

［12］辽宁省人民政府发展研究中心课题组，刘晓丹，杨旭涛．以港口经济推动辽宁沿海经济带提档升级［J］．辽宁经济，2018（10）：10－13．

［13］福州市人民政府．对接国家战略建设海上福州工作方案［Z］．2016－11－24．

［14］刘赫弋，王谢勇．大连建设东北亚国际物流中心的对策建议［J］．商场现代化，2016（14）：44－45．

［15］张世坤．加快大连国际物流园建设打造东北亚国际物流中心［J］．港口经济，2003（3）：41－42．

［16］顾承东．大型国际机场多元化融资模式研究［D］．同济大学，2006．

［17］刘冉昕．沈阳国际陆港发展道阻且长［J］．中国港口，2016（11）：59－62．

专题报告三

辽宁海洋体育产业发展研究报告

一、引　言

2018 年 4 月 12 日，习近平总书记在海南考察时指出建设海洋强国是中国特色社会主义事业的重要组成部分。党的十八大做出了建设海洋强国的重大部署。实施这一重大部署，对推动经济持续健康发展，对维护国家主权、安全、发展利益，对实现全面建成小康社会目标、进而实现中华民族伟大复兴都具有重大而深远的意义。要进一步关心海洋、认识海洋、经略海洋，推动我国海洋强国建设不断取得新成就①。2017 年 8 月 27 日，在第十三届全国运动会开幕之际，习近平总书记指出加快建设体育强国，就要把握体育强国梦与中国梦息息相关的定位，把体育事业融入实现“两个一百年”奋斗目标大格局中去谋划，深化体育改革，更新体育理念，推动群众体育、竞技体育、体育产业协调发展②。习近平总书记在党的十九大报告中先后两次提出要促进开展全民健身活动，加快推进体育强国建设③。由此可见，发展海洋体育运动不仅是实现我国海洋强国的重要组成部分，同时也是实现全民参与，促进全民健身的主要媒介。

---

① 资料来源：人民网（http：//politics. people. com. cn/BIG5/n1/2020/0607/c1001 - 31738010. html）.

② 资料来源：新华网（http：//www. xinhuanet. com/politics/2017 - 08/28/c_1121551878. htm）.

③ 资料来源：人民网（http：//cpc. people. com. cn/n1/2017/1028/c64094 - 29613660. html）.

2020 年 1 月 14 日辽宁省政府工作报告中提出：抓好沿海经济带新旧动能转换试验，大力发展海洋经济，推进港口、产业、城市融合发展。辽宁体育产业中长期发展规划（2016～2025 年）明确提出“建立辽宁水上产业功能区。依托渤海、黄海沿岸，发展帆板、摩托艇、冲浪、潜水等项目”。充分利用海洋资源优势，发展海洋体育产业不仅是建设体育强国和开展全民健身的重要途径。同时更是壮大辽宁海洋经济新动能的有效途径。

综上，充分利用海洋资源优势，发展海洋体育产业是我国建设体育强国和开展全民健身的重要组成部分。同时也是打造辽宁经济新增长点，加快产业转型的主要抓手。辽宁加快促进六个沿海城市海洋体育产业发展不仅有利于促进地方经济发展，更有利于辽宁建设海洋体育强省，实现可持续发展的重要力量。

本文通过对辽宁省六个沿海城市在民间海洋体育活动、海洋体育项目、海洋体育差异化优势、沿海城市海洋体育基础设施、海洋体育产业发展的重点和现状、海洋体育产业基地等方面的充分调研和数据整理，并在综合分析和研究的基础上提出了辽宁省海洋体育产业发展的问题和建议。希望以此为辽宁海洋体育产业发展、辽宁沿海经济带振兴提供帮助。

二、国内外海洋体育产业发展现状

（一）国外海洋体育发展现状

1. 澳大利亚

澳大利亚依托旅游业发展海洋体育产业。澳大利亚虽然人口较少，但其休闲旅游和体育产业十分发达，澳大利亚绝大多数人口都居住在离海岸线 50 千米内的海岸带上，滨海休闲体育项目极其丰富，如冲浪、帆船、潜水等，这些海洋体育休闲运动吸引着包括本国在内的全世界大量的游客。近年来澳大利亚海洋体育运动已经逐渐发展成为有规律的季节性运动，每年 1 月份，基隆定期举办帆船节，南半球规模最大的年度龙骨船赛舟会，与海滨节 60 多场表演、美食体验紧密融合。每年 2～4 月份，新南威尔士、悉尼、纽卡斯尔、昆士兰、维多利亚举办冲浪系列赛，集澳大利亚冲浪公开赛、Surfest 冲浪节、黄金海岸冲浪大赛、澳大利亚海上游泳赛、澳大利亚冲浪救生锦标赛、Rip Curl Pro 冲浪赛多项赛事，将赛事、音乐等相关产业融合一体。每年 8 月份，在昆士兰举办奥迪汉密尔顿岛帆船周，包括各种精彩纷呈的娱乐活动、美味餐饮、时装秀、高尔夫赛、葡萄酒品尝等休闲项目。由以上活动带来的相关产业发展尤为迅猛，澳大利亚产业、创新和科学部日前发布的《2018 年海洋产业指数报告》显示，海洋产业是该国增长最快的产业之一，总产值超过 681 亿美元，提供了 39 万多个就业岗位。其中，滨海体育游业在海洋产业总产值中占比最大，2015 ~2016 年可测量产值为 309 亿美元。[1]由此可见，澳大利亚的海洋体育产业发展是围绕海洋体育休闲竞技和海洋旅游展开，在吸引游客的基础上，促进海洋体育产业发展。

2. 英国

英国的海洋体育运动以全民休闲运动为核心。英国作为一个传统的体育大国，休闲体育在体育产业的发展中占有重要地位，其休闲体育业的发展模式以全名运动协会为中心。英国海洋休闲娱乐协会，其主要工作包括进行海洋环境的监测管理，普及海洋文化，推进海洋科学研究，提高人们对海洋休闲体育的认识等。在英国，16 岁以上的成年人中大约有 2900 万人均积极参加海洋休闲体育活动。2014 年英国国内参与度较广的群众性体育项目产生的价值分别为：游泳运动（270 万英镑）、田径运动（220 万英镑）、自行车运动（210 万英镑）、足球运动（200 万英镑）。群众广泛参与的体育健身服务业在英国体育产业中的地位和作用尤为突出，同时也为体育用品业、体育竞赛业等行业门类发展提供了广阔空间。其中海洋体育产业的经济贡献率和吸纳就业能力均在欧洲国家前列。[2]从体育健身休闲业角度看，英国作为休闲体育产业的发源地，在沿海城市，海上游泳、冲浪、帆船等活动已经成为英国民众习以为常的生活方式。

3. 日本

日本海洋体育发展主要依托完善的教育和法规体系。每到夏季，日本各地“湾岸”活动如火如荼，海洋体育广受民众欢迎，日本以多元化的方式亲近大海。由于整个国民经济产业结构相对完善，顺利地带动了海洋体育关联产业的发展，海洋体育服务业、体育关联媒体等产业逐步得到快速发展。日本海洋体育产业的发展得益于注重学校体育的发展。政府高度重视并给予政策支持，2000 年出台了《体育振兴基本计划》，重点提出重视学校体育教育和体育建设。学校体育教育除了受宪法的保障外，还受到《教育基本法》《学校教育法》等一系列法律法规的保障；1958 年日本就成立了专门研究提高学校体育教育水平的日本学校体育学会。各个专业院校和大学都有相关的水上运动教育体系，培养了大批水上运动人才，很大程度上促进了日本海洋体育产业的发展。[3]

（二）国内海洋体育产业发展现状

1. 浙江

浙江省的海洋体育产业发展主要依靠渔港经济区的建设。根据国家发改委、农业部 2018 年四月印发的《全国沿海渔港建设规划（2018～2025 年）》，浙江省将建设形成 12 个渔港经济区。这些渔港经济区将带动三次产业融合发展，其中衍生带动的海洋体育产业成为不可忽视的重要力量。

近年浙江省的海洋体育与渔业经济已广泛结合，以舟山为例，除了自身的渔业属性之外，已经开始布局全产业链融合发展，衍生出垂钓体验中心、海上游乐、健身休闲度假、水上体育公园和“渔乐运动文化”特色创意街区等领域，推动各类产业集聚、各领域人流集聚和各种资源要素集聚。

舟山海钓正规化、社会化运作之后，以舟山、宁波、温州等地为主的几家带有“国家级”称谓的海钓基地发展迅猛。截至 2017 年，浙江省海钓直接产生的经济效益达到 10 亿元以上，其带动的综合经济效益，比例更是高达 10 倍以上。[4]此外，由渔港为源头，延伸、扩展海洋经济的产业链，未来将“渔业经济 + 海洋体育 + 休闲旅游”三位一体融合发展，衍生出包括水上摩托艇、帆船帆板、趣味海洋运动创意园等体育项目。

2. 上海

上海市海洋体育产业发展围绕旅游业展开。2012 年 3 月，上海市体育局、市旅游局联合召开了宣传贯彻《关于促进上海体育旅游融合发展的意见》座谈会，对《意见》的贯彻实施进行了部署，区县、企业、体育协会及专家学者代表等进行了交流。市体育局、市旅游局还将“推进体旅结合”列入 2012 年重点工作。[5]各滨海区县休闲旅游业初具规模，主要表现在“三岛”（崇明岛、长兴岛、横沙岛）“四区”（宝山区、浦东区、奉贤区、金山区）的建设。经过多年的努力，滨海体育休闲旅游打下了厚实基础。与此同时越来越多的游客热衷于参与海洋体育活动。如冲浪、潜水、帆板、沙滩排球、沙滩足球、游泳等项目日益得到游客们的喜爱。

目前，上海的海洋休闲体育已经覆盖了如水上运动（如游泳、海钓、帆船等）、沙滩项目（如沙滩排球、沙滩足球、沙滩摩特等）、滩涂项目（如滩涂拔河、滩涂钓鱼灯）等多种海洋体育项目，这些海洋体育项目为上海旅游业提升了新的亮点，并促进了相关产业的发展。

3. 山东

区位优势和良好的规划促进了山东海洋体育产业发展。山东半岛蓝色经济区濒临渤海与黄海，海岸线长、坡度平缓，沙滩以细沙为主，适合开展沙滩排球、沙滩足球、沙滩网球等新兴体育项目。半岛属暖温带湿润季风气候，一年四季均适合开展海洋休闲体育活动，发展海洋休闲体育具有得天独厚的天然优势。另外这里开发与利用海洋资源的时间较早，旅游资源丰富，海岸上有适宜的傍岸泳区，具有相对完善的基础设施，为发展海洋休闲体育奠定了良好的基础条件。地理位置优越，交通四通八达，交通一体化发展模式也为山东半岛蓝色经济区发展提供了基础交通保障。

山东半岛蓝色经济区“一体三带”的发展模式，为海洋休闲体育产业提供了良好的发展平台。山东半岛蓝色经济区范围内的青岛、滨州、烟台、威海、东营、日照、潍坊等城市依托其较好的经济基础，为发展海洋休闲体育产业提供强有力的经济保障。

近几年，山东半岛蓝色经济区在龙头城市的带动下，海洋休闲体育旅游发展迅速。从 2008 年开始，青岛市接连承办了奥运会海上帆船运动、青岛开发区金沙滩旅游景区连续多年承办亚洲及国内大学生沙滩排球比赛等项目，这些赛事的成功举办，打响了山东半岛蓝色经济区海洋休闲体育旅游的品牌，增强了海洋休闲体育旅游的品牌效应，是海洋休闲体育旅游的无形资本，这对提高半岛蓝色经济区海洋休闲体育旅游质量，加强海洋休闲体育旅游服务水平，促进海洋休闲体育旅游的可持续发展起到了积极的促进作用。[6]在旅游品牌效应带动下，促进其他相关产业的协调发展。

4. 海南

完善的赛事体系和优质的硬件基础铸就了海南海洋体育产业腾飞。海南在打造、策划大型海洋体育赛事中走在全国前列。游泳、潜水、沙滩排球、冲浪、帆船、帆板、游艇、沙滩足球等已初具规模，成功举办了环海南岛国际大帆船赛、亚洲沙滩排球锦标赛、世界女子沙滩排球巡回赛、全国海钓锦标赛、司南杯大帆船赛等重大赛事。海南与国际摩联紧密合作，共同筹备水上 F1、CLassl（800 马力发动机）等世界顶级赛事，打造品牌效应。此外，海南的潜水运动备受青睐，三亚现有的 6 个潜水基地供不应求，节假日游客甚至高达 10 万余人，商业利润十分可观。

完善的硬件基础是海南发展海洋体育产业的重要保障。据海南省邮轮游艇协会统计，截至 2017 年 10 月，海南全省拥有游艇码头 14 个，提供停泊位 1826 个；全省在营游艇制造企业有 3 家，主营游艇销售和服务的企业 30 多家。据海南特区报报道，海口市拟建 9 个公共码头，招商引资正有序进行。[7] 近年来，海南邮轮游艇协会、三亚游艇帆船协会等行业组织先后成立；亚太旅游联合会、中国体育休闲文化发展协会，国家体育总局帆船帆板训练基地及其配套项目顺利落户，为海洋体育产业的发展提供了有力支持[7]。

（三）国内外海洋体育产业发展对比总结

根据以上国内外海洋体育产业发展现状可以看出：第一，海洋体育产业已经受到国内外沿海国家和城市的高度重视，海洋体育产业成为沿海国家和城市的热点产业，该产业不仅可以为沿海城市经济发展做出贡献，同时也能够促进制造业、旅游等相关产业的发展。如英国的海洋体育带动当地的制造业和旅游业。第二，海洋体育产业的发展基础在于政府政策的推动，制定合理的海洋体育产业规划可以更加有效促进地区海洋体育产业发展。例如，日本的体育教育基础、浙江省的渔港建设规划、山东蓝色经济区等。第三，海洋体育产业发展依靠体育赛事项目带动的趋势明显，沿海城市海洋体育的特色主要是通过海洋体育项目呈现，优质的赛事能够促进基础设施建设，同时也会促进海洋体育的全民普及。例如，澳大利亚的冲浪系列赛事带动海洋体育产业发展，海南帆船帆板、游艇赛事带动了当地海洋体育的进步和海洋体育的全民化。第四，旅游业与海洋体育产业的融合发展成为沿海城市海洋体育发展的趋势，依靠旅游资源的基础优势带动海洋体育产业发展是各个沿海国家的普遍经验，如上海市的海洋体育依托上海的旅游资源迅速发展。

三、辽宁沿海城市海洋体育产业发展现状和存在的主要问题

（一）辽宁六个沿海城市海洋体育产业发展现状

1. 辽宁省海洋体育运动有良好的群众基础，海洋文化底蕴浓厚

良好的群众基础是开展海洋体育的重要基石，辽宁海洋体育的发展具有良好的群众基础，在辽宁各个沿海城市，民间自发和当地政府支持的海洋体育活动形式多种多样，活动内容都丰富多彩，海洋文化气息浓厚（见表 3－1）。

表 3－1　　辽宁群众海洋体育活动和海洋文化汇总表

海洋城市	群众海洋体育活动	海洋文化
大连市	长海国际钓鱼节	海洋垂钓
	北海渔民节	开海祭祀
	龙王塘海灯节	祈福
	星海游艇体育文化展	游艇体育活动展览
	大连滨海路登山徒步行走	全民健身观光
	大连沙雕节	海洋文化休闲
	大连海洋文化节	旅游观光
	旅顺水师营四月十八庙会	滨海民俗节
丹东市	鸭绿江杯中韩高尔夫友谊赛	体育运动休闲
	庄河石城岛放海灯节	祈福
	庄河蚬子库赶海文化节	赶海、垂钓
	庄河海王九岛文化节	海岛运动休闲
锦州市	笔架山文化节	传统体育健身
	锦州海洋旅游文化节	旅游观光、帆船帆板
葫芦岛市	葫芦岛国际沙滩·泳装文化博览会	体育服饰活动展览
	兴城菊花岛赶海节	赶海垂钓

续表

海洋城市	群众海洋体育活动	海洋文化
盘锦市	盘锦红海滩国家风景廊道健康跑大赛	全民休闲观光
	盘锦红海滩冬季渔猎文化节	捕鱼，观光
	盘锦全民健身跑大会	全民休闲健身
	“鱼跃绕阳湾”垂钓活动	垂钓
	苇海湿地万人骑行	全民休闲健身
营口市	营口望儿山母亲节	全民休闲健身
	滨海自行车赛	休闲体育健身
	海滨温泉旅游节	休闲旅游

资料来源：调研数据。

从表 3－1 可以看出，辽宁六个沿海城市在海洋体育活动方面非常丰富，从民间的庙会到政府举办的各种海洋文化节，都体现出各个城市对于海洋体育的关注和喜爱。同时也能呈现出辽宁沿海城市的海洋情节和海洋文化。这些海洋文化和体育活动为辽宁海洋体育产业发展奠定了坚实的群众基础，也为辽宁六个沿海城市的海洋体育特色化建设提供了现实的依据。

2. 辽宁沿海城市海洋体育产业特色

海洋体育产业是辽宁经济发展的新生力量，其未来发展前景可期，发展空间巨大。从现有基础来看，辽宁海洋体育已经在辽宁沿海城市逐步开展，无论是硬件条件还是群众的参与，已经初显萌芽。

（1）大连。大连在海洋潜水、游艇、海洋垂钓、帆船项目上具有显著特色。2018 年 1 月，国家体育总局批准辽宁省长海县为国家体育产业示范基地。长海县被命名为“长山群岛国家体育产业示范基地”，成为东北地区首个获得国家体育产业示范基地称号的区市县，正式进入体育产业“国家队”的大家庭[①]。长山群岛也成为国际海钓大赛指定垂钓海域。此外，航空基地和游艇码头基地也正规划建设中，着力于推广普及航空运动和开展水上运动，这将进一步拓展长海“海”字牌休闲体育运动项目，助力辽宁体育产业大发展。

大连海世界潜水培训中心是目前中国北方建成最早、规模最大的综合潜水服

① 大连新闻网（http：//www. dlxww. com/news/content/2017－12/31/content_2095165. htm）.

务机构。拥有“PADI 国际专业潜水教练协会”“世界潜水联合会 CMAS”与“国际水肺潜水学校 SSI”三套国际潜水机构认可的代签发潜水证书资质。同时是国家安全生产监督管理局指定潜水员培训基地。

大连星海湾国际游艇俱乐部有限公司是大连游艇俱乐部的龙头，俱乐部成立于 2002 年 5 月，地处大连星海湾金融商务区。俱乐部拥有标准游艇港——星海湾游艇港。港区陆域占地面积 7 万平方米，水域面积 8.5 万平方米，平均水深 -6 米。建有 396 延长米的 3 个重力式码头、138 个国际标准浮动游艇泊位。该俱乐部下设的游艇帆船驾驶培训中心，用于休闲观光、婚纱摄影载体、举办婚庆及商务活动的租赁、制作帆体广告、游艇帆船驾驶培训等。

从产业关联看，大连海洋体育产业发展重点在海洋体育旅游业、海洋体育教育培训业、海洋体育场馆服务业。在海洋体育旅游方面，大连是北方著名的旅游城市，其旅游资源丰富，每年吸引大批国内外游客。大连国旅、中青旅、海洋国际旅行社都先后开设了海洋体育旅游项目，如游艇观光、潜水体验等海洋体育活动。在海洋体育培训方面，大连海世界、大连海速潜水俱乐部、大连松辽蓝色梦想游艇驾校、大连星海湾游艇驾驶培训中心等企业都为海洋体育相关项目提供培训服务。场馆服务方面，大连星海湾游艇俱乐部、大连国际海上垂钓俱乐部都是该产业的核心企业。

（2）丹东。丹东海洋体育项目主要围绕旅游产业开展。丹东作为辽宁边境城市，以朝鲜族体育作为当地体育主要特色，而海上体育项目开展较少。在水上旅游项目中，以丹东金帆水上运动俱乐部、丹东宗裕金汤水世界开发了温泉和水上娱乐等旅游项目。丹东大鹿岛海上垂钓也是丹东海洋体育的项目之一。

从产业关联看，丹东依托民族体育发展基地并结合跨境合作优势，以发展海洋体育旅游休闲产业为中心。此外，在服饰制造产业方面，以朝鲜族服饰生产为主，并通过会展业加以推广。以丹东金凤凰服饰有限公司、丹东罗迪服饰有限公司为代表的民族服饰制造企业是丹东海洋体育的主要企业。

（3）锦州。以帆船帆板运动为核心。2019 年初政府投资 300 万元建设完成帆船帆板运动基地，包括 1 号场地和 2 号场，用于中国帆船帆板国家队训练和全国帆船帆板锦标赛日常训练，并新建符合国家队训练标准的防腐木下水坡道、浮筒码头、船具仓库，助力帆船帆板运动产业发展。

2019 年全国帆板锦标赛（RS：X 级）2019 年全国帆船锦标赛和（470 级）分场地赛、长距离赛，共有 21 支参赛代表队 267 人参赛。

2019 年 2 月，首届全国冰上帆船公开赛日前在锦州完赛。本次公开赛的成功举办，填补了北方冬季帆船运动的空白，推动了帆船运动的大众普及和奥运备战，同时比赛对打造北方帆船运动训练基地、构建“南有亚龙湾、北有锦州湾”的中国帆船运动格局具有重大意义。

2018 中国家庭帆船赛第二站 22 日在锦州滨海新区白沙湾海域开赛，40 组家庭一同在渤海锦州湾扬帆竞逐，体验家庭帆船的乐趣。

2018 年 8 月，2018 中国（锦州）首届“锦州港杯”Hobie16 帆船国际邀请赛暨首届中国家庭帆船赛（锦州站）启动仪式在锦州滨海新区滨海大道龙凤广场及清沟湾畔举行。来自泰国、罗马尼亚、荷兰等国家和国内 10 多个省市的 20 余只船队、50 余名帆船运动员参赛，此次比赛代表了国际、国内此项运动的超高水准。

从产业关联看，锦州海洋体育产业刚刚起步，主要以旅游业和场馆服务业为主，锦州御源马术帆船俱乐部、锦州帆船帆板协会为帆船帆板运动项目提供主要旅游和基础设施资源。

（4）葫芦岛。葫芦岛海洋体育产业以沙滩项目和海上游泳为主。经国家体育总局排球运动管理中心批准，葫芦岛市龙湾海滨沙滩排球场地成为国家沙滩排球训练基地。2012 年 8 月 23 日，该基地揭牌。该基地面积 8000 平方米，已经举行了全国沙滩排球巡回赛和全省沙滩排球锦标赛。兴城比基尼黄金沙滩光洁细软，坡度平缓，属于国家级黄金沙滩，也是辽宁省最大的人造沙滩，在这里适合举办沙排比赛。

葫芦岛兴城市 2015 年度体育产业增加值为 15.3 亿元，占 GDP 比重 12.3%。辖区内拥有泳装生产企业 573 户，从业人员 6 万余人，年产量 1.8 亿件（套），已形成泳装生产产业集群，年销售收入超过 150 亿元，占全球泳装生产的 40%，处于同行业的龙头地位，是我省体育类制造业的突出代表。2016 年，兴城市被授予“辽宁省体育产业示范基地”称号。

从 2011 年开始，葫芦岛连续举办了九届中国（葫芦岛·兴城）国际沙滩·泳装文化博览会。该博览会主要以泳装服饰、游泳设备推广为主。最近两届举办了中国国际沙滩排球国际邀请赛，该国际比赛吸引了来自国内外的 20 余支参赛队伍，共 200 多名专业、业余运动员参赛。

从产业关联来看，葫芦岛海洋体育产业以游泳服装和相关游泳设备以及赛事服务业为中心，葫芦岛先后建设了泳装产业研发基地、生产基地和运营基地，促进了制造业从低端向高端的提升。兴城市共有泳装生产企业 1200 余家，从业人员 6 万余人，年产量达到 2.2 亿件（套），年销售收入达 140 亿元。以达威体育用品有限公司、兴城市歌曼泳衣有限公司等企业为代表的泳装产业已经走出国门，进入国际市场。

（5）盘锦。盘锦海洋体育产业特色在于围绕红海滩旅游观光展开。盘锦市红海滩体育中心原名盘锦市体育中心、盘锦市奥体中心，全运会开幕前正式更名红海滩体育中心。红海滩体育中心项目总建筑面积 12.5 万平方米，主体建筑由体育场、综合馆、网球馆、游泳馆组成。体育场建筑面积 4.5 万平方米，综合馆建筑面积 1.6 万平方米，网球馆建筑面积 0.9 万平方米，游泳馆建筑面积 2.5 万平方米。体育中心总座席数 4.6 万个，可承办地区性比赛和全国性赛事，并将成为供市民广泛参与体育活动及享受体育娱乐的大型专业场所，成为辽宁省内标志性体育建筑①。

辽宁盘锦中国最北海岸线冰凌穿越挑战赛在 2017 年获批辽宁体育产业示范项目，每年夏季，盘锦市人民政府，大洼县人民政府、盘锦市体育局多次联合举办中国·盘锦红海滩自行车邀请赛，来自全国各地的多支专业自行车队千名骑手参加比赛。每年夏秋季定期举办的盘锦红海滩国际马拉松已经成为盘锦市的海洋特色体育品牌。

从产业关联来看，盘锦海洋体育产业主要依托红海滩的旅游观光资源展开。红海滩旅游廊道 2018 年接待游客 1759.99 万人次，同比增长 15.7%。完成旅游总收入 149.01 亿元，同比增长 15.6%；以盘锦红海滩旅游发展有限公司为主的旅游服务企业是盘锦旅游产业的核心。围绕红海滩的旅游资源，发展自行车、长跑等体育赛事服务业是盘锦海洋体育产业的中坚力量。

（6）营口。营口海洋体育产业以沙滩足球、排球和帆船为主。中国环渤海帆船拉力赛是唯一的国家级内海赛事，近岸航行，距离岸线较近，两岸风光依稀可见，赛事安全系数高。为推动中国帆船运动的开展，带动环渤海帆船运动和经济发展发挥了一定的作用。

辽宁省沙滩排球训练基地位于辽宁团山北海国家海洋公园，于 2015 年建成，占地面积 6600 平方米，有四块标准沙滩排球比赛场地及三间功能房。2015 年接待辽宁省青少年沙滩排球锦标赛。2016 年接待辽宁省青少年沙滩排球锦标赛及全国青年∪——21 沙滩排球锦标赛。2017 年接待辽宁省青少年沙滩排球锦标赛。2018 年接待辽宁省大学生沙滩排球锦标赛。2019 年预备接待辽宁省青少年沙滩

① 盘锦市人民政府网（http：//www. panjin. gov. cn/art/2019/5/17/art_10_460637. html）.

排球锦标赛及国家级、省级、市级沙滩排球集训[①]。

从产业关联来看，营口海洋体育产业主要以赛事服务业和场馆服务业为主，以沙滩排球、沙滩足球为主的海洋体育赛事，激活了相关场馆租赁、赛事组织推广等行业。

（二）辽宁海洋体育产业存在的主要问题

通过以上对国内外海洋体育产业现状的了解以及对辽宁省六个沿海城市海洋体育现状分析和对比发现，辽宁省海洋体育产业刚刚起步，在发展中还存在一些问题需要解决，总结为以下几方面：

1. 缺乏宏观设计，存在盲目竞争和重复建设

通过分析国内海洋体育产业发展较好省份和城市的成功案例来看，海洋体育产业在发展初期需要有良好的顶层规划和设计。例如浙江省注重渔港经济区建设规划，规划形成 12 个渔港经济区，在渔港经济区内利用渔业资源发展海洋体育产业；山东半岛蓝色经济区“一体三带”的发展模式，为海洋休闲体育产业提供了良好的发展平台。从以上两城市的总体规划成果来看，都取得了良好的成效。因此，对于海洋体育产业刚刚起步的辽宁，急需制定和完善海洋体育产业总体规划，从而指导辽宁六个沿海城市海洋体育产业发展。

此外，做好宏观设计的第二个作用在于避免辽宁沿海城市间项目重复建设和体育赛事引进的恶性竞争。例如帆船帆板项目，锦州市、营口市、大连市都曾经举办过省级和国家级相关赛事，为了满足赛事需要，各个城市必须进行基础设施建设和资源投入。这造成了总体海洋体育资源投入的分散化，导致该项目发展不能做大做强。而做好宏观设计就可以很好避免这样的恶性竞争发生，使各个沿海城市集中优势资源投入核心特色体育产业的发展。

2. 产业发展缺乏整体性和关联性，没有完善产业链支撑

形成完善的海洋体育产业链是促进海洋体育产业长期稳定发展的前提，从世界范围来看，澳大利亚海洋体育产业依托旅游业形成初步的发展，而后逐步实现相关体育器材设备的制造业跟进，最终形成了完善的海洋体育产业链，使澳大利

---

① 资料来源：调研数据。

亚的海洋体育产业走在世界前列。日本的海洋体育产业发展很大程度上也依靠其完善的制造工业体系，使海洋体育制造业发展迅猛，海洋体育器材和设备领先于其他国家，从而带动了海洋体育赛事及旅游业的发展。从以上两个国家的发展进程来看，形成完善系统的产业体系是海洋体育产业长期发展的关键，只有围绕核心产业进行产业链的总体规划和建设，才能使海洋体育产业逐步壮大，提升海洋体育产业整体实力。

从辽宁的发展现状来看，对于刚刚起步的辽宁海洋体育产业，完整产业链尚未形成，只有少数城市实现了相关产业的关联发展。例如大连市的游艇、潜水、海上垂钓与旅游业、场馆服务业、教育培训业实现了有效的产业关联发展；葫芦岛的海上游泳、沙滩排球与泳装制造产业实现关联发展。盘锦红海滩旅游业与滨海自行车、长跑形成有效关联。尽管以上城市实现了海洋体育产业的产业关联互动，但相对海洋体育产业发达国家还有不小差距，其相关产业不够成熟和完善。除此以外，辽宁其他沿海城市海洋体育产业关联程度不高。

3. 企业发展低端化严重，竞争力有待加强

海洋体育产业的长期发展需要依靠企业向产业链的高端发展，从日本海洋体育产业发展看，该产业依托日本先进制造业的核心技术，从海洋体育器材及产品制造深度挖掘，使海洋体育产品制造业进入国际产业链的高端，带动了其相关器材及设备的出口，从而使日本海洋体育产业获得了更好的发展前景。因此，辽宁海洋体育产业同其他类似产业一样，需要从产业的低端摆脱出来，从发展之初就进行高端定位，依靠科技创新实现产业的升级。

辽宁海洋体育产业发展的初级阶段，在海洋体育产业高端制造领域进行了初步探索，例如葫芦岛泳装企业在规模和品牌扩张的同时，也开始着手建立创新基地，促进泳装设计和原材料的技术创新，逐步打造企业在产业链的核心地位。大连在游艇制造和钓具相关制造业也有一定突破，例如欧伦船业有限公司、佳海游艇有限公司等。但与国外著名制造企业还有不小差距，如意大利 Riva 豪华游艇设计制造公司、太平洋垂钓用具有限公司、Aqua - Lung 潜水装备制造公司。除葫芦岛和大连部分企业外，辽宁其他沿海城市在海洋体育企业发展中缺乏核心竞争力，市场竞争力不强。

4. 基础设施建设不足

海洋体育需要全民参与才能更好提升产业活力，全民参与海洋体育运动的基础在于硬件基础设施的完善程度。从国外经验来看，澳大利益、英国的海洋体育发展得益于全民在海洋体育活动方面的参与热情。英国海洋休闲娱乐协会通过活动培养公民在海洋体育方面的运动参与度，与此同时全民化的基础设施建设为公民从事海洋体育活动有更好的促进作用。澳大利亚每年定期进行海洋体育竞赛项目，同时其运动基础设施更加完善，因此可以吸引更多的优秀赛事落户沿海城市，而赛事过后的大部分基础设施供旅游和当地居民海洋体育活动使用。由此可见，完善的海洋体育基础设施建设不仅有利于引进优质海洋体育项目的落户，同时更有利于海洋体育的全民参与热情。从而促进海洋体育产业的全面发展。

从辽宁沿海城市海洋体育发展现状看，海洋体育基础设施建设较好的城市主要是大连。由于受到旅游产业的带动，大连市的海洋体育基础设施建设较早，相对比较完善。例如，长山群岛国家体育产业示范基地、大连游艇码头等。这些基础设施的建设带动了旅游业的发展，同时也促进了海洋体育产业的进步。此外，葫芦岛的泳装创新基地的建设也促进当地泳装行业进入国际市场，为葫芦岛海洋体育产业发展提供了动力。锦州在 2019 年初投入 300 万元建设完成帆船帆板运动基地，促进该项目在锦州的长期发展。辽宁其他沿海城市在基础设施建设方面多集中在旅游观光，而专业的海洋体育基础设施建设不足。

5. 人才培养滞后

海洋体育产业发展离不开人才的支持，持续的优秀人才培养系统可以为地区海洋体育产业发展提供长期的支持。日本在海洋体育产业发展中就体现了这一特征，日本在其教育体系中相继颁布了《教育基本法》和《学校教育法》等法规，1958 年日本就成立了专门研究提高学校体育教育水平的日本学校体育学会。各个专业院校和大学都有相关的水上运动教育体系，培养了大批水上运动人才。由此可见，高等体育教育对于海洋体育产业发展的推动作用尤为明显。

从辽宁当前的发展情况来看，辽宁体育类院校有沈阳体育学院、辽宁体育运动职业技术学院，但在海洋体育专业人才培养方面尚有欠缺，以上学校没有把海洋体育专业作为学校的主要专业，甚至没有设立涉海体育专业。同时沿海城市高校，如渤海大学、大连海事大学、大连海洋大学等高校没有设立海洋体育产业相关专业，因此在人才培养方面有巨大缺口。

四、构建辽宁海洋体育产业结构布局，加强城市协同

（一）构建“两带—两心”总体布局

从宏观角度，辽宁海洋体育产业发展要从“两带”开始，即“营口—大连—丹东”海洋体育产业带和“葫芦岛—锦州—盘锦”海洋体育产业带。

建立“营口—大连—丹东”海洋体育旅游产业带。依托辽宁滨海公路，连接丹东、大连、营口一线。以大连为核心建立以海洋体育旅游、运动休闲及相关产品制造为核心产业的海洋体育产业带。以大连核心旅游城市为抓手，促进以海洋体育旅游为特色相关产业发展。同时促进不同城市、不同区域间体育资源整合，打造海洋体育旅游产品品牌。着重发展以大连为中心的垂钓、潜水、游艇等海洋体育旅游产业项目；以营口为中心的沙滩排球、沙滩足球等海洋体育休闲产业和相关产品制造业。以丹东为中心的民族海洋体育旅游和特色民族服饰产品制造业。同时借助大连作为中心城市的文化旅游吸引力，打造以海洋运动休闲、海洋保健养生、海洋体育会展、海洋赛事旅游等特色旅游产品。

建立“葫芦岛—锦州—盘锦”海洋竞技体育产业带。发挥城市间距近优势，整合葫芦岛、锦州、盘锦一线。以锦州为中心建立以海洋竞技体育、竞技体育培训、竞技体育服务、竞技体育产品制造为重点产业的海洋体育产业带。突出不同城市海洋竞技体育特色，打造海洋竞技体育品牌。重点发展锦州帆船帆板海洋竞技项目；葫芦岛沙滩排球、海上游泳比赛项目；盘锦滨海自行车、滨海长跑等海洋竞技体育项目和与各个项目相关联的竞技体育产品制造业、竞技体育服务业。突出海洋体育赛事文化。借助“一带一路”发展契机，以引进国际、国内重点海洋体育赛事带动城市海洋竞技体育文化发展。

（二）八个海洋体育产业基地规划与定位

辽宁海洋体育产业发展要以“营口—大连—丹东”“葫芦岛—锦州—盘锦”两个海洋体育产业带为重心，重点打造具有城市海洋体育文化特色的海洋体育产业基地，围绕辽宁各沿海城市核心体育产业配套建设海洋体育相关产业链。并发挥海洋体育产业基地的培育和辐射作用，促进沿海城市海洋体育文化建设。

主要建设八大产业基地。第一，大连垂钓产业基地。该基地在发展定位上以打造国际一流的垂钓基地为目标，建设具有国际水准的基础设施和软件服务配套。与国际知名垂钓组织和俱乐部建立长期合作，能够定期承办国际级垂钓竞赛；第二，大连潜水培训基地。发展定位以海洋潜水培训和教学为中心，打造潜水旅游及培训品牌，并能够为国内潜水领域培养专业人才。同时围绕海洋潜水打造特色旅游产品；第三，大连游艇旅游休闲中心。在发展定位上以游艇俱乐部为中心，与国内外游艇俱乐部实现联动。同时围绕游艇项目打造特色服务项目：举办婚庆及商务活动的租赁、制作帆体广告、游艇帆船驾驶培训；第四，营口沙滩足球、排球训练基地。在发展定位上以全民参与为重心，实现全民健身运动与海洋体育竞技相结合。并通过建立竞技俱乐部模式培养竞技体育专业人才，建设国家一流竞技体育设施，在实现全民参与基础上能够承接国家级沙滩排球、沙滩足球竞技体育赛事；第五，锦州帆船、帆板运动训练基地。充分利用锦州地域优势和季节优势，实现全年不同形式的帆船帆板竞技体育运动，在发展定位上要建立国家级帆船帆板训练训练基地，并能够长期为国际、国内赛事服务；第六，葫芦岛沙滩排球运动休闲基地。在发展定位上要打造具有国际水准沙排训练竞赛基地，具有持续承办国际沙滩排球赛事能力，建立并成为辽宁全民沙滩排球运动中心；第七，盘锦红海滩径赛及自行车比赛中心。在发展定位上要依托自然景观，承办国内、国际长跑、竞走、自行车等滨海竞赛项目，促进海洋竞技体育与全民运动相结合；第八，丹东民族体育发展中心。在发展定位上依托边境优势，发展以朝鲜族民族体育为中心的全民体育运动，结合旅游资源，发挥民族特色实现跨国海洋体育项目合作。

（三）实现资源优化配置，促进辽宁海洋体育产业城市协同发展

首先，要进行规划协同。在辽宁海洋体育产业发展中进行省统筹规划，突破政区界限，建立省级海洋体育产业协调管理部门，加强省政府的宏观调控，从设计层面实现各沿海城市海洋体育产业发展差异化、特色化；其次，要实现产业协同。发挥沿海城市原有海洋体育资源优势，建立完善并符合城市海洋体育产业发展的产业链，实现海洋体育产业发展的资源有效配套，推动辽宁海洋体育产业向中高端发展；最后，要抓好政策协同，省政府在各个沿海城市海洋体育产业建设同时，促进和加强各个城市横向沟通，促进辽宁海洋体育产业整体发展，并做好资源优化配置，切实发挥政府在政策制定、发展环境营造、资源开发规划方面的

作用，构建全方位、立体化的海洋体育产业体系，避免各城市间无序竞争。

五、推动海洋体育产业体系建设，加速拓展海洋经济新产业

（一）加强海洋体育产业集群建设，实现资源整合

建立辽宁海洋体育产业集群品牌。对于存在龙头企业的体育用品制造产业集群，鉴于龙头企业在整个产业集群发展过程中能够起到的关键作用，利用企业知名度带动集群企业进行品牌推广。例如大连海世界潜水俱乐部在大连潜水品牌领域处于龙头地位，可利用其知名度进行潜水产业集群品牌推广；对于缺乏龙头企业、以中小民营企业为主的体育用品制造产业集群，可以考虑由政府相关职能部门特别是行业协会组织注册法律认可型产业集群品牌，并对产业集群进行合理整合。依据当地海洋体育用品制造产业集群的优劣势，政府需要合理定位产业集群品牌建设的发展方向，要科学地规划产业集群品牌的个性、营销战略及其实施组织与战略，并严格按照规划有序进行从而维护规划的权威性、严肃性，有效提高产业集群品牌建设资源利用效率。利用政府对外交流优势，进行产业集群品牌推广。

与此同时，发挥行业协会作用。行业协会应从协助政府、服务企业的理念出发，强化海洋体育用品制造产业集群品牌营销传播工作，促成企业间合作。行业协会要积极开展质量认证和质量检测各项工作，规范与引导企业市场竞争行为，对行业内企业的不法与违规行为进行行业监督、规制和纠正。行业协会还可以通过提供融资服务、信用担保、项目引导来培育企业品牌。例如，葫芦岛泳装产业集群，集群内部缺乏大型知名企业，多以民营中小企业为主，在这种情况下，需要政府帮助集群建立品牌进行推广。

（二）依托创新促进辽宁海洋体育制造产业国际化建设

辽宁省海洋体育制造业发展相对国外城市起步较晚，因此我省海洋体育制造业在全球价值链的提升过程中会遇到国外知名品牌的冲击，本土企业只能做产业链的低附加值部分，不能涉及核心产品领域。例如在垂钓领域，我国相关器材的

生产制造远远落后于世界知名品牌，例如：美国 PureFishing、瑞典 ABU 等知名企业。在这种情况下，选择加强自主创新发展路径是避开“网络陷阱”（“网络陷阱”是指参与全球生产网络分工后长期锁定在低附加值环节、步入价值链固化的阶段。）的有效方法。在海洋体育用品制造领域，技术提升可以有效提高产品的市场占有率和在产业链中的地位。因此，在辽宁海洋体育产品制造业发展中，应该把技术创新作为该产业的核心，大力推进企业技术创新能力，提高产业整体技术水平。从而提升在产业链中的地位，突破“网络陷阱”。

从体育用品制造产业的价值增值过程来看，研发设计、生产制造、产品销售等产业链不同环节的附加值和分工利益有很大差距，在产品设计和高技术水平的核心部件制造中，企业获得高额利益，而在低端劳动密集型生产企业，企业获利较少。同时在产品设计领域与制造领域也分为低端与高端差别：在基础设计领域，产品附加值高，而在辅助设计中，产品附加值较低；同样，在制造领域，技术密集型制造附加值较高，而在劳动密集型制造中附加值较低。因此，从以上分析来看，辽宁海洋体育制造业不仅要加强创新，同时，更需要在核心产品设计、技术密集型制造领域加强建设和创新，从而实现辽宁海洋体育制造业在价值链中的升级。例如，在葫芦岛泳装制造产业中，提升泳装设计创新和服装材质等的核心制造领域创新是提高该产业集群获利能力的核心。

（三）以互联网技术为依托培育“海洋体育特色小镇”

“互联网 + 体育”中服务行业实现经济价值的关键在于满足用户对体育相关产品的需求，让用户在享受产品服务的同时，能够实现感情寄托，加强情感的传递，培养用户的心理依赖度。第一，根据辽宁海洋体育产业发展特点，要依据沿海城市海洋体育发展特色构建互联网推广平台，从电脑端向手机端过渡，通过平台的宣传和介绍，加强海洋体育产品与消费者的沟通，逐步培养海洋体育服务产品消费习惯。例如，通过大连海洋体育旅游 APP 促进国内外消费者对大连体育旅游的认知，进而促进相关旅游消费。第二，利用大数据优势，充分挖掘消费者在海洋体育中的需求、增值卖点、功能卖点等，并有针对性进行个性化推广，以海洋体育健身休闲、海洋体育竞赛表演、场馆服务、海洋运动培训等业务为重点打造产品生态簇群，实现各个层次服务产品结构的有机融合。例如通过锦州帆船运动 APP 进行大数据收集，进而推广相应赛事和培训服务。第三，建设辽宁海洋体育管理部门、体育服务企业、消费者三位一体的海洋体育全民健身平台。利用互联网把全民健身运动与海洋体育相结合，促进辽宁海洋体育运动的全民普及，培养海洋体育健身消费群体。例如：通过盘锦滨海骑行 APP 实现全民健身运动开展、促进消费者与体育服务企业沟通和交流；通过营口沙排 APP 实现海洋体育爱好者的运动普及。

促进海洋运动休闲特色小镇建设，打造特色鲜明的运动休闲业态、深厚浓郁的体育文化氛围。国外在体育特色小镇建设方面已经具备成熟经验，例如法国霞慕尼小镇（滑雪）、法国勒芒小镇（汽车）、新西兰皇后镇（户外运动）、美国圆石滩（高尔夫）等。海洋体育特色小镇的建设有助于改善海洋城市居住环境，提升海洋旅游吸引力；有利于推动辽宁海洋体育产业的发展，带动地方经济实力提升；有助于推动全民健身运动开展。辽宁建设海洋体育特色小镇需要根据“两带八基地”总体规划进行建设，不能盲目追求基础投资，忽视可持续发展。因此，辽宁海洋体育特色小镇要明确定位，实现体育小镇建设差异化、特色化。当前，辽宁省在海洋体育特色小镇建设中已经开始起步。例如：大连将军石海洋体育特色小镇已经成为辽宁体育特色小镇典范。

（四）明确产业发展方向，建立产业配套体系

根据“两带八基地”的总体发展布局，辽宁各个沿海城市需要依托各自海洋体育产业基地建设海洋体育产业体系。

大连　首先，要依托垂钓产业基地、潜水产业基地、游艇休闲基地优先发展以海洋体育旅游休闲主的核心体育旅游产业，建设具有示范意义的海洋体育特色小镇。其次，借助核心产业辐射作用积极发展海洋体育培训产业，促进居民休闲旅游消费向海洋体育流动。最后，培育和扶持支撑核心产业发展的海洋垂钓用具制造、潜水装备制造、游艇制造产业，并积极引进行业优质企业进驻，例如意大利 Riva 豪华游艇设计制造公司、太平洋垂钓用具有限公司、Aqua - Lung 潜水装备制造公司等国内外知名企业。

丹东　首先，要依托民族体育发展基地并结合跨境合作优势，优先发展海洋体育旅游休闲产业。其次，打造以朝鲜族为主的海洋体育民族品牌，通过体育会展业加以推广。最后，在民族体育服装、设施设备制造产业建设中加强引导和培育。

营口　首先，要依托沙滩排球、沙滩足球产业基地优先发展国内外竞技表演、全民健身核心产业。其次，借助海洋体育竞技产业的国内和国际影响力积极

发展体育赛事策划、体育赞助和商务咨询等中介服务产业和海洋体育会展业。最后，围绕核心产业培育沙滩排球、沙滩足球设备制造业，引进摩腾、红双喜等国内外知名企业，借助这些企业影响力完善产业链，培育本地配套企业。

盘锦　首先，要依托滨海径赛基地及自行车比赛基地并结合红海滩自然观光资源，优先发展海洋体育观光旅游产业和马拉松、自行车竞技体育产业。其次，围绕核心产业发展海洋体育中介业，促进知名马拉松、自行车赛事的引进和推广。最后，发展自行车装备制造业，引进捷安特等知名赛车制造企业进驻，并培育和发展本地配套企业。

锦州　首先，要依托帆船、帆板运动训练基地优先发展海洋体育竞赛产业，科学引领赛事品牌国际化。其次，借助当地旅游资源积极发展海洋竞技体育旅游业，开发沉浸式体育旅游项目。最后，围绕核心产业培育帆船、帆板设备制造业，引进如沃德体育器材用品有限公司等国际知名帆船、帆板器材制造企业，带动本地配套企业的发展。

葫芦岛　首先，要依托沙滩排球运动休闲基地优先发展海洋体育健身产业，促进全民健身发展。其次，围绕核心产业发展沙滩排球会展业和教育培训产业，打造城市沙滩排球健身品牌。最后，以原有泳装产业为基础大力发展海洋体育服装产业，打造国际知名品牌。

六、积极培育发展海洋体育企业，促进辽宁海洋经济发展

（一）加强政府扶植，培育促进企业成长

各沿海城市要积极推进海洋体育企业培育工作，制订海洋体育企业培育计划。建议有关部门积极协调企业在发展过程中的机制阻碍，为海洋体育中小企业组建、发展开辟绿色通道；同时促进现有涉海企业的业务延伸，通过搭建技术创新平台，技术人才引进等方式实现涉海体育制造企业技术升级，推出具有地区海洋体育产业特色的体育配套产品；在海洋体育会展、海洋体育休闲服务、海洋体育装备制造领域大力引进具有国际领先水平的公司和企业。借助大企业技术力量为本土企业的建立和发展提供支持；各个沿海城市借助“一带一路”的发展契机，积极融入沿线国家海洋体育产业合作中，积极举办“一带一路”海洋体育

赛事和海洋体育会展，促进“一带一路”国家海洋体育产业合作。

加快整合和创新海洋体育企业成长的政府投融资平台，在辽宁海洋体育产业发展中建立优势互补、风险共担的多元化融资机制，引导金融机构建立符合海洋体育产业特点的信贷管理和贷款评审机制。重点培育发展速度快、行业影响力较强的本地企业；对技术含量高、创新能力强的中小体育器械制造企业建立高新技术产业化风险投资基金，增强企业发展后劲。综合运用风险补偿、财政贴息等扶持政策，促进各级金融机构加大对辽宁海洋体育中小企业的支持力度和投入力度。鼓励和支持海洋体育企业经营主体的多元化，加大投资、融资、合资的力度，促进海洋体育产业项目的开发与建设。

（二）引进高端企业入驻，实现本土企业跨区域合作

对于辽宁海洋体育企业采取“先引进、再培养、最后本土化”的模式，坚持高端运作，两手抓、两条腿走路同时进行，最后落地生根实现本土化。辽宁各沿海城市要依托“两带八基地”的海洋体育产业基础设施建设，积极引进国内外优质海洋体育企业入驻。充分利用税收和企业用地等扶植政策鼓励引进企业建立生产基地，并加强产品设计和研发中心建设，同时要结合辽宁高端制造业特点，充分发挥智能制造优势，实现海洋体育产业与辽宁高端装备制造业产业融合。

辽宁各沿海城市海洋体育企业也要加强跨区域合作，通过具有本地特色的海洋体育项目带动模式，本土海洋体育企业积极与省外、国外体育企业加强合作，吸收先进企业的技术和运作方法，逐步增强本土企业实力。最终实现打造本土企业品牌的目标。

（三）加强辽宁本土海洋体育企业品牌建设

首先，利用辽宁海洋体育“两带八基地”的企业集聚效应，通过企业创新战略联盟形式与高校、科研机构创新资源整合，构建集群创新网络，为本土海洋体育企业品牌建设提供科技研发和技术创新支持。如企业与大连海事大学、渤海大学合作。其次，辽宁本土海洋体育企业需要对国内外竞争企业主体行为分析、市场消费者行为分析以及营销分析，并在此基础上明确本土企业及产品的优劣势，结合本地海洋体育产品特色和消费者需求的变化，选择好合适的品牌定位策

略。最后，体育用品制造产业集群内的龙头企业应积极实施品牌国际化战略，为企业自主品牌产品在国际市场上立足打下坚实基础；积极推进行业前沿技术的创新与研发，提升企业自主品牌的内在价值；实施“走出去”战略，通过与海外品牌合作、购买国际知名品牌特许经营权、海外注册商标等方式树立企业国际品牌形象并加速企业品牌国际化进程，通过向国际、国内市场投放高端、特种产品树立品牌形象，在国际市场品牌营销活动中，需要“全球化视野、本地化操作”，针对不同国别市场实施有针对性的品牌营销活动。

七、加强海洋体育产业基础设施建设，创建海洋经济发展新平台

（一）为辽宁海洋体育产业打造运动基础设施

围绕辽宁各沿海城市海岸线建立具有国际领先水平的体育场馆，促进场馆体育文化与海洋体育文化相结合，实现体育项目聚集的规模效应。

在辽宁海洋竞技体育方面：要根据两带八基地的总体战略规划，明确辽宁各个沿海城市重点发展目标，在竞技体育基础设施设备投资方面要有明确区分度，切忌各沿海城市盲目投入短期热点海洋体育项目。例如在帆船帆板项目的建设之中，当前大连、锦州、营口都曾经举办过相应比赛项目，但在后期发展中应该从辽宁省总体海洋体育发展角度明确哪所海洋城市应该重点发展该项目，避免各个城市间的恶性竞争。从而避免基础投入的资源浪费。

在辽宁海洋体育全民参与方面：首先要鼓励和促进辽宁各个沿海城市根据各城市不同体育文化特点大力发展全民海洋体育运动，以辽宁海洋体育产业八基地为基础打造城市海洋体育文化圈和符合海洋城市特色的海洋体育休闲中心，这些设施不仅为体育赛事提供服务，也可以为全民健身提供服务。同时也要大力促进海洋体育器用品和器械制造园区建设，为各城市海洋体育产业提供硬件配套支持，实现海洋体育产业链的融合。为全民海洋体育事业发展提供资源基础保障。建设海洋体育产业服务园区，引进并培育具有国际化服务水平的海洋体育赛事服务企业和中介机构，为各类体育赛事提供服务与保障，为全民海洋体育发展提供软件支撑。

（二）着力建立和培育海洋体育创新平台

构建网络创新服务平台，以体育科技与体育经济发展紧密结合为目标，积极推动“海洋体育＋互联网”“海洋体育＋大数据”等互联网平台的建设，为辽宁海洋体育实体发展提供支撑。利用“5G”技术拓展网络空间，发挥虚拟仿真优势，实现网络体验式、沉浸式3D的辽宁海洋体育推广平台，在海洋体育项目推广中实现辽宁海洋体育“线上＋线下”的立体互动模式。构建全民网络海洋体育社区，根据未来体育产品消费特点和消费趋势，建立具有海洋体育个性化的网络交流空间，推动辽宁海洋体育全民化、个性化的普及。

建设实体技术创新平台，打造和培育辽宁海洋体育制造企业创新生态。根据辽宁沿海城市海洋体育用品制造业建设重点，在海洋体育用品和器械制造园区设立协同创新中心，为企业与企业、企业与科研院所、企业与高校的技术创新合作搭建技术创新平台，推动体育科技创新成果在更大范围、更深层次的流动和转化。促进辽宁海洋体育制造业走高端化、技术化发展路径，政府与企业合作设立海洋体育产业众创空间，为辽宁海洋体育产业培育具有高增长潜力的海洋体育产业项目和创新人才，实现辽宁海洋体育产业可持续梯队式发展。

八、实现体育与旅游产业融合，加快海洋体育产业推广

（一）实现文旅融合，打造具有新引力的海洋体育旅游产品

体育旅游是一项最近几年兴起的新型旅行产品，实际上是一种新的消费方式，是以体育为本，以旅游为形，以跨界为特征，以创新为方向的一种融合的业态。辽宁海洋体育产业发展需要与旅游产业实现融合，从辽宁沿海城市体育文化、城市旅游特色等方面实现与海洋体育的融合发展，把打造海洋体育旅游品牌作为旅游产业的一个重点发展方向。在具体旅游产品设计方面，需要打造与海洋体育相关的体验式、沉浸式旅游项目，并于全民健身运动和体育培训相结合。通过旅游市场培育提升消费者在海洋体育旅游项目中的消费频率。例如，大连潜水运动基地依托大连市的旅游资源设计具有趣味性、体验式的海洋体育旅游项目，并进行周边产品的推广，培育旅游消费习惯。打造海洋潜水旅游品牌。

（二）加强旅游宣传作用，促进辽宁海洋体育产业推广

旅游消费是近年来国内消费的热点，同时消费量连年递增。利用旅游的宣传渠道作用，把海洋体育产业进行国内外推广可以有效提升辽宁沿海城市海洋体育资源的知名度。在宣传的媒介上，充分发挥多种宣传平台优势，利用网络平台和大数据的综合运用，进行差异化的海洋体育品牌和产品精准推广；利用电视、广播等传统媒介进行广泛的海洋体育文化推广。在海洋体育产业推广方面实现多层次、多维度、立体化的推广方式，使海洋体育产业品牌成为辽宁沿海城市的对外名片，从而带动相关制造业和服务业的发展。

九、加快海洋体育产业人才培养，培育海洋经济人力新动能

（一）发挥辽宁高校作用，培养辽宁海洋体育产业梯队人才

人才是海洋体育产业创新发展的第一资源。辽宁拥有丰富的高等教育资源，沈阳体育学院、辽宁体育运动职业技术学院在体育专业人才培养上具有专业基础优势，依托专业体育院校在体育方面的基础加快建设和发展海洋体育专业，为辽宁海洋体育产业培养竞技体育专业人才；同时，发挥辽宁沿海城市高等院校作用，鼓励辽宁师范大学、渤海大学、大连海事大学、大连海洋大学等临海高校借助海洋资源优势设置海洋体育产业管理、海洋体育用品、器械制造、海洋体育旅游管理等专业方向。在海洋体育人才培养模式方面，实现从课程体系、师资建设、实践教学等方面着力加强校企联合、校校联合，把培养“应用型”海洋体育专业人才作为重中之重。同时要加强校企合作实验室建设。实现辽宁海洋体育制造业的技术创新与高校实验室相结合，实现创新项目建设与人才培养相结合，实现应用技术研发和理论教学相结合。突出发展辽宁海洋体育制造企业研发项目带动式的双向互动人才培养模式。为辽宁海洋体育产业发展提供人力资源新动能。

（二）加强社会培养和人才引进，满足辽宁海洋体育当前发展需要

为了满足企业对急需海洋体育人才的需求，辽宁省各个沿海城市可以通过各

种鼓励政策的实施首先采取直接人才引进的模式，加强海洋体育产业相关人才的引进力度。同时，在海洋体育人才培养方面，省高等教育管理部门在鼓励辽宁省各个高校设立相关专业基础上，同时要支持涉海高校在海洋体育服务业、海洋体育制造业方面的高等教育教师人才引进，打造一支具有影响力的海洋体育专业教育人才队伍，使人才总量和结构适应辽宁省海洋体育教育发展需要。此外，依托辽宁沿海城市海洋体育文化休闲中心，建立多层次、多渠道的社会化培训体系，鼓励社会体育培训机构向海洋体育项目拓展。例如大连海洋潜水教练培训、锦州帆船帆板教练培训、葫芦岛沙滩排球俱乐部课程培训等。这些社会化的培训项目可以为现有海洋产业相关从业人员提供社会化的技能培训资源，以满足辽宁海洋体育当前发展的紧迫需求。

参考文献

[1] 姜同仁，黄海燕．澳大利亚体育产业发展方式及其经验借鉴［J］．西安体育学院学报，2015（5）：257－263．

[2] 仁波．英国体育产业结构演进及其启示［J］．体育成人教育学刊，2020（2）：13－17．

[3] 郑和明，尚志强，薛林峰．日本体育产业发展现状、发展方式及启示［J］．首都体育学院学报，2020（3）：116－121．

[4] 刘英．浙江省海洋体育旅游发展研究［D］．杭州师范大学，2012．

[5] 笪恺，杜海鹏．上海市海洋体育产业发展的 SWOT 分析［J］．体育科研，2013（4）：17－21．

[6] 王科．山东海洋休闲体育产业开发策略研究［J］．科技信息，2012（18）：25－26．

[7] 唐华．自贸区（港）建设视域下海洋体育产业发展研究——以海南省为例［J］．广州体育学院学报，2019（39）：28－31．

专题报告四

辽宁海洋产业投资基金组建与运作研究报告

一、引　　言

海洋是辽宁省实现经济转型发展，推进沿海经济带建设的重要资源环境保障，也是辽宁省深入参与“一带一路”建设的重要发展领域和战略平台。党的十八大首次将建设“海洋强国”上升至国家战略，十八届五中全会通过的《中共中央关于制定国民经济和社会发展第十三个五年规划的建议》提出“拓展蓝色经济空间，坚持海陆统筹，壮大海洋经济，科学开发海洋资源，保护海洋生态环境，维护我国海洋权益，建设海洋强国”的要求。习近平总书记深刻指出：“纵观世界经济发展的历史，一个明显的轨迹，就是由内陆走向海洋，由海洋走向世界，走向强盛。”① 发展海洋经济、建设海洋强国已成为我国新时期的经济发展战略，而海洋产业投资基金能够有效助力海洋经济发展。

自 2012 年 11 月 6 日山东省建立了国内第一支专注于国家海洋战略的产业投资基金——蓝色经济区产业投资基金以来，我国沿海省份都在积极组建海洋产业投资基金。我国 11 个沿海省市中，有 8 个已经相继成立了海洋产业投资基金，如天津渤海产业投资基金、天津船舶产业投资基金；山东省蓝色经济区产业投资基金、蓝色产业境外投资基金、青岛市海洋新动能产业投资基金、青

① 人民网 . http：//sd. people. com. cn/n2/2018/0620/c166192 - 31721437. html.

岛海洋产业投资基金；上海航运产业投资基金；浙江省宁波海洋产业投资基金、舟山海洋产业投资基金；福建现代蓝色产业投资基金；广东省深圳海洋产业发展基金；海南省的中船蓝泰东方联合（海南）海洋产业投资基金；江苏新海智慧海洋产业投资基金等。目前仅有辽宁、广西、河北还尚未组建海洋产业投资基金。

辽宁省建立海洋产业投资基金符合国家经济战略的实施，符合辽宁省发展的切实需要，海洋产业投资基金成立的时机和条件已经成熟。海洋产业投资基金可以在较短的时间内以较低的成本募集到大量的长期性、稳定性资金，有益于整合社会市场资源，配合政府加大事关海洋相关产业发展的资金投入，实现海洋产业总产值翻番、利税增加、投资者高额回报等社会与经济效益双赢局面；有利于优化海洋产业融资结构、增加融资额度，缓解财政投资的压力，形成多元化投资格局，改善海洋产业发展后续资金不足的局面；有利于继续深化供给侧改革，促进海洋产业高质量发展，从而促进辽宁省经济快速发展。

报告包括七个部分：第一部分，引言。第二部分，对辽宁构建海洋产业投资基金进行现实分析，主要从三个方面进行论述：一是辽宁海洋经济发展情况，二是金融支持辽宁海洋经济发展现状，三是辽宁海洋产业发展存在的一些问题。第三部分，对辽宁建立海洋产业投资基金的必要性进行论述，主要阐述了海洋产业投资基金能够解决海洋产业投融资困境、能够缓解地方政府投资不足、能够促进海洋产业结构升级、能够提高资源配置效率。第四部分，分析了辽宁建立海洋产业投资基金的优势和不足，优势即建立基金的可行性，主要从区位优势、发展前景、资金来源和外部环境角度进行分析。不足主要是分析辽宁海洋产业投资基金建立和发展过程中值得关注的问题，主要有金融人才流失、金融实力较弱、对海洋经济重视程度不够以及海洋产业投资基金投向选择难四个方面问题需要深入思考。第五部分，列举山东省海洋产业投资基金相关案例，并进行经验总结。第六部分，探讨辽宁海洋产业投资基金组建模式，从投资主体、运作模式、投资方向、退出机制四个方面进行阐述。第七部分，是对辽宁海洋产业投资基金发展的建议，主要针对第三部分需要关注的四个方面问题提出政策建议。

为完成课题，课题组参考了相关统计年鉴、统计公报、政府工作报告、调研报告、研究报告、相关论文、Wind 数据库以及部分媒体报道资料，在此对提供材料的相关部门以及做出大量前期研究成果的专家学者表示衷心感谢。由于时间紧、任务重，本报告还存在许多不完善之处，敬请各部门领导和专家批评指正。

二、辽宁构建海洋产业投资基金的现实分析

（一）辽宁海洋经济发展滞后

从海域分布来看，环渤海地区海洋生产总值最高，占比最大。2017 年，我国环渤海地区海洋生产总值为 24638 亿元，占全国海洋生产总值的比例为 31.7%；其次是长江三角洲地区，海洋生产总值为 22952 亿元，占比 29.6%；珠江三角洲地区海洋生产总值为 18156 亿元，占 23.4%。[①] 由此可见，促进环渤海地区海洋经济发展意义重大。

据统计，辽宁省海域富含 200 多种鱼类，100 多种藻类，70 多种可直接利用的经济鱼类，同时省内石油、天然气存储量较为丰富，总量分别为 7.5 亿吨和近千亿立方米，这些丰富的海洋资源有效地拉动了辽宁省海洋产业的发展，2018 年海洋生产总值达到 3140.4 亿元，进而推动了辽宁经济的进一步发展。[②] 可是尽管辽宁省海洋产业不断发展，其经济总量逐年攀升，但辽宁省海洋产业发展不仅在环渤海地区处于劣势，在全国 11 个沿海省市中，其海洋生产总值也仅高于河北、广西和海南，海洋经济发展程度仍处于中下水平，与山东、广东等海洋生产总值过万亿元海洋大省仍存在着较大差距，这与辽宁省蕴藏丰厚海洋资源形成鲜明对比，说明辽宁省仍有很多海洋资源并没有得以充分利用，海洋经济发展滞后。

（二）金融支持辽宁海洋经济发展现状

2015 年作为老工业基地的辽宁省确定了九大新兴产业，计划在财政资金、金融信贷、项目用地和人才保障等方面予以重点扶持。辽宁此次确定的新兴产业包括先进海洋产业、装备制造业、新能源产业、新材料产业、新医药产业、信息产业、节能环保产业、生物育种产业和高技术服务业 9 大类。根据规划，辽宁将重点发展海洋生物工程、海洋化工新材料、海水淡化利用等产业，打造大连海洋生物产业基地、海洋化工和工程材料示范区和海水利用示范区。根据辽宁省政府

① 资料来源：Wind 数据库。

② 封慧．辽宁省海洋产业结构变动对海洋经济增长的影响研究［D］．云南财经大学，2018.

金融促进海洋战略新兴产业发展的建议，在海洋战略新兴产业方面，全省各类金融机构围绕促进其快速发展、中小微企业融资难融资贵等问题提供特色化、专业化服务。同时开创新产品、新工具，增加对海洋战略性新兴产业的金融支持。2016 年 5 月 3 日，人民银行大连市中心支行正式对外发布了《关于金融支持海洋经济发展的指导意见》，引导金融资源加速向海洋经济领域聚集。2018 年 3 月，辽宁省海洋与渔业厅与浦发银行沈阳分行初步达成金融支持海洋渔业发展意向，开展金融支持海洋渔业试点合作。[①] 目前辽宁省金融业对海洋经济的支持，基本上还是融资性支持，而且主要由银行业来完成。2016 年，为贯彻落实国家“拓展蓝色经济空间”战略部署，农发行专门增设海洋资源开发与保护贷款品种，进一步加大对海洋经济的支持力度。2017 年，省海洋与渔业厅与省农业发展银行共同签署促进海洋经济发展战略合作协议。2018 年，辽宁省海洋与渔业厅与省农业信贷担保有限责任公司签署金融支持渔业发展战略合作协议，针对涉渔优势项目打造资金渠道和平台，推出“渔担贷”产品，共同解决渔业经营主体“融资难、融资贵”问题。2019 年农发行辽宁省分行提出将围绕“海洋开发与保护”抓创新，以农发行总行海洋资源开发与保护贷款试点为契机，积极支持海洋牧场建设、海洋捕捞渔船新建改造等重点领域，促进辽宁现代海洋产业发展。

（三）辽宁海洋产业发展存在的问题

1. 科技水平低，海洋经济发展动力不足

现代海洋产业相对于传统产业来说，具有较高的科技依赖性，目前，辽宁省有关海洋资源开发利用受限主要是由于海洋科技水平不高，截至 2016 年，辽宁省有 17 家海洋科研机构，相关从业人员共计 1992 人，在沿海 12 省市之中分别位列第 5 名和第 6 名，而且纵向比较来看，辽宁省海洋科研机构由 2015 年的 22 家下降到 17 家，从业人员也是由 3551 人锐减至 1992 人，说明辽宁省海洋科技发展动力不足。从经费收入总额来看，辽宁省 2016 年为 17.73 亿元，而与辽宁同处于环渤海地区的山东省经费收入总额为 36.07 亿元，是辽宁省的 2 倍，说明辽宁省对海洋科技的支持力度还有待加强。[②]

---

① 张芳，康芸芸，王晓婷．辽宁省海洋战略新兴产业发展金融支持现状及对策研究［J］．对外经贸，2019（6），52－54.

② 资料来源：Wind 数据库。

2. 海洋资源保护力度不够、开发利用率低

人们在大肆获取海洋资源的同时，一些渔民贪图眼前利益，使用破坏性较大，且网眼较小的网具进行海上捕捞作业，这造成许多幼鱼、虾等资源遭到了毁灭性的破坏，海洋资源得不到很好的保护，一些经济鱼类数量锐减，海洋生物多样性受到了难以在短期内恢复甚至不可恢复性的破坏。辽宁省 2017 年天然生产海产品产量为 83.7 万吨，比上一年减少了 57 万吨，而与辽宁同处于环渤海地区的山东省 2017 年天然生产海产品产量为 218.1 万吨，辽宁省与之相比差距很大。辽宁海洋资源遭到了不同程度的过度开发和破坏，由于降低了海洋鱼类的可再生性，使得对其再利用的难度急剧加大。辽宁海水养殖面积约为 76.9 万公顷，远大于山东 56.2 万公顷，但人工养殖海产品数量山东为 519.1 万吨，而辽宁仅为 308.1 万吨，可见海洋资源的利用率也很低。[①]

3. 信贷对海洋产业支持力度有限

通过对省内渔业集团、水产公司和养殖户的走访调查发现，银行业不愿意投资海洋领域，对海洋产业相关企业贷款支持不足，普遍反映资金比较紧张，存在融资缺口，尤其是养殖户的资金来源渠道更加少，同时资金需求急，贷款期限短，资金量小等不符合银行要求，而且渔业贷款没有一定抵押物，银行对渔业的贷款热情也不高。所以养殖户主要通过自筹资金满足资金需求。对于大型渔业集团，比如獐子岛集团股份有限公司，虽然比小型企业更容易获得银行贷款，但据了解所贷资金也不能完全满足需求，所以需要集团内部各子公司进行资金划拨。同时，客观上一些海洋高新技术产业虽然发展前景巨大，但是由于这类企业和项目的技术不够成熟，受政策、技术、自然环境的影响大，风险很高，银行出于资金安全的考虑，也会谨慎对这类企业发放贷款。另外，具有公共物品性质的海洋产业，如海洋基础设施、港口码头建设，这类行业的投资主要是政府投资和政府担保的银行贷款为主。总的来看，对于海洋产业，银行贷款支持力度有限。

4. 资本市场对海洋产业支持不足

辽宁省的资本市场对海洋产业的支持不足。2019 年 3 月，辽宁省 A 股上市公司市值排行榜中辽宁上市公司 74 家，其中市值排在前 50 严格意义上属于海洋

① 资料来源：Wind 数据库。

板块的只有大连港、营口港、锦州港三家，其经营范围是水上运输业。虽然有三家上市公司涉足海洋产业，但是从海洋产业发展的巨大资金缺口上看，这些上市公司的融资资金远远不能满足资金的巨大需求。创业板市场虽然为成长型、科技型的海洋企业上市带来了发展机遇，但大部分涉海中小企业还是很难通过创业板实现上市融资。

辽宁海洋经济发展滞后透视出很多急需解决的问题，其中较为突出的问题就是以银行贷款为主的间接融资模式已无法满足海洋产业发展对巨额资金的需求，海洋产业投入高、风险高、回收周期长的特点导致其融资难度不断增大，严重制约了辽宁海洋产业的发展。

三、辽宁建立海洋产业投资基金的必要性

（一）海洋产业投资基金能够缓解海洋产业资金短缺的问题

海洋产业投资风险高，回收周期长，社会资本投资意愿不强，海洋产业融资主要依赖银行等金融机构，而银行又出于风险考虑，资金供给不能满足涉海企业的资金需求，存在资金短缺问题。同时，辽宁的传统特色优势发挥不够，辽宁传统海水养殖业规模较大，而作为制造业大省，海洋第二产业不够发达。从主要海洋产业发展来看，辽宁海洋经济发展主要依靠海洋渔业、滨海旅游业和海洋交通运输业；海洋船舶工业发展较为突出，而海洋生物医药、海洋化工、海洋电力、海洋油气等产业相对落后，其他海洋新兴产业发展严重不足。[①] 总体来看，辽宁海洋战略新兴产业发展滞后，而新兴产业的发展更加需要政府的有效引导。政府主导设立海洋产业投资基金可以充分发挥财政的引导作用，有效聚集分散的社会资本，将资金用于推动海洋新兴产业发展，同时也能够满足海洋产业长期的投资资金需求。党的十八大以来，国家高度重视通过对接多层次资本市场破解涉海企业融资困境，近年来，浙江、广东、江苏、山东、福建等沿海地区相继成立海洋产业投资基金，积极推进海洋经济发展，辽宁省必须抓住这一时机，加快设立海洋产业投资基金步伐，以解决海洋产业发展的资金困境。

---

① 渤海大学辽宁沿海经济带发展研究院．以科技创新为引领加快推进辽宁海洋经济转型升级［R］．2019.

（二）海洋产业投资基金能够有效缓解地方政府投资不足

财政资金的使用是政府进行宏观调控的重要手段，而财政资金的投入与经济发展对其的需求之间往往存在着缺口。辽宁省发展海洋经济，政府一方面要解决基础设施建设项目资金问题，对于一些投资周期长、回收成本慢的基础设施项目很难吸引社会资本参与，只能依靠财政资金。另一方面，要考虑如何优化海洋产业结构，引导社会资本参与新兴产业发展。政府设立海洋产业投资基金，可以实现财政资金与社会资本、金融资本相互融合。政府出资引导设立海洋产业投资基金，可以利用杠杆效应，以一部分财政资金撬动社会资本和金融资本共同对海洋产业企业进行投资，缓解辽宁省财政资金投入的不足。从投资方式上来看，传统的财政资金投资是直接投入，而产业投资基金可以使财政资金以股权或债权的形式进行投资，一定期限后可以收回并滚动使用，从而增加财政资金的使用效率，提高资金效益。

（三）海洋产业投资基金可以优化海洋产业结构

产业结构的优化调整，就资金角度来说，一方面要加大对需要重点发展的产业的投资力度，使其迅速发展起来；另一方面是对落后产业的剩余资金进行调整，使这些资金流向新兴产业和优势产业。海洋产业投资基金的建立能够为在海洋产业结构调整中所进行的基本建设投资提供资金保障，也能够为涉海企业技术研发更新提供资金支持。同时，海洋产业投资基金也可以直接对企业进行投资，由于基金具有专业的投资管理者，可以为涉海企业提供资本增值服务，提高资金使用效率。通过基金投资结构的调整，引导海洋产业结构调整，同时通过市场化运作，推进企业优胜劣汰，促进海洋产业优化升级。

辽宁省海洋三个产业发展趋势如图 4－1 所示。2006～2018 年，第一产业发展平稳，海洋生产总值构成一直处于在 10%～15% 之间；第二产业处于下降趋势，海洋生产总值构成由 2006 年 53.5% 下降至 2018 年 29.67%；第三产业处于上升趋势，海洋生产总值构成已达到 60.06%。目前普遍认为第三产业逐渐处于主导地位，说明产业结构在逐步优化。但从辽宁省实际出发，辽宁省是制造业大省，在海洋经济实践中就应该考虑充分利用本省优势资源大力发展海洋潜在优势产业，不能盲目追求海洋第三产业比例的盲目提高。所以，建立辽宁海洋产业投资基金，引导资金以辽宁实际为基础、以市场需求为依据，合理确定海洋第三产业发展规模，优化海洋第三产业内部结构，同时进一步发展第二产业，协调三个产业构成，不断推进海洋产业结构优化升级。

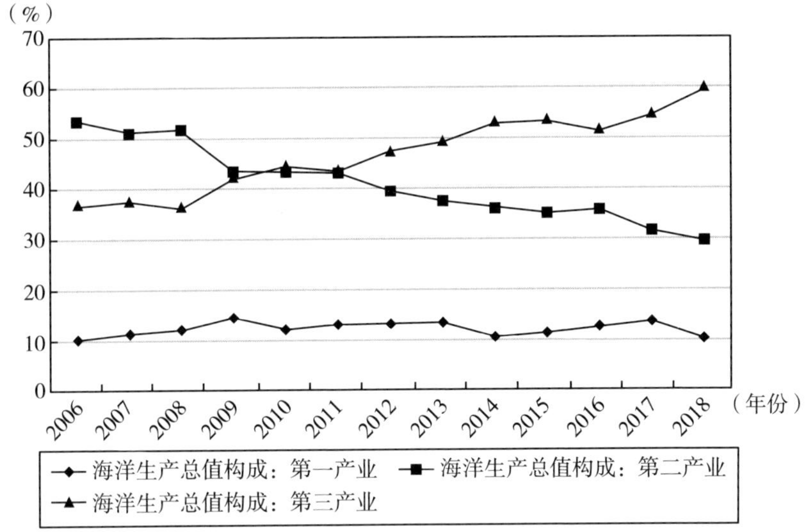

图 4－1　辽宁省三个产业海洋生产总值构成

资料来源：Wind 数据库及渤海大学辽宁沿海经济带发展研究院．以科技创新为引领加快推进辽宁海洋经济转型升级［R］．2019.

（四）海洋产业投资基金能够提高资源配置的效率

就目前而言，企业资金的供给和需求呈现出的矛盾异常突出，一方面是海洋高新技术产业相关企业和项目的技术不够成熟，风险很高，面临着融资难和资金缺少的局面，这阻碍了海洋高新产业的发展；另一方面，一些企业担心未来的资金回款压力，对于好的投资机会持观望态度，从而导致丧失投资机会，这两种极端的矛盾导致很多的企业资金处于空转的状态。而海洋产业投资基金可以缓解资金供求矛盾，可以作为投资者和融资者之间的纽带，使资金可以得到优化配置，从而提高了社会资金的使用效率。

具体来说，产业投资基金设立后，交由专业的基金管理者管理，基金管理者不仅利用专业的投资经验对投资项目进行筛选和投资，同时对被投资的项目和企业提供多方面的管理服务，包括委派事务操作经验丰富的专家加入基金董事会，对企业的投资进行指导，定期对企业日常运营进行监督，向企业引入现代化的管理制度，提高企业的资金运作能力，协助企业做大做强，辅助企业并购或者上市。辽宁省与其他沿海省份相比，经济发展较为落后，民营企业相对缺乏活力，现代企业制度体系仍需完善。辽宁省建立海洋产业投资基金，有利于被投资企业建立现代企业制度，实现辽宁省涉海企业整体经营水平的提升。

新时期辽宁省无论从海洋经济发展的战略需求，还是从创新财政支持方式、优化财政资源配置的角度，加快设立海洋产业投资基金都有较强的现实性和紧迫性。组建海洋产业投资基金将会有效的解决海洋产业发展过程中资金匮乏、融资模式单一的问题，同时也有利于辽宁省高效有序拓展利用海域资源，集中力量调整海洋产业结构，拉动海洋经济增长，进而带动全省经济持续增长。

四、辽宁组建海洋产业投资基金的优势和不足

（一）辽宁建立海洋产业投资基金的优势

1. 辽宁省具有区位优势和丰富的海洋资源

辽宁省毗邻渤海和黄海，海岸线总长近 3000 千米，具有绵长的大陆海岸线和岛屿海岸线，滩涂面积大，岛屿较多。海岸线东起丹东鸭绿江，西至山海关老龙头，与山东半岛相对，与朝鲜半岛相连。辽宁是我国东北地区对外开放的重要省份，又是我国参与东北亚经济技术合作与交流，发展包括日、韩、俄在内的东北亚跨国区域合作与产业分工的最佳地区。①

全省共有海湾 52 个，深水岸线 400 余千米，优良港址 38 处。沿岸天然海水浴场百余个，典型海岸地质景观 80 多处。全省沿海风能资源储量约 3200 万千瓦，波浪能约 152 万千瓦。分布于辽宁沿海的岛屿岸边都具备建设潮汐电站的条件，海洋能的蕴藏量约为 700 万千瓦，潮汐能的蕴藏量约为 193.6 万千瓦。海砂储量约 30 亿吨，辽东半岛海滨分布的金刚石和沙金具有很大的经济价值。辽宁海洋生物资源极其丰富，拥有种类繁多的海洋生物，目前已经开发的经济种类近 100 种，包括众多鱼类、虾蟹类和贝类等。辽宁得天独厚的海洋气候环境，促进

① 官玮玮．SWOT 矩阵分析辽宁海洋产业发展路径［J］．科技·经济·市场，2018（1），72－73．

了以大连为中心的海洋旅游业的发展。同时，辽宁省的油气资源条件较好，石油储量约7.5亿吨，天然气近千亿立方米。辽宁省的海洋资源分布以大连、营口为中心，丹东、葫芦岛为辅助，目前已经开通多条海上通道与海陆连接通道，具有发展海洋经济的优越地理位置和基础设施条件。①

辽宁省海洋区位明显，海洋资源丰富，具备构建海洋产业投资基金的先决条件。

2. 辽宁省海洋产业发展前景巨大

所谓海洋强国，基本条件之一就是海洋经济要高度发达，在经济总量中的比重和对经济增长的贡献率较高，海洋开发、保护能力强。辽宁省海洋产业发展前景巨大，保障了海洋产业投资基金建设的可行性。国家和辽宁省在政策方面积极推动辽宁省海洋经济的发展，沿海经济带“五点一线”开发战略、“沿海经济带三年攻坚计划”、建设海洋牧场和海工制造装备基地、积极主动融入国家“一带一路”建设等方针和发展战略的提出，都标志着国家和辽宁省对海洋产业的重视。

随着国家海洋科技取得一系列突出成果，其为建设海洋强国奠定了物质和技术基础。国家海洋局局长王宏表示，中国经济形态和开放格局呈现出前所未有的“依海”特征，中国经济已是高度依赖海洋的开放型经济。辽宁省海洋资源丰富，对海洋资源的开发利用可以实现全省经济的可持续性发展，同时，开发利用海洋资源需要利用高新技术，也可以促进辽宁产业结构升级。所以，辽宁省在全面融入、深度对接国家海洋战略的同时，不断加强具体政策设计和项目安排，做强海洋产业，推动辽宁省海洋经济的发展。因此，辽宁省海洋产业发展前景巨大。

3. 广泛的资金来源可以为辽宁海洋产业投资基金提供资金保障

广泛的资金来源是辽宁海洋产业投资基金建立和发展的基础。虽然辽宁省海洋产业投资基金立足于辽宁，但其资金来源可以不局限于辽宁。拥有闲置资金的投资者都可以为产业基金提供资金。

（1）城乡居民储蓄存款。

随着经济的快速发展，城乡居民收入水平不断提高，储蓄存款余额也逐年增

① 官玮玮．SWOT矩阵分析辽宁海洋产业发展路径［J］．科技·经济·市场，2018（1），72－73.

长。截至 2018 年底，全国城乡居民储蓄存款已达到 71.6 万亿元，比 2017 年增长了 11.23%，近十年增速均在 7% 以上，[①] 表明我国居民的投资需求较大，能够为辽宁省海洋产业投资基金池提供资金支持。同时金融机构存款利率较低，居民会寻求具有更高回报的渠道进行投资，这也有利于社会闲置资金投向辽宁省海洋产业投资基金。

（2）企业资金。

企业在金融市场中的角色，既是资金需求方，同时为了企业的业务扩张和发展，也是投资方。一些经济效益好、善于资本运营的企业，会有充足的资本盈余。当然，也有一部分企业由于没有好的投资项目致使资金闲置。近年来，辽宁省非金融企业存款余额呈上升趋势，如图 4－2 所示。客观上说明目前辽宁企业闲置资金呈上升趋势，资金使用效率较低。即使政府政策引导投向海洋产业，由于受到专业技术的限制，往往达不到效果。辽宁海洋产业投资基金的建立能够满足企业资金投资的需求，并且可以通过专业化管理，降低企业投资海洋产业的风险。企业大量的闲置资金也可以成为海洋产业投资基金重要资金来源。

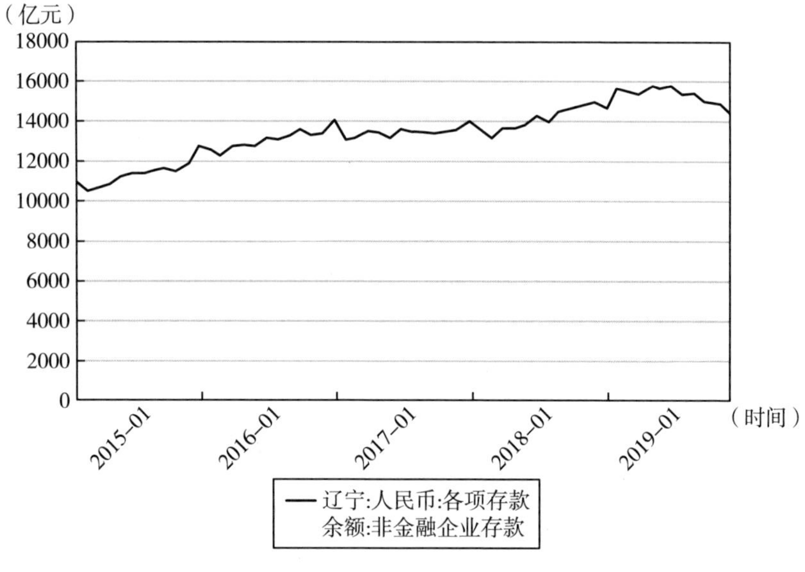

图 4－2　辽宁省非金融企业存款余额

资料来源：Wind 数据库。

① 资料来源：Wind 数据库。

（3）银行资金。

我国银行业竞争激烈，商业银行需要拓展新的业务领域以增强自身的核心竞争力。辽宁商业银行资金大部分都投向大型企业，存在较高的资产集中风险。海洋产业投资基金的建立，一方面可以拓宽银行业资金的投资渠道，也可以降低银行资产集中风险。2019 年末辽宁省金融机构（含外资）本外币各项存款余额 62697.4 亿元，比年初增加 3662.7 亿元，其中人民币各项存款余额 61904.0 亿元，增加 3767.5 亿元。年末金融机构（含外资）本外币各项贷款余额 49582.6 亿元，比年初增加 4484.3 亿元，其中人民币各项贷款余额 48653.8 亿元，增加 4633.3 亿元。如图 4－3 所示，2010～2019 年辽宁省存贷余额不断上升，存贷差也呈上升趋势，说明银行业资金较为充裕，可以为海洋经济提供资金支持。

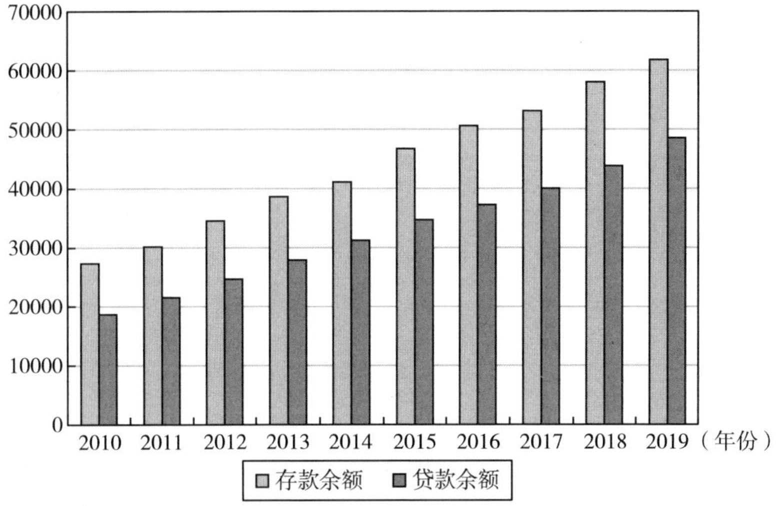

图 4－3　辽宁省金融机构人民币各项存贷款余额

资料来源：2010～2019 年《辽宁省国民经济和社会发展统计公报》。

（4）保险资金和养老基金。

根据《保险资金运用管理暂行办法》等监管规定，2014 年颁布《关于保险资金投资产业投资基金有关事宜的通知》，明确规定保险资金可以投资创业投资基金，支持创业企业的发展。2018 年 4 月 1 日起实施的《保险资金运用管理办法》规定，保险资金可以投资证券投资基金。同时，随着我国养老保险制度的改革，养老金逐步积累并完善发展，其数额也越来越大。2015 年 8 月 17 日，国务院发布《基本养老保险基金投资管理办法》，允许养老基金在境内投资，投资范围包括上市流通的证券投资基金。保险资金和养老基金都可以成为海洋产业投资基金的有力出资方。

4. 逐渐完善的金融市场为海洋产业投资基金创造外部环境

2012 年 8 月 5 日证监会宣布国务院批准新三板扩容，2014 年新三板加速扩容，新三板挂牌数猛增。同时，私募投资基金的发展趋势良好。根据基金业协会的数据，截止到 2020 年 1 月，协会已经登记的私募基金管理人 24488 家，已经备案的私募基金 82597 只。私募基金管理的法律法规和市场环境也逐渐完善，2016 年 7 月，《私募股权基金募集行为管理办法》实施，规范了私募投资基金的募集行为，促进私募基金行业健康发展，保护投资者及相关当事人的合法权益。2019 年，在政府工作报告中，李克强总理提出改革完善资本市场基础制度，促进多层次资本市场健康稳定发展，提高直接融资特别是股权融资比重。私募股权融资可以作为企业股本的市场补充机制。国内金融市场发展的不断完善为辽宁省海洋产业投资基金的建立和发展提供了良好的外部环境，新三板的扩容有利于辽宁省海洋产业投资基金的顺利退出，私募股权投资基金发展能够为辽宁省海洋产业投资基金提供专业技术保障。

此外，近年来国内产业投资基金和政府引导基金蓬勃发展，也为辽宁省海洋产业投资基金的构建提供了经验借鉴。基于此，辽宁省海洋产业投资基金构建的外部环境已经成熟，辽宁省构建海洋产业投资基金具有现实可行性。

（二）辽宁海洋产业投资基金建立和发展值得关注的问题

当前设立辽宁海洋产业投资基金的客观条件已经具备，但在设立海洋产业投资基金过程中，也需要考虑到存在的实际问题，这样才能更好地为基金的设立做好充分的准备。

1. 金融人才流失严重

近年来，辽宁省金融高层次人才流失较为严重。2018 年货币金融服务业从业人员为 145338 人，资本市场服务业从业人员为 2396 人，2017 年货币金融服务业从业人员为 159710 人，资本市场服务业从业人员为 2421 人，2018 年货币金融与资本市场从业人员相比 2017 年减少 14397 人。保险业和其他金融业从业人数有所增加，由 2017 年 120940 人增加到 2018 年 136995 人。[①] 由此可以看出，辽

① 资料来源：辽宁统计年鉴（2019）。

宁省金融业营销人才在增加，高层次和创新型人才在减少。辽宁省海洋产业投资基金的设立和未来发展都需要金融人才尤其是创新型的高端复合型金融人才的支撑。所以，如何防止高层次金融人才流失，如何引进和培养创新型金融行业从业人员是辽宁省设立海洋产业投资基金需要关注的问题。

2. 金融实力相对较弱

新财富以六个维度下的16个指标全部采用万得（Wind）提取的31个省市区2017年度统计数据，经过标准化后按照一定的权重进行加权计算得到中国区域金融力排名。这里只列示沿海11个省市金融力排名。由表4－1可以看出，辽宁省金融实力相对于其他沿海省市较弱，金融实力排名仅高于广西和海南。与同处于环渤海的山东省相比，辽宁省金融业发展程度高于山东省，但融资能力、资本化程度、民间资本活跃度和金融机构实力都低于山东省，宏观经济实力也远逊于山东省。金融实力较弱在一定程度上会制约海洋产业投资基金的发展，如何提升辽宁省金融实力是建立海洋产业投资基金需要关注的问题。

表4－1　　新财富中国区域金融力排行

排名	地区	宏观经济实力	金融业发展程度	融资能力	资本化程度	民间资本活跃度	金融机构实力	总得分
1	广东	5.81	5.63	6.46	5.88	6.94	11.50	7.39
2	上海	3.15	8.14	4.27	4.10	4.37	10.39	6.63
4	江苏	5.64	5.68	5.01	4.29	3.37	4.26	4.86
5	浙江	4.10	3.50	4.60	4.47	4.47	5.05	4.36
6	山东	5.04	2.95	3.58	3.30	3.08	2.87	3.32
8	天津	2.60	3.89	2.37	2.58	2.58	2.96	2.96
10	福建	3.22	2.52	2.89	3.04	3.21	2.98	2.89
12	河北	3.30	2.40	3.54	2.65	2.74	2.16	2.71
13	辽宁	2.82	3.16	2.61	2.68	2.76	2.31	2.71
20	广西	2.60	2.25	2.50	2.48	2.52	1.79	2.27
30	海南	1.97	1.73	1.95	2.48	2.52	1.57	1.91

资料来源：搜狐网．https：//www.sohu.com/a/278167949_100272654。

3. 对海洋经济重视程度不够

对海洋经济重视程度不够会影响海洋产业投资基金发展。辽宁省在各类综合规划中，没有突出海洋经济的重要地位，在专项规划中对海洋经济的定位也相对保守。[①] 海洋产业投资基金的建立、发展以及顺利运行都需要政府的支持和引导。其发起设立、风险收益分配、退出机制选择，每个环节都需要政府给予政策的支持和保障。因此，政府在海洋产业投资基金设立和发展中如何规划和进行必要的宏观调控是需要思考的问题。

4. 海洋产业投资基金投向选择难以两全

目前各省市已建立的海洋产业投资基金大多数是按照所在区域划分，建立之初的目的是支持当地海洋经济发展。然而，这又在很大程度上会制约基金的持续发展能力，使基金不能进行市场化项目选择从而更好地运行和发展。因此，如何在区域海洋经济发展和投资项目选择之间进行平衡是需要考虑的问题。

五、组建海洋产业投资基金的案例分析

自 2012 年起，海洋产业投资基金广泛建立，这种新的海洋产业融资方式得到了沿海地区政府的高度重视，将其视作推动海洋产业转型升级的重要手段。目前，各沿海省市都已相继建立了海洋产业投资基金，基金的目标投资领域主要包括海洋新兴产业和有待转型升级的传统海洋产业，大部分基金由政府或国有大型企业主导，为涉海企业提供金融支持。

（一）相关案例

辽宁省与山东省同处于环渤海地区，两个省份海洋生产总值占 GDP 比重也比较接近，而山东省海洋产业投资基金发展比较好，对辽宁省建立和发展海洋产业投资基金具有一定的借鉴作用，所以本研究报告选取山东省海洋产业投资基金进行分析。

---

① 渤海大学辽宁沿海经济带发展研究院．辽宁海洋产业发展现状调查报告［R］．2019.

1. 蓝色经济区产业投资基金（以下简称“蓝区基金”）

2012 年 11 月，蓝区基金正式注册成立，成为我国第一批以海洋为投资方向的产业基金，是国内第一支专注于国家海洋战略的产业投资基金，总规模 300 亿元人民币，首期规模 80 亿元人民币。蓝区基金由山东海洋集团有限公司联合山东捷瑞物流有限公司、日照港集团有限公司、山东省财金投资集团有限公司等机构发起设立，委托山东蓝色经济产业基金管理有限公司管理，属于有限合伙制母基金。基金主发起人按照封闭式“母基金”的模式，将基金按照 4∶6 规模进行分配，根据不同的地域、产业、项目，发起设立多个产业子基金。蓝区基金以国家海洋战略和战略新兴产业为导向，主要投资于海洋工程装备、海洋生物医药、新型功能材料、新能源等产业。①

2. 山东省“海上粮仓”建设投资基金

2015 年 9 月，山东省海洋与渔业厅争取省级股权投资引导基金参股设立“海上粮仓”建设投资基金，基金规模 3.2 亿元，省级股权投资引导基金出资 8000 万元。该基金是山东省第一只海洋渔业方面的基金，属于有限合伙制母基金。“海上粮仓”建设基金为涉海企业提供资金，通过股权投资的方式主要扶持优质的渔业产业项目。②

3. 青岛海洋产业创新投资基金

该基金成立于 2018 年 5 月，规模 100 亿元人民币，采用公司制运作模式和“母－子”基金架构。以海洋及相关产业为主要投资领域，重点投向智慧海洋、海洋生物医药、海洋健康食品、海洋化工、海洋节能环保、海洋资源与能源开发、海洋工程装备、海洋交通运输、滨海旅游等海洋产业新旧动能转换优质项目，形成海洋产业集聚优势和集群效应。③

4. 鲁信现代海洋产业投资基金

2018 年 11 月，该基金由山东鲁信实业集团有限公司发起，青岛市新旧动能

---

① 蓝色经济区产业投资基金官网．http：//www. bluefund. com. cn/index. php？ m = content&c = index&f = lists&catid = 8&l = 1&page = 1.

② 中国海洋官网．http：//ocean. china. com. cn/2015 – 09/17/content_36610230. htm.

③ 凤凰网青岛．http：//qd. ifeng. com/a/20180831/6848986_0. shtml.

转换引导基金参股，青岛水务集团有限公司、青岛蓝谷高创投资管理有限公司按比例出资共同设立，属于有限合伙制母基金。① 鲁信现代海洋产业基金总规模 50 亿，首期认缴规模 30 亿元。基金的主要投资领域为海洋新兴产业中的海洋高端装备制造、智慧海洋、海洋生物、海水淡化及综合利用、海洋新能源新材料领域，以及传统产业中的海洋渔业、海洋化工业、海洋交通运输业、滨海旅游业等现代海洋产业重点项目。②

除上述海洋产业投资基金外，山东省还有由国信集团发起的青岛市海洋新动能产业投资基金，基金规模 44.5 亿元，通过“母—子”架构设计，可带动 1000 亿元以上总投资规模，加速海洋产业新旧动能转换。③ 2019 年 5 月签约落地山东西海岸海洋产业基金，基金规模 10.2 亿元，由新区青岛海洋投资集团联合山东海洋能源有限公司为助力新区海洋产业新旧动能转换，设立的海洋产业基金。主要投向山东海洋能源公司控股的太平洋气体船公司清洁能源运输业务。④

（二）经验借鉴

山东省是海洋经济发展大省，海洋产业投资基金发展较好。在基金运作方面，山东省海洋产业投资基金主要是国有企业发起，政府引导基金和社会资本共同参与。发起人出资后，政府引导基金和其他社会资本与发起人合作成立海洋产业投资基金母基金，采用有限合伙的形式。母基金可以对项目进行投资，或者可以成立子基金对目标项目进行投资。当前山东省普遍使用这种“母子基金”运作模式，据专业机构测算，这种模式一般能够放大资金规模 6 倍以上，可以有效发挥资金杠杆作用，扩大投资规模。在投资领域方面，有的基金专门投向渔业产业，有的基金注重新旧动能转换，有的基金投资新兴海洋产业，有的基金发展传统海洋产业，投资方向都有所侧重，但总体来看又有很大的覆盖面。

辽宁省可以借鉴山东省海洋产业投资基金发展经验，在基金运作方面，发挥政府引导基金和国有资本投资引领作用，吸引社会资本广泛参与，使国有资本与社会资本能够有效融合，采用当前普遍的“母子基金”运作模式，发挥辽

① 于平，徐莹莹，张玉洁．我国海洋产业投资基金发展情况分析和政策建议［J］．海洋经济，2019（6），11 - 19.

② 中国海洋报 20181121 第 2 版。

③ 青岛日报．http：//www. dailyqd. com/epaper/html/2018 - 12/26/content_235169. htm.

④ 搜狐网．https：//www. sohu. com/a/289718109_120065720.

宁原有优势，积极推进海洋经济快速发展。在投资领域方面，结合辽宁海洋经济发展实际以及总体经济发展规划，建立基金时明确投资方向，先对重点发展领域进行集中投资，完善基金运行机制，再根据需要逐步建立新基金拓宽投资范围。

六、辽宁海洋产业投资基金组建模式

（一）建立政府与社会资本相结合的海洋产业基金投资主体

海洋产业投资基金的发起人主要是大型国有企业、政府相关部门、大型集团公司和跨国公司合作，但不管是哪种类型的发起人，政府的力量均参与其中。目前我国北京、浙江、江苏是政府设立产业投资基金最多的地区，政府出资是产业投资基金的重要资金来源。因此，辽宁省海洋产业投资基金的投资主体，无论是从发起目的，还是从经验选择和可行性的角度，政府的财政性资金都应当成为基金资金来源的重要组成部分。辽宁省海洋产业投资基金可以是由政府发起设立，但是财政资金只是起到“种子资金”的作用。随着基金的壮大，大型企业、集团、国有企业、民营企业等社会资本和银行、证券、保险等金融资本在海洋产业投资基金后续的发展过程中应该发挥更重要作用。此外还可以争取国家层面的政府引导基金投资辽宁省海洋产业投资基金。

据统计，辽宁省产业投资基金募集总规模一般在30亿元以下，同时根据辽宁省海洋产业发展情况及对比山东省海洋经济发展和海洋产业基金组建情况，辽宁省组建海洋产业投资基金规模在10亿元左右较为合适，首期可募集6亿元，而政府可以按25%出资，即财政出资1.5亿元，其余资金通过招标、竞争性谈判等方式，选择基金管理公司、银行、保险公司、国有企业及其他社会投资人进行募集。政府履行基金出资人职责，出资部分在基金成立之日到位，其他出资人采用承诺制出资，一次认缴，分期到位。基金后续规模可以结合辽宁省海洋产业发展需要经批准适时进行增资。

过去海洋产业基金资金主要来源于国有企业及大型集团公司，民营、境外资本所占比例较少，基本忽视了居民储蓄、保险基金的作用。政府可以引导保险资金、养老基金、境外资产、社会闲散资金投资海洋产业投资基金，扩大资金来源，壮大海洋产业基金的整体实力。

（二）采用“母—子”基金运作模式

从目前国内海洋产业基金的发展情况来看，基金大多数以公司型和有限合伙型居多。多数海洋产业投资基金资金来源于私募途径，只有宁波海洋产业投资基金吸取了一定的民企资产，但所占比例较少，属于公募形式。①

鉴于海洋产业投资基金发展较好省份的经验，辽宁省海洋产业投资基金可以采用“母—子”基金运作模式。辽宁省海洋产业投资基金作为母基金，与社会资本、金融资本合作设立子基金，为了起到引导社会资本和金融资本的作用，更好地发挥海洋产业投资基金的杠杆作用，海洋产业投资基金在子基金中的认购比例不得超过 25%，通过杠杆效应撬动 3 倍以上的社会资本和金融资本。

子基金投资于辽宁省海洋产业项目的比例可以设定为母基金出资比例的三倍以上，并且不低于 50%。母基金在子基金的出资占比为 20%，子基金投资海洋产业项目的比例不得低于 60%。通过这样的运行模式设计，可以实现撬动社会资本投资海洋产业领域的目标。

（三）明确海洋产业投资基金投资方向

辽宁省海洋产业投资基金应紧密围绕国家“十三五”规划和辽宁省“十三五”规划布局，根据辽宁省海洋经济发展规划编制中聚焦的重点及年度海洋经济工作重点，同时结合《政府工作报告》确定投资范围及重点。具体来说，辽宁省海洋产业投资基金应主要投资于：智慧海洋建设、海洋渔业、海洋航运、港口物流、滨海旅游业、海洋生态工程、海洋工程装备、海洋生物医药、海洋功能食品、海水淡化利用、海洋能源等。

由于目前国内很多海洋产业投资基金违背了建立初期投资领域的规定，削弱了对海洋产业的支持力度，所以建议相关部门届时出台相应的《产业投资基金管理办法》对基金投资方向进行严格限制，促使辽宁省海洋产业基金投资领域真正集中在海洋相关产业上，能够投资于涉海企业，进一步提高海洋产业发展速度。

---

① 郇长坤，史娜颖，余姝．海洋产业投资基金运行机制分析与政策建议［J］．中国渔业经济，2015（2），44－51．

目前建立的海洋产业投资基金大多是为了支持当地海洋经济的发展，这在一定程度上会制约基金对投资项目的选择，辽宁海洋产业投资基金在建立和后续的发展中也会面临这一问题。从国内产业投资基金的发展来看，市场化运行是基金运作较为成功的基础，但在基金建立之初，明确的投资方向仍是必要的。

（四）拓宽海洋产业投资基金退出渠道

我国大部分产业基金都是通过 IPO 的方式退出，但由于企业上市门槛高，上市时间过程较长、机会成本较高，IPO 退出过程风险较大，另外，为了满足各地区的平衡，我国企业上市不是依据企业效益的好坏，而是根据政府分配的额度，导致海洋产业基金通过上市的办法退出很难实现，所以辽宁省海洋产业投资基金可以在 IPO 退出机制基础上，扩大退出途径。可以建立股东回购机制，使企业原股东按一定的溢价收回投资者手中所持有的股份；可以激励管理层利用自有资金或运用财务杠杆等手段通过股权转让协议收购投资者的股份；可以设立专门的海洋产权交易市场，完善企业股份转让系统，并且积极寻求海外上市、资产证券化等方式，拓宽基金的退出渠道。

七、推动辽宁海洋产业投资基金发展的措施

（一）加大金融人才培养和引进力度

金融人才队伍的建设不仅对金融业的发展至关重要，对地方经济的发展也有重要的影响，金融高端人才对产业基金的建立和运行也发挥着重要作用。金融人才的培养和引进要充分发挥市场配置金融人才资源的作用，同时辅以政府的政策扶持，发挥财政的引导作用，加大对金融人才培养和引进的财政投入力度。我省也已经意识到金融人才的重要性，2019 年 9 月，省政府办公厅印发了《辽宁省人民政府办公厅关于优化金融环境的意见》，提出我省将打造高素质金融人才队伍，完善金融人才政策，在住房、子女教育、医疗、职称评定等方面给予服务和便利。为了更好地吸引金融人才服务辽宁地方经济发展，建议政府进一步出台《金融高层次人才奖励办法》，对省内金融机构引进的高层次金融理论研究人才、

高层次金融经营管理人才、高层次金融专业技术人才等给予一定的奖励，不断优化金融人才队伍，增强金融高层次人才的聚集效应与竞争实力。各金融机构的人力资源部门也可以根据实际情况设计合理的激励机制，将表现优异的金融专业人才尽快提拔到中高层职位上。

（二）进一步提升区域金融实力

由于金融资源高度集中在广东、上海和北京三地，其他省份大多是银行业在整个金融业发展中占有绝对优势和比重，证券业等其他金融业务发展严重不足，金融结构失衡严重。当然，全国性金融中心不可能在每个省份都建立，金融资源分布的不均衡意味着各省份要根据自己实际情况建设不同层次、功能互补的区域金融中心。区域的金融实力与该区域经济发展程度是高度相关的。从金融实力排名来看，金融实力强的地区也是我国经济最为发达的地区。辽宁省提升金融实力首要的是提升宏观经济实力，发展壮大本省企业，推动企业上市融资，深化资本化程度，同时优化金融环境，加大对证券业、基金业的政策扶持力度，提升金融机构实力。

（三）明确海洋经济重要地位，扶持海洋产业投资基金建立和发展

由于海洋产业具有较高的风险性，私人企业不愿意进行海洋资源的开发和建设，所以需要政府的力量进行扶持和引导。海洋产业投资基金的建立和发展对于推动海洋经济发展具有重要作用，建议十四五将海洋产业投资基金的建立纳入规划，明确海洋经济发展对辽宁经济发展的重要作用。

1. 财政扶持基金发展

省级预算可以每年安排一定比例资金投入海洋产业投资基金；财政出资所获收益可以适当让利给其他投资者；积极鼓励有条件的市县和经验丰富的基金管理机构积极申报设立子基金，扩大基金的影响力；落实财税优惠政策，对海洋产业投资基金投资的项目以税收优惠政策加以引导，对项目的所得按规定减免企业所得税；对海洋产业企业中被认定为高新技术企业、技术先进型服务企业，可以降低企业所得税率；对企业发生的研发费用，按一定比例予以加计扣除；对捕捞、养殖渔船免征车船税；对基金投资者的收益和基金管理公司的管理费用进行税收

减免和返还，增强社会投资者投资海洋产业投资基金的积极性。

2. 规范基金运作

政府要对基金运行加以规范和监督。基金管理人要定期报送投资进展和企业财务数据；对于基金在操作过程中的违约行为进行严厉处罚；坚决杜绝资金投资股票、期货、企业债券以及其他金融衍生产品；对于单个投资项目的投资金额进行审查，防止基金资金的过度集中投资。

3. 健全基金配套措施

制定海洋产业投资基金地方性规定，引导本省投资者参与海洋企业和项目投资；吸引更多的投资者进入辽宁省金融市场参与海洋产业建设；简化行政审批手续，吸引社会各界参与海洋产业发展。逐步建立基金投资项目库，积极挖掘有投资项目的企业和有投资价值的项目，并将项目纳入备选项目库，实时更新项目发展动态。同时，加强对基金的宣传和推介，扩大基金在涉海企业中的影响力，鼓励企业主动申报优质项目入库。

（四）限制基金投向，优先支持本省海洋经济发展

建议在基金建立初期要严格限制投资方向，优先支持本省海洋经济发展，这一时期要有政府对基金投资方向的引导。基金发展成熟后，可以逐步进行业务模式的创新，在一定程度上进行市场化项目选择。

1. 加强基金投资方向引导

海洋产业投资基金建立之初，需要有政府进行投资方向的引导，确定投资范围及重点，使基金投资领域真正集中在海洋相关产业上，促进海洋经济快速发展。由于一般性风险投资基金主要会关注成熟期企业，所以政府也可以引导海洋产业投资基金更加关注一些处于创业早期的涉海企业。海洋产业投资基金设立的目的就是为涉海企业提供金融助力，所以，基金的建立初期应该对投资领域加以限制，优先支持本省海洋经济发展。

2. 创新业务模式

资本具有逐利性，对海洋产业投资基金投资方向的限制会导致市场配置资源

的不充分，会使部分海洋产业投资基金利益受损，这也是一些基金进行项目选择困难的原因之一。针对这一问题，建议可以在海洋产业投资基金发展成熟后适当减少行政控制手段，适当放宽投资区域限制，基金本身也要不断进行业务的创新，增强自身实力，使基金的业务供给能够充分满足产业发展需求，同时能够进行市场化项目选择。

专题报告五

辽宁沿海经济带文旅融合发展研究报告

一、辽宁沿海经济带旅游发展回顾

（一）2018 年辽宁沿海经济带旅游总体态势

2018 年，辽宁沿海经济带共接待国内外旅游者 25609.7 万人次，比上一年增长 11.4%，增长率较上一年提高 1.2 个百分点。其中，接待国内旅游者 25461 万人次，增长 11.4%，增长率较上一年提升 1.2 个百分点；接待入境旅游者 148.72 万人次，较上一年减少 3.6%，增长率较上一年下降 6.7 个百分点。旅游总收入 2837.6 亿元，比上一年增长 12.3%，增长率较上一年提升 5.7 个百分点。其中，国内旅游收入 2779.26 亿元，增长 12.7%，增长率较上一年提升 6 个百分点；旅游外汇收入 8.8157 亿美元，增长率为 -6.1%，增长率较上一年下降 8.1 个百分点（见表 5-1）。

表 5-1　2018 年辽宁沿海经济带旅游业发展对比分析

对比项目		辽宁沿海经济带	沈阳经济圈	辽西北	辽宁省	全国
国内旅游	游客数（百万人次）	254.61	306.698	65.468	562.11	5539
	增长率（%）	11.4	13.0	13.6	11.7	10.8

续表

对比项目		辽宁沿海经济带	沈阳经济圈	辽西北	辽宁省	全国
国内旅游	旅游收入（亿元）	2779. 26	2541. 4	457. 48	5254. 8	51300
	增长率（%）	12. 7	13. 5	14. 5	13. 7	12. 3
入境旅游	游客数（万人次）	148. 72	144. 76	8. 15	287. 7	14120
	增长率（%）	-3. 6	10. 5	2. 8	3. 17	1. 2
	旅游收入（百万美元）	881. 57	906. 82	56. 65	1739	129689
	增长率（%）	-6. 1	-1. 5	10. 2	-2. 16	5. 08
旅游总体	游客数（百万人次）	256. 097	308. 145	65. 549	564. 98	5680. 2
	增长率（%）	11. 4	12. 98	13. 57	11. 66	10. 5
	旅游收入（亿元）	2837. 60	2601. 41	461. 23	5255. 9	59700
	增长率（%）	12. 3	12. 3	14. 7	10. 8	10. 5

资料来源：辽宁省统计年鉴与2019年发布的各地社会经济统计公报。

纵观2018年的各项发展数据，辽宁沿海经济带旅游业发展总体态势保持增长，但入境旅游呈现负增长，且接待入境旅游人次与全国、辽宁省、沈阳经济圈和辽西北对比是唯一呈现负增长的经济地带。而入境旅游收入方面，辽宁省、沈阳经济圈与辽宁沿海经济带都为负增长，但是辽宁沿海经济带入境旅游收入的萎缩程度（6. 1%）远大于辽宁省的2. 16和沈阳经济圈的1. 5。辽宁沿海经济带的国内旅游人次和国内旅游收入以及旅游总收入和接待总人次仅仅略高于全国平均水平。在辽宁省内辽宁沿海经济带仅在旅游总收入方面增长率高于辽宁省1. 5个百分点，其他各方面都低于辽宁省的平均水平。在2018年辽宁沿海经济带的旅游产业从国内旅游到入境旅游以及旅游总体情况，从接待游客人次到旅游收入与沈阳经济圈、辽西地区相比全面呈现劣势。2018年辽宁沿海经济带旅游发展面临着前所未有的困境，发展动力不足，尤其是入境旅游大幅度滑坡，形势不容乐观。

（二）2018年辽宁沿海经济带6市旅游发展情况

上面的统计数据介绍了辽宁沿海经济带在2018年的总体旅游发展情况，并与辽宁省、沈阳经济圈、辽西北地区以及全国的平均水平和旅游发展态势进行对比，可以从宏观上对辽宁沿海经济带在2018年的旅游业发展情况有一个整体的认识，为了更加深入、清晰地了解过去一年（2018年）里辽宁沿海经济带范围内的大连、丹东、锦州、营口、盘锦和葫芦岛6市在旅游产业发展方面的最新动态，以下对6市旅游业重大事件和相关情况进行梳理。

1. 大连市文化和旅游局正式挂牌

大连市2018全年接待国内游客9288.1万人次，比上年增长10.4%。接待海外过夜游客110.3万人次，增长3.7%。旅游总收入1440.0亿元，增长12.5%。2018年末拥有旅游星级饭店（宾馆）132家，旅行社475家，国家A级旅游景区57个。全年举办展会131个，比上年增长0.8%，展出面积139.2万平方米，参观人数1016.2万人次。

2018年3月13日，为增强和彰显文化自信，统筹文化事业、文化产业发展和旅游资源开发，提高国家文化软实力和中华文化影响力，推动文化事业、文化产业和旅游业融合发展，国家提出行政机构改革方案，将文化部、国家旅游局的职责整合，组建文化和旅游部，作为国务院组成部门。为切合中央精神，在2019年1月25日上午，大连市文化和旅游局正式挂牌。根据大连市委机构改革统一部署，新组建的大连市文化和旅游局，整合了原市文化广播影视局（市文物局）的文化、广播电视和文物管理职责，原市旅游发展委员会的职责，作为市政府组成部门，加挂大连市广播电视局、大连市文物局牌子，不再保留大连市文化广播影视局、大连市旅游发展委员会。

2. 丹东打造“山海江田、灵秀丹东”旅游城市名片

丹东市2018全年接待国内外旅游者人数比上年增长9.96%，旅游业总收入增长12%。2018年末全市共有A级旅游景区25处，其中4A级景区8处，3A级景区16处，1A级景区1处。全市共有国家级风景名胜区3个、国家级自然保护区2个、省级自然保护区1个、国家级森林公园1个、省级森林公园5个。全市拥有星级宾馆34家，旅行社110家。

2018年丹东市旅游业蓬勃发展，积极打造“山海江田、灵秀丹东”旅游城市名片，凤凰山玻璃索桥、宽甸绿野蓝湾温泉度假村等旅游项目投入运营，全市旅游业总收入增长12%。网红效应带动安东老街成为“夜经济”最亮点，全市32家重点流通企业夜间消费占比达到36%。刘家河镇被评为第一批省级特色乡镇，毛甸子镇、大西岔镇、通远堡镇被评为省级生态乡镇；窑沟村被评为中国美丽休闲乡村，宏天村等 25 个村被评为省级生态村，绿色发展呈现可喜局面。

3. 锦州市开展文化建设年活动

锦州市 2018 全年旅游总收入 218.9 亿元，增长 12.3%。其中，国内旅游收入 210.5 亿元，增长 12.5%；入境旅游收入 11696 万美元，增长 1.2%。全年接待国内外旅游者 2944.7 万人次。其中，接待国内旅游者 2935 万人次，增长 12.0%；接待入境旅游者 9.7 万人次，增长 1.0%。全市星级饭店 24 家。国家金叶级绿色旅游饭店 2 家。旅行社 41 家。全市 A 级旅游景区 23 个，其中，4A 级旅游景区 12 个。

同盛居小菜等 5 家企业获评“辽宁老字号”，沟帮子熏鸡等 4 个特色产品入选“辽宁礼物”。北镇与京东合作建立“京东·中国特产·北镇馆”。全域旅游示范区创建工作稳步推进，完成辽沈战役纪念馆园区环境升级改造，成功举办冰雪温泉节、古玩节等旅游节庆活动。锦州市开展文化建设年活动。隆重举行纪念改革开放 40 周年、纪念辽沈战役胜利暨锦州解放 70 周年系列活动，文化惠民演出精彩纷呈，文化产业蓬勃发展。锦州市文化艺术中心主体完工。锦州市群众艺术馆荣获“全国非物质文化遗产保护先进单位”称号。成功举办锦港杯国际帆船邀请赛、全国少年田径锦标赛和北镇国际摄影大展等活动，提升了锦州的知名度和美誉度。

4. 营口市开展“营口有礼”主题活动

营口市 2018 全年国内外旅游人数 2764 万人次，比上年增长 3.0%。其中，国内旅游人数 2756 万人次，增长 3.0%；入境旅游人数 8 万人次，增长 1.8%。旅游总收入 263.4 亿元，增长 12.1%。2018 年末星级以上宾馆 20 家，其中，五星级旅游饭店 5 家（含温泉五星级 3 家）。全市有旅行社及旅行社分公司共计 127 家，其中，设立社 68 家（含 3 家国际旅行社），国内旅行社分公司 28 家，国际旅行社分公司 31 家。国家 A 级旅游景区 20 个。

虹溪谷欢乐大世界等一批旅游项目建成运营，“鲅小鱼”智慧旅游服务平台正式开通，与传奇集团合作提升辽河老街文化旅游品牌，全年旅游总收入 263.4 亿元，增长 12.1%。坚持以旅游等产业带动乡村振兴，加快转变农业发展方式，创建精品高效农业标准示范园 6 个，新建设施农业 4310 亩，新增农民专业合作社 181 个、家庭农场 33 个，滢辉海蜇、郑友和大酱等 10 个产品获评“2018 辽宁礼物”。熊岳镇入选全国综合实力千强镇、全国最美特色小镇50强，芦屯镇被列为国家农业产业强镇示范镇，高坎镇党家村被认定为国家级“一村一品”示范村。营口城市文化品质逐步提升。扎实开展“营口有礼”主题活动，一批影响城市文明、群众关心关注的突出问题得到有效解决，市民文明素养不断提高，文明有礼的社会风尚日益浓厚。百年气象站、沿海海防等系列文博馆建设加快推进，城市历史文化底蕴日益彰显。

5. 盘锦市成功举办第三届冰凌穿越挑战赛

盘锦市2018全年接待国内外旅游者3048.65万人次，比上年增长15.7%。其中，接待国内旅游者3036.93万人次，增长15.7%；接待入境旅游者11.72万人次，增长2.8%。全年旅游总收入253.1亿元，比上年增长15.1%。其中，国内旅游收入246.3亿元，增长15.5%；旅游外汇收入10284.6万美元，增长3.1%。2018年末有星级以上宾馆10家，旅行社63家。年末全市有国家A级旅游景区16个。

文明城市建设不断提升。完成城镇开发边界控制线划定，城市“双修”和城市设计试点工作开始启动；东外环路部分通车，新建改造城市公园5座，城乡植树造林470万株。京环集团管理模式引领城乡环境卫生实现根本性变革，城乡综合执法一体化示范项目通过国家住建部验收。成功举办第四届“红马赛”、第三届冰凌穿越挑战赛。“2018辽宁盘锦中国最北海岸线冰凌穿越生存挑战赛”于1月13日上午于辽宁省盘锦市辽河口生态保护区开幕，本次活动由辽宁省体育局、盘锦市人民政府主办，辽宁省登协、中共盘锦市委宣传部、盘锦市体育局、盘锦市旅发委、盘锦市广播电视台、辽河口经管委共同承办。邀请欧洲、美洲以及内地各个省（自治区、直辖市）共计150位户外达人参与，3天2夜的重装徒步、冰凌穿越、冰海露营，完成55千米的生存挑战。本次活动设置了10千米冰凌穿越体验和55千米生存挑战两个组别，其中4000人参与穿越体验，150人参与生存挑战。

6. 葫芦岛市文化旅游产业蓬勃发展

葫芦岛市2018全年旅游总收入实现205亿元，比上年增长12.7%。接待国内外旅游者2432万人次，增长8.1%。全市现有AAAA级旅游区7处，AAA级旅游区15处，AA级旅游区2处。旅行社65个，其中国际社2个，国际分社21个。星级宾馆26个，其中：五星级1个、四星级3个、三星级21个、二星级1个。

2018年葫芦岛市旅游重点项目14项、“六个一”工程开工项目25项建设进展顺利，圆满完成年初既定目标。欢乐龙湾温泉水乐园、丽汤温泉加勒比水乐园及葫芦娃娃乐园先后对外开放，补齐了葫芦岛市休闲游乐项目短板。九门口长城晋升国家 5A 级景区工作已通过省景区质量评定委员会初评，龙湾海滨等 2 家景区 4A 级景区创建工作进入审评阶段。绥中县、建昌县获辽宁省“乡村旅游贡献奖”，葫芦岛全市获评“特色旅游乡镇”7 家、“旅游示范村”8 家、“星级农家乐”14 家。葫芦岛市成功在华北六省九市举办推介会，邀请京津冀蒙地区旅行商 500 家来葫考察踩线、推介洽谈。文化体育产业发展态势良好，葫芦岛市全年文化系统四大主导产业预计实现营业收入 1.12 亿元，较 2017 年增长 33.2%。其中演艺娱乐业预计 3500 万元，较 2017 年增长 138.9%。工艺美术业预计 3700 万元，较 2017 年增长 15.8%；文化会展业预计 3800 万元，较 2017 年增长 5%。文化产业项目兴城古城宁远驿馆项目建成并整体开放，建昌古城项目完成投资 2.136 亿元。兴城古城东街、建昌古玩艺术品一条街分别挂牌，填补了两地没有专营文化市场的空白。

二、文旅融合大背景

（一）文旅融合上升为国家层面战略

党的十八大以来，习近平总书记就文化和旅游工作发表了一系列重要论述，明确了文化建设和旅游发展的方向性、根本性、全局性问题。为了推动文化和旅游高水平融合、高质量发展，把文旅融合这篇大文章做深、做实、做精彩，2018 年 3 月，国家旅游局和文化部合并成立文化和旅游部，文旅融合上升为国家层面战略思维。文旅部长强调：文化是旅游的灵魂，旅游是文化的载体。文化使旅游的品质得到提升，旅游使文化得以广泛传播。通过文化和旅游融合发展，文化更加富有活力，旅游也更加富有魅力。

（二）文旅融合发展是大势所趋

孔子在 2500 年前提出“无文不远”，中华民族自古就把旅游和读书结合在一起，崇尚“读万卷书，行万里路”。在新时代条件下，文化和旅游融合发展，体现了文化发现创造价值与旅游体验分享价值的有机结合，是水到渠成、大势所趋。第一，文旅融合是满足人们高品质生活追求的必然要求。第二，文旅融合是实现文化高效能传播的必然要求。第三，文旅融合是推动旅游高质量发展的必然要求。推动旅游业由“大”到“强”必须坚持“文化为魂”的理念，挖掘意蕴深厚的历史人文，把更多的文化资源转化为旅游产品，用文化增加旅游附加值，以文化要素的注入推动旅游特色化、品质化发展，为旅游高质量发展插上腾飞的翅膀。

（三）挖掘文化资源打造旅游品牌的相关研究

文旅融合是必然趋势，旅游发展必须以“文化为魂”，打造精品旅游品牌，吸引全国和世界各地游客的原动力还是极具本土特色的“文化”。唐都“西安”充分挖掘盛唐的历史文化底蕴，打造了“大唐芙蓉园”（王晨悦，陈丹，2018），桂林巧借“刘三姐”（广西民族文化的保护与传承）打造的大型桂林山水实景演出“印象·刘三姐”名满天下（林轶，段艳，2017），利用杭州南宋历史打造的“宋城主题公园”以及“宋城千古情”大型旅游文化演艺已经成为我国与“印象”系列相对应的两大著名旅游演艺品牌。如今千古情系列又衍生出了《三亚千古情》《丽江千古情》《九寨千古情》《炭河千古情》《张家界千古情》《中华千古情》《桂林千古情》《明月千古情》等，而印象系列还包括《印象·丽江》、《印象·西湖》《印象·海南岛》《印象·普陀》《印象·大红袍》与《印象·武隆》。学者们研究指出：山西应挖掘历史文化底蕴，打造“华夏文明看山西”的旅游品牌（贺晓娟，2008）；陕西的文化旅游资源得天独厚，应该开发历史文化资源打造旅游强省品牌（张昆峰，2009），炎帝文化蕴涵着丰富的旅游资源，其历史遗存、历史祭祀、历史建筑、文化艺术等内涵丰富，湖南应该打造炎帝文化旅游品牌（赖建明，2006）；从草原文化、民族文化、昭君文化、历史文化、游牧文化、区域文化、产品文化七个方面把内蒙古的旅游特色做优、精品做强、品牌做响，形成真正的内蒙古旅游王牌（葛素红，2009）；鄂尔多斯应该挖掘游牧草原文化，打造苏泊罕旅游品牌（杨勇，2012）；山水文化、宗教文化、码头文化构成了镇江独特的文化内涵，是镇江打造旅游文化品牌的核心（张利华，2009）；井冈山精神、长征精神、延安精神、西柏坡精神等已形成具有世界遗产意义的“红色精神”，应该充分挖掘红色文化，打造红色旅游品牌，如武汉红色旅游等（胡丹，2012）；另外兵团文化也应该被开发利用，打造红色文化旅游品牌（欧阳习若，缪建梅，2014）。哈尔滨提出要打造金源文化品牌，恢复或重现金朝时的部分政治、军事、经济、宗教、文化场景，再现满族祖先女真人的生活习俗（李翀，2008）；铜仁市有得天独厚的民族文化，立足发展倾力打造铜仁“龙舟文化”旅游品牌（吴慧倩，杨胜敖，2014）。山塘历史街区位于江苏省苏州市金阊区，是一条具有1184年历史的“水城古街”，自2002年严格遵循“渐进式、微循环、小规模、不间断”的保护性修复方式和保护与利用相结合的原则，积极稳妥地推进保护性修复，取得了明显成效，被誉为“老苏州的缩影、吴文化的窗口”（平龙根，2008）。另外，还有非物质文化遗产，如用曲艺打造天津文化旅游的特色品牌（吴文科，2018），二人转是旅游者了解东北文化、艺术、生活、娱乐最接近、最直接的窗口，应将其作为东北乡村旅游的一个文化品牌来打造（于雪，张翠晶，2007）。还有学者提出应该开发方志“富矿”资源，打造延长旅游文化品牌（高叶青，2012），用民族文化打造旅游品牌（朱西沙，2005），大力抢救保护民间文化资源，精心打造文化旅游品牌（施开先，2005）。

（四）国外文化资源打造旅游品牌的模式

国外也有典型的文化资源的旅游开发模式，第一种直接利用型，法国著名的旅游城市斯特拉斯堡就属于这类模式。斯特拉斯堡的博物馆繁多，还有一个歌剧院、二十多个剧院、露天剧场、爵士乐舞厅和众多的流行音乐厅以及各式各样的免费的露天音乐、诗歌活动和定期的书市等。如此丰富的多元化设施营造了斯特拉斯堡浓郁的文化旅游情调，每年吸引了大量的游客到此观光旅游。第二种主题公园型，加州迪士尼乐园（Disneyland Park in California）于1955年7月17日开业，是世界上第一个迪士尼主题乐园，被人们誉为地球上最快乐的地方。第三种复古再现型，美国的“活人博物馆”中，员工作为几百年的抵美“移民”而出现，身着16世纪和17世纪美国劳动人民的服饰，向游客表演了用方形的扁担挑水、用原始农具耕作、用独轮车运输等古老的传统习俗以及各种民间舞蹈，吸引了大量国内外游客。第四种原生自然型，如新西兰毛利人村等。

三、辽宁沿海经济带文旅融合新动态

（一）辽宁沿海经济带文旅融合体制建设

2018年10月4日中共中央办公厅、国务院办公厅关于印发《辽宁省机构改革方案》的通知（厅字〔2018〕97号）。为了全面贯彻党的十九大、十九届二中全会、十九届三中全会精神，贯彻落实习近平总书记关于深化党和国家机构改革的重要论述，根据《中共中央关于深化党和国家机构改革的决定》《深化党和国家机构改革方案》和《关于地方机构改革有关问题的指导意见》，结合辽宁省的实际情况，制订了辽宁省机构改革方案。以《辽宁省机构改革方案》为指导，辽宁沿海经济带范围内的大连市、丹东市、锦州市、营口市、盘锦市和葫芦岛市在文化与旅游行政管理机构改革中已经完成整合，基本上形成了文化、旅游的机构融合，另外，还融合了广义的文化——广播电视、文物和体育等，具体参见表5-2。

表5-2　辽宁沿海经济带6市文化与旅游行政机构改革

行政区	单位名称	挂牌时间	决策会议	合并内容	职　　责
大连市	大连市文化和旅游局	2019年1月24日	全市机构改革动员大会	大连市文化广播影视局、大连市旅游发展委员会、文物局	全市文化事业、文化产业、文物事业和旅游业发展
丹东市	丹东市文化旅游和广播电视局	2018年12月26日	丹东市委深化机构改革工作领导小组第四次会议	文化体育和新闻出版广电局、原市旅游发展委员会	统筹全市文化、旅游、广电、体育、文物事业发展
锦州市	锦州市文化旅游和广播电视局	2019年2月13日	锦州市机构改革动员大会	锦州市文化广电新闻出版局（锦州市文物局）、锦州市体育局、锦州市旅游发展委员会	全市文化事业、文物事业、广电事业、体育事业和产业及旅游业发展
营口市	营口市文化旅游和广播电视局	2018年12月26日	营口市机构改革动员大会	文化广播影视局、市旅游发展委员会、市体育局	全市文化事业、文化产业、文物事业、旅游业、广播电视事业和体育事业发展
盘锦市	盘锦市文化旅游和广播电视局	2018年12月5日	盘锦市机构改革动员大会	文化广播影视局、市旅游发展委员会、市体育局	全市文化、旅游、广播电视、体育事业和产业发展

续表

行政区	单位名称	挂牌时间	决策会议	合并内容	职 责
葫芦岛市	葫芦岛市文化旅游和广播电视局	2018 年 12 月 18 日	葫芦岛市机构改革动员大会召开	文化广播影视局、市旅游发展委员会、市体育局	推动市文化、旅游、广播电视、体育工作的发展
辽宁省	辽宁省文化和旅游厅	2018 年 10 月 30 日	辽宁省省级机构改革动员大会	文化厅、旅游局、文物局	全省文化事业、文化产业、文物事业和旅游业发展，管理全省重大文化活动
中国	国家文化和旅游部	2018 年 4 月 8 日	十三届全国人大一次会议	文化部、国家旅游局	文化事业、文化产业和旅游业发展

资料来源：根据《辽宁省机构改革方案》及相关文献整理。

（二）辽宁沿海经济带文旅融合行动

1. 大连市文旅融合现状

（1）国内首个国字号文旅融合展会。

国内首个国字号文旅融合展会——2019 中国（大连）国际文化旅游产业交易博览会以“融合文旅，追梦大连”为主题，向新中国成立 70 周年献礼。15000 平方米展区中共设 650 余个国际标准展位，这里汇聚了来自 30 多个国家地区、350 多家国内参展商，众多文旅精品齐聚一堂，百花争艳，展示新时代的文化与旅游融合的魅力和美好的前景。包括印度、日本、塞内加尔、马达加斯、越南、阿富汗等在内的国家和地区参展商成为此次博览会的一大亮点，他们带来的具有异国风情的手工制品让众多参观者驻足观赏、询价购买。非遗展区作为此次博览会的重头戏，受到了参观者的广泛关注。大连市非物质文化遗产保护中心和大连市民间文艺家协会为此做足了功夫。中国山花奖得主剪纸艺术家韩月琴、核雕艺术家韩志耀和面塑艺术家刘吉拿出了精品展示与来自河南洛阳的工艺美术大师高水旺的唐三彩、广西龙胜各族自治县的鸡血玉、景德镇陶瓷相映生辉。

（2）突出文旅融合新特点，形成七大主题系列产品。

在大连市委市政府的正确领导下，市文化和旅游事业融合发展迈出了第一步。为持续深化“浪漫之都，时尚大连”的品牌，本着文化旅游能融尽融，宜融皆融的原则，坚持文化是旅游的灵魂，旅游是文化的载体，大连市相继推出系列文化旅游精品项目和线路，不断满足市民游客多样化的出游需求，拉动大连文化旅游消费的持续增长。大连市夏季文化旅游产品秉承做大做强海洋文化的理念，以大型节庆活动为载体，突出文旅融合新特点，推动日间经济与夜间经济相协调，创新新经济业态，形成七大主题系列产品，“大连之夏”内涵丰富，特色鲜明，精彩纷呈。全市范围内通过整合形成大连滨海度假，“大连之夏，魅力之夜”消夏夜生活，文化艺术展演、大型节庆主题活动，生态体验、休闲乡村，研学之旅，特色美食品鉴等七大系列主题产品，推出夏季重点文化旅游目的地 35 个，如金石滩国家旅游度假区、老虎滩景区等滨海旅游景区（景点）纷纷推出主题游玩活动；棒棰岛、付家庄、星海湾、夏家河、金石滩黄金海岸等浴场为游客提供亲海、玩海的最佳体验；长山群岛、海王九岛、长兴岛海岛旅游目的地是避暑度假好去处。推出文化旅游线路 35 条，既涵盖了大连市精华景点的传统观光游，又体现了休闲度假的乡村游线路等多样化的设计。

（3）四季节日不断，开启大连文旅新篇章。

大连市推出大型节庆活动 84 项，其中 2019 大连大樱桃节、大连国际沙滩文化节、第 20 届中国国际啤酒节博览会、大连庄河歇马杏节和蓝莓节、广鹿马祖文化旅游节和獐子岛渔民节等活动将为市民和游客带来节日的狂欢。“大连有好礼”首届大连文化创意和旅游纪念品大赛启动。推出文化旅游新业态项目 24 个，为繁荣大连市旅游夜间经济消费，“奇妙夜”活动纷呈。如老虎滩景区开启“大连之夜”老虎滩光影艺术节和美食街夜场项目；国际大马戏演出艺术盛宴，落户东港商务区；德国啤酒大篷作为啤酒节延伸项目，落户星海湾。大型的夜间主题活动将撬动整个大连旅游夜经济市场，掀起大连旅游发展的高潮。为了更好地方便市民和游客出行，文旅企业推出惠民举措 36 项，让广大游客全方位感受“大连之夏”的独特魅力。

2. 丹东市文旅融合现状

丹东市文化旅游产业的融合正处于起步阶段，无论是人们的认识水平，还是各部门的重视程度、发展方向及其内涵的研究，都处在一个探索和提高过程中。根据丹东市地域特点、文化特色和经济发展状况，丹东市文化旅游产业的融合主要有以下几个方面的动态：

（1）演艺业与旅游的融合。

丹东市现有国有演出团体一个，民营演出团体十余个。市级国有演出团体丹东市歌舞团（丹东市话剧团）属差额拨款事业单位，从业人员 120 人，主要演出内容是综艺晚会和话剧，现正在改制转企过程中。民营演出团体中，具有一定实力和影响力并能保持常态演出的是丹东佳钰艺术团，主要以表演二人转为主；宽甸满家寨风情园，以表演满族大型剧目《八旗山水谣》为主；朝鲜来丹劳务人员，在朝鲜特色的饭店中进行朝鲜歌舞和民俗表演等，这些演艺团体在演出中都获得了较可观的经济收入。主要演出场所有市文化宫、铁路文化宫、宽甸青山沟满家寨大剧院及部分朝鲜特色的酒店。目前丹东市受各种条件所限，从表演的形式、内容到演艺剧场，还没有较高水准的策划、舞美设计和演艺队伍，演出环境、设施设备老化陈旧，满足不了现代演艺的需要。2014 年，根据国家、省对演艺工作的定位和要求，结合丹东市实际，市文化宫经申请加入了中国辽宁剧院联盟，丹东市歌舞团加入了辽宁演艺联盟，为今后演艺活动的扩展和交流争取了一个平台。

（2）影视业与旅游的融合。

凤城大梨树影视拍摄基地，以新农村建设为目标，依托农业绿色生态环境建设，吸引文化艺术人才，推动文化产业园区文化活动氛围和文化含量的提升，展现农村丰富多彩的文化内涵，以打造一个集农艺体验、旅游观光、影视拍摄、养生保健、文化艺术展示相结合的在省内外具有一定影响力的农业经济生态文化产业园区。

（3）生态文化与旅游的融合。

以展示海洋湿地文化为特色、助推地区经济、打造特色品牌、构建人与自然和谐共处的文化理念。发掘了鸭绿江口湿地文化和鸟类迁徙观赏的特色资源，成功打造海洋湿地观鸟园这一自然、生态、爱护鸟类的文化旅游产业品牌，并形成了拍摄鸟类，研究鸟类迁徙生存，拍摄湿地文化纪录片的集聚地。现有迁徙鸟类 240 余种，是全国最大观鸟园、最佳观鸟地，是国家级自然保护区。现已投资五千余万元，今后将计划建设鸟类博物馆和渔家文化馆。

（4）山水文化与旅游的融合。

宽甸河口的山水文化旅游产业具有独特的地理位置，特殊的历史题材，特色的中朝两岸风光，知名的影视拍摄环境，独树一帜的万亩桃林，造就了河口迷人的景色和丰富的文化底蕴，它是丹东市少有的集多种文化资源于一体的文化旅游开发之地。

（5）休闲养生文化与旅游的融合。

借助温泉资源、五龙山景区、高尔夫会所，催生地区的养生、休闲文化的互动发展，打造多种资源组合、优势互补的休闲养生胜地。

（6）非物质文化遗产项目与旅游的融合。

丹东宝贵的文化遗产得到保留和传承，引起国内外游客高度关注。如丹东单鼓、满族荷包、朝鲜族花甲礼等正在成为丹东的文化名片和旅游品牌。

（7）历史文化遗迹与旅游的融合。

伴随丹东经济的持续健康发展，居民生活水平日益提高，文化与旅游成为人们生活中的必要组成部分，文化旅游消费需求不断释放。随着文化素养和知识水平的提高，人们越来越追求文化上的享受。近年来，凤凰山山城（乌骨城）、大孤山古建筑群、后洼遗址等文化旅游项目已呈现出多层面、多领域的相互融合态势。

3. 锦州市文旅融合现状

（1）锦州市文旅融合渐入佳境。

国庆七天，锦州的各大景区景点出现游客高峰，自驾游、家庭游、赏秋游成为锦州文化旅游市场热点，受票务优惠、高速免费、文旅融合和监管有力等积极因素的影响，锦州旅游收入同比增长 15%，游客满意度和获得感稳步提升，节庆文化旅游市场运行平稳有序。第一，文旅融合美好生活。作为第五届群众文化节的重要组成部分，“我和我的祖国·市直机关事业单位庆祝新中国成立 70 周年合唱展演”“太平盛世和谐欢歌”评剧专场先后在锦州市工人文化宫、东湖文化广场精彩亮相。各类庆祝展示展演活动唱响中国特色社会主义主旋律，打造了一场场唯美、悦目、赏心的饕餮文化艺术盛宴。第二，精品景区热度不减。北普陀山风景区举办“庆祝中华人民共和国成立 70 周年，转发朋友圈免费畅游北普陀”活动，备受游客朋友高度关注。锦州世博园节日气氛浓郁，举办了世园国旗展、世园百花展等活动，吸引众多游客前来。据初步统计，锦州全市 26 家 A 级景区，接待游客总数 56.03 万人次，门票总收入 1393.79 万元，实现旅游总收入 1573.33 万元。其中笔架山风景区 7 天共接待游客 6.8 万人次，旅游收入同比增长 2.1%。第三，红色旅游受到追捧。辽沈战役纪念馆《攻克全景》画馆备受游客青睐，占地 6.7 万平方米新改造的配水池战役遗址公园，国庆前夕正式对外开放。弘扬红色精神，讲好红色故事，传承红色基因，提升红色旅游品质内涵，国庆期间日参观人数超过 2 万人次。打造红色乡村旅游，通过对牦牛屯红色遗址项目进行升级改造，开发现代气息与红色记忆相结合的乡村休闲度假民宿，不断满足游客需求，目前已列入全国乡村旅游重点村名录。第四，乡村生态游备受推崇。义县韩家大院、红菇娘休闲种植园、蜜蜂生态园、正合山庄举办了以新中国成立 70 周年乡村旅游乐丰收为主题的韩家大院农民丰收文化旅游节。主题文艺演出及农副土特产品鉴会、蜜蜂主题日活动、书画国庆金秋笔会摄影活动等，吸引了众多游客。第五，主题特色活动彰显。锦州市秋季文化旅游活动深受游客青睐，举办“献礼七十年，锦礼伴你行”“锦州好礼”颁奖暨首家形象店授牌仪式、2019 锦州中国农民丰收文化旅游节活动，市、县两级联动，市设主会场，县（市）设分会场，推出了四条“玩转闾山”精品旅游线路，启动“秋游锦州达人秀”，助力登高采摘休闲游。全民庆丰收、话丰收、晒丰收，吸引大批域内外游客到锦，领略锦州独特的秋之韵、秋之味、秋之魅。首家形象店落户盛文北方新生活，70 余种名、优、特、惠“锦州好礼”商品集中首次亮相，标志着一站式选购“锦州好礼”场所正式开通，展示了锦州市“文化 + 旅游”融合发展的崭新形象。

（2）辽宁锦州海洋文化节：“文旅 + 海洋”深度融合。

由辽宁省文化和旅游厅、锦州市人民政府主办，锦州市文化旅游和广播电视局、滨海新区管理委员会、锦州市文化旅游体育服务中心承办的 2019 辽宁夏季旅游主题系列活动暨锦州海洋文化旅游节（夏季滨海旅游季）启动仪式在秀丽的笔架山风景区广场隆重举行。本次海洋文化旅游节（夏季滨海旅游季）以“文随旅行消夏游，纳凉避暑辽宁行。中国渤海最北岸，消夏避暑锦州湾”为主题，围绕打造辽西区域中心城市，融入辽宁沿海经济带、环渤海和“一带一路”协同区域发展，致力于打造“海洋 + 文化 + 体育 + 娱乐 + 美食”文旅体融合、深度体验的旅游盛宴，叫响“发现辽宁之美，感受辽宁之好”“山海福地锦绣之州”旅游城市形象品牌。

从 6 月到 9 月末，锦州市整个夏季开展了帆船帆板系列活动、olala 天街国际涂鸦艺术节、世博园半程马拉松赛、玩水狂欢节、滨海电音节、狂欢啤酒节、烧烤文化节、世博园灯光秀，文艺演出及开展文艺、非遗进景区等十大系列活动。同时，推出笔架山、东方欢乐王国、龙海广场、帆船帆板活动基地、海滨浴场、世博园、东方华地城“七点一线”124 千米海岸线滨海旅游带新布局，全面提升滨海旅游服务品质，培育锦州湾滨海旅游度假区。近年来，锦州市大力推进旅游项目建设，锦州帆船帆板运动基地已成为举办国家级帆船帆板赛事的重要阵地、国家帆船帆板队备战 2020 年东京奥运会的重要夏训场地；东方欢乐王国景区正式运营，开门迎客。同程旅游同步推出夏季旅游系列活动精品线路并利用同程线上 OTA 平台和线下直营门店进行全方位、立体式的宣传推广。

4. 营口市文旅融合现状

（1）融合新经济形态，打造“旅游 + 特色”营口。

营口地处渤海东岸，大辽河入海口处，绵延 144 千米的海岸线，造就了营口北方最具特色的黄金海滨休闲旅游带。营口因港口闻名，却因旅游让人们记住了这个休闲时尚明快的城市。“旅游 +”产业链，为营口的文旅产业发展注入了新活力。第一，河海泉城打造休闲营口。营口地处大辽河入海口，旅游资源丰富，营口的河、海、泉、山、寺、街充分诠释了漫游与休闲。作为“一带一路”、营满欧和辽鲁海上大通道的重要节点城市，营口区位优势明显，交通便捷，是国家评定的中国十大品质休闲城市，中国最具魅力宜居宜业宜游旅游城市。这里拥有 1984 年世界十大科技发现之一的金牛山古人类遗址，有甲午海战的近代战场西炮台，有东北四大禅林之一的楞严禅寺，有传说中八仙过海曾经驻足过的仙人岛，有以休闲著称的明湖广场，有被誉为中国北方露天的百年商埠博物馆的辽河老街，有拥有 18 亿年的海蚀地貌景观的团山北海公园，更有敬母、爱母圣地营口望儿山风景区。依托国家全域旅游示范区、国家级旅游度假区建设，营口大力推进“旅游 + 城市、工业、海滨、温泉、文化、养生养老”的特色发展战略，每年游客量在 1000 万人次以上，旅游总收入近百亿元。第二，海温泉托起营口黄金旅游带。独特的地理构造使得营口的地热资源相当丰富。营口地热资源遍布渤海湾，大海和温泉的共存形成了营口独具特色海温泉，海温泉如同为 144 千米的黄金海滨旅游带撒上了一颗颗明珠。营口温泉经过旅游化、产业化的开发运营，给了大东北旅游新契机，改变了人们对温泉的认知，破解了东北地区冬季旅游产品开发的难题，带动了营口双台、熊岳两大温泉资源富集区项目投资的大爆发。目前，营口已经成为世界上最大的海滨温泉聚集区之一，有两条温泉一条街，十几个温泉度假区，上百家温泉酒店。抓住机遇，创新发展，温泉业促进和带动了营口的旅游业和现代服务业再上新台阶，为东北振兴和区域经济社会发展添加了动力。第三，母爱文化引领城市新生活。营口的美不仅体现在旅游上，也体现在文化感知上。营口望儿山，是中国最具影响力的敬母祈福圣地。其山峰陡立，平地拔起，山顶有一藏式青砖塔，名曰望儿塔，建于明末清初，远看如一位母亲伫立山头日夜守望大海，盼望远方的儿子归来。望儿山是辽南名山，以感人的母爱传说得名，因以母爱为主题而名扬天下，被载入《中国名胜词典》。望儿山每年都会举行望儿山母爱文化节，今年已经是第 26 届，母爱文化不仅是营口人的“精神原动力”和“文化能量场”，更使营口形成了爱国、爱家、爱他人的礼爱文化体系。依托黄金旅游带、海温泉、望儿山母爱文化、农渔业、港口及制造业的发展，营口充分诠释了“旅游+”模式，将文化、旅游、乡村、生态、研学、体育、健康、商品等经济形态的产业和资源深入融合，利用特色文化底蕴资源，深挖文化脉络，打造出一个特色鲜明的旅行文化品牌。

（2）文旅集团加强提升文化旅游产业吸引力。

文旅集团认真落实营口市政府“发展大旅游、形成大产业”部署实施“产业调整，品牌引领”战略，促进文化旅游融合发展。根据营口市委市政府修旧如旧、新建仿古、展现文化、满足功能的原则，对老街建筑进行了整体性修复。目前，经过一个多月对老街全面亮化，增添了历史文化元素，全方位提升辽河老街形象，以崭新面貌呈现给广大市民和游客，让“关外第一街，北方不夜城”更具吸引力。同时，注重文化传承，弘扬营口文化，8 月 27 日，营口群众文化节在辽河老街隆重开幕，营口剧院发挥专业团体优势，在老街举办多场文艺演出，增加了文化旅游色彩，吸引众多市民前来观看和游览，老街将逐步打造成市民休闲、娱乐、餐饮、购物、文化旅游综合体。文旅集团将不断改善辽河老街街区环境，调整经营业态，挖掘历史文化底蕴，以百年老街为品牌，整合全城文化旅游资源，促进营口文化旅游发展。

（3）冬季旅游：树立品牌 打响节庆 IP。

营口市冬季旅游重点为：树立冬季旅游品牌、打响两个冬季旅游节庆 IP、做好文旅体融合的冬季旅游产品。近年来，营口市深入贯彻习近平总书记“冰天雪地也是金山银山”理念，按照辽宁省文旅厅关于做好辽宁四季旅游品牌的要求，结合营口市旅游资源特点，确定“很暖很鲜在营口”的冬季旅游品牌，重点突出冬季泡温泉暖体、戏冰雪暖身、到营口过大年暖心、品海鲜果鲜新鲜的旅游产品，打造体验北方冬天风情、感受不太冷的北方冬季旅游目的地形象。2019 年，营口市继续发挥“冰雪+温泉”的优势，提升游客冬季旅游的体验度，将过大年、品海鲜、摘鲜果等元素融入冬季旅游活动中。以承办第 14 届辽宁冰雪温泉旅游节为契机，通过开展中国雪雕邀请赛等几十项温泉冰雪活动，全面打造营口冰雪+温泉旅游产品形象，形成辽宁营口“冬季乐游辽宁”的品牌。在农历小年至正月十五期间，开展首届辽河老街庙会活动，以非遗进景区为着眼点，让文化点亮景区，打造辽宁营口新的冬季文旅融合旅游品牌。元旦至春节期间，营口市还推出演出季活动。通过推广和开展群众惠民演出、春晚等传统经典的文化品牌活动，进一步丰富市民和游客的文娱体验。营口市还通过百万市民上冰雪活动和一系列的冰雪比赛活动，促进旅游产品形成，形成拉动效应。

5. 盘锦市文旅融合现状

（1）全力推动文化旅游产业高质量发展。

文旅不分家，早在业界形成共识。如何进一步推进文旅深度融合，加快盘锦市文化旅游产业发展显得尤为迫切。日前，从盘锦市文旅广电局获悉，盘锦市2019年推出了一系列重磅活动，推进一系列重点工程，推进文化和旅游融合发展，全力推动文化旅游产业高质量发展。第一，紧盯重点项目建设不放。以重点项目建设为突破口，完成省政府下达的年度投资12亿元的指标，夯实产业发展基础，打造文旅品牌。全市共推进20个重点文旅产业项目，其中：盘山县3个、双台子区3个、兴隆台区6个、大洼区8个，预计年度项目总投资14亿元。第二，创建三大产业基地。以广厦艺术街为载体，开发更多文化创意产品，推动文化创意产业发展。以辽河美术馆为载体，引进全国美术作品展，推动文化会展产业发展。以盘锦特产博物园为载体，促进文化与农业、旅游和服务业融合，推动特色文化产业发展。第三，推动高A级景区创建。全力推进红海滩风景廊道晋升为国家5A级旅游景区，将红海滩廊道打造成为红色景区、绿色景区、文化景区、冰雪景区；推动鼎翔旅游区、绕阳湖、北旅田园、七彩庄园等打造精品景区。第四，打造主题活动品牌。整合文化、旅游、体育资源，按照四季宣传主题，鼓励各县区、部门（企业）持续打造春季徒步大会、农民丰收节、盘锦大米节系列活动、盘锦河蟹节系列活动、盘锦芦花节、辽河碑林书展、辽河湿地公园系列节庆活动及广厦艺术街系列文创活动等国家级、省级品牌活动，充分彰显盘锦地域文化和旅游特色。第五，继续做好三大体育赛事。高水平举办第八届市运会，抓好赛事主题、赛事内容、赛事规模、赛事组织等各项工作的落实，精心做好各环节衔接和演练，确保赛事高效、顺畅运行，取得运动成绩和精神文明双丰收；举办好2019盘锦全民健跑大会首届盘锦城市半程马拉松赛；要组织好辽河口冰凌穿越挑战赛，将“体育+”打造成全域、全季、全天候的产品体系，在赛事规模、赛事内容和赛事影响上有全新突破。第六，扩大文化对外交流合作。积极参加辽宁省政府及省文旅厅统一组织的2019中国——东盟博览会、2019亚洲文化旅游展、2019中国国际旅游交易会等大型展会活动。举办盘锦市和无锡市非遗项目、民间手工艺品展销活动，弘扬两市优秀地域特色文化。搭建辽河美术馆、广厦艺术街等文化交流合作平台，举办中韩、中俄、中日书画展等国际文化交流活动。依托辽河碑林，举办“全国名家书盘锦”活动，不断提升盘锦市的城市知名度和文化影响力。第七，抓好宣传营销。强化主流媒体宣传，与中央电视台、辽宁电视台、人民日报、新华社、中国文化报、中国旅游报等国家媒体合作，对盘锦市“文旅体”重大节点工作进行宣传。针对京津冀地区及沈阳、大连等周边城市开展落地宣传，对接重点客源地市场。与新浪网、搜狐网、网易、腾讯网、凤凰网、今日头条等媒体合作，围绕四季主题活动开展宣传报道。在海南三亚、江苏无锡的城市中心或旅游区发布盘锦“文旅体”宣传广告。支持鼓励“引客入盘”。组织实施《盘锦市引客入盘奖励办法》，对各县区、各部门、各企业对接、引入域外游客给予奖补。鼓励旅游企业对接省内大众游和省外高端游市场，加强与沈阳、大连等周边城市旅游交流合作，巩固京津冀客源市场，积极与环渤海城市、吉蒙黑城市以及三亚、无锡等著名旅游城市的对接，开辟新兴客源市场。第八，积极培育冰雪旅游。深入贯彻落实习近平总书记关于“绿水青山就是金山银山、冰天雪地也是金山银山”的重要论述精神，立足盘锦产业发展基础，充分利用气候条件以及温泉、民宿等特色资源，进一步扶持培育以北旅田园、中央堡、辽河湿地公园、七彩庄园、疙瘩楼等为代表的冰雪产品，广泛开展“嬉冰雪、泡温泉、住民宿、过大年”等特色活动。

（2）组建盘锦文化旅游发展集团有限责任公司。

盘锦文化旅游发展集团有限责任公司（以下简称“盘锦文旅集团”）是根据盘锦市委、市政府《关于构建“1+6+2”国资国企资本运作体系的总体方案》要求，于2016年5月底，由市国资委出资、按照现代企业制度建立的自主经营、独立核算的国有独资企业。公司主要承担文化、旅游、体育三大业务板块的资产优化配置和保护利用职能。2017年2月27日成立集团，注册资本1.1亿元。集团自组建以来，接收3家划转企业：市新华书店、红马传媒和政通集团；3家运维单位：红海滩体育中心、原市委综合楼和市人大培训中心；3家隶属关系调整事业单位：市体育场、全民健身中心和市书画院；2家事业单位改革单位：盘锦市体育彩票管理中心和盘锦人民会堂；6家注册企业（成功孵化4个项目）：盘锦红城体育有限公司、盘锦华亚旅游发展有限公司、盘锦禾嘉文化有限公司、盘锦知行研学文化交流有限公司、盘锦国华体育管理服务有限公司、盘锦红城国际旅行社有限公司（集训基地项目、摩玛梦想城项目、碱蓬纪念品、北方教育研学联盟驻盘锦办事处）。文旅集团设立党群工作部、综合管理部、人力资源部、战略投资部、品牌企划部、业务孵化部、财务管理部7个部门。文旅集团设党委1个、党支部2个，党员41人。经营范围涉及旅游景区景点项目开发建设、旅游宣传策划、旅行社管理、酒店投资管理、组织文艺演出、文化艺术服务等。文旅集团以打造美丽盘锦为己任，以追求经济效益和社会效益最大化为目标，致力于盘锦文化、体育、旅游产业发展与融合。通过形成“三支柱、两纽带、一平台”的发展格局：以文化、体育、旅游三大板块业务为支柱，以服务业为内生业务协同纽带、以金融服务业为外延增长拉动纽带，建设文、体、旅产业融合平台，在最短时间、最大程度上推动全域资源整合、产业深度融合、行业联动发展，逐步实现“三驾马车”深度融合协同发展、“运营型+资本运作型”双驱动的发展模式，在立足盘锦的基础上，更好地服务盘锦。

（3）举办非遗进社区系列文化活动，推动文旅深度融合。

盘锦市举办盘锦市非物质文化遗产进社区活动，集中展示了盘锦市剪纸、刺绣、服饰等多个门类的非遗优秀作品，设置了非遗传承人主讲的公益公开课等，通过这些丰富多彩的文化活动，推动非物质文化遗产与旅游共同发展。盘锦是辽宁省的地级市，是一座缘油而生、因油而兴的石化之城。非物质文化遗产承载着盘锦的文化基因，扎根于脚下土地，在历史的进程之中夯实着辽河口文化底蕴。为深入贯彻习近平总书记关于文化和旅游融合发展重要指示精神，全面加强非物质文化遗产和旅游融合发展的重大战略意义和现实意义，坚持非物质文化遗产“见人见物见生活”发展理念，传承和弘扬中华优秀传统文化，繁荣盘锦市文化夜经济文化消费，连日来盘锦市举办了一系列非物质文化遗产进社区活动。本次活动的主题是“繁荣文化消费市场，推动文旅深度融合”。活动由盘锦市文化旅游和广播电视局主办、由盘锦市文化体育旅游发展促进中心、辽宁中艺联文化创意发展有限公司承办、盘锦市民间文艺家协会协办。主办单位根据盘锦市剪纸、刺绣、服饰、芦苇烙画等多个门类非遗的传承发展情况，从15名非遗传承人和民间艺人中遴选出70余幅优秀作品，向公众集体亮相。作为盘锦市非物质文化遗产进社区活动之一，此次联展得到广厦艺术街景区、辽河画院的鼎力支持，也向广大市民汇报了盘锦市非遗保护成果，推动了地域文化与旅游的深度融合，进而繁荣盘锦市文化消费市场。主办方希望非遗传承人和民间艺人扎根乡土，承担传承弘扬优秀传统文化的使命，继续强化非遗与城市的血脉联系，创作出更多弘扬社会主义核心价值观的优秀作品，使更多的人了解辽河口文化，从而喜爱上这座城。活动期间，广厦艺术街还举办了非物质文化遗产公开课培训活动。培训为期两天，共设置了12节非遗传承人主讲的公益公开课，将盘锦市最精湛的传统技艺、最精美的代表作品、最能体现技艺特色的生产原料和工具等展现在观众面前。现场活动以弘扬优秀传统文化为导向，强调非遗的文化价值。根据项目不同，实现了“有主题、有成绩、有作品”的培训目标。

6. 葫芦岛市文旅融合现状

（1）打造文化旅游支柱产业。

葫芦岛市几年来，旅游产业实现了快速发展，温泉、古城、长城、海滨等十大文化旅游板块已经基本形成，旅游人数和旅游收入年均增长 20% 以上，文化旅游产业正在逐渐成为新型支柱产业。葫芦岛市长都本伟强调，当前，葫芦岛市文化旅游产业发展正处于承上启下、破茧成蝶、赶超发展的关键时期，勇于改革，勇于创新，打通文化旅游产业发展的瓶颈性障碍，推进葫芦岛市文化旅游产业向产业链高端迈进。紧紧围绕文化旅游产业发展目标，牢牢抓住科学规划的战略支点，坚持规划先行。搞好大区域旅游总体规划、次区域旅游发展规划、重点景区建设规划和旅游经济总体规划；要抓住体制机制改革的战略支点，勇于探索创新。要集中抓好旅游管理体制改革、旅游运营机制改革、旅游投融资体制改革；抓住资源整合开发的战略支点，打造全域大旅游。重点推进精品旅游资源实施线路性整合、混搭式开发，精品文化资源实施区域性整合、外延式开发，风景名胜资源实施链接性整合、扩散式开发，大型景观资源实施点轴式整合、周期性开发，实现效益最大化；要抓住旅游产品开发的战略支点，提高旅游附加值。重点要推进旅游产业链条的完善，进一步优化精品景区、优化购物消费、优化娱乐项目，彻底解决葫芦岛市旅游“半年闲”问题，打造文化旅游品牌；要抓住旅游环境建设的战略支点，营造浓厚氛围。要坚持软硬环境一起抓，加快基础设施建设，加快信息化建设，加快行业规范化建设，加快人文环境建设，为早日成为旅游目的地城市打下坚实的基础。

（2）推动文化创意产业与民俗文化融合发展。

2019 年端午 3 天小长假，第十届中国葫芦岛（龙港）国际葫芦文化节现场人山人海，主办地葫芦山庄景区迎来游客两万余人次。依托葫芦文化及关东民俗文化创意，“葫芦节”成为葫芦岛的文化名片，小葫芦也因此做成大产业。葫芦岛的城市名称系因城市半岛地形酷似葫芦而来，原与葫芦文化并无关联。但葫芦岛顺市名而为，做起葫芦这篇文化文章，葫芦山庄、葫芦协会、葫芦文化节应运而生。借助葫芦谐音“福禄”等美好吉祥文化寓意，葫芦山庄成立葫芦文化研究所，开辟一座占地面积 20 公顷的葫芦种植、观赏、创意制作园区，组织一批能工巧匠和民间艺人在这里进行葫芦雕刻、葫芦烙花、葫芦乐器、葫芦工艺品制作和绘画、剪纸、泥塑等创意活动，年加工销售葫芦工艺品近 10 万件，培养出近 20 位葫芦工艺美术创意大师，并兴办了藏品丰富的中国葫芦文化博物馆。当下，葫芦岛每年的“葫芦节”上，都有来自世界各地的100多名葫芦工艺大师，带着创意新颖的精美葫芦作品参展。同时，通过举办葫芦文化专家论坛、葫芦工艺品评比大赛、葫芦游戏展演等一系列活动，打响了葫芦岛市“中国葫芦文化之乡”的品牌。与民俗文化融合发展，是葫芦岛市重要的文化创意特色。从2019年起，每年的“葫芦节”都将在端午节当日开幕，借助端午挂葫芦、叠葫芦等民俗文化符号宣扬葫芦文化。目前，葫芦山庄的中国关东民俗博物馆藏品达2万余件，老作坊街、小吃街、行当街，一个个仿古民俗实景重现，让这里的“葫芦文旅小镇”越办越火。

四、文旅融合的研究方法与模式

（一）文化资源的分类方法

当前在文旅融合的大背景下，学者对文化与旅游的关系存在不同的认识，主要观点有三种：第一种为“灵魂载体”，即认为文化是旅游的灵魂，旅游是文化的重要载体。第二种为“诗和远方”，张玉玲《文旅融合：奔向诗和远方》。第三种为“资源市场”，从经济和产业的角度来看，文化是最好的旅游资源，旅游是文化最大的市场。文化有文化的逻辑，旅游有旅游的逻辑，要做好文旅融合这篇文章还有很多问题值得研究。[1-3]本报告为了深入探索辽宁沿海经济带文旅融合，首要问题是对文化资源进行深入了解。基于此，本研究从形式、时空、类别、内容四种角度对文化资源进行分类，并以此分类体系对辽宁沿海经济带范围内的6市进行研究（见表5-3）。[4-8]

表5-3　文化资源的分类体系

分类标准	类型	具体内容	代表性资源
形式分类	物质文化	历史遗存、特色民居、民族服饰、民族工艺等	义县奉国寺
	非物质文化	语言、文字、音乐、舞蹈、习俗、节庆等	辽代竹马舞
时空分类	古代文化	辽金文化、清文化	北镇龙岗子墓
	近代文化	殖民文化、抗战、红色文化	辽沈战役
	现代文化	工业文化、社会主义建设	道光廿五酒厂
	当代文化	现代化建设新成就	廉政苹果园

续表

分类标准	类型	具体内容	代表性资源
类别分类	民族性文化	满族、蒙古族、朝鲜族等	满族文化
	地域性文化	东北文化	古塔庙会
	功能性文化	军事、服饰、农业等	黑山花生
内容分类	历史文化	辽金、三燕、渤海、高丽、清等	辽代遗存
	民族文化	满族、蒙古族、契丹族、高句丽等	满族风俗
	宗教文化	萨满教、佛教、道教	观音洞
	艺术文化	皮影、二人转、高跷、秧歌	辽西皮影
	地域文化	辽东山地、辽南滨海、辽西走廊等	辽西走廊

注释：以锦州为例举例说明，研究过程中对辽宁沿海经济带6市开展深入分析。

（二）地方文化特色分析方法

陈传康，李蕾蕾等（1996）最早提出“文脉”的概念及其应用意义[9]。赵飞羽等（2002）认为，地脉是一个地域（国家、城市、风景区）的地理背景，即自然地理脉络；文脉是指一个地域（国家、城市、景区）的社会文化氛围和社会文化脉承，即社会人文脉络[10]。一句话概括，地脉与文脉即当地的地域独特性，也称地格（吴必虎，2001）[11]。地脉与文脉的相伴而生，相互联系、相互影响，也有学者提出了史脉的观点。其实史脉也是文脉的一部分，所以根据学者的研究可将地区的地脉+文脉综合为地脉文化，概括一个地方的综合旅游资源、环境与基础，其实地脉与文脉构成了广义的“文化”，地脉文化的内容参（见表5-4）。[12-16]

表5-4　　　地区文化特色分析

地脉文化	方向	内容	备注
地脉	地质地貌	陆地景观、地质景观、特殊地貌景观	地形条件
	气候气象	气象、气候、天象	气候条件
	生物	植物、动物、生态系统、生物环境	生物环境
	水体	河流、瀑布、湖泊、海洋、泉水	水文条件
	区位	自然地理区位、经济地理区位、文化区位、交通区位、旅游区位	地理区位

续表

地脉文化	方向	内容	备注
文脉（文化）	遗迹与古建筑	古建筑、古陵墓、历史遗迹、古镇、古城、古典园林	历史遗迹
	历史文化	历史事件、历史人物、神话传说等	历史沿革
	宗教文化	佛教、道教、伊斯兰教、基督教、原始宗教等	宗教信仰
	社会文化	民族、民俗、民间文学、文学作品、饮食文化、农业、都市等文化	民间文化
	社会发展	社会环境、人文氛围、经济、社会、科技、人地关系	社会文化

（三）文旅融合的阶段分析方法

从时间维度来看，我国文旅融合具有3个阶段，第一个阶段为初始阶段，特征为文化搭台，经济唱戏。第二阶段为中级阶段，特征为文旅联动，文化产业化。第三阶段为高级阶段，特征为文旅一体，产业文化化。[17-18]本研究以此为标准对辽宁沿海经济带6市文旅融合发展的阶段进行分析，判断各地文旅融合的水平，并分析存在的问题（见表5-5）。

表5-5　　文旅融合的阶段分析方法（熊正贤，2017）

阶段	特征	具体形式	作用	举例
初始阶段	文化搭台、经济唱戏	节庆、经济论坛、传统大典、商洽会、博览会、传统文艺表演	打造形象、推介产品、吸引资金、带动经济发展	蒙古族的那达慕大会
中级阶段	文旅联动、文化产业化	文旅产业与旅游景区互动，文旅产品借助景区平台，景区依托文旅产品的开发延长产业链	将文化资源转化为文化资本，使文化实现了产业的价值	印象刘三姐、宋城千古情
高级阶段	文旅一体、产业文化化	文化无处不在，文化元素融入旅游发展的每个角落，如在传统旅游的6要素的每一个环节都融入文化符号	在建筑、道路、标识、餐饮、服饰等方面尽显文化特色，集居住、商业、旅游于一体，实现产业文化化，建设大型文化旅游地产项目	云南楚雄的彝人古镇

资料来源：本研究团队整理获得。

五、辽宁沿海经济带文旅融合战略

（一）辽宁沿海经济带文化资源分析

1. 大连市文化资源分析

为了深入、全面了解大连市文化资源，以下从形式、时空、类别、内容四种分类及物质文化、非物质文化、古代文化、近代文化、现代文化、当代文化、民族性文化、地域性文化、功能性文化、历史文化、民族文化、宗教文化、艺术文化、地域文化 14 种文化角度对大连市文化资源进行调查、分析和总结（见表 5－6）。

表 5－6　大连市代表性文化资源分析

分类标准	类型	具体内容	代表性资源	备注
形式分类	物质文化	历史遗存、特色民居、民族服饰、民族工艺等	大连俄国建筑、大连中山广场近代建筑群、旅顺监狱旧址、万忠墓、中苏友谊纪念塔、老铁山灯塔	殖民遗迹为主
	非物质文化	语言、文字、音乐、舞蹈、习俗、节庆等	复州双管乐传承人乔忠新（传统音乐类）、东北大鼓传承人陈世芳（曲艺类）、庄河剪纸传承人韩月琴、大连核雕传承人韩志耀（传统美术类）复州皮影戏的宋国超、金州龙舞的李成家、海洋号子（长海号子）	民间文艺、海洋文化
时空分类	古代文化	新石器、高句丽、汉唐	小珠山遗址、石棚沟石棚、双砣子遗址、四平山积石墓地、大黑山山城、营城子汉墓群、巍霸山城（含清泉寺）、张店古城遗址、岗上楼上墓地、得利寺	影响力较弱
	近代文化	殖民文化、抗战、红色文化	侵华日军关东军司令部旧址、关东州厅旧址、关东州总督府旧址、旅顺船坞旧址、南子弹库旧址、旅顺沙俄陆防副司令官邸建筑、关东厅博物馆旧址、关向应故居纪念馆	殖民文化

续表

分类标准	类型	具体内容	代表性资源	备注
时空分类	现代文化	工业文化、社会主义建设	大连珍奥生命园、大连路明发功科技股份有限公司、大连明清家居艺术品有限公司、大连港、大连长兴酒庄酒文化博物馆、大连华丰集团	工业文化
	当代文化	现代化建设新成就	星海广场、大连经济开发区、大连金石滩国家旅游度假区、大连现代博物馆、友谊广场、人民广场、劳动公园、老虎滩海洋公园、圣亚海洋世界	现代都市
类别分类	民族性文化	满族、蒙古族、朝鲜族等	满族文化、朝鲜族文化	较弱
	地域性文化	东北文化	闯关东文化、殖民文化、海洋文化	殖民和海洋文化
	功能性文化	军事、服饰、农业等	旅顺军港、大连造船厂、大连服装节、大连海鲜、大樱桃、苹果、大骨鸡	节庆
内容分类	历史文化	近代日俄殖民遗迹	近代遗存、殖民遗迹	殖民文化
	民族文化	满族、蒙古族、朝鲜族等	满族风俗、朝鲜族风俗	较弱
	宗教文化	基督教、天主教、佛教、道教、伊斯兰教	宗教活动场所：佛教 50 处、道教 21 处、伊斯兰教 10 处、天主教 7 处、基督教 101 处	天主教和基督教
	艺术文化	皮影、二人转、高跷、秧歌	复州皮影、东北大鼓、长海号子	民间文化
	地域文化	辽南丘陵、辽东半岛、黄渤海滨	辽东半岛	辽东半岛

资料来源：本研究团队整理获得。

大连市的开发历史较晚，虽有小珠山遗址等新石器人类遗址以及汉魏时期古墓等，但由于在历史上地位低、知名度小，所以历史价值、文化价值不高。所以从大连市的文化资源来看，殖民文化（日俄）、海洋文化、海岛文化、工业文化、现代文化、民间文化（东北文化、闯关东文化）、节庆会展、地域文化、军港文化为其重要的文化资源，值得在未来的文旅融合中开发、利用，发挥积极作用。

2. 丹东市文化资源分析

为了深入、全面了解丹东市文化资源，以下从形式、时空、类别、内容四种分类及物质文化、非物质文化、古代文化、近代文化、现代文化、当代文化、民族性文化、地域性文化、功能性文化、历史文化、民族文化、宗教文化、艺术文化、地域文化14种文化角度对丹东市文化资源进行调查、分析和总结（见表5－7）。

表5－7 丹东市代表性文化资源分析

分类标准	类型	具体内容	代表性资源	备注
形式分类	物质文化	历史遗存、特色民居、民族服饰、民族工艺等	凤凰山山城、鸭绿江断桥、虎山遗址、小城子山城	边疆文化
	非物质文化	语言、文字、音乐、舞蹈、习俗、节庆等	朝鲜族花甲礼、唢呐艺术（丹东鼓乐）	朝鲜族、满族文化
时空分类	古代文化	新石器、高句丽、汉唐	前阳洞穴遗址、虎山遗址、九连城城址、刘家堡城址	较弱
	近代文化	抗美援朝、红色文化	抗美援朝纪念馆、鸭绿江断桥、毛岸英纪念馆、河口断桥、水丰万人坑、抗联遗址（天桥沟、天华山、青山沟）	红色文化抗美援朝
	现代文化	工业文化、社会主义建设	丹东太平湾发电厂、凤城大梨树村生态农业观光旅游区	一般
	当代文化	现代化建设新成就	鸭绿江公园、丹东新区、丹东港、东港港	海洋文化
类别分类	民族性文化	满族、朝鲜族等	宽甸中华满族风情园、丹东市的朝鲜族风情街（高丽街）	满族、朝鲜族
	地域性文化	东北文化、辽东文化	满族文化、朝鲜族文化、边境文化、海洋文化	满族、朝鲜族
	功能性文化	军事、服饰、农业等	抗美援朝、抗联、满族、朝鲜族、丹东黄蚬子（海鲜）、柱参、柞蚕、山野菜、林蛙	红色文化、山林文化

续表

分类标准	类型	具体内容	代表性资源	备注
内容分类	历史文化	近代文化、抗美援朝	抗美援朝红色文化为主	特色
	民族文化	满族、朝鲜族等	满族和朝鲜族文化突出	特色
	宗教文化	萨满教、佛教、道教、伊斯兰教	萨满教、佛教为主	满族萨满教特色
	艺术文化	皮影、二人转、高跷、秧歌	丹东鼓乐、丹东单鼓、上打家什高跷、八河川皮影、孤山泥塑	民间文艺
	地域文化	辽东山地、黄海之滨、鸭绿江畔	山林、黄海、鸭绿江（边境）	有特色

资料来源：本研究团队整理获得。

丹东地处祖国东大门，山林密布，以鸭绿江与朝鲜民主主义人民共和国隔江相望。在漫长的历史中，丹东有前阳洞穴遗址、九连城城址等历史遗产，但影响较大的还是抗美援朝英勇的红色历史。另外，还有边境文化及其包括的鸭绿江、虎山长城、鸭绿江断桥等。还有丹东山林是满族世代居住之所，满族文化和朝鲜族文化也是丹东特色。除此之外，丹东代表性文化资源就是海洋文化、山林文化。综合来看，丹东市代表性文化资源包括：红色文化、抗美援朝、边境文化、满族文化、朝鲜族文化、海洋文化、山林文化、鸭绿江等。

3. 锦州市文化资源分析

为了深入、全面了解锦州市文化资源，以下从形式、时空、类别、内容四种分类及物质文化、非物质文化、古代文化、近代文化、现代文化、当代文化、民族性文化、地域性文化、功能性文化、历史文化、民族文化、宗教文化、艺术文化、地域文化 14 种文化角度对锦州市文化资源进行调查、分析和总结（见表 5－8）。

表 5－8　　锦州市代表性文化资源分析

分类标准	类型	具体内容	代表性资源	备注
形式分类	物质文化	历史遗存、特色民居、民族服饰、民族工艺等	辽代奉国寺、北镇庙、崇兴寺双塔、广济寺古建筑群、广宁古城、万佛堂石窟	辽代文化
	非物质文化	语言、文字、音乐、舞蹈、习俗、节庆等	辽西高跷、辽西木偶戏、东北二人转、医巫闾山剪纸、东北大鼓、锦州满族民间刺绣、义县社火、契丹竹马舞	镇山文化 契丹文化
时空分类	古代文化	新石器、高句丽、汉唐	辽代义县八塔、广胜寺塔、辽代龙岗子墓群、琉璃寺西山遗址、新立辽代建筑遗址、班吉塔	辽代文化
	近代文化	解放战争、红色文化	辽沈战役纪念馆、牤牛屯林彪指挥所、黑山阻击战纪念馆、萧军墓、张作相官邸	红色文化
	现代文化	工业文化、社会主义建设	道光廿五酒厂、沟帮子熏鸡厂	地方特色
	当代文化	现代化建设新成就	南山公园、滨河路、东湖公园、渤海大道、锦州湾机场、白沙湾、龙栖湾、锦州港	地方特色
类别分类	民族性文化	满族、回族等	满族为特色	一般
	地域性文化	东北文化、辽西文化	辽西地域文化	地方特色
	功能性文化	军事、服饰、农业等	苹果、烧烤、葡萄	地方特色
内容分类	历史文化	辽代文化、辽沈战役红色文化	契丹辽文化、辽沈战役红色文化	突出
	民族文化	满族、回族等	满族特色	一般
	宗教文化	佛教、道教、天主教	佛教、道教为主	有特色
	艺术文化	皮影、二人转、高跷、秧歌	辽西高跷、辽西木偶戏、东北二人转、皮影戏、东北秧歌	有特色
	地域文化	辽西山地、渤海之滨、宜州化石	镇山文化、海洋文化、契丹文化、化石文化	突出

资料来源：本研究团队整理获得。

锦州市地处辽西走廊重要节点，是中原文化与东北文化交汇之处，自古是兵家必争之地，历史悠久、文化璀璨。但锦州的历史文化最有特色的还是辽代契丹文化、镇山文化以及辽沈战役红色文化。除此之外，海洋文化、化石文化、辽西高跷、木偶戏和皮影等艺术文化也是极具开发价值和地域特色的。

4. 营口市文化资源分析

为了深入、全面了解营口市文化资源，以下从形式、时空、类别、内容四种分类及物质文化、非物质文化、古代文化、近代文化、现代文化、当代文化、民族性文化、地域性文化、功能性文化、历史文化、民族文化、宗教文化、艺术文化、地域文化14种文化角度对营口市文化资源进行调查、分析和总结（见表5－9）。

表5－9　　营口市代表性文化资源分析

分类标准	类型	具体内容	代表性资源	备注
形式分类	物质文化	历史遗存、特色民居、民族服饰、民族工艺等	金牛山遗址、石棚山石棚、玄贞观（又名上帝庙）、西炮塔遗址	有价值
	非物质文化	语言、文字、音乐、舞蹈、习俗、节庆等	盖州高跷、盖州皮影戏、营口评书、盖州风筝、营口陈氏面塑工艺、营口木浮雕工艺，大石桥陈氏民间鼓乐、北派双彩堂郝氏戏法、营口冯家门相声、传统锔艺、胡氏戳脚拳、营口布贴、营口陈氏葫芦烙画	有特色
时空分类	古代文化	新石器	金牛山猿人古化石遗址和远古石棚“巨石文化”遗址考证，早在28万年前，我们的祖先就在这里繁衍生息	有价值
	近代文化	商埠文化、红色文化	营口辽河老街、西炮台遗址、日本三菱公司旧址、东亚烟草株式会社旧址	特色
	现代文化	工业文化、社会主义建设	营口望儿山酒业、圣士实业、营口港、鲅鱼圈开发区、水果种植	有价值
	当代文化	现代化建设新成就	鲅鱼圈滨海旅游度假区、团山国家级海洋公园、月亮湖公园、仙人岛白沙湾、虹溪谷温泉旅游区、山海广场	开发

续表

分类标准	类型	具体内容	代表性资源	备注
类别分类	民族性文化	满族、回族、朝鲜族等	满族文化为主	一般
	地域性文化	东北文化、河海文化	东北文化、大辽河文化、海洋文化、商埠文化	有特色
	功能性文化	军事、服饰、农业等	营口大米、营口大酱、营口咸货、营口对虾、营口虾皮海米、营口大闸蟹、营口海蜇、鲅鱼、博洛铺小米、盖州苹果、盖县西瓜、熊岳葡萄、白沙湾桃、安平大李子、大石桥张官南果梨、轿顶驴肉、盖州蚕丝被、绒山羊、人民大会堂香烟、大石桥赵家烧鸡、望儿山酒	有特色
内容分类	历史文化	金牛山文化、商埠文化、辽河文化	金牛山文化、近代文化	突出
	民族文化	满族、回族、朝鲜族等	满族文化	一般
	宗教文化	佛教、道教、天主教、基督教、伊斯兰教	楞严禅寺、天后宫（西大庙）、广新寺、念佛寺、营口清真寺、营口清真东寺；天主教堂；基督教堂、南光朝鲜族基督教堂、太和堂	佛教、道教
	艺术文化	皮影、二人转、高跷、秧歌	盖州高跷、盖州皮影戏、营口评书、大石桥陈氏民间鼓乐、北派双彩堂郝氏戏法、营口冯家门相声	有特色
	地域文化	辽河商埠、渤海之滨、温泉文化	辽河文化、近代商埠文化、海洋文化	特色

资料来源：本研究团队整理获得。

营口市有 28 万年前的人类活动遗址——金牛山遗址，还有石棚山石棚，历史悠久，影响力很大。但作为文旅融合的重要资源，突破口还是在近代文化，具体包括辽河老街、商埠文化、西炮台遗址等。另外，营口的望儿山敬母（母爱）文化、海洋文化（港口）、温泉文化、农业文化（水果）等也值得开发。总结起来营口的重要文化资源包括：金牛山文化、近代文化、商埠文化、敬母文化、海洋文化、港口文化、温泉文化、农业文化。

5. 盘锦市文化资源分析

为了深入、全面了解盘锦市文化资源，以下从形式、时空、类别、内容四种分类及物质文化、非物质文化、古代文化、近代文化、现代文化、当代文化、民族性文化、地域性文化、功能性文化、历史文化、民族文化、宗教文化、艺术文化、地域文化14种文化角度对盘锦市文化资源进行调查、分析和总结（见表5－10）。

表5－10　　盘锦市代表性文化资源分析

分类标准	类型	具体内容	代表性资源	备注
形式分类	物质文化	历史遗存、特色民居、民族服饰、民族工艺等	甲午战争田庄台遗址（战场遗址、清军坟遗址、古炮台遗址）、侵华日本关东军护路守备队盘山分队旧址	一般
	非物质文化	语言、文字、音乐、舞蹈、习俗、节庆等	上口子高跷秧歌、古鱼雁民间故事、大荒皮影、满族民间服饰、田庄台舞龙、盘锦鼓乐、荣兴朝鲜族农乐舞、新开舞狮、盘锦苇画、小亮沟苇编技艺	有特色
时空分类	古代文化	空白	欠缺	空白
	近代文化	石油文化、苇田文化	辽河油田第一口深井	有价值
	现代文化	工业文化、社会主义建设	辽河油田、盘锦港、盘锦鑫安源绿色生态园	特色
	当代文化	现代化建设新成就	红海滩国家风景廊道、鼎翔生态旅游区、湖滨公园、中兴公园、辽河文化产业园、1948生态农场	特色
类别分类	民族性文化	满族、朝鲜族、回族等	满族、朝鲜族	特色
	地域性文化	湿地文化、河海文化、油田文化	湿地、辽河、海洋、油田	突出
	功能性文化	军事、服饰、农业等	稻田、河蟹	特色

续表

分类标准	类型	具体内容	代表性资源	备注
内容分类	历史文化	近代文化、辽河文化	侵华日本关东军护路守备队、张学良故乡、盘锦解放战争革命根据地、甲午战争末战殉国将士墓	一般
	民族文化	满族、朝鲜族、回族等	满族、朝鲜族风俗	有价值
	宗教文化	佛教、道教、天主教、基都教、伊斯兰教	佛教、道教	一般
	艺术文化	皮影、二人转、高跷、秧歌	上口子高跷秧歌、大荒皮影、满族民间服饰、田庄台舞龙、盘锦鼓乐、荣兴朝鲜族农乐舞、新开舞狮	特色
	地域文化	湿地文化、辽河文化、渤海之滨、油田文化	湿地、辽河、海滨、油田	突出

资料来源：本研究团队整理获得。

盘锦市位于辽河三角洲，地势低平，是辽河在入海口冲击形成的平原。盘锦的历史古迹遗迹留下来的较少，历史文化较短，近代的甲午战争虽有末战烈士墓，但影响力较弱。因此，盘锦的文化资源要从新中国成立之后算起，主要包括：湿地文化（红海滩、芦苇、观鸟）、石油文化、稻米文化（生态稻田、河蟹）、海洋文化（海鲜、渔业、海岛）、港口文化、民间文化、民间手工艺等。

6. 葫芦岛市文化资源分析

为了深入、全面了解葫芦岛市文化资源，以下从形式、时空、类别、内容四种分类及物质文化、非物质文化、古代文化、近代文化、现代文化、当代文化、民族性文化、地域性文化、功能性文化、历史文化、民族文化、宗教文化、艺术文化、地域文化14种文化角度对葫芦岛市文化资源进行调查、分析和总结（见表5－11）。

表 5－11　　　　　葫芦岛市代表性文化资源分析

分类标准	类型	具体内容	代表性资源	备注
形式分类	物质文化	历史遗存、特色民居、民族服饰、民族工艺等	兴城古城、九门口长城、姜女石遗址、圣水寺、中前所城、建昌汉长城遗址、朱梅墓、灵山寺、药王庙古城、东大杖子战国古墓群、白狼山	突出
	非物质文化	语言、文字、音乐、舞蹈、习俗、节庆等	辽西太平鼓、建昌灯会、建昌大鼓、建昌鼓乐、兴城满族秧歌、兴城全羊席、兴城民间绣活	有价值
时空分类	古代文化	战国、汉、明清	战国古墓、汉长城、兴城古城、九门口长城	特色
	近代文化	近代文化、红色文化	葫芦岛驻港开工纪念碑、兴城温泉别墅、张学良别墅、郜家住宅、周家住宅、塔山阻击战纪念馆	有价值
	现代文化	工业文化、社会主义建设	渤海造船厂、葫芦岛新港、乌金塘水库、宫山咀水库	有价值
	当代文化	现代化建设新成就	东戴河旅游景区、葫芦岛经济开发区、兴城海滨、觉华岛、龙湾海滨	有特色
类别分类	民族性文化	满族、蒙古族、回族、朝鲜族等	以满族文化为主，少量的蒙古族、回族和朝鲜族文化	一般
	地域性文化	古城文化、海洋文化	古城、海滨、海岛、长城、遗址	突出
	功能性文化	军事、服饰、农业等	古城关隘（宁远、九门口）、兴城满族民间绣活、虹螺岘干豆腐、辽西火锅、绥中白梨、高桥小菜	突出
内容分类	历史文化	战国古墓、汉明长城、古城文化	宁远古城、九门口长城为代表、战国古墓、汉代长城等	突出
	民族文化	满族、回族、朝鲜族等	满族文化为特色	一般
	宗教文化	佛教、道教、天主教、基督教、伊斯兰教	以佛教和道教为主	一般
	艺术文化	皮影、二人转、高跷、秧歌	辽西太平鼓、建昌大鼓、建昌鼓乐、兴城满族秧歌、连山皮影、三节板、建昌皮影、少北拳	有特色
	地域文化	古城文化、渤海之滨、辽西故道	兴城古城、汉长城、九门口长城、东戴河海滨、碣石宫遗址、白狼山、红螺山等	突出

资料来源：本研究团队整理获得。

葫芦岛是辽宁省最年轻的地级市，葫芦岛市原名锦西市，1989 年升格为省辖市。但是葫芦岛有“关外第一市”的美称，是山海关外的第一个地级市，拥有众多的历史文化遗产，比较有影响力的有九门口长城、宁远古城（兴城古城）等。所以葫芦岛又有“山海泉岛城”的称号。综合来看，葫芦岛市重要的文化资源包括：古城文化（兴城古城、九门口、长城等）、战国古墓、港口文化、海洋文化、海岛文化、温泉文化、民间文化（皮影、大鼓、秧歌）、山岳文化等。

（二）辽宁沿海经济带文化特色分析

1. 大连市地脉文化分析

（1）大连市地脉文化分析。

地脉文化是一个地区旅游发展的底蕴和根基，而一个地区的地脉文化又包括自然地理环境和历史文化基础两大方面，大连市的地脉文化可以从地脉与文脉以及地质地貌、气候气象、生物、水体、区位、遗迹和古建筑、历史文化、宗教文化、社会文化、社会发展 10 个方面开展分析[19-20]，具体内容参见表 5-12。

表 5-12　大连市地脉文化分析

地脉文化	方向	内容	概括	典型代表	层次地位
地脉	地质地貌	山地丘陵多，平原低地少，长白山系千山山脉余脉纵贯本区，岩溶地形随处可见，喀斯特地貌和海蚀地貌比较发育	山丘、海蚀	冰峪沟、天门山、金石滩海蚀景观	重要
	气候气象	海洋性特点的暖温带大陆性季风气候，冬无严寒，夏无酷暑，四季分明	冬暖夏凉	避暑避寒，金石滩度假区、棒棰岛、疗养院等	核心
	生物	盛产苹果，山楂、葡萄和黄桃；盛产多种鱼，虾，蟹，贝，藻，鲍鱼、刺参、扇贝、紫海胆、螺类等	水果甜、海鲜美	金州樱桃、苹果，大连海鲜，长海海参等	重要

续表

地脉文化	方向	内容	概括	典型代表	层次地位
地脉	水体	注入黄海的较大河流有碧流河、英那河、庄河、赞子河、大沙河、登沙河、清水河、马栏河等；注入渤海的主要河流有复州河、李官村河、三十里堡河等；大陆岸线约1371千米，岛屿岸线约840千米	河流多 海岸长 有温泉	庄河 滨海景观 老铁山温泉	核心
	区位	辽宁省辽东半岛南端，地处黄海、渤海之滨，背依中国东北腹地，与山东半岛隔海相望，是中国东部沿海重要的经济、贸易、港口、工业、旅游城市	港口 旅游 浪漫城	大连港 老虎滩 金石滩 开发区	核心
文脉（文化）	遗迹与古建筑	主要日俄殖民遗迹为主，俄罗斯风情街、中山广场建筑群、旅顺日俄监狱、白玉山、小珠山遗址、城山古城	日俄遗迹	俄罗斯风情街 旅顺日俄监狱	核心
	历史文化	沙俄开港建市、日俄战争、甲午战争、旅顺口惨案、闯关东	日俄殖民	白玉山、鸡冠山	核心
	宗教文化	佛教、基督教、道教（海岛马祖）	三教并存	横山寺、承恩堂、丰收堂、玉光街教堂、长海马祖庙	配套
	社会文化	海鲜特产为突出饮食文化、农业以苹果、大樱桃和海鲜养殖、捕捞为亮点，服装城、足球城、槐花城、宜居城、北方明珠等	宜居宜游 现代城	服装节、赏槐节、啤酒节、夏季达沃斯峰会	核心
	社会发展	闯关东、日俄文化、沿海地域文化、现代都市文化	一线城市	大连经济技术开发区	重要

资料来源：本研究团队整理获得。

对于大连市的地脉文化可以用八句话概括：黄渤三环冬暖夏不闷，基岩海岸海蚀亮风景，海岛棋布海鲜水产丰，近代城市日俄来殖民，宜居宜游会展和文明，蓬勃发展活力很惊人，庄河山水瓦房店轴承，长海神秘普兰莲花城。如果用更加简练的字来总结大连市的核心地脉文化可以用“海、宜、港、殖、岛、现、会、城、体、工”十个字吸纳。

（2）大连市旅游产品与地脉文化基础对比分析。

前文分析了大连市的核心地脉文化为“海（海洋、滨海、海岛、海蚀景观、海洋资源）、宜（宜居宜游）、港（港口、军港）、殖（日俄殖民）、岛（海岛）、现（现代化、现代文化、现代文明、现代科技）、会（会展、博物馆等）、城（城市、都市）、体（体育）、工（工业）”十个字，从表面上来看，大连市的核心地脉文化除了港口之外的海、宜、殖、岛、现、会、城都在旅游产品中得到了挖掘和利用，而且主体的旅游产品都以海、会、现、城等核心要素为主体，实现了旅游产品开发基于本地的地脉文化基础之上。然而，港口和军港地脉文化资源没有充分挖掘和合理利用，存在一些缺憾。另外，对于大连的殖民遗迹和殖民文化的开发和利用层次很低，效率很差，未能充分展现这一地脉文化资源的旅游吸引力和内在价值。其实，这种作为黑暗、耻辱历史的负遗产可以在旅游发展和国民教育中发挥“正作用”，历史无法改变，当代人和后代人能做的就是不要让“悲惨的历史”重演。因此，应该正视历史，合理开发，活化历史，让人们更真实感受那段屈辱岁月。最后，大连市的旅游产品应该随着时代的发展快速更新升级，在扎根地脉文化的基础上，还要紧跟时代潮流，永远走在时代前列，才能永葆青春。大连地脉文化的旅游利用为 4 个重点（海、会、现、城），2 个低端（殖、岛），2 个欠缺（港、宜），2 个辅助“体育、工业”。

2. 丹东市地脉文化分析

（1）丹东市地脉文化基础分析

丹东位于辽东山地是一个边江、沿边、沿海的地区，综合来看从地质地貌、气候气象、生物、水体、区位、遗迹和古建筑、历史文化、宗教文化、社会文化、社会发展 10 个方面对其旅游资源的形成基础与根基进行分析[19-20]，具体参见表 5-13。

表 5－13　　丹东市地脉文化分析

地脉文化	方向	内容	概括	典型代表	层次地位
地脉	地质地貌	丹东市属丘陵地带，地势北高南低，山地丘陵占72.4%，平原谷地面积占14.6%，水域占8.7%，其他占4.3%。自然概貌可概括为“七山一水分半田，半分道路和庄园”；宽甸和凤城北部地势最高，平均海拔500米左右，有千米以上山峰14座，最高峰花脖山，海拔1336.1米	青山 密林	青山沟 凤凰山 天华山 花脖山 天罡山	核心
	气候气象	丹东位于亚欧大陆东岸中纬度地带，属暖温带亚湿润季风型气候，年平均雨量多在800～1200毫米，是中国北方雨量最多的地区，降水2/3集中于夏季	降雨丰富	河流密布 水量丰富	重要
	生物	丹东地区林业资源丰富，是辽宁省重要林业基地之一，丹东沿海海洋生物种类繁多，可分为游泳生物、浮游生物和底栖生物三大类，丹东全地区淡水鱼类有70余种	森林茂密 物产丰富	白石砬子 天桥沟 黄蚬子、林蛙	核心
	水体	丹东地区江河密布，主要有鸭绿江水系、大洋河水系和沿海水系，五龙背温泉；海岸线长120千米	鸭绿江 海洋	鸭绿江 大鹿岛 黄海	核心
	区位	丹东是中国海岸线的起北端起点，位于东北亚的中心地带，是东北亚经济圈与环渤海、黄海经济圈的重要交汇点，是一个以工业、商贸、物流、旅游为主体的沿江、沿海、沿边城市	边境城	鸭绿江 黄海 朝鲜边境	核心

续表

地脉文化	方向	内容	概括	典型代表	层次地位
文脉（文化）	遗迹与古建筑	虎山明长城、鸭绿江断桥、抗美援朝纪念馆、东北抗日联军遗址	抗美援朝	鸭绿江断桥 抗美援朝纪念馆	核心
	历史文化	1950 年中国人民志愿军雄赳赳气昂昂跨过鸭绿江，展开了伟大的抗美援朝战争	抗美援朝	抗美援朝纪念馆	核心
	宗教文化	佛教、道教、萨满教	跳大神	满族神婆神汉	重要
	社会文化	满族、朝鲜族在丹东分布较多，宽甸满族自治县，在丹东市有很多朝鲜族人口，饮食以满族面点、炒叉子和朝鲜族的冷面、辣白菜等传统美食为代表，兼具当地山林食材	满族 朝鲜族	宽甸满族自治县 朝鲜族集聚区	核心
	社会发展	丹东是一个开放而且包容的城市，大约 70% 以上是山东人的后裔，各方面与山东类似，丹东比较安静、恬淡、悠闲，没有其他东北城市那么粗犷。满族与朝鲜族是主要的少数民族，风俗习惯与汉族略有不同	满族 朝鲜族	满族文化 朝鲜族文化	核心

资料来源：本研究团队整理获得。

对于丹东市的地脉文化可以用八句话概括：辽东山地森林雨水丰，河流密布数鸭绿江盛，满族故里朝鲜族有名，虎山长城最大边境城，抗美援朝馆天下闻名，宽甸满族久居山林中，萨满圣灵信众分布广，凤城凤凰山大梨树名，东港大鹿岛大孤山还行。用更加精练的语言概括可表达为“青山、密林、鸭绿江、海洋、抗美援朝、边境城、满族、朝鲜族，萨满教，大梨树”十个词。

（2）丹东市旅游产品与地脉文化基础对比分析。

丹东市位于辽宁省东部的辽东山地，山高林密，降水丰富，加上位于中朝边境，具有绝佳的旅游发展条件，其地脉文化概括为“青山、密林、鸭绿江、海洋、抗美援朝、边境城、满族、朝鲜族”八个词。从目前的旅游产品来看，丹东市的旅游发展主要围绕“青山、密林”的发展思路展开，“鸭绿江”也是丹东市旅游的一大招牌，但总体而言发展效率一般，未能充分将“鸭绿江”的品牌优势转化为经济优势。另外，“抗美援朝”这个地脉文化是名气大、内容少，人气高、效益低下，如何让这个红色的革命记忆转化为当地人民丰厚的经济回报有待创新、有待挖掘、有待提升。“海洋”在丹东的旅游中好似被遗忘的内容，发展较弱；“满族”和“朝鲜族”的内容有所开发利用，但独特性、吸引性有待提升，开发的方式，展现的模式有待大力创新。“边境城”的利用效率也很低，除了本地自身原因外，对方（朝鲜民主主义人民共和国的开发政策）也是一大因素。综合来看，丹东市旅游产品建设是抓住了“青山、密林”，没能突出“鸭绿江”“抗美援朝”“满族”“朝鲜族”“萨满教”和“大梨树”，遗忘了“海洋”，丢掉了“边境城”的优势。

3. 锦州市地脉文化分析

（1）锦州市地脉文化基础分析。

锦州市历史悠久，地理位置重要，自古至今都为扼守关内外交通的要冲，松锦大战、辽沈战役都曾经发生在这里，也是近代闯关东的第一大站，形成了独特而丰富的历史文化资源。以下从地质地貌、气候气象、生物、水体、区位、遗迹和古建筑、历史文化、宗教文化、社会文化、社会发展10个方面对其旅游资源的形成基础与根基进行分析[19-20]，具体参见表5-14。

表5-14　锦州市旅游资源基础（地脉文化）分析

地脉文化	方向	内容	概括	典型代表	层次地位
地脉	地质地貌	锦州市境内山脉连绵起伏，地势特征是西北高，东南低，东北部义县和北镇市交界处有医巫闾山脉，西北部有松岭山脉，形成由西北向东南倾斜地势，依次为低山区、丘陵区、平原区。全市土地结构大体是“五山一水四分田”。辽西有化石分布	闾山 化石	医巫闾山 义县化石	核心
	气候气象	锦州市地处欧亚大陆东部，属暖温带半湿润气候，大气环流以西风带和副热带系统为主，为大陆性季风区。春季温和多风，夏季高温多雨，秋季温凉晴朗，冬季寒冷干燥，四季分明，降水集中、季风明显、风力较大	四季分明	四季风光	重要

续表

地脉文化	方向	内容	概括	典型代表	层次地位
地脉	生物	苹果、锦丰梨、鸭梨、黑山花生、北镇葡萄、毛蚶、毛虾	物产丰富	沟帮子熏鸡 北镇猪蹄	重要
	水体	流域面积大于 3000 平方千米的较大水系有小凌河、大凌河、绕阳河 3 条，锦州城郊有女儿河、百股河、小坝沟、观音洞水、二郎洞水等河流。海岸线总长 97.7 千米	双凌入海	笔架山 白沙湾 世博园	核心
	区位	锦州市位于“辽西走廊”东端，南临渤海，北依松岭山脉。东接“辽中南”工业区，南临渤海，西连”京津唐“工业区，北有辽宁西部和内蒙东部及黑龙江、吉林的广阔腹地。是环渤海经济圈、东北亚经济圈的交汇点，连接东北内陆与渤海的黄金走廊	辽西名城	锦州城	核心
文脉（文化）	遗迹与古建筑	义县奉国寺、广济寺塔、北镇庙、崇兴寺双塔、辽代八塔、万佛堂、辽代帝王陵墓群由显陵和乾陵为主陵	辽代遗迹	奉国寺 广济寺	核心
	历史文化	辽太祖耶律阿保机“以汉俘建锦州”，锦州之名始于此时，康熙四年设锦州府，934 年设锦州省，管辖各县；1949 年 1 月成立辽西省，省政府驻锦州；1954 年 8 月辽东辽西省合并为辽宁省，锦州市为省辖市。松锦大战、辽沈战役，萧军纪念馆	辽代文化 辽沈战役	辽代遗迹 辽沈战役纪念馆	核心
	宗教文化	佛教、道教、伊斯兰教、基督教	佛教恢弘	青岩寺 北普陀山	重要

续表

地脉文化	方向	内容	概括	典型代表	层次地位
文脉（文化）	社会文化	锦州市少数民族人口中满族人口77.7785万人，蒙古族3.0043万人，回族2.0459万人，锡伯族1.6879万人，朝鲜族1773人。义县有契丹族遗风和竹马舞等。义县羊汤、沟帮子熏鸡、北镇猪蹄、水馅包子、什锦小菜、道光廿五酒等	契丹遗风 烧烤名城	义县竹马舞 伏羊节 锦州烧烤	核心
	社会发展	雄踞中国渤海北岸、关内外咽喉要地的锦州，是一座具有2200多年悠久历史的北方文化名城，兼容并蓄的多元文化是锦州地域文化的主要特征。锦州这座中国北方的山海名城、文化名城正在面向大海，努力实现全面振兴	山海名城	医巫闾山 笔架山 海洋	核心

资料来源：本研究团队整理获得。

锦州的地脉文化用八句话概括为：闾山脚下大小凌河盘，山地平原延伸到海边，辽代遗迹遍布各市县，辽沈战役硝烟已散尽，凌海萧军的记忆犹新，北镇镇山祈福很著名，黑山阻击战把枪声鸣，义县奉国寺契丹遗风。用更加精练的语言可以将锦州的地脉文化概括为“神奇山海石，悠幽辽之州，闾山威镇北，红色天下名，烧烤传九州，凌河文明源。”

（2）锦州市旅游产品与地脉文化基础对比分析。

锦州市的地脉文化为“神奇山海石，悠幽辽之州，闾山威镇北，红色天下名，烧烤传九州，凌河文明源”，山——闾山、北普陀山、笔架山等，海——海滩、海岛、海滨、海鲜等，石——石棚、化石等，悠幽辽之州——悠久的历史，幽静的佛教场所，深厚的辽文化基础，另外闾山的镇山文化，锦州的红色旅游（辽沈战役为主）。从目前的开发现状来看，锦州市最成功的还是幽静的佛教旅游，青岩寺一马当先全国闻名，其他还有北普陀山、奉国寺等。海洋旅游产品包括笔架山、世博园、白沙湾等，但层次低，效益差。化石资源几乎处于闲置状态，镇山文化开发了一部分，潜力巨大。红色文化有辽沈战役纪念馆、萧军纪念馆、黑山阻击战纪念馆、牤牛屯林彪指挥所等，但呈现手段老套，情景化、多元化、现代化呈现技术滞后，效益低下。综合来看，锦州市旅游产品在发展中是部分（宗教）地脉文化过渡发展以及烧烤文化突出，“海洋”“镇山”“红色”“凌河”“农业”等更多的发展弱，“辽文化”和“化石”被闲置。

4. 营口市地脉文化分析

（1）营口市地脉文化基础分析。

营口市在中国近代历史上具有重要的历史意义，地处大辽河入海口，具有发展航运的重要条件，曾被誉为“东方贸易良港”的美誉。从地质地貌、气候气象、生物、水体、区位、遗迹和古建筑、历史文化、宗教文化、社会文化、社会发展10个方面对其旅游资源的形成基础与根基进行分析[19-20]，具体参见表5-15。

表5-15　营口市地脉文化分析

地脉文化	方向	内容	概括	典型代表	层次地位
地脉	地质地貌	营口市地形由东南向西北逐渐倾斜。东部为山地，海拔在100~1000米；中部为丘陵，海拔50~200米；西部为平原，海拔2~10米。各自面积分别占全市总面积的27%、31.6%和41.4%	东山西平	赤山 青龙山	重要
	气候气象	营口市西临渤海辽东湾，属暖温带大陆性季风气候。其气候特征主要是：四季分明，雨热同季，气候温和，降水适中，光照充足，气候条件优越	四季分明	气候	重要
	生物	山蕨菜、山芹菜、刺龙芽等是无污染食品，营口海岸线是斑海豹栖息之地。鱼、虾、贝、藻等经济生物及大量的海洋、滨岸和物种种类繁多，主要经济品种有对虾、毛虾、海蜇	海鲜	海鲜	核心

续表

地脉文化	方向	内容	概括	典型代表	层次地位
地脉	水体	境内有大、中、小河流150余条，其中大型过境河流有大辽河，中型河流有大清河、碧流河，各河流分辽河水系、浑太水系、渤海岸水系、黄海岸水洗入海。全市现有大型水库1座（石门水库）、中型水库3座（玉石水库、三道岭水库、周家水库）、小型以下水库33座。营口大市南部地区地热资源丰富。在熊岳、盖州双台镇分布很多温泉。最大的有熊岳温泉和双台温泉。海岸线长122千米	大辽河 温泉 海洋	大辽河 熊岳温泉 鲅鱼圈	核心
	区位	营口地处辽东半岛中枢，渤海东岸，大辽河入海口处，曾经被誉为“东方贸易总汇”和“关外上海”。2016年获批中国最具魅力宜居宜业宜游旅游城市	港口城	营口港	核心
文脉（文化）	遗迹与古建筑	辽河老街、金牛山遗址、营口的石棚、西炮台、楞严禅寺、上帝庙、天后宫、望儿山	辽河老街	辽河老街 西炮台	核心
	历史文化	1866年以后，清政府官文将“没沟营口岸”简称为“营口”。营口城市自此得名	近代历史	近代遗迹	核心
	宗教文化	营口宗教文化浓厚，市内有大量的寺庙（佛教）、教堂（天主教、基督教）、清真寺（伊斯兰教）。其中佛教最发达	佛教	楞严禅寺	重要
	社会文化	营口菜系是以鲁菜为根基，融官府菜、寺庵菜、外帮菜等南北风味汇聚而成，口味较东北菜及辽菜之清淡，略微偏甜口味，讲究色泽搭配及样式盘表，区别于东北及周边其他地区	老边饺子	老边饺子	重要
	社会发展	2008年荣获“中国十大爱心城市”称号，2015年11月，被授予为“国家森林城市”称号，2016年12月，营口获评“2016中国最具魅力宜居宜业宜游旅游城市”，2017年11月，获评“2017年度中国十大品质休闲城市”	休闲城	鲅鱼圈	核心

资料来源：本研究团队整理获得。

营口的地脉文化用八句话概括为：大辽河水乡地势平坦，清代西炮台百年老街，农业发达的近代良港，金牛山下千年古石棚，大石桥镁矿天下闻名，盖州的水果远销各地，老边饺子是辽宁一绝，鲅鱼圈发展日新月异。更加简练地概括营口的地脉文化为“港口、近代、辽河、海洋、温泉、美食、休闲、农业、金牛山”。

（2）营口市旅游产品与地脉文化基础对比分析。

营口的地脉文化为“港口、近代、老街、辽河、海洋、温泉、美食、休闲、农业、金牛山”。在旅游产品中营口市旅游发展有亮点的应该是“温泉”，而“海洋”“休闲”“农业”“美食”的开发层次和利用程度不高，有待提升。“港口”“近代”“辽河”的特色和内涵处于闲置状态，应该通过创新、通过多元化发展重复挖掘和利用。综合来看，营口市的地脉文化旅游产品利用状态为两个亮点（温泉、老街），五个低端（海洋、休闲、农业、美食、近代商埠），两个闲置（港口、金牛山）。

5. 盘锦市地脉文化分析

（1）盘锦市地脉文化基础分析。

1984 年成立的盘锦市是辽宁沿海经济带面积最小、人口最少、经济最发达的地区，位于辽河三角洲冲积平原的盘锦可以从地质地貌、气候气象、生物、水体、区位、遗迹和古建筑、历史文化、宗教文化、社会文化、社会发展 10 个方面对其旅游资源的形成基础与根基进行分析，具体参见表 5-16。

表 5-16　　盘锦市地脉文化分析

地脉文化	方向	内容	概括	典型代表	层次地位
地脉	地质地貌	地势地貌特征是北高南低，由北向南逐渐倾斜，比降为万分之一，坡度在 2°以内；地面海拔平均高度 4 米左右，最高 18.2 米，最低 0.3 米，地面平坦，多水无山	大平原 湿地 红海滩	鼎翔 红海滩 辽河绿水湾	核心
	气候气象	盘锦市属暖温带大陆性半湿润季风气候区。气候特点为四季分明、雨热同季、干冷同期、温度适宜、光照充裕	四季分明	大洼	重要

续表

地脉文化	方向	内容	概括	典型代表	层次地位
地脉	生物	盘锦市苇田收割面积 55608 公顷，年产芦苇 50 万吨左右，列世界之先。水稻产量 96.8 万吨，稻蟹，水产等	芦苇水产 稻田螃蟹	大洼 盘山	核心
	水体	盘锦是辽河真正的入海口，市境内有大、中、小河流 21 条，总流域面积 3570 平方千米。其中，大型河流 4 条：辽河、大辽河、绕阳河、大凌河	辽河 海洋	双台河口 绕阳河	重要
	区位	盘锦市是我国重要的石油、石化工业基地，辽宁沿海经济带重要的中心城市之一。位于辽宁省中南部，辽河三角洲的中心地带，辽河入海口。盘锦市直线 118 千米海岸线，曲线 332 千米海岸线	辽河 三角洲 海洋	蛤蜊岛	核心
文脉（文化）	遗迹与古建筑	辽河碑林，中日甲午末战殉国将士墓、张氏墓园、田庄台关帝庙、田庄台崇兴寺、甲午末战遗址公园	辽河碑林	辽河碑林	重要
	历史文化	1970 年 1 月，在盘锦垦区内分设盘山区和大洼区（县级）。1970 年 7 月 15 日，将盘锦垦区改为盘锦地区，辖盘山区和大洼区，直属辽宁省。盘锦市是 1984 年经国务院批准成立的地级市，隶属辽宁省	石油开发 独立成市	油田 城市	核心
	宗教文化	佛教、道教、基督教	三教	田庄台关帝庙	重要

续表

地脉文化	方向	内容	概括	典型代表	层次地位
文脉（文化）	社会文化	盘锦域内人口以汉族为主。共有 35 个民族，汉族占 95.17%，少数民族占 4.83%。其中，满族占 3.01%，朝鲜族占 0.90%，其他少数民族占 0.92%	朝鲜族	荣兴朝鲜族乡	重要
	社会发展	被授予国家园林城市，获评“2017 美丽山水城市”，获全国文明城市称号，国家卫生城市，盘锦市入选“中国地级市民生发展 100 强”之一	生态城	鹤乡碧壤 红海滩	核心

资料来源：本研究团队整理获得。

盘锦市的地脉文化可以概括为：辽河万年冲击大平原，芦苇鹤翔美丽红海滩，石油开采盘锦收入丰，稻田河蟹生态农业兴，盘山无山农业和休闲，大洼养殖种植靠海边，兴隆台市中心美丽城，双台子芦苇石油矿盐。用更加简练的词语概括盘锦的地脉文化为“辽河、湿地、芦苇、红海滩，海洋、稻田、河蟹、石油城”。

（2）盘锦市旅游产品与地脉文化基础对比分析。

盘锦的地脉文化为“辽河、湿地、芦苇、红海滩，海洋、稻田、河蟹、石油城、港口、知青”。盘锦市面积小、人口少，但经济发展快、人均收入高，是全国首批 36 个率先进入小康的城市之一，GDP 常年位居辽宁省前列，人均 GDP 连续八年居辽宁省第一。正是由于盘锦市面积小、并以辽河冲积平原为主，地形平坦、地貌单一，近年来的旅游发展主要以湿地、红海滩旅游为主，包括芦苇、辽河，并且在农业发展中突出生态，以稻田养殖螃蟹打出了品牌，可以很好地融入旅游发展之中。因此，“湿地、芦苇、红海滩、稻田、河蟹”是盘锦市旅游产品的精华和重点。但地脉文化中的“辽河”“海洋”特色还不够突出，有待大力挖掘，而“石油城”的底蕴没有被列入旅游开发的序列，应该说还是可以通过产业融合和新业态能够打造出吸引人的特色旅游产品。盘锦市地脉文化与旅游产品的关系为抓住了 5 大主线（湿地、芦苇、红海滩、稻田、河蟹），没有突出 2 大特色（辽河、海洋），无视了 2 个亮点（石油城、港口）。

6. 葫芦岛市地脉文化分析

（1）葫芦岛市地脉文化基础分析。

葫芦岛1989年升格为地级市，是辽宁省14个地级市中最年轻的一个，也是山海关外第一市，具有重要的地理区位和交通地位，号称“山海泉岛城”兼备的优秀旅游城市，可以从地质地貌、气候气象、生物、水体、区位、遗迹和古建筑、历史文化、宗教文化、社会文化、社会发展10个方面对其旅游资源的形成基础与根基进行分析，具体参见表5－17。

表5－17　　葫芦岛市地脉文化分析

地脉文化	方向	内容	概括	典型代表	层次地位
地脉	地质地貌	葫芦岛市依山傍海，地势自西北向东南逐渐降低，由海拔400米以上的山区，经丘陵区到海拔20米以下的滨海平原，在渤海海岸形成狭长的滨海平原，素有“辽西走廊”之称。松岭南麓和燕山系斜卧在西北部，形成葫芦岛西北的屏障，最高峰在建昌境内的大青山，海拔1223.8米，山岭重叠、丘陵起伏、黄土覆盖层较厚	山地 平原	大青山 白狼山 大小红螺山 首山 龙潭大峡谷 辽西走廊	重要
	气候气象	葫芦岛地区地处沿海，属暖温带亚湿润季风气候，四季分明。全年降水量主要集中在7～8月，冬季降水量仅占全年降水量的3%～4%	四季分明	度假疗养气候 葫芦山庄	核心
	生物	葫芦岛市处于华北植物区系内，有长白植物区系和内蒙古植物区系的侵入	华北植物	白狼山	重要
	水体	海岸线总长261千米。葫芦岛市海域中共有5个岛屿，最大的岛屿是菊花岛。乌金塘水库、六股河、兴城温泉	海洋海岛 水库温泉	菊花岛 兴城温泉	核心
	区位	葫芦岛市京哈线、沈山线、G1京哈高速、102国道等贯穿全境，是京沈线上城市，与大连、营口、秦皇岛、青岛等市构成环渤海经济圈，扼关内外之咽喉，是中国东北的西大门，为山海关外第一市	关外咽喉 东北西大门	葫芦岛市	核心

续表

地脉文化	方向	内容	概括	典型代表	层次地位
文脉（文化）	遗迹与古建筑	兴城古城、九门口长城、塔山阻击战纪念塔、秦汉碣石宫遗址、明代祖氏石坊、兴城文庙、绥中西沟长城	古迹遍布	兴城古城 九门口长城	核心
	历史文化	秦始皇东临碣石的驻跸之地，魏武帝曹操平定了三郡乌和辽西、辽东后，登临此处，极目远望，写下了气壮山河的诗句——《观沧海》，1626 年宁远之战（袁崇焕），1644 年一片石大战（李自成），1948 年塔山阻击战	兵家必争	碣石宫 长城遗址 塔山阻击战 前卫斜塔	核心
	宗教文化	佛教、道教、基督教	三教	灵山寺	重要
	社会文化	葫芦岛是多民族聚居区，有汉、满、蒙古、回、朝鲜、锡伯、苗、彝、黎、土家、壮、达斡尔、藏、仫佬、俄罗斯、维吾尔、布依、侗等 27 个民族	满族	满族	重要
	社会发展	中国优秀旅游城市、国家森林城市、国家级园林城市，“中国国际泳装文化博览会”“中国古筝艺术文化节”“中国葫芦国际展销会”等活动的常驻举办城市	都市文化	葫芦岛市	核心

资料来源：本研究团队整理获得。

葫芦岛的地脉文化可以概括为：葫芦岛依山傍海关外要冲，山地屏障西北向东南倾斜，辽西走廊沿海狭窄平原延伸，关内外交通要冲兵家必争，年轻泳装产业国际都闻名，兴城古城海滨觉华岛更名，建昌县山地起伏生态很行，绥中碣石东戴河九门长城，绥中建昌农业生产特色浓，葫芦岛新港继续传承文明。用更加精炼的词语概括葫芦岛的地脉文化为“山、海、泉、岛、城、生、农、港、泳、艺”。

（2）葫芦岛市旅游产品与地脉文化基础对比分析。

葫芦岛的地脉文化为“山、海、泉、岛、城、生、农、港、泳、艺”，当前葫芦岛的旅游主要围绕兴城海滨、龙湾海滨、东戴河、止锚湾、菊花岛、兴城古城、九门口长城等开展，突出了“海”“城”“岛”“泳”（泳装和海滨休闲）、

“泉”的地脉文化，而“山”的旅游产品虽有很多，但效果较低，“生态”的优势没有体现出来。葫芦岛应该深层次挖掘“海”“城”“岛”，打造独特的滨海旅游新热点，古城应该在保护的基础上，多元开发、充分利用、再现历史来吸引游客。而“山”与“生态”应该结合当前的度假、休闲、运动、保健、养生等产业发展打造“生态环保”“景观独特”“内容丰富”“服务高效”的休闲保健养生福地。总之，葫芦岛旅游产品发展突出了“海、城、岛”，而“山”地脉文化基础开发多，潜力大。“泉”的优势有待大力挖掘。

7. 辽宁沿海经济带总体文化特色分析

（1）辽宁沿海经济带地脉文化分析。

辽宁沿海经济带位于我国东北地区，毗邻渤海和黄海，包括大连、丹东、锦州、营口、盘锦、葫芦岛6个沿海城市所辖行政区域，陆域面积5.65万平方千米，海岸线长2920千米，海域面积约6.8万平方千米。各地的地脉文化和旅游资源在前文已经进行了深入全面分析。综合来看，辽宁沿海经济带作为一个整体其旅游发展的地脉文化基础包括“海”（海滨、海洋、海岛、海鲜）、“滩”（滩、湿地、红海滩、芦苇、鸟类）、“宜”（冬暖夏凉宜人气候）、“河”（鸭绿江、辽河、大辽河、大凌河、小凌河等）、“港”“城”“工”“农”“山”“史”（历史遗迹、历史文化、重大历史事件等）。

（2）对比分析辽宁沿海经济带的旅游产品与地脉文化基础。

辽宁沿海经济带的地脉文化基础为“海”“滩”“宜”“河”“港”“城”“工”“农”“山”“史”十大方面。从当前辽宁沿海经济带旅游发展现状来看，围绕“海”“城”“山”的旅游产品是各地发展重点，也是十大地脉文化中利用最好的方面。“滩”“农”“史”是正在发展，在新业态和产业融合中，逐步发展的内容，“宜”（宜人气候、度假资源）是表面发展丰富，实际潜力巨大的内容。“河”（河流、湖泊、水库）、“港”（港口）、“工”（工业旅游）是被忽视或者发展滞后的地脉文化资源。[19-20]

（三）辽宁沿海经济带文旅融合阶段研究

1. 大连市文旅融合阶段分析

大连市的节庆、会展活动举办时间久、知名度高、业态成熟，2018全年举办展会 131 个，平均 2.8 天就有一次会展，比上年增长 0.8%，展出面积 139.2 万平方米，参观人数 1016.2 万人次，规模较大的节庆活动已达 84 个，吸引国内外游客前来大连旅游观光。早在 2012 年大连市获得“2012 年度中国十大影响力会展城市”殊荣（见表 5 – 18）。

表 5 – 18　　大连市文旅融合的阶段分析

阶段	特征	具体形式	内容	时间	备注
初始阶段	文化搭台、经济唱戏	节庆、经济论坛、传统大典、商洽会、博览会、传统文艺表演	大连服装节、大连赏槐节、大连大樱桃节、大连国际沙滩文化节、中国国际啤酒节博览会、大连庄河歇马杏节和蓝莓节、广鹿马祖文化旅游节和獐子岛渔民节等 84 个节会	1988 年开始举办的大连服装节	节庆会展已经非常成熟
中级阶段	文旅联动、文化产业化	文旅产业与旅游景区互动，文旅产品借助景区平台，景区依托文旅产品的开发延长产业链	老虎滩极地海洋馆 圣亚海洋公园	1991 年 1994 年	发展滞后
高级阶段	文旅一体、文化产业化	文化无处不在，文化元素融入到旅游发展的每个角落，如在传统旅游的 6 要素的每一个环节都融入文化符号	俄罗斯风情街 大连威尼斯水城	1996 年 2011 年	发展不足

资料来源：本研究团队整理获得。

总体而言，大连市旅游发展基础较好，节庆与会展十分成熟，应该处于中级发展阶段，但中级发展的文旅联动处于正在进行时。当然，也有一定程度属于高级阶段的文旅一体化尝试，但总体规模和发展水平远远没有达到文旅融合高级发展阶段的特征要求。基本定位大连市文旅融合属于初级阶段（文化搭台，经济唱戏）向中级阶段（文旅联动）过渡阶段。

2. 丹东市文旅融合阶段分析

丹东市的旅游特色明显——山林风光取胜，文化开发滞后，文旅融合欠缺。当前丹东市虽然举办了一些旅游节庆活动，但总体而言规模小、数量少，影响力不太高。丹东市应该突破山水旅游的单一模式，大力促进文旅融合，打造独特文旅产品，促进文化与旅游产业融合，文旅产品升级，带动全市经济发展（见表5-19）。

表5-19　丹东市文旅融合的阶段分析

阶段	特征	具体形式	内容	时间	备注
初始阶段	文化搭台、经济唱戏	节庆、经济论坛、传统大典、商洽会、博览会、传统文艺表演	鸭绿江国际旅游节、丹东鸭绿江口湿地国际观鸟节、丹东河口桃花节、青山沟满族风情月、天桥沟枫叶节	2001年	规模小、数量少
中级阶段	文旅联动、文化产业化	文旅产业与旅游景区互动，文旅产品借助景区平台，景区依托文旅产品的开发延长产业链	青山沟大型满族乐舞表演《八旗山水谣》	2014年	有特色
高级阶段	文旅一体、文化产业化	文化无处不在，文化元素融入旅游发展的每个角落，如在传统旅游的6要素的每一个环节都融入文化符号	中华满族风情园景区（青山沟） 丹东市的朝鲜族风情街——高丽街	1953年	规模小

资料来源：本研究团队整理获得。

从上文的分析中，可以得知，丹东市正处于文化搭台，经济唱戏的文旅融合初级阶段。虽然已有文化演艺——《八旗山水谣》和中华满族风情园、丹东高丽街两种中、高阶段的文旅融合模式，但总体水平仍然较低、深度不够，不能代表丹东总体的文旅融合水平。结论：丹东市文旅融合处于初级阶段。

3. 锦州市文旅融合阶段分析

近两年来，锦州树立帆船城市品牌，推出一系列帆船帆板活动，实施辽宁沿海经济带发展战略，大力发展帆船帆板运动产业，2019 年初夏投资 300 万元建设完成帆船帆板运动基地，用于中国帆船帆板国家队训练和全国帆船帆板锦标赛日常训练所用，并先后举办首届 Hobie16 帆船国际邀请赛、2018 年与 2019 年中国家庭帆船赛（锦州站）、首届全国冰上帆船公开赛、两个全国帆船帆板锦标赛等活动，助力帆船帆板运动产业发展。帆船帆板以海洋资源为基础，以文旅融合为方向，以节庆活动为中心，以带动经济发展为目标，是锦州市大力促进文旅融合，文化搭台，经济唱戏的典型代表（见表 5 – 20）。

表 5 – 20　　锦州市文旅融合的阶段分析

阶段	特征	具体形式	内容	时间	备注
初始阶段	文化搭台、经济唱戏	节庆、经济论坛、传统大典、商洽会、博览会、传统文艺表演	北镇梨花节、义县攀岩节、国际古玩文化节、笔架山海洋音乐节、烧烤节、登山采摘节、苹果节、冰雪温泉节、义县民俗文化节、古塔北镇庙会、帆船帆板赛	1991 年	正在发展
中级阶段	文旅联动、文化产业化	文旅产业与旅游景区互动，文旅产品借助景区平台，景区依托文旅产品的开发延长产业链	义县社火 义县竹马舞	不祥	层次低、规模下
高级阶段	文旅一体、文化产业化	文化无处不在，文化元素融入旅游发展的每个角落，如在传统旅游的 6 要素的每一个环节都融入文化符号	锦州世博园	2013 年	摸索中

资料来源：本研究团队整理获得。

锦州市的节庆和会展正在大力发展，而文化演艺中的义县竹马舞是国家级非物质文化遗产，文化价值高，但开发层次低、规模小，影响不高，效益也很低。另外，文旅一体化景区稀少，内涵不足，吸引力弱，效益差，难以形成文旅融合的强大推动力。总体而言，锦州市处于文旅融合的初级阶段。

4. 营口市文旅融合阶段分析

营口市的文旅融合自然要从当地的文化资源出发，当前的文旅融合以节庆为主，如望儿山母情节、国家滨海温泉节、冰雪温泉旅游节等。但纵观营口市尚没有典型的文艺演艺。另外，营口市文旅一体化比较典型的就是体现近代营口商埠文化——营口辽河老街（见表5－21）。

表5－21　营口市文旅融合的阶段分析

阶段	特征	具体形式	内容	时间	备注
初始阶段	文化搭台、经济唱戏	节庆、经济论坛、传统大典、商洽会、博览会、传统文艺表演	望儿山母情节、中国（营口）国际滨海温泉旅游节、辽宁冰雪温泉旅游节、营口乡村旅游采摘节、营口登山旅游节、熊岳红酒温泉旅游节、周家杏花旅游节、仙人岛白沙湾赏槐旅游节、黄丫口杜鹃花会	1995年	数量少、规模较小
中级阶段	文旅联动、文化产业化	文旅产业与旅游景区互动，文旅产品借助景区平台，景区依托文旅产品的开发延长产业链	空白		缺乏
高级阶段	文旅一体、文化产业化	文化无处不在，文化元素融入旅游发展的每个角落，如在传统旅游的6要素的每一个环节都融入文化符号	营口辽河老街	2008年	内涵少

资料来源：本研究团队整理获得。

营口市的文旅节庆和会展正在大力发展之中，而文旅演艺几乎为零。营口的辽河老街，从文化资源角度是体现和挖掘了本地的辽河文化、商埠文化和近代文化的典型景区，但辽河老街文化内涵、文化符号、产业文化等都有待提升，还处于完善阶段。总体而言，营口市的文旅融合处于文化搭台，经济唱戏的初级阶段。

5. 盘锦市文旅融合阶段分析

盘锦因为石油而发展起来，因为红海滩而知名，因为稻田和河蟹而让民众更加熟悉的地级市。近年来湿地旅游节、冬捕文化节、荷花节、河蟹节等逐步发展，但节庆和会展数量仍然少、规模始终有待扩大。而文化演艺仍为空白，虽然有大米博物馆和中国盘锦河蟹博物馆，但要成为文旅融合高级阶段的代表，这两个景区的内容、规模、活动仍然不足（见表5－22）。

表5－22　盘锦市文旅融合的阶段分析

阶段	特征	具体形式	内容	时间	备注
初始阶段	文化搭台、经济唱戏	节庆、经济论坛、传统大典、商洽会、博览会、传统文艺表演	中国盘锦国际湿地旅游周、盘锦冬季渔猎文化旅游节、东北沉香文化旅游节、盘锦网红花海旅游节、荷花旅游节、河蟹节、中国最北海岸线国际冰凌穿越生存大挑战	2008年	数量少
中级阶段	文旅联动、文化产业化	文旅产业与旅游景区互动，文旅产品借助景区平台，景区依托文旅产品的开发延长产业链	空白		空缺
高级阶段	文旅一体、文化产业化	文化无处不在，文化元素融入旅游发展的每个角落，如在传统旅游的6要素的每一个环节都融入文化符号	大米博物馆 中国盘锦河蟹博物馆	2013年 2012年	单一

资料来源：本研究团队整理获得。

盘锦市是近年来非常重视旅游产业发展的地区，旅游产业快速发展，旅游节庆逐渐增多。从文旅融合的角度来看，盘锦市的节庆、会展仍然是规模小、数量少，而文化演艺缺乏，文旅一体化景区活动不足。因此，盘锦市的文旅融合仍然处于文化搭台，经济唱戏的初级阶段。

6. 葫芦岛市文旅融合阶段分析

葫芦岛市号称“山海泉岛城”，文化资源丰富、历史悠久、遗存丰富，近年来的旅游产业也得到快速发展。东戴河海滨、兴城海滨、龙湾海滨休闲活动丰富，兴城古城、九门口长城古韵犹存，温泉度假游客络绎不绝，葫芦山庄春夏秋冬活动丰富（见表5－23）。

表5－23　葫芦岛市文旅融合的阶段分析

阶段	特征	具体形式	内容	时间	备注
初始阶段	文化搭台、经济唱戏	节庆、经济论坛、传统大典、商洽会、博览会、传统文艺表演	葫芦岛国际泳装文化节、兴城海会、葫芦岛福文化旅游节、中国（兴城）冬季旅游节、建昌县梨花旅游文化艺术节、建昌县冰雪旅游节、东戴河关东文化节、兴城庙会	2011年	数量少、规模小
中级阶段	文旅联动、文化产业化	文旅产业与旅游景区互动，文旅产品借助景区平台，景区依托文旅产品的开发延长产业链	空白		欠缺
高级阶段	文旅一体、文化产业化	文化无处不在，文化元素融入旅游发展的每个角落，如在传统旅游的6要素的每一个环节都融入文化符号	兴城古城 葫芦山庄（葫芦古镇）	2001年	数量少、内涵弱

资料来源：本研究团队整理获得。

纵观葫芦岛的文旅融合，当前仍然以旅游节庆为主，国际泳装节、福文化节、建昌梨花节等逐步在扩大葫芦岛的文旅影响力。而文艺演艺是葫芦岛的缺陷，文旅一体化、产业文化化的兴城古城活动内涵不足，葫芦山庄文化符号、文化标识、文化主题都有待完善。因此，葫芦岛市的文旅融合目前仍然处于文化搭台，经济唱戏的初级阶段。

（四）辽宁沿海经济带文旅融合总体态势分析

前文的分析中采用了两种文化资源的研究方法，一种是文化资源分类，主要是从形式、时空、类别、内容四种分类及物质文化、非物质文化、古代文化、近代文化、现代文化、当代文化、民族性文化、地域性文化、功能性文化、历史文化、民族文化、宗教文化、艺术文化、地域文化 14 种文化角度对辽宁沿海经济带 6 市文化资源进行研究[3-8]，这种方法主要研究狭义的“文化”。另一种是地脉文化分析，从地脉与文脉以及地质地貌、气候气象、生物、水体、区位、遗迹和古建筑、历史文化、宗教文化、社会文化、社会发展 10 个方面对辽宁沿海经济带各地的开展分析[9-13]，其实这是一种包含自然文化的广义的文化概念。通过狭义的文化和广义的文化分析，系统分析了大连、丹东、锦州、营口、盘锦和葫芦岛的代表性文化资源及其开发现状，参见表 5－24。

表 5－24　　辽宁沿海经济带文旅融合态势分析

地区	文化资源	地脉文化	开发较好	开发不佳	闲置
大连市	殖民文化（日俄）、海洋文化、海岛文化、工业文化、现代文化、民间文化（东北文化、闯关东文化）、节庆会展、地域文化、军港文化	海、宜、港、殖、岛、现、会、城、体、工	海洋、会展、现代、城市	殖民文化、海岛	港口、宜居、体育和工业
丹东市	红色文化、抗美援朝、边境文化、满族文化、朝鲜族文化、海洋文化、山林文化、鸭绿江等	青山、密林、鸭绿江、海洋、抗美援朝、边境城、满族、朝鲜族，萨满教，大梨树	青山、密林	鸭绿江、抗美援朝、满族、朝鲜族、萨满教、大梨树	海洋、边境城

续表

地区	文化资源	地脉文化	开发较好	开发不佳	闲置
锦州市	辽代契丹文化、镇山文化以及辽沈战役红色文化，海洋文化、化石文化、辽西高跷、木偶戏和皮影等艺术文化	神奇山海石，悠幽辽之州，闾山威镇北，红色天下名，烧烤传九州，凌河文明源	宗教、烧烤	海洋、镇山、红色、凌河、农业	辽文化、化石
营口市	金牛山文化、近代文化、商埠文化、敬母文化、海洋文化、港口文化、温泉文化、农业文化	港口、近代、老街、辽河、海洋、温泉、美食、休闲、农业、金牛山	温泉、老街	海洋、休闲、农业、美食、近代商埠	港口、金牛山
盘锦市	湿地文化（红海滩、芦苇、观鸟）、石油文化、稻米文化（生态稻田、河蟹）、海洋文化（海鲜、渔业、海岛）、港口文化、民间文化、民间手工艺	辽河、湿地、芦苇、红海滩，海洋、稻田、河蟹、石油城、港口、知青	湿地、芦苇、红海滩、稻田、河蟹	辽河、海洋	石油城、港口
葫芦岛市	古城文化（兴城古城、九门口、长城等）、战国古墓、港口文化、海洋文化、海岛文化、温泉文化、民间文化（皮影、大鼓、秧歌）、山岳文化	山、海、泉、岛、城、生、农、港、泳、艺	海洋、海岛、古城、泳装、温泉	山岳、生态、宗教、民间文艺	港口、农业

资料来源：本研究团队整理获得。

通过分析发现，辽宁沿海经济带6市在旅游发展过程中一定程度上利用了当地的文化资源，但同时也存在对当地代表性文化资源开发不佳和重要文化资源闲置的情况。在文化资源开发不佳方面，大连市对殖民文化、海岛文化，丹东市对鸭绿江、抗美援朝、满族、朝鲜族、萨满教、大梨树文化资源，锦州市对海洋、镇山、红色、凌河、农业等文化资源，营口市对海洋、休闲、农业、美食、近代商埠等文化资源，盘锦市对辽河文化、海洋文化，葫芦岛市对山岳、生态、宗教、民间文艺等文化存在开发不佳的情况。在文化资源闲置方面，大连市的港口、宜居、体育和工业等文化，丹东市的海洋和边境城文化，锦州市的辽代文化和化石文化，营口市的港口和金牛山文化，盘锦市的石油城和港口文化，葫芦岛市的港口和农业文化被闲置或忽视，未能充分得到利用。尽管辽宁沿海经济带对部分文化资源进行了挖掘和利用，但是从文旅融合的水平来看，目前各市的发展阶段和发展水平仍然处于较低层次。通过对大连、丹东、锦州、营口、盘锦和葫芦岛 6 市文旅融合发展阶段的分析来看，仅仅大连市会展与节庆发展比较成熟，正在向中级阶段过渡，而丹东、锦州、营口、盘锦和葫芦岛 5 市都处于文旅融合的初级阶段。所以总体而言，辽宁沿海经济带的文旅融合仍处于层次较低的初级阶段，参见表 5 - 25。

表 5 - 25　　辽宁沿海经济带文旅融合总体态势

地区	融合阶段	特征	代表节庆	代表演艺	文旅一体
大连市	初级向中级过渡	节庆会展发展成熟	赏槐会、服装节、啤酒节	老虎滩、圣亚海洋动物	俄罗斯风情节、威尼斯水城
丹东市	初级阶段	文化搭台，经济唱戏	满族风情节、鸭绿江旅游节	八旗山水谣	满族风情园 高丽街
锦州市	初级阶段	文化搭台，经济唱戏	梨花节、 苹果节	竹马舞	世博园
营口市	初级阶段	文化搭台，经济唱戏	母情节、温泉旅游节	缺	辽河老街
盘锦市	初级阶段	文化搭台，经济唱戏	湿地节、 河蟹节	缺	大米博物馆 河蟹博物馆
葫芦岛市	初级阶段	文化搭台，经济唱戏	泳装节、福文化节	缺	葫芦山庄 兴城古城

资料来源：本研究团队整理获得。

（五）辽宁沿海经济带 6 市文旅融合战略体系

1. 大连市文化旅游品牌打造战略

通过前文的分析已经对大连市的文化资源及其现状进行了全面概括，并且分析了开发现状，可以归纳为：(1) 得到开发的文化资源：海洋文化、会展文化、节庆文化、现代文化、都市文化；(2) 开发不佳的文化资源：殖民文化和海岛文化；(3) 被闲置的文化资源：港口文化、宜居文化；(4) 有待深入开发的辅助文化：饮食文化、民俗文化、体育文化、工艺文化、文艺文化等，参见图 5－1。

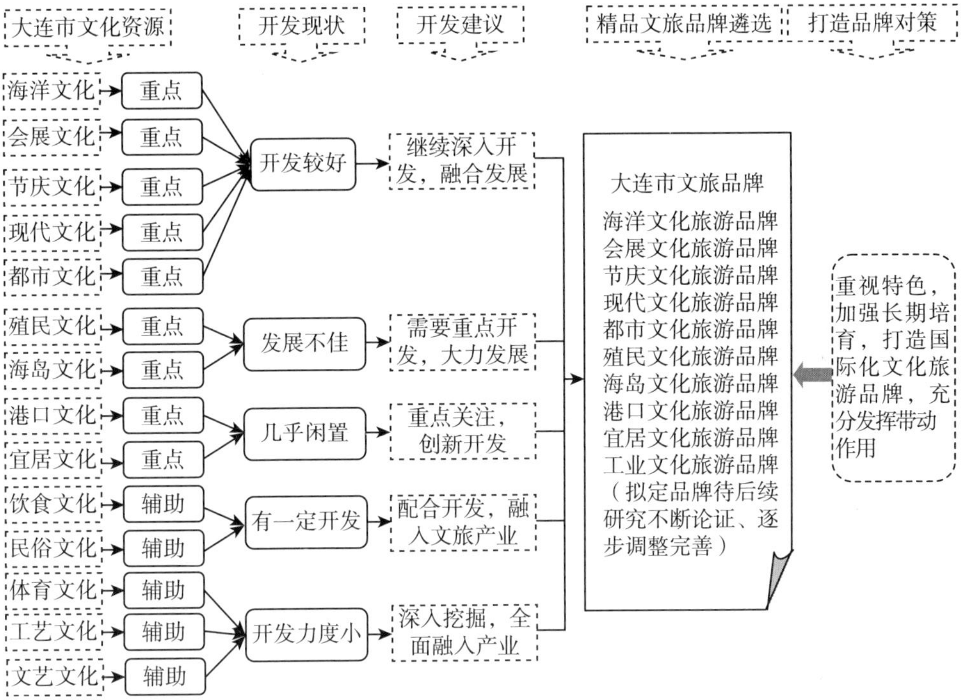

图 5－1　大连市文化旅游品牌打造战略

根据大连市的文化资源基础，再结合大连市文旅融合现状与问题，大连市文化旅游品牌建设未来应该着重加强如下十大文化旅游品牌建设：海洋文化旅游品牌、会展文化旅游品牌、节庆文化旅游品牌、现代文化旅游品牌、都市文化旅游品牌、殖民文化旅游品牌、海岛文化旅游品牌、港口文化旅游品牌、宜居文化旅游品牌、工业文化旅游品牌。为了尽快实现大连市文化旅游品牌建设目标，大连市应该高度重视本地文化资源的特色，加强长期对文化旅游品牌的培育工作，逐步打造国际化的、具有世界影响力文化旅游品牌，肩负起带动大连市经济发展、辽宁沿海经济带文化旅游产业发展以及辽宁老工业基地振兴的“火车头”作用。

2. 丹东市文化旅游品牌打造战略

通过前文的分析已经对丹东市的文化资源及其现状进行了全面概括，并且分析了开发现状，可以归纳为：(1) 得到开发的文化资源：青山文化、密林文化；(2) 开发不佳的文化资源：抗美援朝等红色文化、满族文化、萨满教文化、朝鲜族文化、鸭绿江文化等；(3) 被闲置的文化资源：海洋文化、边境城文化；(4) 有待深入开发的辅助文化：饮食文化、民俗文化、大梨树文化、工艺文化、文艺文化等，参见图 5-2。

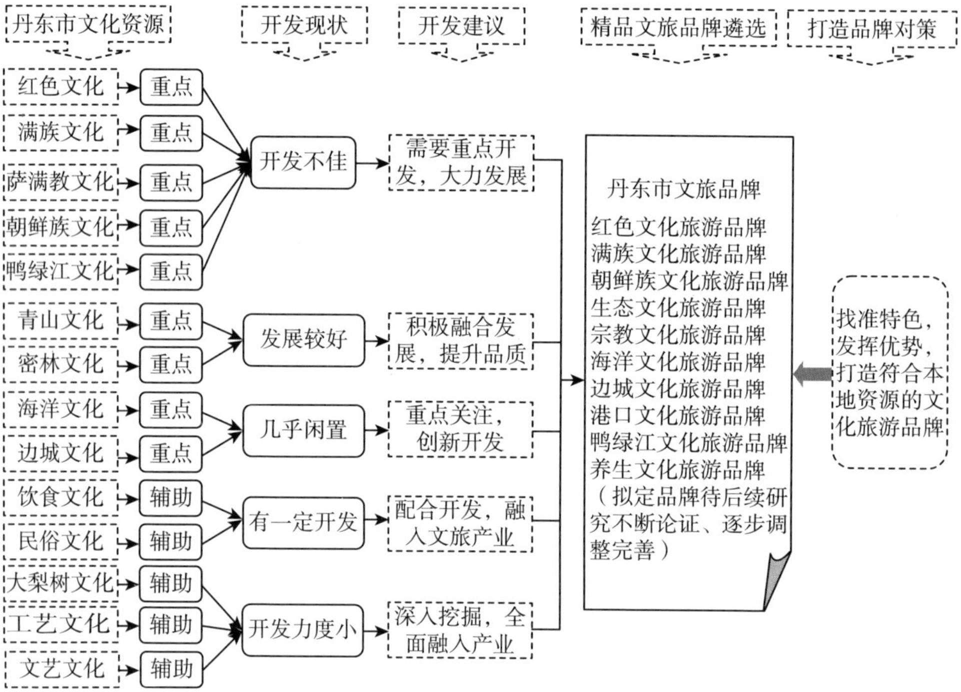

图 5-2　丹东市文化旅游品牌打造战略

根据丹东市的文化资源基础，再结合丹东市文旅融合现状与问题，丹东市文化旅游品牌建设未来应该着重加强如下十大文化旅游品牌建设：红色文化旅游品牌、满族文化旅游品牌、朝鲜族文化旅游品牌、生态文化旅游品牌、宗教文化旅游品牌、海洋文化旅游品牌、边境城文化旅游品牌、港口文化旅游品牌、鸭绿江文化旅游品牌、养生文化旅游品牌。为了尽快实现丹东市文化旅游品牌建设目标，丹东市应该深入调查、科学分析，精准定位文化旅游的特色，充分发挥丹东市在全国乃至世界上独具的资源优势、文化优势、地理位置优势等，打造独一无二高层次、高水平、高质量的文化旅游产品，实现文旅融合、文旅带动、文旅振兴丹东社会经济发展的战略目标。

3. 锦州市文化旅游品牌打造战略

通过前文的分析已经对锦州市的文化资源及其现状进行了全面概括，并且分析了开发现状，可以归纳为：(1) 得到开发的文化资源：宗教文化、烧烤文化；(2) 开发不佳的文化资源：辽沈战役等红色文化、医巫闾山的镇山文化、农业文化、凌河文化、海洋文化等；(3) 被闲置的文化资源：辽代契丹文化、宜州化石文化；(4) 有待深入开发的辅助文化：饮食文化、民俗文化、满族文化、工艺文化、文艺文化等，参见图5－3。

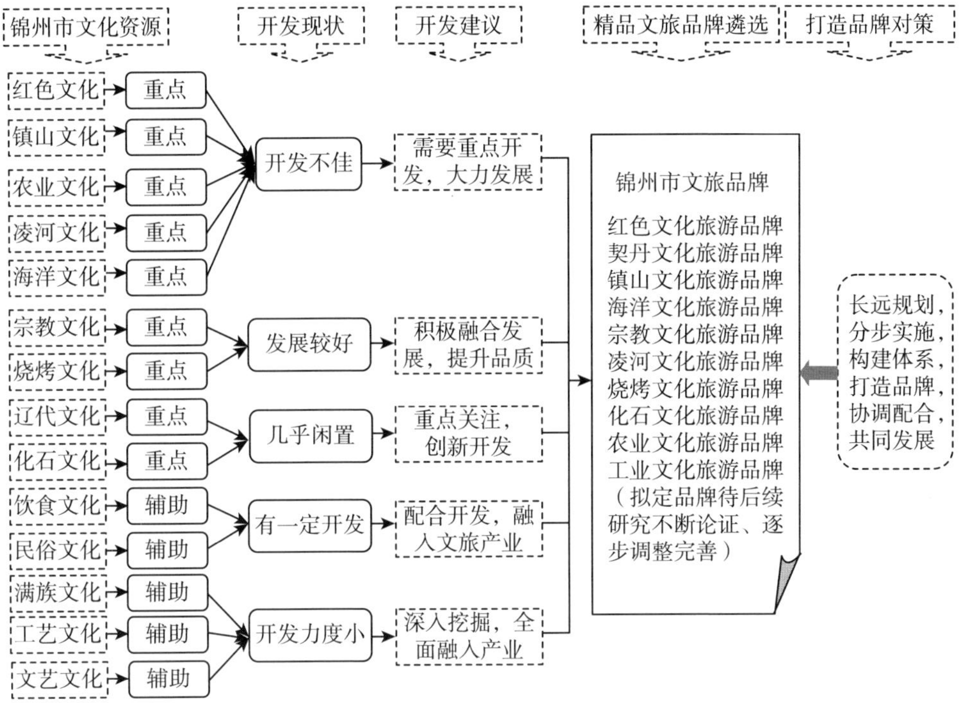

图5－3　锦州市文化旅游品牌打造战略

根据锦州市的文化资源基础，再结合锦州市文旅融合现状与问题，锦州市文化旅游品牌建设未来应该着重加强如下十大文化旅游品牌建设：红色文化旅游品牌、契丹文化旅游品牌、镇山文化旅游品牌、海洋文化旅游品牌、宗教文化旅游品牌、凌河文化旅游品牌、烧烤文化旅游品牌、化石文化旅游品牌、农业文化旅游品牌、工业文化旅游品牌。为了尽快实现锦州市文化旅游品牌建设目标，锦州市应该在深入调查、全面分析、科学定位的基础上，制定《锦州市文化旅游品牌建设长期规划》，并能够制订详细的分步实施计划方案，构建起完整的文化旅游产品体系，统一思想，加强合作，建立起完善、有效的部门、地区间协调机制，顺利推进工作，最终实现各地、各部门和各行业借助锦州市文化旅游品牌建设的东风，逐步发展，共同进步的战略目标。

4. 营口市文化旅游品牌打造战略

通过前文的分析已经对营口市的文化资源及其现状进行了全面概括，并且分析了开发现状，可以归纳为：（1）得到开发的文化资源：辽河老街文化、温泉文化；（2）开发不佳的文化资源：海洋文化、农业文化、美食文化、休闲文化、近代商埠文化等；（3）被闲置的文化资源：金牛山古人类文化、港口文化；（4）有待深入开发的辅助文化：饮食文化、民俗文化、殖民文化、工艺文化、文艺文化等，参见图5－4。

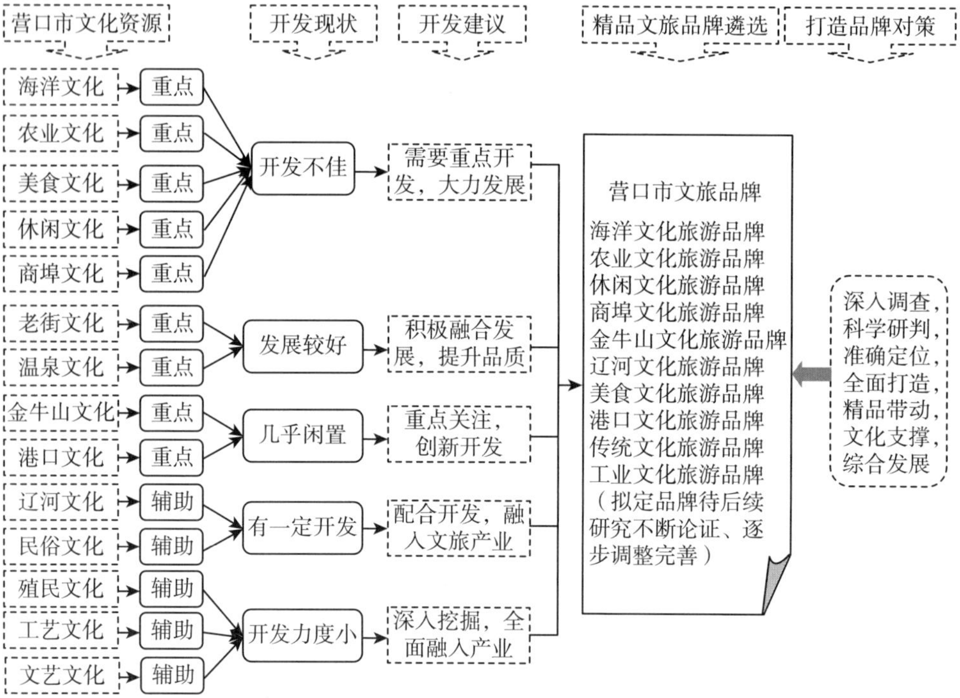

图5－4 营口市文化旅游品牌打造战略

根据营口市的文化资源基础，再结合营口市文旅融合现状与问题，营口市文化旅游品牌建设未来应该着重加强如下十大文化旅游品牌建设：海洋文化旅游品牌、农业文化旅游品牌、休闲文化旅游品牌、商埠文化旅游品牌、金牛山古人类文化旅游品牌、辽河文化旅游品牌、美食文化旅游品牌、港口文化旅游品牌、民间传统文化旅游品牌、工业文化旅游品牌。为了尽快实现营口市文化旅游品牌建设目标，营口市应该在文化与旅游产业融合的大背景下，深入调查分析营口市的文化资源和地方文化特色，科学分析和研判营口市当前文化旅游发展的优势和存在问题，准确定位营口市文旅产品的市场地位和发展空间，构建营口文旅产品精品体系，带动全市文化与旅游产业以及经济全面发展。

5. 盘锦市文化旅游品牌打造战略

通过前文的分析已经对盘锦市的文化资源及其现状进行了全面概括，并且分析了开发现状，可以归纳为：（1）得到开发的文化资源：湿地文化、芦苇文化、红海滩文化、稻田文化、河蟹文化；（2）开发不佳的文化资源：辽河文化、海洋文化等；（3）被闲置的文化资源：辽河油田开发的文化、港口文化；（4）有待深入开发的辅助文化：知青文化、民俗文化、工业文化、工艺文化、文艺文化等，参见图 5－5。

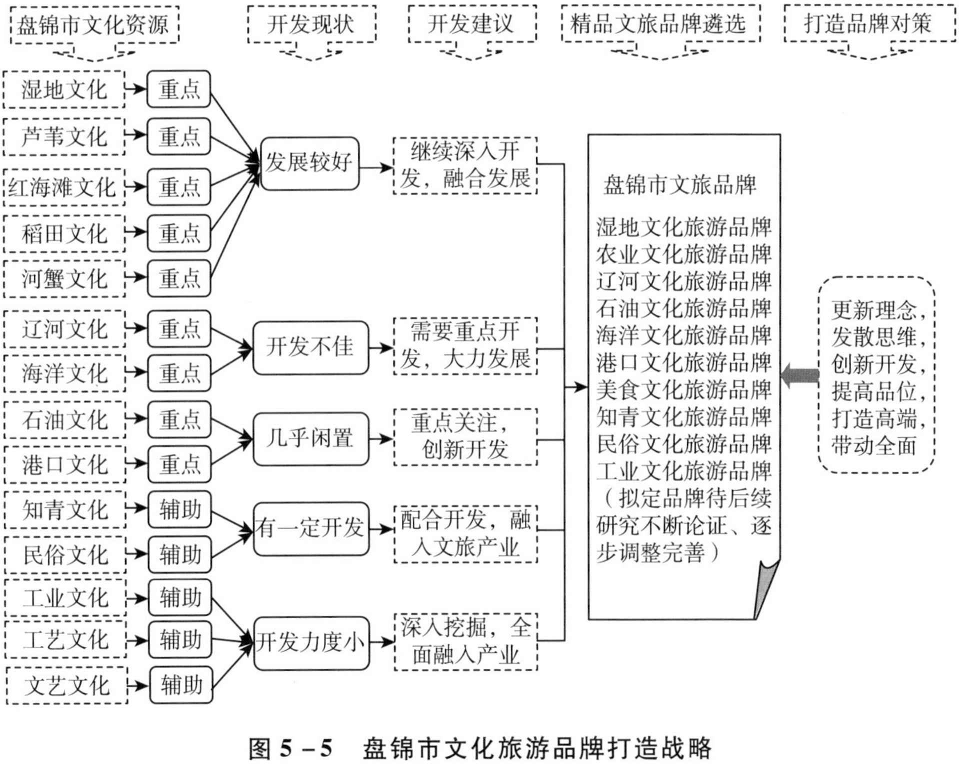

图 5－5　盘锦市文化旅游品牌打造战略

根据盘锦市的文化资源基础，再结合盘锦市文旅融合现状与问题，盘锦市文化旅游品牌建设未来应该着重加强如下十大文化旅游品牌建设：湿地文化旅游品牌、农业文化旅游品牌、辽河文化旅游品牌、石油文化旅游品牌、海洋文化旅游品牌、港口文化旅游品牌、美食文化旅游品牌、知青文化旅游品牌、民俗传统文化旅游品牌、工业文化旅游品牌。为了尽快实现盘锦市文化旅游品牌建设目标，盘锦市首先应该从文旅产业的发展理念进行更新，从领导、专业、业界、工作人员到民众的思想观念上重新认识盘锦的文化资源和文旅产业基础，通过发散性思维重新梳理认识盘锦市的文化旅游产业基础，借助创新开发，打造高品位、高质量、高效益的文化旅游产品和品牌，带动盘锦市工业、农业和服务业全面发展。

6. 葫芦岛市文化旅游品牌打造战略

通过前文的分析已经对葫芦岛市的文化资源及其现状进行了全面概括，并且分析了开发现状，可以归纳为：（1）得到开发的文化资源：海洋文化、温泉文化、古城文化、泳装文化、海岛文化；（2）开发不佳的文化资源：山岳文化、生态文化等；（3）被闲置的文化资源：农业文化、港口文化；（4）有待深入开发的辅助文化：宗教文化、民俗文化、工业文化、工艺文化、文艺文化等，参见图 5－6。

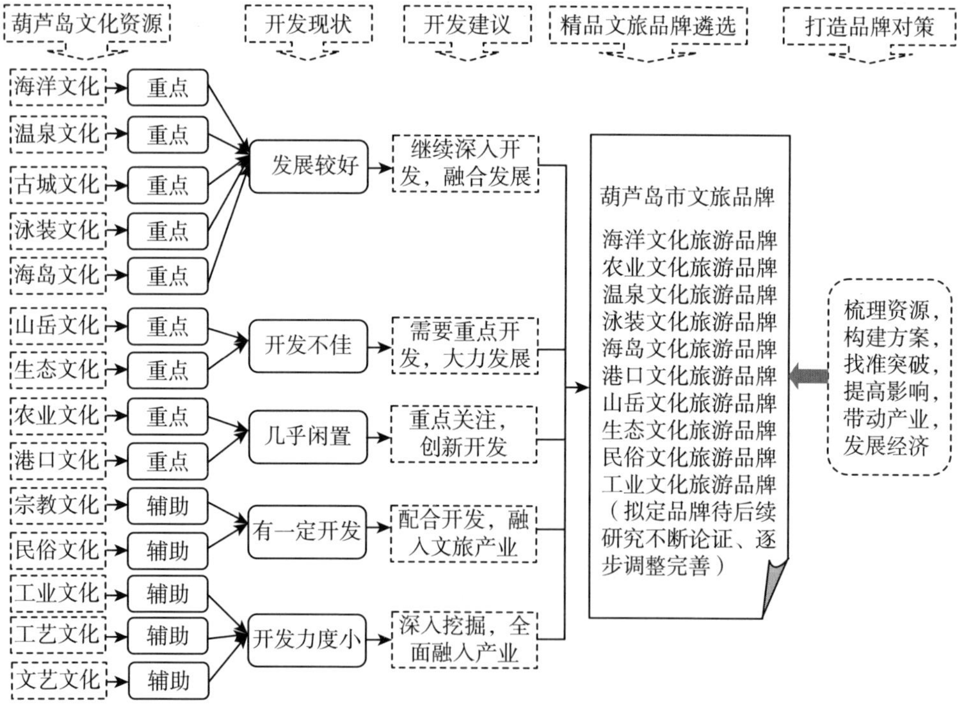

图 5－6　葫芦岛市文化旅游品牌打造战略

根据葫芦岛市的文化资源基础，再结合葫芦岛市文旅融合现状与问题，葫芦岛市文化旅游品牌建设未来应该着重加强如下十大文化旅游品牌建设：海洋文化旅游品牌、农业文化旅游品牌、温泉文化旅游品牌、泳装文化旅游品牌、海岛古人类文化旅游品牌、港口文化旅游品牌、山岳文化旅游品牌、生态文化旅游品牌、民俗传统文化旅游品牌、工业文化旅游品牌。为了尽快实现葫芦岛市文化旅游品牌建设目标，葫芦岛市首先应该从全面调查、深入分析、科学梳理出葫芦岛市文化旅游产业基础的清晰脉络体系，根据国内国际文化旅游市场的发展趋势，构建科学有效、具有指导文化旅游产业发展实际价值的《葫芦岛市文化旅游产业品牌建设方案》，并找准在近期突破性发展的亮点，快速建设具有国际影响力的文化旅游品牌项目，大幅度提升文旅产业知名度，带动文化、旅游、工业、农业、服务业全面发展，促进葫芦岛城市、农村经济全面进步。

（六）辽宁沿海经济带文旅融合总体战略

前文通过对辽宁沿海经济带6市文旅融合发展阶段的分析，已经明确了大连市处于文旅融合初级向中级的过渡阶段，丹东市、锦州市、营口市、盘锦市和葫芦岛市都处在文旅融合的初级阶段。换句话说，就是大连市的文旅节庆和会展发展已经非常成熟，而丹东、锦州、营口、盘锦和葫芦岛的节庆和会展还需要大力发展。从这一角度来说，大连市文化旅游会展下一步工作是打造1~3个国际知名度很高，吸引入境游客的高端节庆或会展。而丹东、锦州、营口、盘锦和葫芦岛则要根据本地优势大力发展特色节庆和会展，还应该重视节庆和会展的影响力和品质，有打造国家级、国际级影响力的意识和举措（见表5-26）。

表5-26　辽宁沿海经济带文旅融合发展战略体系

地区	融合阶段	问题诊断	文旅融合战略		
			节庆会展	文旅演艺	一体化景区
大连市	初级向中级过渡	节庆会展发展成熟	打造世界级文旅节庆	1. 青泥洼之恋 2. 俄罗斯之夜	欢乐海洋大世界
丹东市	初级阶段	文化搭台，经济唱戏	找特色，抓重点，扩影响	1. 八旗山水谣（升级） 2. 朝鲜族阿里郎	朝鲜文化城

续表

地区	融合阶段	问题诊断	文旅融合战略		
			节庆会展	文旅演艺	一体化景区
锦州市	初级阶段	文化搭台，经济唱戏	打造品牌，提高知名度	1. 梦回大辽王朝 2. 亲临辽沈大战场	契丹皇城
营口市	初级阶段	文化搭台，经济唱戏	找准突破点，梳理大品牌	1. 营口海洋梦 2. 金牛山时代	牛庄 1850
盘锦市	初级阶段	文化搭台，经济唱戏	构建完成的节庆体系	1. 甲午末战 2. 生态家园	三产文化城
葫芦岛市	初级阶段	文化搭台，经济唱戏	打造国际影响力的节庆	1. 炮轰老汗王（宁远大捷） 2. 孟姜女传奇	东戴河文旅城

资料来源：本研究团队整理获得。

1. 辽宁沿海经济带文旅演艺发展战略

在文化旅游演艺方面，辽宁沿海经济带总体而言是十分滞后和欠缺，未来应该以本地文化为特色，各市深入打造高端演艺项目。只有扎根于本地文化基础，才是垄断性的，而复制、学习、借鉴来的“舶来品”，永远也不会成为本地的品牌，因为你可以借鉴，别人也可以借鉴，世界很多地方都可以建设。大连市的文旅演艺项目：（1）青泥洼之恋：主要以大连市的美丽风光为基础，通过文艺演出和艺术手法表现大连的建城历史和发展历程；（2）俄罗斯之夜：以俄罗斯风情节和大连的俄罗斯建筑与殖民遗迹为基础，通过文艺、艺术方式充分展示俄罗斯的文化、民俗、物产等以及中苏、中俄友谊等。丹东市的文旅演艺项目：（1）八旗山水谣（丹东市宽甸满族自治县青山沟景区初步建设的满族文化演艺项目）：借助国际先进经验和国内外演艺技术，升级改造，打造为全国最典型、最全面、最精彩的满族文化演艺项目；（2）朝鲜族阿里郎：借助丹东与朝鲜民主主义人民共和国接壤，以及丹东市的朝鲜族人口，学习、借鉴朝鲜、韩国传统文化艺术，打造中国影响力最大的朝鲜族文化演艺。锦州市的文旅演艺项目：（1）梦回大辽王朝：借助锦州的辽代历史遗存和历史故事，打造气势恢宏、内容精彩、表演逼真的辽代契丹族文化演艺；（2）亲临辽沈大战：以 1948 年发生在锦州的辽沈战役为题材，通过各种艺术手段以及声光电等科技，充分展示辽沈战役的宏大战争场面，激发观众爱国热情。营口市的文旅演艺项目：(1) 营口海洋梦：主要以营口港、鲅鱼圈海滨为基础，通过文艺演艺，表现营口充分利用海洋资源、发展经济、建设家园的奋斗历程；(2) 金牛山时代：以艺术手法呈现28万年前营口地区金牛山周围的生态环境、动植物、人类生活、生产的场景以及风俗习惯、宗教祭祀、文化特征等内容。盘锦市的文旅演艺项目：(1) 甲午末战：以舞台化、艺术化等手段表演甲午战争的惨烈，列强对晚清时期中国的欺凌，中国屈辱的历史和民族在半殖民地半封建社会的困苦，激发游客和民众的爱国主义热情。(2) 生态家园：以红海滩、芦苇、湿地、各种鸟类为基础，通过艺术手段演艺盘锦市的生态环境演变和生态文明建设的历程。葫芦岛市的文旅演艺项目：(1) 宁远大捷：演艺明末袁崇焕镇守宁远古城抗击努尔哈赤率领八旗军队的爱国主义故事和伟大的民族气节。(2) 孟姜女传奇：以孟姜女的故事为原型，以葫芦岛的姜女坟、碣石宫、长城遗址等为基础，演艺孟姜女的故事，呈现葫芦岛的悠久历史。[21-22]

2. 辽宁沿海经济带文旅融合龙头景区战略

在文旅一体化景区建设方面，辽宁沿海经济带要突破传统景区建设与开发的模式，通过长远规划、全面创新、围绕主题、细致建设、要素配合、文化符号等措施，建设高端、主题鲜明、文化信息丰富的文旅一体化景区。大连市应该打造“欢乐海洋大世界”：突出海洋文化，包括海洋环境、海洋生物、海洋保护、海洋资源、海洋文明等。丹东市应该打造“朝鲜文化城”，借助边境优势，加强与朝鲜民主主义人民共和国合作，建设从建筑、设施、服饰到餐饮、商品和工作人员全面“真实化”的朝鲜文化城。锦州市应该打造“契丹皇城”，展现辽代历史时期，契丹皇族服饰、习俗、生活、宴会、节庆、礼仪等的文化景区。营口市应该打造营口近代港口发展的历史文化景区——牛庄1850。盘锦市建设一个“三产文化城”，主要展现盘锦的稻田河蟹农业文化、石油油田工业文化和红海滩旅游文明等三种产业文化交融的主题景区。葫芦岛市应该建设充分展现葫芦岛市的山、海、泉、岛、城、生、农、港、泳、艺等文化的综合文化旅游景区——东戴河文旅城。

六、辽宁沿海经济带文旅融合的保障措施

（一）加强认识，理念融合，观念转变

理念融合是全面融合的基础，这是共识。但一个行业理念的形成往往需要较

长的历史过程，并且深入地渗透在工作和事业发展的方方面面，观念和行为习惯并在，有时很难切入和把握。但是加快和促进理念融合又时不我待，以鄙之见，可以先从看得见、摸得着又十分迫切的工作作为切入点。做好理念融合，要以“以文促旅，以旅彰文；文旅共振，和合共生；外合于形，内融于心”的理念推进文旅融合。

（二）顶层设计，制度安排，夯实基础

要系统梳理文化和旅游领域的相关法律法规、管理政策，文化和旅游融合发展的总体原则、指导思想，出台相关指导政策，构建工作框架，形成工作指引；加强公共服务融合，建立主客共享的文化和旅游公共服务体系。制定完善的土地、金融、知识产权保护等政策保障体系。另外，新机构必然需要匹配新的制度。科学与合理的新制度是管理和运行科学、合理与高效的基础。因此，要把新制度创造和建设的过程，作为约束融合的强制手段。用制度促进机构，实现整体性和系统性融合，用制度释放融合产生的能量。制度设计应全面、立体和富有创新性，依法正确处理保护与利用、事业与产业、管理与服务等方面的关系，既有机融合，又责权分明。同时要抓好法律法规修订、行政审批下放、管理工作下沉、事业单位改革等当前改革事项的推进工作，将新制度建设的理念渗透到所有相关方面。

（三）形成文旅融合的全面推进系统

文旅融合要从发展理念、文旅产品业态、建设发展的渠道载体、专业人才队伍、信息收集分析、消费市场、行政监督管理、形象传播等方面，都加以融合推进，并力争做到“一体部署，一体推进”。山西省人民政府于 2020 年 4 月 20 日印发了《黄河长城太行三大品牌建设行动方案》，目的是为了全力打造黄河、长城、太行三大文旅品牌，加快山西文化旅游强省。该行动方案主要内容包括品牌内涵挖掘、改革动力激发、重大项目建设、基础设施完善、产品业态供给、精品线路推广、服务质量提升、品牌形象塑造、政策措施保障等 9 大行动，70 项重点举措[23-24]，这是一项典型的文旅融合全面推进系统，值得辽宁沿海经济带借鉴。

（四）分类指导，因地制宜，特色发展

从大类来看，文旅融合有些情况是文化与旅游功能的相加，有些情况是文化与旅游的交叉，还有些情况是文化与旅游的重合，另外还有成果的应用，文化的成果在旅游领域的运用，旅游的成果也可以拿到文化领域应用。因此，需要搞清楚概念、范围，哪些有交叉，哪些是独立的，从而在实践中要搞清楚哪些全融合、哪些半融合，或者是不能融合，融合的方式，搞清楚各自的规律，明确融合方式、途径、次序、重点。

（五）有效利用创新融合

新旧动能转换和供给侧改革更多地体现在经济发展领域，虽然我们还不能明确地梳理文化、文物和旅游业领域哪些是旧动能，哪些是新动能，但至少“创新”是新动能和供给侧改革的一个重要节点，那么创新融合也就成为文旅深度融合工作推进中的重要抓手。2019 年中央经济工作会议认为，供给侧结构性改革，就是从提高供给质量出发，用改革的办法推进结构调整，矫正要素配置扭曲，扩大有效供给，提高供给结构对需求变化的适应性和灵活性，提高全要素生产率，更好满足广大人民群众的需要，促进经济社会持续健康发展。这一基本要求同样适用于文旅事业的改革。文化、文物、旅游有很多创新点，不可能遍地开花，从创新的效率出发，可以先从品牌战略和重大工程带动战略入手。实施两大战略，不但可以推出更有影响力的产品，在实施的过程中也可以更有效地促进理念融合和机制融合。

（六）积极实施品牌战略

实施品牌战略要抓好两个方面，即老品牌的提升和新品牌的创造。品牌战略不是要将老品牌作为“旧动能”一股脑转换掉。辽宁沿海经济带有很多老的品牌，涵盖了文化、文物、旅游各个方面，有些在全国也具有相当的影响力，但是从融合发展的新要求看，大多数老品牌都需要在内涵方面改变单一性，增强融合性。实施品牌战略要先从老品牌找创新点，通过创新的方式使老品牌焕发新的生命力，创造新的品牌效应。辽宁是文化大省、旅游大省，从大省到强省需要有新

的品牌作支撑。[25－26]辽宁沿海经济带的文化和旅游从来不缺创意，现在需要的是将创意转化为品牌。新品牌应该具有鲜明的地方特色，体现鲜明的辽宁沿海经济带经验，并且一定要在全国范围内具有可见度和影响力。

（七）重视重大工程带动战略

重大工程既是创新平台，也是创新融合的最好抓手。以乡村振兴战略为例，目前文化、文物和旅游方面都有许多已落地且成效显著的工作或项目，有的是全国首创，有的已经成为热点，有的已经成为省政府主推的战略性工程。但是以融合发展的视角观察，这些工作或项目显得十分分散。乡村振兴是国家重大战略，政策密集度高，着力点多，文旅主管部门应该在繁多的政策中清晰地抓住主线，把各部门的自说自话集合成一个响亮的进攻号，把分散的、成功的经验放在一个新的平台上提炼出新的战略工程，真正打造出乡村振兴的辽宁文化旅游样板。其他创新性的重大战略工程也是同样的道理，辽宁沿海经济带需要打造融合发展的高地。另外，实施重大工程带动战略不能排斥国家级项目的参与。以文物为例，《国家宝藏》一经推出，立即成为社会、媒体和网络的明星，故宫博物院等相关文化文物单位的社会知名度和影响力也随之有了新的提升。社会知名度对提高公共服务质量具有不能替代的作用。借助国家平台，事半而功倍。要提高平台意识和参与度，辽宁沿海经济带需要在国家级平台上发声，从而持续扩大辽宁沿海经济带文化与旅游的影响力。

（八）人才队伍建设

辽宁省及辽宁沿海经济带各地文化和旅游部门要联合编制本地区的文化旅游人才培训规划，根据市场需求和文化旅游产业发展实际，定期组织文化旅游从业人员开展业务培训，建立一批文化旅游实践基地。重点加强紧缺型、高端型、复合型人才的培养引进，特别是在创意设计、技术研发、经营管理、营销策划等领域，要加快培养高素质、专业化的人才队伍。

参考文献

[1] 张玉玲．文旅融合：奔向诗和远方［J］．光明日报，2018 年 3 月 28 日

15 版.

［2］范周. 文旅融合的理论与实践［J］. 人民论坛·学术前沿，2019（11）：43－49.

［3］由少平. 理念融合、机制融合、创新融合——文旅融合发展的着力点［J］. 人文天下，2019（1）：2－4.

［4］李树榕. 怎样为文化资源分类［J］. 内蒙古大学艺术学院学报，2014（3）：14－18.

［5］钟晟. 旅游产业与文化产业融合发展研究［M］. 北京：中国社会科学出版社，2015.

［6］杨福泉. 旅游融合发展：旅游产业与文化产业［M］. 北京：中国环境出版社，2016.

［7］牛淑萍. 文化资源学［M］. 福州：福建人民出版社，2012：20－25.

［8］张泰城. 论红色文化资源的分类［J］. 井冈山干部学院学报，2017（4）：137－144.

［9］陈南江. 旅游开发的主题和文脉［J］. 规划师，1998（4）：65－68.

［10］赵飞羽，范斌，方曦来，等. 地脉、文脉及旅游开发主题［J］. 云南师范大学学报（哲学社会科学版），2002，34（6）：83－89.

［11］吴必虎，俞曦. 旅游规划原理［M］. 北京：中国旅游出版社，2010：147－218.

［12］杨振之. 旅游项目策划［M］. 北京：清华大学出版社，2012：105－109.

［13］范业正，胡清平. 中国旅游规划发展历程与研究进展［J］. 旅游学刊，2003，18（6）：25－30.

［14］冯立新，任劲劲. 2000 年以来中国旅游规划创新热点研究［J］. 云南地理环境研究，2017（1）：16－21.

［15］吴晋峰. 旅游吸引物、旅游资源、旅游产品和旅游体验概念辨析［J］. 经济管理，2014（8）：126－136.

［16］李明瀚. 基于资源基础理论的同质化旅游产品竞争策略研究［D］. 云南大学，2013.

［17］熊正贤. 文旅融合的特征分析与实践路径研究［J］. 长江师范学院学报，2017，33（6）：38－45.

［18］刘星. 贵州省文旅产业融合发展的基础与路径研究［J］. 贵州商学院

学报，2018，31（3）：21－28.

［19］鲁小波，陈晓颖．辽宁沿海经济带地脉文化旅游开发利用的经验、问题与对策［J］．海洋经济，2019，9（6）：30－38.

［20］鲁小波，陈晓颖．辽宁沿海经济带旅游产品体系研究［J］．东北亚经济论坛，2019，3（4）：44－53.

［21］叶志良．文旅融合时代的国内旅游演艺研究［M］．北京：中国旅游出版社，2019：1－7.

［22］王欣．中国旅游文化演艺发展研究［M］．北京：旅游教育出版社，2017：62－68.

［23］张欣娜．打造旅游品牌，传承刘三姐文化［J］．河池学院学报，2019（1）：69－73.

［24］吴宪霞，秦小丽，胡长深．以西楚文化优势打造特色旅游景区［J］．内蒙古财经大学学报，2018（1）：44－48.

［25］张昆峰．开发历史文化资源　打造旅游强省品牌［J］．现代企业，2009（10）：65－66.

［26］马静．文化旅游目的地品牌的打造［J］．内蒙古科技与经济，2011（9）：16－18.

专题报告六

辽宁沿海经济带特色小（城）镇健康发展研究报告

建设特色小（城）镇，是推进新型城镇化、加速乡村振兴、促进城乡融合发展的重要载体和平台，对于推动辽宁经济高质量发展具有重要意义。在省委省政府的领导下，各地多措并举，省直相关部门积极配合，辽宁省特色小（城）镇建设工作成效显著，尤其是辽宁沿海经济带由于资源禀赋优良、经济实力较强、交通体系发达，相比于省内其他地区，在特色小（城）镇建设方面成效尤为显著，在数量和质量上都处于省内领先地位。但与浙江、江苏等地相比，辽宁沿海经济带特色小（城）镇建设还存在诸多不足。本文采用数据分析法、对比分析法等研究方法，通过对国家和辽宁省各部门出台的一系列特色小（城）镇的政策文件进行梳理及对辽宁沿海经济带特色小（城）镇发展的现状和存在的主要问题进行研究，紧密把握当下国家和辽宁省关于特色小（城）镇建设的系列要求并结合辽宁沿海经济带实际，提出新时期推进辽宁沿海经济带特色小（城）镇健康发展的思路与目标、举措与政策建议，为新形势下辽宁沿海经济带特色小（城）镇健康有序发展提供指导和支撑。

重点突出以下创新：一是注重绿色、生态、智慧等新时代理念的应用，强调辽宁沿海经济带特色小（城）镇建设应具有超前意识，体现时代要求；二是强调融合发展，突出辽宁沿海经济带特色小（城）镇在“城乡融合”“三生融合”“产镇人文融合”等方面的融合发展；三是以问题为导向，在特色小（城）镇的产业发展、空间形态、功能建设、环境风貌、政策保障等方面提出建议，按照“突出重点、差异发展、分类推进”的原则，有序有效推动辽宁沿海经济带特色小（城）镇高质量发展。

一、特色小（城）镇建设背景

（一）概念界定

特色小镇源起于浙江省，2014年在杭州云栖小镇首次被提及。最初，国家层面并未明确提出特色小镇的概念，因此对其的理解主要有两种：一种是在《住房城乡建设部、国家发展改革委、财政部关于开展特色小镇培育工作的通知》（建村〔2016〕147号）中将特色小镇定义为除县城关镇之外的建制镇，并且优先从全国重点镇中选择；另一种是浙江模式的“特色小镇”概念，是指具有文化内涵和鲜明产业定位，以及承担一定旅游和社区功能的，独立于市区的一种“非镇非区”的创新创业平台。

囿于两种模式的文字表述一致，均为“特色小镇”，从而导致了全国各地对特色小镇的概念认知不清、定位不准。基于此，2016年10月，国家发改委发布《关于加快美丽特色小（城）镇建设的指导意见》（发改规划〔2016〕2125号），明确特色小（城）镇包括特色小镇和特色小城镇两种形态：特色小镇主要指聚焦特色产业和新兴产业，集聚发展要素，不同于行政建制镇和产业园区的创新创业平台；特色小城镇是指以传统行政区划为单元，特色产业鲜明、具有一定人口和经济规模的建制镇。该文件是引导特色小（城）镇有序发展的方向性文件。

2017年12月，国家发展改革委、原国土资源部、原环境保护部、住房城乡建设部联合发布了《关于规范推进特色小镇和特色小城镇建设的若干意见》（发改规划〔2017〕2084号），再次明确了特色小镇和特色小城镇的概念差异：特色小镇是在几平方千米土地上集聚特色产业、生产生活生态空间相融合，不同于产业园区和行政建制的创新创业平台；特色小城镇是拥有几十平方千米以上土地和一定的人口经济规模、特色产业鲜明的行政建制镇。由此，在全国范围内，特色小镇的概念有了明确界定，达到统一。

（二）国家层面工作部署

党中央、国务院高度重视特色小（城）镇建设。2015 年 12 月 20—21 日，中央城市工作会议提出“以小城镇建设为依托，助推新型城镇化健康发展”，指明小城镇是新型城镇化的重要组成部分。习近平总书记指出“抓特色小镇、小城镇建设大有可为，对经济转型升级、新型城镇化建设，都具有重要意义”。李克强总理要求，要因地制宜，创新机制，走出特色鲜明、产城融合、惠及群众的新型小城镇之路。

2016 年以来，各地区按照党中央、国务院要求精神，学习借鉴浙江经验，紧密结合本地实际，积极推进特色小（城）镇建设。很多地区建立起多部门协同推进机制，明确了创建培育特色小（城）镇的工作目标和政策举措，统筹强化规范纠偏和典型引路；很多地区创新建设理念、路径和方式，不固守一种模式，推动特色小（城）镇多样化发展；很多地区不断探索政府与市场的作用边界，注重在发挥政府制定规划政策、搭建发展平台、提供公共服务、强化空间监管作用的同时，积极鼓励各类市场主体、各类资金参与。总体上看，特色小（城）镇取得了一定进展、积累了有益经验、发挥了积极作用，正涌现出一批产业特色鲜明、要素集聚、宜业宜居、富有活力的特色小（城）镇。

与此同时，各地区在推进特色小（城）镇建设过程中，也出现了一些乱象乃至变形走样的问题，诸如数量过多、概念不清，质量不高、特色不显，等等。针对特色小（城）镇发展过程中存在的问题，国家发展改革委等有关部门进行了持续跟踪和广泛实地调研。在此基础上，出台了两个纠偏性文件，根本目的是发挥警示作用，避免特色小（城）镇建设出现乱象。其中：2017 年 12 月发布的《关于规范推进特色小镇和特色小城镇建设的若干意见》（发改规划〔2017〕2084 号），提出了 16 条规范管理措施，要求各方面认真查摆问题、切实加以整改；2018 年 8 月发布的《关于建立特色小镇和特色小城镇高质量发展机制的通知》（发改办规划〔2018〕1041 号），提出了 12 条规范管理措施，要求各方面严格遵循发展规律、严控房地产化倾向、严防政府债务风险（见图 6 - 1）。

国家各部委陆续颁布的一系列特色小（城）镇政策，充分表明了党中央、国务院对特色小（城）镇工作的高度重视和殷切希望，使全国各地建设特色小（城）镇的热情不断高涨，引导特色小（城）镇发展取得一定成效。

时间	文件	内容
2016年2月	《国务院关于深入推进新型城镇化建设的若干意见》（国发〔2016〕8号）	将加快推进培育特色小镇建设作为推进新型城镇化的重点工作。
2016年7月	《关于开展特色小镇培育工作的通知》（建村〔2016〕147号）	到2020年，培育1000个左右特色小镇，依托建制镇组织开展培育工作，中央财政对开展工作较好的给予适当奖励。
2016年8月	《关于做好2016年特色小镇推荐工作的通知》（建村建函〔2016〕71号）	组织申报第一批全国特色小镇。
2016年10月	《关于加快美丽特色小（城）镇建设的指导意见》（发改规划〔2016〕2125号）	对特色小镇建设形态进行明确规范，明确住建部门抓好特色小城镇建设；发放部门抓好特色小镇建设。
2016年10月	《关于公布第一批中国特色小镇名单的通知》（建村〔2016〕221号）	公布中国第一批127个特色小镇名单。
2016年12月	《关于实施“千企千镇工程”推进美丽特色小（城）镇建设的通知》（发改规划〔2016〕2604号）	要求形成政府引导、市场合作、多元主体参与的特色小（城）镇建设运营模式，加强政企银合作，促进政企融合发展，共同成长。
2017年4月	《关于推进商业金融支持小城镇建设的通知》（建村〔2017〕81号）	中国建设银行将会对纳入全国小城镇建设项目储备库的推荐项目予以优先受理、优先评审和优先投放贷款。
2017年5月	《关于做好第二批全国特色小镇推荐工作的通知》（建办村函〔2017〕357号）	对申报第二批全国特色小镇提出明确要求。
2017年7月	《关于保持和彰显特色小镇特色若干问题的通知》（建村〔2017〕144号）	强化了建设中要保持和彰显小镇特色的问题。
2017年7月	《关于拟公布第二批全国特色小镇名单的公示》（建村规函〔2017〕99号）	对拟公布第二批全国特色小镇名单进行公示。
2017年8月	《关于公布第二批全国特色小镇名单的通知》（建村〔2017〕178号）	公布北京市怀柔区雁栖镇等276个国家特色小镇。

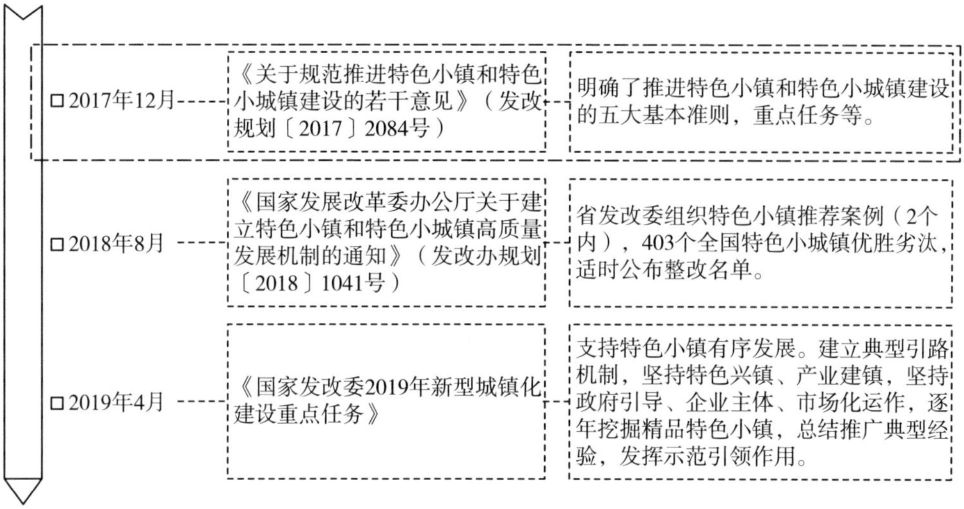

图 6－1　国家出台有关政策文件

（三）辽宁层面工作部署

辽宁省委省政府高度关注特色小（城）镇建设，作为拉动经济、创建宜居乡村、推进新型城镇化、促进城乡统筹发展、加速乡村振兴的重要载体和平台。提出了加快特色小（城）镇建设重大战略决策，把推进特色小（城）镇建设作为贯彻习近平总书记系列重要讲话精神和治国理政新理念新思路新战略的重要举措；作为推进全省新型城镇化建设和供给侧经济结构性改革，促进产镇融合发展和经济转型升级，传承独特地方文化和展示优越自然资源的有效载体。

辽宁省特色小（城）镇工作最早开始于 2014 年的宜居乡村建设工作。2014 年 4 月，辽宁省政府下发《关于开展宜居乡村建设的实施意见》，确定了“四项治理、四项改造、六个提升、一个打造”等十五项重点工作，其中“一个打造”就是打造特色乡镇，把特色乡建设作为宜居乡村建设的终极目标。辽宁省最初由省住房城乡建设厅主抓“特色乡镇”建设工作，在国家特色小城镇的基础上，范围从镇扩展到乡，将产业特色鲜明、资源优势突出的乡也纳入其中，只是在叫法上与国家不同，其内涵、建设标准、考核评价体系与国家特色小城镇要求完全一致。2017 年底，住房城乡建设部将中国特色小镇的申报审批权限移交国家发展改革委，辽宁省发展改革委对标国家特色小镇发展要求，适时将产业特色小镇纳入特色小（城）镇的考量范畴，并开展了系列工作。

自 2016 年初提出全面推进特色乡镇建设起，辽宁省相继出台了《辽宁省人民政府关于推进特色乡镇建设的指导意见》（辽政发〔2016〕53 号）、《辽宁省产业特色小镇建设方案》、《省发展改革委关于进一步推进产业特色小镇创建有关工作的通知》（辽发改规划〔2018〕380 号）、《辽宁省产业特色小镇建设发展规划编制导则》（辽发改规划〔2018〕584 号）等政策文件，同时还相继出台和印发了《关于开展特色乡镇专题地图编制工作的通知》《关于加快推进特色乡镇建设工作的通知》《辽宁省特色乡镇建设标准》《辽宁省特色乡镇创建导则》《辽宁省特色乡镇建设规划编制导则》《辽宁省特色乡镇建设规划》《辽宁省特色乡镇建设成果图集》等重要文件，有力地推动了全省特色小（城）镇建设（见图 6－2）。

□2016年1月	省委书记和省长先后对我省特色乡镇建设工作做了重要指示	要求学习借鉴浙江经验，深刻认识抓好特色乡镇建设对经济转型升级，新型城镇化建设的主要意义，全面推进特色乡镇建设。
□2016年8月	辽宁省人民政府办公厅发布《辽宁省人民政府关于推进特色乡镇建设的指导意见》（辽政发〔2016〕53号）	明确了辽宁省特色乡镇建设的工作目标、责任分工、重点工作任务及保障措施等。
□2016年9月	辽宁省宜居乡村建设工作领导小组办公室印发《关于开展首批特色乡镇创建工作的通知》	开展特色乡镇建设工作。
□2017年1月	辽宁省人民政府办公厅公布《2016年省级特色乡镇培育名单的通知》（辽政办发〔2017〕8号）	经省政府同意，将50个乡镇列入2016年省级特色乡镇培育名单。
□2017年1月	辽宁省人民政府办公厅公布《关于成立辽宁省特色乡镇建设工作领导小组的通知》（辽政办〔2017〕115号）	成立了由陈求发省长任组长的辽宁省特色乡镇建设工作领导小组，领导小组办公室设在省住建厅。
□2017年3月	辽宁省特色乡镇建设工作领导小组办公室下发《关于2017年特色乡镇培育申报工作的通知》（辽特镇办〔2017〕1号）	开展第二批省级特色乡镇申报培育工作。
□2017年4月	辽宁省特色乡镇建设工作领导小组办公室《关于开展特色乡镇专题地图编制工作的通知》（辽特镇办〔2017〕2号）	对列入2016年省级特色乡镇培育名单的乡镇编制特色乡镇专题地图。

2017年4月	辽宁省住房城乡建设厅《关于加快推进特色乡镇建设工作的通知》（辽住建〔2017〕63号）	要求深刻认识特色乡镇建设的重大意义；明确责任，科学建立有效工作机制；抓住重点，全力推进特色乡镇建设。
2017年5月	辽宁省特色乡镇建设工作领导小组办公室印发《辽宁省特色乡镇建设标准的通知》（辽特镇办〔2017〕3号）	要求各地严格按照建设标准，抓紧推进特色乡镇建设工作。
2017年6月	辽宁省特色乡镇建设工作领导小组办公室《关于印发2017年全省特色乡镇建设工作方案的通知》（辽特镇办〔2017〕4号）	要求扎实推进全省特色乡镇建设工作，确保按时间节点完成计划建设任务。
2017年9月	辽宁省人民政府办公厅公布《2017年省级特色乡镇培育名单的通知》（辽政办发〔2017〕110号）	经省政府同意，将50个乡镇列入2016年省级特色乡镇培育名单。
2017年10月	省发展改革委等8部门发布了《辽宁省产业特色小镇建设方案》	明确产业特色小镇编制方案，推动产业特色小镇建设。
2018年3月	辽宁省特色乡镇建设工作领导小组办公室公布了我省第一批20个省级特色乡镇名单	新民市兴隆堡镇，法库县大孤家子镇等第一批20个省级特色乡镇名单。
2018年5月	省发改委、省委宣传部、省工信委等15个部门共同印发《关于公布辽宁省第一批产业特色小镇创建名单的通知》	确定沈阳市永安机床小镇，大连市金普健康小镇等第一批11个产业特色小镇创建名单。
2018年5月	《省发展改革委关于进一步推进产业特色小镇创建有关工作的通知》（辽发改规划〔2018〕380号）	明确从特色产业、功能规划、小镇客厅、重点项目、宣传推广等进一步落实好产业特色小镇创建工作。
2018年8月	省发改委印发《辽宁省产业特色小镇建设发展规划编号导则》（辽发改规划〔2018〕584号）	明确产业特色小镇的编制程序、编制内容、监督落实等工作。

图6-2　辽宁省出台有关政策文件

辽宁省陆续颁布的一系列特色小（城）镇政策，为特色小（城）镇建设工作指明了方向，成为指导全省特色小（城）镇建设的重要依据。当前，辽宁省正处在加速推进新型城镇化和乡村振兴发展的重要时期，加快推进特色小（城）镇健康发展是推进城乡融合发展的重要突破口，是破解城乡二元结构的重要抓手。

二、辽宁沿海经济带特色小（城）镇建设成效与问题

（一）取得成效

1. 数量较多，质量较高

截至目前，全省共有 13 个镇获批国家级特色小城镇，20 个乡镇获批省级特色乡镇，省政府公布了 100 个省级特色乡镇培育名单①，省发展改革委等部门公布了辽宁省第一批 11 个产业特色小镇创建名单。其中，辽宁沿海经济带 6 个城市中，国家级特色小城镇 7 个，占全省的半壁江山以上，尤其是在第一批 4 个国家级特色小城镇中，辽宁沿海经济带就有 3 个；省级特色乡镇 9 个，占全省的 45%；省级培育特色乡镇 42 个，占全省的 42%；省级产业特色小镇 4 个，占全省的 36%。相比省内其他地区，辽宁沿海经济带特色小（城）镇数量较多②，同时，由于其临海，海洋渔业资源、岸线资源、生态资源等优势突出，特色小（城）镇在特色产业选择、城镇风貌特色、城镇功能等建设质量方面亦较高（见表 6－1、表 6－2、表 6－3、表 6－4 和图 6－3）。

表 6－1　　辽宁省 13 个国家级特色小城镇名单

地区	数量	特色小城镇名称
沈阳市	1 个	法库县十间房镇
大连市	2 个	* 瓦房店市谢屯镇、庄河市王家镇
鞍山市	1 个	海城市西柳镇
本溪市	1 个	桓仁县二棚甸子镇
丹东市	1 个	* 东港市孤山镇
锦州市	1 个	北镇市沟帮子镇
营口市	1 个	鲅鱼圈区熊岳镇
阜新市	1 个	阜蒙县十家子镇
辽阳市	2 个	* 弓长岭区汤河镇、灯塔市佟二堡镇
盘锦市	2 个	* 大洼区赵圈河镇、盘山县胡家镇

注：* 为第一批国家级特色小城镇。

① 全省国家级特色小城镇、省级特色乡镇、省级培育特色乡镇，累计 104 个。

② 辽宁沿海经济带国家级特色小城镇、省级特色乡镇、省级培育特色乡镇，累计 45 个。

表 6－2　　辽宁省 20 个省级特色乡镇名单

地区	数量	特色乡镇名称
沈阳市	2 个	新民市兴隆堡镇——康养休旅小镇 法库县大孤家子镇——特色白酒小镇
大连市	2 个	庄河市石城乡——生蚝小镇 瓦房店市复州城镇——历史文化小镇
鞍山市	2 个	海城市腾鳌镇——新型工业化小镇 台安县高力房镇——网纹瓜小镇
抚顺市	1 个	抚顺县救兵镇——地板小镇
本溪市	2 个	本溪满族自治县东营坊乡——枫叶小镇 桓仁满族自治县向阳乡——枫旅小镇
丹东市	1 个	凤城市刘家河镇——生态宜居小镇
锦州市	2 个	北镇市常兴店镇——祈福小镇 黑山县姜屯镇——杂粮小镇
营口市	1 个	盖州市双台镇——思拉堡温泉小镇
阜新市	1 个	阜新蒙古族自治县佛寺镇——东藏文化小镇
辽阳市	1 个	辽阳县小北河镇——袜艺小镇
铁岭市	1 个	铁岭县新台子镇——绿融小镇
朝阳市	1 个	北票市五间房镇——化石产业文化小镇
盘锦市	1 个	盘山县甜水镇——稻米生态特色小镇
葫芦岛市	2 个	葫芦岛市南票区高桥镇——粉丝小镇 兴城市徐大堡镇——海参小镇

表 6－3　　辽宁省 100 个省级培育特色乡镇名单

地区	数量	特色乡镇名称
沈阳市（11 个）	2016 年：4 个	辽中区杨士岗镇、茨榆坨镇；康平县郝官屯镇；法库县十间房镇
	2017 年：7 个	法库县大孤家子镇、叶茂台镇；康平县张强镇；辽中区牛心坨镇；新民市梁山镇、前当堡镇、兴隆堡镇
大连市（6 个）	2016 年：3 个	普兰店区安波镇；庄河市王家镇、大郑镇
	2017 年：3 个	瓦房店市复州城镇、西杨乡；庄河市石城乡

续表

地区	数量	特色乡镇名称
鞍山市（10）	2016 年：6 个	海城市西柳镇、南台镇、牛庄镇、耿庄镇；台安县高力房镇；岫岩县哈达碑镇
	2017 年：4 个	海城市腾鳌镇；台安县西佛镇；岫岩县洋河镇；千山区大屯镇
抚顺市（6 个）	2016 年：2 个	新宾县永陵镇、上夹河镇
	2017 年：4 个	清原县南口前镇、大苏河乡；抚顺县后安镇、救兵镇
本溪市（6 个）	2016 年：2 个	本溪县草河掌镇、东营坊乡
	2017 年：4 个	桓仁县向阳乡、北甸子乡、雅河乡、二棚甸子镇
丹东市（11 个）	2016 年：8 个	振安区五龙背镇；大孤山经济区菩萨庙镇；东港市椅圈镇、北井子镇、龙王庙镇；凤城市刘家河镇；宽甸县青山沟镇、下露河乡
	2017 年：3 个	凤城市通远堡镇；元宝区金山镇；东港市长山镇
锦州市（5 个）	2016 年：2 个	北镇市罗罗堡镇、常兴店镇
	2017 年：3 个	北镇市沟帮子镇；凌海市阎家镇；黑山县姜屯镇
营口市（8 个）	2016 年：3 个	鲅鱼圈区熊岳镇；盖州市双台镇、九寨镇
	2017 年：5 个	鲅鱼圈区红旗镇、芦屯镇；大石桥市高坎镇、建一镇；盖州市万福镇
阜新市（8 个）	2016 年：5 个	彰武县章古台镇；阜蒙县十家子镇、东梁镇、大板镇、佛寺镇
	2017 年：3 个	太平区水泉镇；彰武县大冷蒙古乡、五峰镇
辽阳市（5 个）	2016 年：3 个	灯塔市佟二堡镇、西大窑镇；辽阳县小北河镇
	2017 年：2 个	辽阳县甜水满族乡；灯塔市铧子镇
铁岭市（5 个）	2016 年：1 个	铁岭县新台子镇
	2017 年：4 个	清河区杨木林子镇；调兵山市大明镇；西丰县更刻镇、凉泉镇
朝阳市（7 个）	2016 年：4 个	凌源市三十家子镇、刘杖子乡；朝阳县胜利镇；喀左县官大海农场
	2017 年：3 个	北票市五间房镇；凌源市万元店镇；建平县黑水镇
盘锦市（8 个）	2016 年：5 个	大洼区新立镇、新兴镇；辽东湾新区田庄台镇；盘山县得胜镇、甜水镇
	2017 年：3 个	大洼区唐家镇、西安镇；盘山县胡家镇
葫芦岛市（4 个）	2016 年：2 个	南票区高桥镇；兴城市高家岭镇
	2017 年：2 个	兴城市徐大堡镇；绥中县李家堡乡

表 6－4　　　　辽宁省第一批 11 个产业特色小镇名单

地区	数量	产业特色小镇名称
沈阳市	1 个	永安机床小镇
大连市	2 个	金普健康小镇、皮口辽参小镇
鞍山市	1 个	汤岗子温泉小镇
抚顺市	1 个	高湾冰雪体育小镇
本溪市	1 个	五女山中医药健康小镇
锦州市	1 个	九华山凌水小镇
阜新市	1 个	十家子玛瑙小镇
辽阳市	1 个	小北河袜艺小镇
朝阳市	1 个	南哨紫陶小镇
盘锦市	1 个	新立认养农业小镇

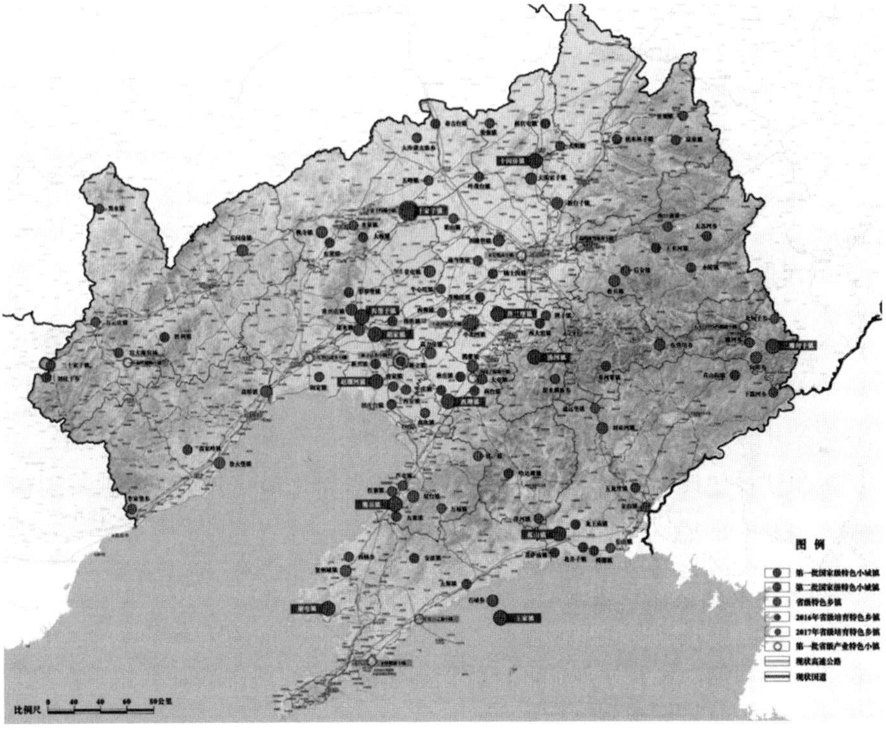

图 6－3　辽宁省特色小（城）镇分布图

2. 主要经济指标显著提升

截至 2019 年底，全省 104 个特色小（城）镇地区生产总值实现约 1600 亿元，公共财政收入实现约 40 亿元，固定资产投资完成约 500 亿元，农民人均纯收入实现约 1.5 万元。其中：辽宁沿海经济带 45 个特色小（城）镇地区生产总值实现约 900 亿元，占全省的 56%；公共财政收入实现约 25 亿元，占全省的 63%；固定资产投资完成约 300 亿元，占全省的 60%；农民人均纯收入实现约 1.5 万元，与全省平均水平保持一致。特别是近三年特色小（城）镇主要经济指标显著提升，对区域的辐射带动能力明显提升。

3. 重点建设项目支持强劲

“十三五”期间，全省 104 个特色小（城）镇建设项目共计 1948 个，计划总投资 3326 亿元；其中，投资 5000 万元以上的建设项目 1046 个，计划总投资 3175 亿元。辽宁沿海经济带 45 个特色小（城）镇建设项目共计 823 个，计划总投资 1587 亿元，占全省的 48%；其中，投资 5000 万元以上的建设项目 499 个，计划总投资 1517 亿元，占全省的 48%。这必将对拉动地方乡镇经济，解决农业劳动力就业，促进农业转移人口实现就地就近城镇化等方面发挥巨大作用。

4. 规划编制实现全覆盖

辽宁沿海经济带的特色小（城）镇都重视规划先行，谋定而后动。45 个特色小（城）镇和 4 个产业特色小镇分别围绕“特色产业培育、美丽宜居环境建设、传统文化保护传承、设施服务完善、体制机制创新”和“产业发展、空间规划、形象建设、设施保障”等方面进行谋划和深化细化，聘请专业规划机构，因地制宜编制建设规划，明确发展路径。

5. 综合服务功能明显增强

按照社会和谐、经济发展、环境优美、资源承载、生活舒适、文化特色、公共安全等美丽宜居小城镇建设标准，加快补齐基础设施和公共服务短板，综合配套各项生活和服务功能，使辽宁沿海经济带特色小（城）镇功能不断完善，宜居、宜业、宜游氛围日益浓厚。

（二）存在问题

1. 产业特色不鲜明

特色小（城）镇的关键动力是产业，特色小（城）镇的“特”离不开主要产业的支撑。但目前辽宁沿海经济带的特色小（城）镇与省内其他地区一样，仍存在定位不准、主导产业特色不鲜明、核心竞争力不强、产业同质化现象严重、创新型产业不足等问题。

首先，大部分特色小（城）镇的产业发展仍处于起步阶段，特色内涵挖掘不充分，在产业选择、发展路径等方面存在同质化现象。通过对辽宁沿海经济带45个特色小城镇的产业类型做进一步梳理，可以看出，近45%都是旅游型小城镇，近30%是现代农业型和生态宜居型小城镇，历史文化型、民族特色型、商贸流通型、工业发展型等类型的特色小城镇仅占25%，且近一半的特色小城镇兼具多重产业特征，可见部分特色小城镇的产业特色不鲜明、产业类型不够聚焦、核心竞争力仍需培育。要借鉴江苏、浙江等地，围绕某一类型产业，每个特色小（城）镇只选择最有基础、最有优势的一个领域，差异定位、错位发展（见表6－5）。

表6－5　　辽宁沿海经济带45个特色小城镇分类统计表

特色类型	辽宁省数量	辽宁沿海经济带数量	辽宁沿海经济带特色小城镇名称
旅游型	37个	20个	大连市（4个）：※谢屯镇、西杨乡、安波镇、※王家镇 丹东市（4个）：五龙背镇、菩萨庙镇、金山镇、北井子镇 锦州市（2个）：罗罗堡镇、常兴店镇 营口市（5个）：※熊岳镇、红旗镇、双台镇、万福镇、建一镇 盘锦市（2个）：※赵圈河镇、得胜镇 葫芦岛市（3个）：高家岭镇、徐大堡镇、李家堡乡
历史文化型	10个	3个	大连市（1个）：复州城镇 丹东市（1个）：※孤山镇 盘锦市（1个）：田庄台镇

续表

特色类型	辽宁省数量	辽宁沿海经济带数量	辽宁沿海经济带特色小城镇名称
民族特色型	8 个	4 个	丹东市（3 个）：龙王庙镇、青山沟镇、下露河乡 盘锦市（1 个）：西安镇
现代农业型	20 个	6 个	大连市（1 个）：石城乡 丹东市（1 个）：椅圈镇 锦州市（1 个）：姜屯镇 营口市（2 个）：九寨镇、高坎镇 盘锦市（1 个）：新立镇
生态宜居型	10 个	6 个	丹东市（2 个）：长山镇、刘家河镇 锦州市（1 个）：闫家镇 盘锦市（3 个）：新兴镇、甜水镇、唐家镇
商贸流通型	7 个	1 个	盘锦市（1 个）：※胡家镇
工业发展型	12 个	5 个	大连市（1 个）：大郑镇 营口市（1 个）：芦屯镇 锦州市（1 个）：※沟帮子镇 葫芦岛市（1 个）：高桥镇 丹东市（1 个）：通远堡镇
合计	104 个	45 个	

注：※为国家特色小镇，________为省级特色小城镇。

其次，与浙江省的信息经济、环保、健康、时尚、金融、高端装备制造等产业特色和江苏省的高端制造、新一代信息技术、创意创业、健康养老、现代农业、历史经典等产业特色相比，辽宁沿海经济带特色小（城）镇产业层次不高，产业发展缺乏创意，缺乏高新技术龙头企业的引领。大部分特色小（城）镇产业基本围绕本土资源发展，目前主要是以农业、旅游业、食品加工为主的产业结构，不注重产业研发和产业链的延伸，集群集聚发展程度不高，新型产业、创新型产业及科技型产业较少。另有一些特色小城镇只是作为一定农村区域范围的贸易集市，市场发育程度较低，对周边地区的经济辐射力与聚集影响不足。

最后，相比浙江、江苏等地，辽宁沿海经济带特色小（城）镇资源挖掘利用不够，资源整合能力弱，协调发展力度低，多为小、弱、散的个体分散经营模式，投资规模小，投资方式单一，项目雷同，精品项目少，未形成良好的规模效应和品牌效应，至今没有在全国“叫得响”的典型单位。而浙江只有10万平方千米陆域面积，而且是“七山一水两分田”，长期以来一直致力于在非常有限的空间里优化生产力布局，利用自身的信息经济、块状经济、山水资源、历史人文等独特优势，加快推动一批特色小镇建设，梦想小镇、云栖小镇、玉皇山南基金小镇、磐安江南药镇等都是在全国“叫得响”的典型单位。

2. 风貌特色不突出

辽宁沿海经济带特色小（城）镇建设整体水平较低，缺乏特色。一方面，原有特色保护和发掘不够。对地方风土人情、文化背景、自然条件等个性特质把握不到位，文化挖掘深度不足，导致辽宁沿海经济带的海洋文化、工业文化、清文化以及少数民族文化等众多独特文化资源未能到充分利用。另一方面，景观风貌遭到人为破坏比较严重。在建设过程中出现了破坏或拆掉原来真实的有人文内涵的真景观，钢材、塑钢等建筑材料取代原来的石头、木头、砖头等乡土材料，之前的泥土路和石板路被宽阔的水泥路和柏油路替代，梧桐、槐树、杨树等乡土树种被换成法国梧桐、松树，小广场的地面使用硬质铺砖，健身设施和城市完全雷同，等等。导致小（城）镇风貌无特色，人文风情不诱人，建筑布局无法体现小（城）镇特色。相比安徽省将特色小（城）镇建设与乡村振兴、文化传承紧密结合，贵州省原生态、多民族、慢生活、久历史的小（城）镇特色，辽宁沿海经济带特色小（城）镇建设亟须突出风貌特色。

3. 功能叠加不聚合

特色小（城）镇，尤其是浙江省特色小镇的成功经验表明特色小镇要求实现产业、文化、旅游、生态、社区功能的叠加，整体功能要“聚而合”，而不能“软而散”。但是辽宁沿海经济带多数小（城）镇在创建的过程中，对产业、旅游、文化、社区功能如何融合考虑不到位，仍以传统的产业聚集区、工业园区、旅游度假村等来谋划特色小（城）镇，从而导致项目分散，多种功能有机融合不足。普遍存在产业特色与小（城）镇整体功能融合不够，重产业发展、轻功能融合等现象，以及生产、生活、生态“三生”功能融合度不足，以特色引导形成小（城）镇经济转型升级的新动能和引导形成功能融合发展的主体动能不强。

4. 承载能力不够强

辽宁沿海经济带部分小（城）镇基础设施、公共设施建设欠账多、差距大，小（城）镇供水普及率、燃气普及率、广电覆盖率等指标低于相关标准，污水、垃圾处理设施建设仍然滞后，80%的小（城）镇尚未实现集中供热；教育医疗、文体科技等公共服务资源短缺，不能满足农业转移人口就近就地城镇化的需要，服务质量和水平亟待提高。同时，在特色产业、特色文化、特色环境、特色建筑上，没有体现出核心竞争力，也没有表现出差异化发展。

要充分借鉴四川经验，依托不同的特色资源和地方优势加强城乡基础设施和公共服务设施建设。如工业型特色小（城）镇要依托小（城）镇工业园区、发挥传统产业优势、承接转移等方式发展特色工业，着重提高对工业园区的支撑和服务配套能力建设；商贸型特色小（城）镇主要依托小（城）镇区位和交通优势、立足为农业农村服务发展现代服务业，着重加强商业街区、集贸市场和仓储物流设施建设；旅游型特色小（城）镇主要依托小（城）镇历史文化资源、风景名胜资源和观光体验农业，着重塑造文化风貌特色，完善提升服务接待能力建设，大力发展特色旅游。

5. 政策制度不充分

一是缺少特色小（城）镇建设扶持政策。目前，除盘锦外，辽宁沿海经济带地区尚未出台特色小（城）镇建设具体扶持政策，小（城）镇发展政策保障不足。而浙江等地，在金融支持、科技支持、创新支持等方面均出台了相关政策，特色小镇作为一种全新的机制和制度创新，同时每一个小镇的建设又有着不同的发展模式以及不同的机制创新和激励政策。

二是特色小（城）镇基础设施、服务设施、产业项目建设用地供给不足。如盖州市双台镇、兴城市高家岭镇均因缺少土地指标，制约了特色小（城）镇建设发展。在用地供给不足的同时存在土地利用不集约、土地利用粗放等问题。而浙江则强调集约利用土地，在有限的空间里优化生产力布局，特色小镇的建设形态力求小而精、小而美，不搞“摊大饼式”粗放式发展，小镇的物理空间要集中连片，清晰地界定范围和建设用地范围。

三是资金短缺瓶颈突出。小（城）镇建设多为政府主导，普遍存在自身财力不足、缺乏有效资金筹措及投入机制等问题；小（城）镇建设利用社会资本的能力、经验不够，甚至出现政府债务风险加剧和房地产化倾向；缺少特色小（城）镇建设专项资金政策。

四是市场化运作不充分。多数小（城）镇建设还停留在政府唱独角戏的水平，大都未按照市场要求建立小（城）镇建设运营平台，未有明确的中长期建设运营项目目录，没有明确的招商引资项目和政策，导致社会资金对小（城）镇建设“有热情、没着落”。行政干预过多，市场机制不完善，致使部分特色小（城）镇没有实力足够大的市场投资主体，创建工作出现“碎片化”现象。而在浙江则强化创新机制体制，打造发展模式多样化的创新平台。如：梦想小镇是为有创业梦想的年轻人提供的一个创业平台，让有梦想的人去追梦。通过建设“众创空间”、O2O 服务体系、“苗圃 + 孵化器 + 加速器”孵化链条，帮助大学生“梦想变成财富”；云栖小镇重在催化已经成形的企业，是发酵已经成熟的技术、产品和业态，引领产业的发展。小镇以阿里云为基础，全力扶持云上创业创新团队，打造完整的云计算产业链。从创建的体制看，梦想小镇着重于创业，是政府推进的模式；云栖小镇着力于创新，是政府主导，名企运作的模式。不同的发展模式，使得特色小镇百花齐放。

（三）产生问题的原因

1. 对特色小（城）镇认识不够深

一是部分地区对特色小镇和特色小城镇的建设内容及概念内涵认识不够深。以老思路、老经验决策引导，导致发展思路不清晰、定位不明确、产业特色不鲜明、空间结构不合理，对特色小镇建设有害无利。因此，需要进一步加强指导和培训。二是对特色小（城）镇的重大意义理解不够深。存在“新瓶装旧酒”“穿新鞋走老路”的现象和争牌子享政策、重命名轻建设、重外表轻内涵、重规模轻质量、重规划轻实施等偏差；存在为 20 亿元固定资产投资而凑数字、编项目的情况；存在项目过度包装、有的还在招商、项目不确定等问题。三是盲目跟风现象严重。有些小（城）镇在没有找准自身市场定位和明晰自身特色的情况下，照搬别人的小（城）镇，忽视了小（城）镇长远的品牌及发展，这样既浪费了有限的土地资源，造成了同质化竞争和资金浪费，也与特色小（城）镇的建设初衷大相径庭。四是对特色小（城）镇研究不够深。存在为申报而建设的现象，对到底要建什么样的特色小（城）镇、如何建设特色小（城）镇、怎样建好特色小（城）镇研究不够，没有实招。

2. 对特色小（城）镇重视不够深

突出表现在政府对特色小（城）镇的规划管理不优、基础设施投入不足、服务功能不完善三个方面。

一是规划不够优。目前辽宁沿海经济带特色小（城）镇虽然实现了规划编制的全覆盖，但有的小（城）镇规划设计不够科学，可行性不足，缺乏可操作性，存在简单地把以前做好的乡镇规划、景区规划、园区规划作为小（城）镇建设规划来应付的现象。总书记多次强调，“规划科学是最大的效益，规划失误是最大的浪费，规划折腾是最大的忌讳”。部分地区在没有充分考虑到当地实际发展需要的前提下进行规划，忽视当地的实际情况与市场需求，仓促决策、急于求成、盲目规划，导致资源浪费和重复规划。

二是基础设施投入不足。部分特色小（城）镇“面子”好看，但基础设施配套、服务配套等“里子”不足。如部分旅游文化类特色小（城）镇连一家能像样接待游客住宿的宾馆都没有，更谈不上旅游服务标准、旅游品质。有的小（城）镇离市中心太远，面临着基础设施不完善、带动当地就业能力弱、人才储备不足等诸多问题。特色小（城）镇建设首先要做好本手，补齐基础设施和公共服务的短板，为周边乡村提供生产生活服务，然后才是因地制宜有序有效推进特色小（城）镇培育建设，避免出现“宜业不宜居”的问题。

三是政府服务功能不完善。“政府引导、企业主体、市场化运作”的原则还停留在文件中和口号中，尚未落到实处。而在浙江等地，政府一方面强化创新机制体制，打造发展模式多样化的创新平台，另一方面加强政府引导服务，打造更有激情的创业创新系统。政府主要是通过规划、基础设施建设、创新制度供给等来发挥引导和服务功能。首先是坚持政府引导、企业主体、市场化运作是根本。如湖州丝绸小镇启动建设以来，政府只做两件事：研究规划和选择投资主体。其次是创新政策扶持方式，有两大创新：有关有奖有罚的土地供给方式、期权式财政奖励方式。第三是积极引入创新要素。萧山机器人小镇在引入全球机器人领军企业的同时，引入浙江大学机器人研究中心和上海交大机器人研究中心，使机器人小镇具有研究开发和生产制造两大核心功能。与此相比，辽宁沿海经济带地区各级政府服务功能的缺失和不完善是导致特色小（城）镇建设缓慢、质量不高、效益不强等主要原因。

三、国内外特色小（城）镇经验借鉴

（一）国外案例与经验借鉴

国外发达国家的小城镇建设是与工业化、城镇化相伴随发展的，目前，基本处于功能提升阶段，并形成了众多独具特色的小镇，如：美国好时小镇、英国海伊旧书小镇、法国格拉斯香水小镇、日本高山小镇、瑞士达沃斯小镇，等等。这些特色小镇多与本地的自然环境、社会经济、历史人文及发生的事件等相关，其发展机制又各不相同。总结其发展经验，主要有以下几个方面：

1. 空间选址以产业需求为导向

一般的小城镇区位通常以环境优良、交通便利等宜居性为主要因素，而特色小镇多属于产业型小镇，其空间选址往往更遵循产业区位理论，是某一类产业市场配置的结果。因此，不同产业类型的特色小镇区位也不尽相同。例如：美国好时小镇和格林尼治基金小镇。

美国好时小镇：位于宾夕法尼亚州首府哈里斯堡市的东部市郊，是北美地区最大的巧克力及巧克力类糖果制造商好时企业所在地。好时企业选择落户于此，一方面是由于好时小镇是创始人米尔顿好时先生的出生地，更重要的是小镇区位满足糖果行业发展要求。糖果行业的单位利润低，扩大销售是盈利的主要手段，因此销售市场资源成为产业发展的重要因素。好时小镇所在的哈里斯堡市位于宾州中部美国东西海岸的交通要冲，是由东海岸通往中西部各州的重要门户，也是一个纵贯南北、横贯西东的重要贸易口岸，自古即为交通要地，是货物批发、零售中心。同时郊区的牧场资源、生态环境则为巧克力的生产提供了新鲜的牛奶及干净的生产环境（见图6－4）。

美国格林尼治基金小镇：位于美国康涅狄格州西南部的长岛海峡上，作为纽约市的住宅卫星城镇，离纽约很近，35～40分钟的火车车程。对冲基金产业属于风险投资类，其企业的空间区位倾向于集中在大城市及周围区域，由于牵涉到银行的兑换，要求紧邻金融中心，同时对冲基金行业对网速要求非常高，因此离海底光缆比较近的沿海地区成为首选（见图6－5）。

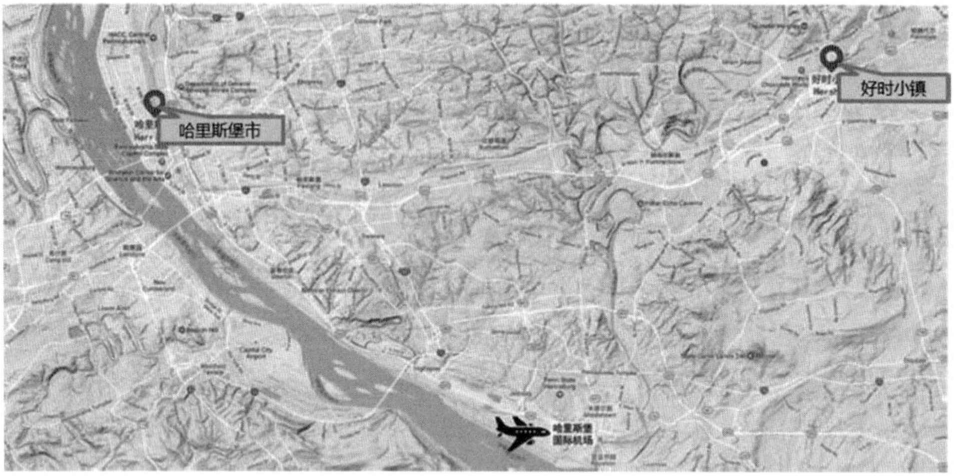

图6－4　美国好时小镇区位图

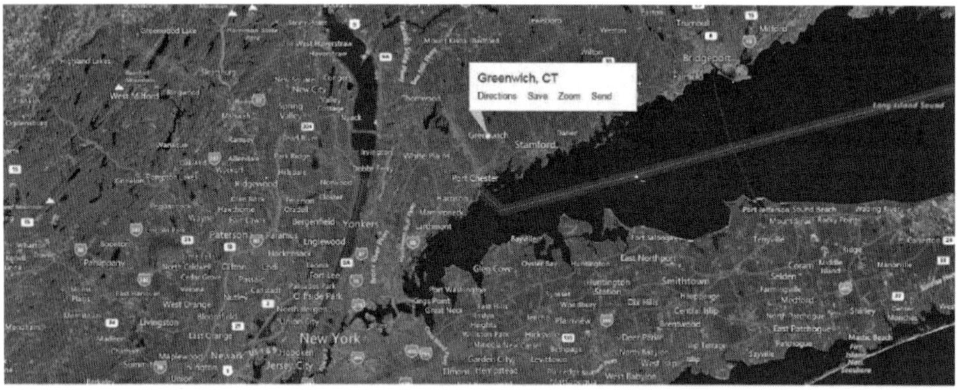

图6－5　美国格林尼治基金小镇区位图

2. 产业体系具有鲜明的主题性

特色小镇的“特”主要体现在产业特色上，一个小镇必然有一项与众不同的产业，产业链的主题性强，体现了小镇的“特而强”。虽然大多数特色小镇在形成初期是以工业生产制造为主，但随着企业的壮大，不论是产业链拓展还是小镇的功能都逐渐围绕主题产品而发展。小镇从业者大部分与主题产业相关，产业逐步从传统制造业向旅游业延伸，实现三次产业间的联动。例如：法国格拉斯香水小镇。

法国格拉斯香水小镇：格拉斯地区是花草优生地带，众多花场每年可采集鲜花700万千克之多，形成花草种植业；小镇30多间香水工厂处理着来自各地未经加工的花材原料，形成香水生产业；响应旅游发展热潮，建造格拉斯三大香水作坊，建设香水博物馆，将香水的制作过程、工厂的历史展现给游客，并可自制香水。这些香水工厂已经不仅具有生产功能，还具有一定的展示功能；不仅有博物馆，还有设备先进的大型实验室，极大地推动了格拉斯的旅游业发展，构建了完善的香水产业链（见图6－6）。

图6－6　瑞士格拉斯香水小镇香水产业链

3. 功能构成具有一定的综合性

与传统产业园区较为单一的生产功能不同，特色小镇的功能综合性强，不仅有企业生产办公功能，也有社区生活、旅游休憩等功能。同产业类型的小镇，其主导功能会有所侧重，如生产制造类小镇通常以生产功能为主，文化创意类、康体旅游类小镇则旅游休憩功能比重较高。例如：美国好时小镇、法国薇姿小镇。

美国好时小镇：从事糖果制造的好时小镇拥有100多年历史，从一家巧克力工厂开始，成为美国负有盛名的巧克力主题旅游城市。小镇的核心为3家现代化的巧克力工厂，同时配有百货公司、好时银行、好时饭店、俱乐部、教堂、学校等完善的社区功能。小镇的旅游功能也相当完善，拥有演示作坊、巧克力世界博物馆及好时乐园等现代化游乐设施。

法国薇姿小镇：薇姿小镇是著名化妆品牌薇姿的起源地，也是世界温泉疗养圣地和旅游度假圣地。小镇中心是一座温泉博物馆，法式药妆店、温泉疗养院随处可见（见图6－7）。

4. 景观风貌具有强烈的可识别性

小镇风貌往往是小镇产业特色的空间映射，因此，具有产业特色的国外特色小镇，其空间风貌必然具有强烈的可识别性。例如：英国海伊旧书小镇、日本高

图 6 –7　法国薇姿小镇

山小镇。

英国海伊旧书小镇：是世界上第一个书镇，被誉为“天下旧书之都”。遍布小镇的各种类型的书店、图书馆、图书集市及随处可见的读书场景是小镇给人的空间意象。书店建筑风貌各异，有些依山而建，书架就镶嵌在山石上；也有户外书店，只设置收钱箱，自助取书（见图 6 –8）。

图 6 –8　英国海伊旧书小镇

日本高山小镇：位于岐阜县飞弹地区。除了著名的京都府，高山市是观光客最推崇的怀旧都市，有“小京都”称号。拥有 400 年历史的“高山阵屋”，江户时代的古老官府，被誉为“原木制造的小京都”。各种手工艺店铺很多，造纸的、酿酒的、制果的，都用手工做成。游客可以参与其中，亲自动手，体验复古的手工制作（见图 6 –9）。

图 6－9　日本高山小镇

5. 对辽宁沿海经济带特色小（城）镇发展的启示

纵观上述国外特色小镇的发展经验，对辽宁沿海经济带特色小（城）镇发展的启示重点表现为突出特色发展和特色建设。

一是因地制宜，突出区位特色。小镇空间选址以产业需求为导向，考虑产品原料的供应、产品的流通、产品的属性等诸多产业发展要素，区位上要交通便利、环境优良、可进入性强。

二是产业特色鲜明，定位明确。聚焦优势主导产业，通过产业链向研发、设计、体验和应用等两端延伸，提升技术领先度，做大做强主导产业和企业品牌；坚持特色产业、旅游产业两大发展架构和三次产业融合发展。

三是功能特色“聚而合”，“产镇人文旅智”有机融合。围绕特色产业，重在多种功能有效融合，营造宜居宜业宜游的特色小镇。

四是空间特色上景观风貌可识别性强。小镇形态上要具备独特的风格、风貌、风尚与风情，“一镇一风格，一镇一风貌”。

（二）国内案例与经验借鉴

1. 浙江实践与经验借鉴

2015 年特色小镇在浙江诞生以来，浙江始终坚持“产业特而强、功能聚而合、形态小而美、体制新而活”的内涵，生产、生活、生态、生意“四生融合”和产业、文化、旅游、社区功能“四位一体”的建设理念，走出了一条符合浙江实际、具有全国首创意义的特色小镇发展新路子，成为浙江的“金名片”。总结其发展经验，主要有以下几个方面：

坚持高标准导向，着力构建特色小镇标准化工作体系。探索并形成了“创建准入—动态监测—比学赶超—考核淘汰—验收命名”的建设路径。先后出台《浙江省特色小镇创建导则》《浙江省特色小镇创建规划指南（试行）》《省级特色小镇考核办法》《浙江省特色小镇验收命名办法》。目前，浙江省已形成 7 个命名的省级特色小镇，115 个省级特色小镇创建对象和 64 个特色小镇培育对象。

高端要素聚集，着力培育新经济主导的小镇经济。立足现状面向未来，坚持加快高端要素聚集和培育面向未来的新经济，推动小镇经济高质量发展。一是搭建“双创”功能平台，集聚现代创业群体。累计建成创新创业基地 420 余个，吸引集聚了以大学生创业者、大企业高管及其他连续创业者、科技人员创业者、留学归国人员创业者为主的“新四军”创业者 2.2 万人。二是发挥高端要素聚集优势，主动对接新技术、新业态。如云栖小镇成功引进孙家栋院士领衔的北斗卫星芯片“微系统模组”和“自主时空创新中心”等世界领先项目。

坚持创新实践，着力推动特色小镇成为重大战略对接地。一是突出“生态”红利，打造“两山理论”实践平台。玉皇山南基金小镇、古堰画乡小镇、龙泉青瓷小镇、庆元香菇小镇等，发挥自身优势，拓展延伸产业链，实现了从绿水青山向金山银山的转型发展。二是立足服务“效率”，推进“最多跑一次”改革。以企业投资项目审批制度改革为突破口，区域能评、区域环评基本实现全覆盖，“小镇客厅”成为有效服务企业的重要窗口。三是围绕供给产业“质量”，发力“亩均效益”行动，出台《浙江省级特色小镇“亩均效益”领跑者行动方案（2018～2022 年）（实行）》。

坚持体制创新，着力构建特色小镇可持续发展机制。按照“政府引导、企业主体、市场运作”的要求，积极创造条件，畅通渠道，放手让企业家、平台主体参与小镇建设。目前，各地已探索了三种建设模式。一是企业主体，政府服务模式。如龙游红木小镇，主要依托年年红企业推进红木小镇建设，当地政府主要是做好规划审定和配套服务。二是政企合作，联动建设模式。如西湖云栖小镇，西湖区转塘街道与阿里巴巴集团充分合作，共建特色小镇。三是政府建设，市场招商模式。如余杭艺尚小镇，政府完成前期建设后，向市场招商引进专业公司开展各类创新创业活动。

2. 江苏实践与经验借鉴

江苏省遵循客观发展规律，结合省情，积极稳妥推进特色小镇建设，涌现出一批产业特色鲜明、体制机制灵活、人文气息浓厚、生态环境优美、多种功能叠加、宜居宜业宜游的特色小镇。目前，全省公布了56个省级特色小镇。总结其发展经验，主要有以下几个方面：

明确五个“坚持”和五个“防止”总原则，确保创建路径不走样。出台《关于培育创建江苏特色小镇的指导意见》，确定特色小镇建设总体原则：一是坚持创新导向，高标准培育特色小镇，防止“新瓶装旧酒”，不搞“运动式”部署推进；二是坚持因地制宜，差异化打造特色小镇，彰显小镇独特魅力，防止“千镇一面”；三是坚持以人为本，高起点规划建设宜居、宜业、宜游小镇，防止搞“形象工程”；四是坚持市场主导，多元构建小镇建设主体，防止政府“大包大揽”；五是坚持节约用地，集约化提升土地资源配置效率，防止借机“圈地造城”和“房地产化”。

制定产业为核心的创建方案，使小镇成为产业转型发展的新载体。出台《关于培育创建江苏特色小镇的实施方案》，明确全省特色小镇的创建要求和扶持政策。明确围绕高端制造、新一代信息技术、创意创业、健康养老、现代农业、历史经典六类产业，每个小镇只选择最有基础、最有优势的一个领域，瞄准高端产业和产业高端，差异定位、错位发展，不搞区域平衡、产业平衡和数量限制。

建立动态差异化考核机制，推动特色小镇高质量发展走在前列。一是实施分类推进，在制定培育标准和年度考核指标时，对不同类型小（城）镇的投资规模、经济效益、公共设施和服务等方面进行产异化评估和考核；二是采取“优胜劣汰、动态调整”的培育制，对考核情况不佳的小（城）镇进行约谈，相关扶持政策由事先直接给予，变为有条件地事中事后结算，避免重争创、轻建设；三是完善特色小（城）镇统计监测制度，做到省级特色小（城）镇统计监测全覆盖。

3. 安徽实践与经验借鉴

安徽省一些特色小镇建设顺应了互联网时代的产业创新潮流和新兴市场需求，不仅发展了特色产业，还将特色小镇建设与乡村振兴、脱贫攻坚、文化传承紧密结合，实现综合效益。其亮点经验，主要有以下几个方面：

带动乡村振兴。三瓜公社小镇在保护乡村生态环境前提下，利用“互联网+”发展现代农业和电商产业，间接带动就业约 2000 人，实现返乡农民创业 50 余人，大学生创业 70 余人，村集体经济增长约 200%，周边 11 个村落农民共同致富。西溪南创意小镇探索以古村落民居产权转让引进人才发展业态的路径，不仅引进了艺术设计、书画创作、摄影影视等北上广深各类人才 70 多位，还能让他们逐渐转换为新乡贤，成为当下乡村振兴中的正能量。

助力脱贫攻坚。霍山县依托上土市温泉小镇运营以来，带动周边新增农家乐和农家客栈 120 余家，直接带动建档立卡贫困人口 80 多户、200 余人实现稳定就业，户均增收 3 万余元，解决周边群周就业 2000 多人，茶叶、土鸡蛋等农特产品日益畅销，越来越多的贫困群众吃上“旅游饭”，走上富裕路。朱备禅修小镇以宿心园等项目为首整合周边 20 余户民宅打造麻园产学园，以九华后海等项目为首整合周边 8 家农家乐打造将军深垅研学园，以力衡国际田园综合体项目为首带动周边 40 余户村民打造现代农业示范基地，拉动了地方经济，促进了群众致富，扩大了特色小镇社会和经济效应。

带动乡村文化传承创新。殷港艺创小镇将旧厂房改造为文化创意产业园，将空心村打造为艺术家村，用“艺术+文化创意”点缀乡村田园，重塑慢城生活，提升乡村文化品质，促进乡村风貌改善和乡村人才振兴。泾县中国宣纸小镇采用“创意+规划”做法，创意赋予小镇内涵和功能要求，规划落实到空间，将文化之魂、建筑之形、环境之秀融为一体，投资 2 亿元实施职工危旧住宅异地搬迁改造项目，既改善职工住房条件，又腾出文创街区建设发展空间。

4. 对辽宁沿海经济带特色小（城）镇发展的启示

特色小镇从浙江向全国推广只有三年时间，和浙江相比，辽宁沿海经济带特色小（城）镇总体处于创建培育阶段，对此要有足够的历史耐心，不能以浙江最成熟特色小镇的标准来衡量培育阶段的特色小（城）镇。在借鉴其他省区经验过程中要从客观实际出发，准确区分可复制和不可复制内容，重在学习理念方法、内涵实质和创新精神，避免脱离实际简单照搬照抄浙江经验。

一是突出高端引领，彰显产业、生态和人文特色。围绕本土资源，聚焦高端制造、新一代信息技术、创意创业、健康养老、现代农业、海洋渔业等高端产业和产业高端，找准自身定位，提高创新创业能力。构建创新产业生态系统，彰显产业特色、生态特色和人文特色。

二是集约利用土地，在有限的空间里优化生产力布局。浙江利用自身的信息经济、块状经济、山水资源、历史人文等独特优势，加快推动一批特色小镇建设，创新推动“产、城、人、文”融合，为破解空间资源瓶颈、产业转型升级、改善人居环境、推进新型城镇化提供了有力的抓手，对探索辽宁沿海经济带新型小城镇道路有重要意义。

三是加强政府引导服务，打造更有激情的创业创新系统。建立以政府为主导、企业为主体、社会共同参与的创新模式。政府主要是通过规划、基础设施建设、政策制定、创新制度供给等来发挥引导和服务功能。在特色小镇运营中凸显企业主体地位，充分发挥市场在资源配置中的决定性作用。

四是以特色小（城）镇为节点，推动城乡融合发展，助力乡村振兴。辽宁沿海地区很多小城镇处于城乡中间节点，成为城市人才、资本、技术等要素和企业下乡的载体，一定程度上促进了城乡要素交互配置和产业融合发展，形成了打通城乡融合发展最后一公里的有效抓手。依托优势资源，引导城镇资金、信息、人才、管理等要素向农村流动，推动乡村振兴发展。

四、辽宁沿海经济带特色小（城）镇发展思路与目标

（一）发展思路

坚持以习近平新时代中国特色社会主义思想为指导，全面贯彻党的十九大和十九届二中、三中、四中全会，中央经济工作会议、中央城镇化工作会议、中央城市工作会议精神，坚持以人民为中心，坚持贯彻新发展理念，坚持一切从实际出发，坚持使市场在资源配置中起决定性作用和更好发挥政府作用，把特色小（城）镇建设作为供给侧结构性改革的重要平台，因地制宜、扎实推进，发展产业特色突出、文化底蕴深厚、环境优美宜人、设施便捷完备、制度灵活高效的特色小（城）镇，促进城乡融合发展和内生增长新空间，促进新型城镇化建设和经济高质量发展。

因地制宜，尊重规律。坚持从辽宁沿海经济带区位优势、资源特色等实际出发，遵循经济发展规律、人口城镇化规律和人口老龄化特征，实事求是、量力而行，推动特色小（城）镇建设成为自然发展的过程，体现辽宁沿海地区和内陆地区的地域差异和空间差异，提倡形态多样性。

市场主导，产业建镇。按照政府引导、企业主体、市场化运作的要求，推动

多元主体共谋、共建、共管、共评、共享，辽宁沿海地区立足要素禀赋和比较优势，挖掘、培育、做精、做强主导产业，打造具有核心竞争力和可持续发展特征的产业生态。

多规合一，合理布局。落实党中央、国务院关于建立国土空间规划的重大部署，指导辽宁沿海经济带有序编制特色小（城）镇专项规划，科学布局生产、生活、生态空间，做好规划衔接，整合区域资源，以工业化与城镇化融合为主线，带动信息化和农业现代化。

典型引路，创新驱动。逐步挖掘辽宁沿海经济带特色小（城）镇典型模式，总结提炼、树立标杆、推广经验、正面引导，不断创新工作思路、方法和机制，努力走出一条符合辽宁沿海实际、具有鲜明特色、惠及人民群众的辽宁沿海地区特色小（城）镇健康发展新路径。

（二）发展目标

1. 总体目标

充分利用沿海的渔业资源（渔港、渔业养殖）、生态资源（自然风光、滨海湿地）、岸线资源（沙滩、海岛）和海洋文化资源等特色资源优势，在国家级和省级特色小（城）镇建设的基础上，到 2025 年，力争规划建设 20 个具有鲜明的产业特色，区域内人才、技术、资本、信息等要素流集聚度高，体制机制灵活的特色小（城）镇，通过典型引路，带动一批节点小城镇高质量发展。

2. 具体目标

聚集能力明显增强。创新创业环境优良，公共服务便捷高效，基础设施功能完善，生态环境优美宜居，城镇品位魅力提升，具有较强聚集产业、吸纳人口的能力。

发展活力竞相迸发。比较优势充分发挥，创新能力持续增强，创新创业氛围日益浓厚，新技术新业态新模式不断涌现，形成具有核心竞争力的独特产业形态和良性运营模式。

带动效应充分显现。对辽宁海洋地区产业升级、城乡统筹的带动作用得到有效发挥，建成一批产业层次高、建设形态美、带动效应大、在全省具有一定影响力的特色示范小（城）镇。

布局结构比较合理。辽宁沿海地区特色小（城）镇建设的总体布局基本形成，业态结构较为合理，形成一批连城带乡的卫星镇、产业聚集的专业镇、人气旺盛的明星镇。

体制机制更新更活。行政管理、土地开发、投融资等体制机制更加健全，更加公平、开放的市场环境加快形成，特色小（城）镇发展活力得到有效激发和释放。

五、辽宁沿海经济带特色小（城）镇健康发展的举措和政策建议

（一）科学把握内涵，实现精准定位

1. 把握内涵，有的放矢

特色小镇和特色小城镇是推进新型城镇化建设的新空间，是推动城乡融合发展的新支点，是践行经济高质量发展的新平台。要准确把握、明确区分特色小镇和特色小城镇内涵特质，推动特色小（城）镇健康发展。总体来看：

特色小镇是新生长的经济增长高端平台。不是一个行政区划的行政建制镇，而是在几平方千米的小规模土地空间上，由一个企业牵头建设或若干个企业共同建设的经济体。具有“非镇非区”的基本特征，决定了其不是现行城镇体系的独立组成部分，但也正因为其摆脱了行政等级和行政框架的束缚，可以有机嵌入各类城市和建制镇中，在推进新型城镇化和乡村振兴中担负起特殊角色。其内涵特质是生产空间、生活空间、生态空间“三生融合”，产业、文化、旅游、社区“四位一体”，最终目标是建成产业“特而强”、功能“聚而合”、形态“小而美”、机制“新而活”的新型发展平台。要把特色小镇与旅游景区、产业园区、美丽乡村、历史文化名镇等概念严格区分开来，不得随意包装后冠名为特色小镇。鼓励依托大连金普健康小镇、盘锦新立认养农业小镇、锦州九华山凌水小镇等一批区位优势明显、产品附加值高、要素集聚能力强的特色小镇建设，促进各类生产要素自由流动并向优势地区集中，提高资源配置效率。

特色小城镇是引领小城镇健康发展的示范。是一个行政区划的概念，是行政建制镇的排头兵、经济发达镇的升级版。特色小城镇拥有几十平方千米以上的土地空间，拥有一定的人口规模和经济规模，也拥有鲜明的特色产业。其主要功能

是为城镇居民和周边乡村居民提供公共服务，并依靠发展特色产业来吸引人口的集聚。鼓励依托辽宁沿海六市重点镇培育发展卫星城，依托有特色资源的谢屯镇、王家镇、椅圈镇、沟帮子镇、熊岳镇、新立镇、胡家镇等重点镇培育发展专业特色小城镇。

2. 精心策划，精准定位

定位决定前进的方向，找准特色小（城）镇的发展定位，是促进特色小（城）镇健康有序发展的基本前提。这需要立足当下、遵循规律、把握趋势，从特色小（城）镇的概念内涵出发，围绕新时代实施新型城镇化战略和乡村振兴战略的两大背景，根据自身的基础和独特的潜力，抓准特色，精心策划，科学界定特色小（城）镇的发展定位，包括功能定位、产业定位、形象定位等。如：丹东五龙背温泉旅游养生小镇，其功能定位为打造东北亚知名的温泉度假目的地，辽宁省康体养生休闲旅游度假目的地，丹东市的康体养生圣地；产业定位为温泉旅游养生，具体包括游览观光、休闲度假、养生养老、康疗保健、水上运动等；形象定位为大气秀美宜居地，休闲养生温泉城。盘锦得胜文化旅游小镇，其功能定位为辽宁省层面具有历史文化休闲度假功能的文化旅游名镇，盘锦市层面具有生态观光和民俗体验功能的乡村旅游特色镇，盘山县层面具有休闲度假、观光功能的生态宜居绿色镇和重要旅游目的地；产业定位为集古迹观光、文化体验、休闲娱乐、宜居宜游为一体的文化旅游名镇；形象定位为唐碑宋影明长城，古韵新声乡村情。

	功能定位	产业定位	形象定位
原则	▶ 满足政府发展诉求 ▶ 满足产业发展需求 ▶ 满足企业/人群诉求	▶ 与区域条件相匹配 ▶ 具有发展可行性	▶ 符合区域形象 ▶ 突出产业特色 ▶ 便于推广
包含内容	● 内部功能：生产性、生活性、公共服务功能 ● 外部功能：与周边城市分工合作、对周边区域带动	● 主导产业方向（一般1~2个） ● 产业发展细分领域 ● 产业发展环节	● 体现产业特色，能够突出产业/资源/品牌优势

（二）突出规划引领，组织空间布局

1. 规划引领，合理布局

突出规划先行。针对特色小（城）镇规划不优和规划缺失的情况，坚持从实际出发、因地制宜的原则，按照有利于加快新型城镇化建设和推动乡村振兴发展的总体要求，科学编制特色小（城）镇建设规划。突出规划引领作用，对小（城）镇定位、空间布局、产业选择、建筑风貌、功能打造等进行有效引导。其中：特色小镇规划应围绕“主题”“功能”“空间”三个环节进行深化。主题上要体现新意和深度，找准符合自身特色产业主攻发展方向的切入点；功能上要强调集成和连接，根据主题定位进行有针对性的设计；空间上要体现因地制宜和集聚作用，展示小镇地域、风貌和建筑风格，实现新老建筑的有机更新，最大限度地提高建设空间利用水平。特色小城镇规划要把节能、节地等理念贯穿整个规划过程中，树立绿色发展理念，推动生态保护与小城镇发展互促共融。以先进的规划理念改造提升特色产业，合理组织城镇空间布局；以就业为基础规划人口和用地，规划力求项目空间落地，避免盲目造镇。

强化规划管控。特色小（城）镇建设规划应依据国民经济和社会发展规划，在符合土地利用总体规划和城乡规划的前提下，结合新一轮国土空间规划编制，做好与生态环境保护、历史文化保护、基础设施等相关规划的有效衔接，注重“多规融合”，做到定位准确、目标可行、规模适宜、管控有效。要增强规划严肃性和可持续性，依规建设，防止违法违规圈地搞开发。

体现地域差异。特色小（城）镇规划要尊重辽宁沿海地区资源禀赋差异和文化差异，充分挖掘本土要素、体现地域特征。推进海洋经济，支持海洋特色小（城）镇建设，以沙滩、海岛、滨海湿地、海洋文化、渔业养殖为依托建设海洋小镇。着重依托“智慧海洋”工程，以创新推动海洋新产业、新业态的形成，推进海洋药物与生物制品、海水利用产业、海洋旅游业、涉海金融服务业发展，积极培育海洋文化创意产业。重点推进大连王家生态宜居（贝库）小镇、大连石城生蚝小镇、大连皮口辽参小镇、葫芦岛徐大堡海参小镇、丹东菩萨庙滨海休闲旅游小镇、丹东北井子滨海旅游小镇、丹东长山渔业生态小镇等一批海洋特色鲜明的小（城）镇建设。

2. 控制规模，集约打造

严格节约集约用地。落实最严格的耕地保护制度和最严格的节约用地制度，科学划定特色小（城）镇发展边界，严禁占用基本农田。其中：特色小镇要把握实际需求，合理控制四至范围，规划用地面积控制在 3 平方千米左右，其中建设用地面积控制在 1 平方千米左右，旅游、体育和农业类特色小镇可适当放宽。特色小城镇要按照高质量发展要求，严控新增建设用地规模，鼓励优先利用低丘缓坡、荒地、废地资源和存量建设用地，盘活闲置建设用地和低效用地，尽可能连片提升和完善现有建设区，避免另起炉灶、大拆大建，实现土地高效利用。鼓励有条件的小（城）镇开发利用地下空间，提高土地利用效率。

严守生态保护红线。按照《关于划定并严守生态保护红线的若干意见》要求，在特色小（城）镇建设中要严格落实生态红线划定成果。严禁以特色小（城）镇建设之名破坏生态，严禁挖山填湖、破坏山水田园。严把特色小（城）镇产业准入关，防止出现过剩产能，防止引入高污染高能耗产业，加强环境治理设施建设。

严控房地产化倾向。综合考虑特色小（城）镇吸纳就业和常住人口规模，重点把关产业内容、盈利模式和后期运营方案，从严控制住宅用地配给比例，防止房地产化，鼓励优先发展产业，适度提高产业及商业用地比例。

（三）坚持特色发展，培育特色产业

1. 因地制宜，特色鲜明

在特色产业选择上要因地制宜，突出特色。坚持“以产立镇、以产带镇、以产兴镇”，根据区域要素禀赋、产业基础和比较优势，挖掘本地最有基础、最具潜力、最能成长的特色产业，打造出独特的产业生态，突出“一镇一主业”。以特色产业为核心，兼顾特色文化、特色功能和特色建筑，找准特色、凸显特色、放大特色，防止内容重复、形态雷同、特色不鲜明和同质化竞争，推动辽宁沿海地区特色小（城）镇高质量建设。以丹东椅圈草莓小镇为例，要充分发挥草莓产业优势，打造全国知名的“草莓小镇”，设计草莓卡通形象、休闲食品和旅游纪念品等，将其融入椅圈镇各景观节点设计，建设草莓小镇博物馆，聘请专业机构设计和推广“草莓小镇”的品牌形象。

在特色产业定位上要特色聚焦，精准定位。遵循发展规律，聚集优势主导产业，凝练符合特色产业、地域文化且与时尚热词关联度较高的“定位”，做好“特色聚焦”。即便是主攻同一产业，也要充分进行市场分析，突出主业、差异定位、细分领域、错位发展，不能丧失独特性，引导各地区差异化竞争，防止定位和产业发展跟风。如：旅游型特色小（城）镇，在产业发展方向上进一步细分为乡村旅游型、文化旅游型、生态旅游型和休闲养生型等类型；现代农业型特色小（城）镇，在产业发展方向上进一步细分为特色种植型、特色养殖型、设施农业型、高效农业型、生态农业型等类型；工业发展型特色小（城）镇，在产业发展方向上进一步细分为现代制造型、食品精深加工型和新型能源型等类型。同时，在资源利用上要尽量“避同求异”，进行深入细致的区分，不搞“同室操戈”般的竞争。如：营口熊岳镇和丹东五龙背镇同样定位为温泉小镇，要大力发展温泉产业，但前者将以望儿山孝道为主题的母爱文化融入其中，重点打造母爱·温泉小镇；后者将优美的原生态自然景观和疗养文化融入温泉旅游特色小镇建设中，重点打造温泉旅游养生小镇。

2. 产业集聚，品牌突出

在特色产业培育上要产业集聚，补链补强。首先要梳理出特色产业及其产业链，以产业融合发展为重点，加快延伸产业链、提升价值链、创新供应链，提升小（城）镇在细分产业内的集聚度和影响力，形成特色产业为引擎、融合“产业本身+产业应用+产业服务”等相关产业的泛产业聚集结构。聚焦前沿技术和先进制造，注重采用新技术推动传统产业改造升级，推动传统产业向微笑曲线两端延伸，引入和培育战略性新兴产业延长产业链。注重围绕产业链形成产业集聚，围绕小（城）镇的特色优势产业和区位优势，把看似纯工业、纯制造业、纯农业、纯文化、纯旅游的项目，通过纵横联系，或建新链条，或做强链条，或补足链条，或拉长链条，或延伸链条，营造良好的产业生态，从而把产业链的触角延伸到餐饮、休闲、娱乐、旅游、文化等各个行业，提高小（城）镇的建设项目及其产业化的集聚、配套、融合发展综合实力。其中，农业型特色小（城）镇要坚持农业转型为要，坚定不移走高效发展之路；围绕“富民、生态、循环、创新”目标，不断转变农业发展方式，全面提高质量效益；积极发展工厂型、生态型、循环式现代水产品养殖业，全面打造观光渔业、休闲农业综合体，大力建设养殖区休闲服务设施和艺术、文化景观；推动农渔业实现立体化、链式化发展，探索农渔业发展新方向。以盘锦胡家蟹田小镇为例，围绕“蟹”和“田”

两大资源优势，突出发展河蟹及相关产业，完善产业链，在“繁育、养殖、生产、加工、销售”等环节上形成成熟、完备的产业链条，吸纳人员就业，打造全国著名的“蟹田小镇”。

在特色产业运营上要品牌突出，竞争力强。要有意识地围绕特色产业和新时期消费特征，重点打造核心品牌和产品。充分依托“互联网＋”在云计算、互联网、智慧城市、大数据等方面的技术优势，开创特色小（城）镇品牌化发展之路。以创新为主题，积极打造属于独具小（城）镇特色的品牌，以此来实现当地产业结构的优化升级。同时，要促进主导产业的专业化，以主导产业的专业化整合小（城）镇产业链，形成区域性品牌，突出沿海特色。从辽宁沿海经济带实际看，要发挥比较优势，形成特色产业集群，把渔港经济作为推动辽宁沿海地区特色小（城）镇经济发展的重要路径，持续推进渔港建设和水产品市场重组，实现渔港泊位规模、服务功能、交易平台的全面提升，全面叫响渔港品牌。如：大连王家生态宜居（贝库）小镇的品牌在于渔业、旅游和生态特色，要以其独特优良的生态自然资源为发展基石，培育成旅游名片，以支撑周边特色小（城）镇的培育和发展，协调打造沿海特色旅游观光小镇产业带。此外，要秉承天人合一、绿色发展理念，打造滨海岸线景观带及旅游项目，加强均等优质的基础设施和公共服务体系建设，优化管理制度，形成具有地域性、体验性、人本性、生态性的旅游品牌。

（四）突出特色建设，彰显文化内涵

1. 风格独特，精致美丽

突出地方特色。立足自身特色优势，突出特色建设。充分挖掘和放大区位特色、地貌特色、建筑特色、文化特色和产业特色，高水平开展特色小（城）镇整体规划和形象设计。尊重山水环境，以自然为美，保护特色景观资源，把好山好水好风光融入特色小（城）镇；尊重原有街区肌理，控制建设高度、密度和体量，倡导小尺度街坊式布局，彰显地方特色，营造整体风貌格局，形成“一镇一风格”，避免“千镇一面”，着力打造“高颜值”“高质量”小（城）镇。尤其是具有产业特色或文化特色的小镇，其环境氛围和景观风貌必然要具有较高的辨识度。以大连复州城历史文化小镇为例，以镇内历史文化资源及山、林、河等自然景观为主线，重塑中西交融、文化兴盛、商贸繁荣、建筑恢宏的“新古镇”

形象，营造“古城古韵与时代发展特征并存的古城风貌”。通过对古城传统空间格局和空间形态的控制，建筑形式与传统色彩控制，重要古迹修复等方式，保护古城的整体和谐性，体现古城古韵性质。同时，要尊重古城的发展特征，体现中西文化交融，建筑形式、风格、材料、色彩应体现时代发展的印记，与古城环境相协调。

强化小（城）镇生态和旅游功能。促进旅游与产业、空间、文化、居民生活等结合，把具备条件的特色小（城）镇建设成为“全域化景区”。留住特有的地域环境、文化特色、景观特色、建筑风格等“基因”，增强特色小（城）镇内部布局的合理性，使住宅、商业、办公、文化、生活等不同功能区相互交织、有机组合。注重空间环境品质提升、城镇特色风貌塑造和城镇文化内涵的物化表达，实现空间环境氛围独特和景观风貌富有特色。

强化产镇融合。以人为核心，统筹特色小（城）镇的生产、生活、生态空间，促进“产、镇、人、文”四位一体融合发展，留存原有居民生活空间，增强生活服务功能，补齐城镇基础设施、公共服务、生态环境、空间形态、文化传承和保护短板，营造功能完备的宜居生活氛围，提高小（城）镇集聚人口的能力和人民群众获得感。

2. 文化传承，魅力鲜活

挖掘本地传统文化，延续历史文化根脉。注重对特色小（城）镇历史文化的保护与利用，保持与延续特色小（城）镇传统格局与风貌，对历史街区与文物古迹进行保护、维修、整治与改善，继承优秀传统文化。同时，把握历史根脉、传承文化基因、聆听时代声音、讲好海边故事，传承辽宁沿海特色，提炼文化经典元素和标志性符号，合理应用于建设运营及公共空间，建设有历史记忆、文化脉络、地域风貌、民族特点的美丽小（城）镇。

深度挖掘特色产业的历史人文内涵，推动产业、文化、旅游的深度融合。重视产业文化特色的形成、挖掘、展示和运用，对一些以新兴产业为主体的特色小（城）镇建设，从初始条件上设定好科技人文传承发扬的基本导向，在传统和现代的结合中体现人文的丰富内涵，在产业生态位中滋养出人文品质。支持特色小（城）镇将特色产业文化融入城镇空间景观与建筑形态建设，建设历史底蕴厚重、时代特色鲜明的人文魅力空间，塑造高品质的景观环境，促进文化与产业融合发展，彰显特色文化，实现文化定桩。以丹东孤山历史文化小镇为例，依托国家历史文化名镇和全国特色小城镇的先发机遇，逐步建设高端制造与科技孵化相结合、现代农业与传统文化相适应、休闲旅游与健康养老相呼应、智能社区与和谐宜居相统筹的综合化、新型化、一体化的特色小城镇，开展历史古迹保护与修复工作，大力实施公共文化设施建设，积极创新传统文化与现代文化融合发展，着力培育精品文化旅游项目，不断完善文化旅游产业发展环境。

（五）完善设施服务，增加服务供给

1. 强化基础设施新支撑

统筹城乡基础设施网络。按照城乡联动、综合配套、集约利用的原则，统筹推进水电路气信等基础设施城乡联网、生态环保设施城乡统一布局建设。以特色小（城）镇为节点，推进城镇基础设施向农村延伸，实现城乡要素双向流动。加强步行和自行车等慢行交通设施建设，做好慢行交通系统与公共交通系统的衔接。注重小（城）镇的智慧化和绿色化打造，建设智慧社区。推进公共停车场建设。加强小（城）镇垃圾处理设施、污水处理设施、畜禽粪污存储设施建设。针对沿海海岛淡水缺乏问题，探索在大连、丹东、葫芦岛等沿海缺水城市和海岛，统筹规划、建设、管理海水淡化供给的市政配套设施，制定海水淡化水入网水价政府补贴政策，支持海洋特色小（城）镇建设。

完善“互联网+”基础设施建设。积极应用现代信息技术，实现公共 WIFI 和数字化管理全覆盖。深入推进大数据、物联网、云计算等与特色小（城）镇的深入融合，从而为游客的游览提供必要的智能导游、导航、住宿、购物等相关信息服务，提升游客的游览体验。也为当地主管部门对特色小（城）镇经营管理状况动态的实时了解、掌握提供更加便利的渠道。为此，除了要积极完善当地网络线路等基础设施建设外，还要重视网络智能化服务平台的开发，为当地的基础设施完善提供必要的支持。

2. 增加公共服务新供给

建设标准适度超前，提出高质量、复合性强的公共管理与公共服务设施体系，优化各类设施布局，构建 10 分钟、15 分钟生活圈。要聚焦居民日常需求，提升社区服务功能，加快构建便捷“生活圈”、完善“服务圈”和繁荣“商业圈”。要在发展中保障和改善民生，在幼有所育、学有所教、劳有所得、病有所医、老有所养、住有所居、弱有所扶上不断取得进步，保证所有居民在共建共享发展中有更多获得感。统筹规划建设公共服务设施，学校、卫生院、养老院、公共文化活动中心、居民广场、汽车客运站、大型超市、农贸市场、快捷酒店等设施配套要满足多元需求。积极应用现代信息技术，提升公共管理水平，加强精细化管理。

充分认识和体现特色小（城）镇产生于农村、依靠农村、服务农村、带动农村的性质，坚持乡村中心主要职责，为周边乡村提供生产生活服务，补齐基础设施和公共服务的短板。

3. 建设小镇客厅新窗口

小镇客厅是展现特色小（城）镇产业特色、文化特色和生态特色的窗口，是提供创业服务、商贸服务、文化交流、交往空间等综合功能的公共平台。每个特色小（城）镇要高度重视，根据自身产业特点，做好小镇客厅的规划和建设。小镇客厅应具备以下功能：介绍小镇的基础条件、自然资源和人文历史，展示小镇产业的特色和优势，小镇特色产业内龙头企业的交往交流空间，早期创业项目的孵化平台和信息网络公共服务平台。

盘锦新立镇在全国首创了“互联网＋认养农业”模式，建立了米蔬认养基地，成立了认养农业公司，创立了“认养小二”品牌，率先开启了省内小镇客厅建设，小镇客厅以展示和宣传认养模式为主，重点向游客普及和推广认养模式。以此为借鉴，优先推进小镇客厅建设，打造具有地域文化特征的新名片。如盘锦新兴镇重点围绕建设“北国水乡、卫星城镇、宜居乡村、产业强镇、商贸物流枢纽”的总体目标，建设集产业孵化和游客集散为核心职能的小镇客厅，成为“中国北方现代农业和生态旅游示范区，盘锦市西部的商贸物流中转枢纽，盘锦市探索田园宜居村镇的实践区”；盘锦胡家镇重点围绕河蟹、碱地柿子和蟹田大米等特色农产品优势，建设以产品工艺展示和河蟹展销为主要职能的小镇客厅，延长农业采摘和休闲观光产业链条，打造集田园观光、住宿、餐饮、改善农业农事体验于一体的旅游新概念。

（六）强化政策保障，创新体制机制

1. 实行培育制，强化动态管理

特色小（城）镇实行培育制，采用“宽进严定、动态管理、验收命名”的方式统筹推进特色小（城）镇建设。

认真筛选审核，严把命名验收标准。为确保特色小（城）镇建设质量，严把命名验收标准，数量服从质量。宁缺毋滥，反对粗放式、快速式、一窝蜂地建设，争取形成一批具有标杆、引领作用的命名示范小镇。

严格考评查验，实施动态调整。为确保特色小（城）镇创建有序推进，建立季度通报督导、半年调度、年度考评、动态调整机制，取消一次性命名制，避免只管前期申报，不管后期发展现象。严把年度考核标准，坚决警告、降格或者淘汰考核不达标的小（城）镇，引导特色小（城）镇从“量”向“质”、由“多”向“精”积极转变。

建立省级特色小（城）镇培育库，同步建立特色小（城）镇建设项目储备库。加强特色小（城）镇梯队建设，培育特色小（城）镇后备队伍。

2. 加强部门统筹，落实主体责任

加强部门统筹。以各市特色小（城）镇建设工作领导小组为主，会同自然资源厅、生态环境厅、住房城乡建设厅等有关部门，协同推进特色小（城）镇建设工作。明确各成员单位的职责分工，领导小组统筹协调和跟踪督导，建立数据共享平台；各有关部门统一行动、有效参与、把握节奏、精益求精，审议有关政策文件稿和重大政策措施。

强化上下联动。特色小（城）镇建设工作领导小组强化主体责任意识，整合各方力量，及时规范纠偏，调整优化实施方案、培育数量和配套政策，切实加强对特色小（城）镇建设工作的组织领导和统筹协调。引导各市、县（市、区）紧紧把握住发展质量，防止片面追求数量，推进特色小（城）镇健康有序发展。各市、县（市、区）发展改革部门要认准履行职责，强化协调配合，以钉钉子精神抓好落实，确保特色小（城）镇建设取得实效。

以各类主体的协同形成沿海特色小（城）镇的共生格局。培育沿海特色小（城）镇，既需着眼于小（城）镇，也需结合县区市；既需要本区域的努力，也需要外区域的协作。由于产业基础薄弱，资本、技术和管理人才缺乏等，必须将小（城）镇的发展纳入本县、本市、本省区甚至全国的发展大格局中。如果只重视本镇的发展，而忽视周边外区域的发展，小镇建设就难以达到特而强、精而美、活而新。

3. 实现主体多元，推动共同缔造

坚持“政府引导、企业主体、市场化运作”，统筹政府、社会、市民三大主体积极性，充分发挥社会力量作用，最大限度激发市场主体活力和企业家创造力，鼓励企业、其他社会组织和市民积极参与特色小（城）镇投资、建设、运营和管理，逐步形成多方主体参与、共建共享的现代城镇治理模式，推动共同缔造。

政府有效引导。要用好政府的“有形之手”，发挥政府在制定规划政策、提供公共服务、搭建发展平台、建设基础设施和营造制度环境等方面的重要作用，顺势而为、因势利导、防止大包大揽和加剧政府债务风险。政府既不要过渡干预，也不能消极不作为，要本着降本增效的原则，努力在营造特色小（城）镇发展的软环境、最大限度降低发展成本、激发创新创业上下功夫。

企业有效投资。坚持企业主体和政府有效作为的统一，以企业为特色小（城）镇建设主力军，注重引入符合特色小（城）镇发展定位的龙头企业，发挥其市场网络强大、布局产业能力强大的优势，引导企业有效投资、对标一流、扩大高端供给，避免项目简单堆砌和碎片化开发。各地区鼓励实力雄厚的大企业，引入新技术、新模式、新产业、新业态在各个特色小（城）镇率先落地。

市场化充足运作。特色小（城）镇生命力的关键在于遵循市场规律，依托市场“无形之手”，充分发挥市场配置资源的决定性作用，推动多元化主体同心同向、共建共享。探索实行市场化运作，以市场为主导、以规划为引领、以项目为支撑，鼓励社会力量参与小（城）镇建设运营和管理。对于特色产业的发展，应更多地交给市场主体来做决策。

4. 完善政策保障，激发小镇活力

优先享受现有优惠政策。辽宁沿海经济带在推进特色小（城）镇建设中，存在城市集聚水平不足钳制内生发展动力、产业基础薄弱压缩发展空间、民营经济和财政力量的有限性制约基础设施建设、行政资源的分散性削弱协调发展等问题。因此，要发挥沿海区域优势，进一步落实国家关于特色小（城）镇建设的各项政策，多措并举，加快推进一批乡村特色产业和文化旅游特色小（城）镇发展壮大。国家、省、市、县出台的有关金融扶持、科技创新、人才引进、招商引资等相关政策，符合特色小（城）镇建设实际的，一律适用于特色小（城）镇建设，并优先享受有关扶持政策。符合条件的小（城）镇优先列为省级重点建设项目，对规划编制水平较高的小（城）镇，从省重大项目前期经费中专列部分资金给予适当奖励。省、市直各部门牵头管理的现有各类专项资金（除有明确用途和性质等限制的以外）优先向特色小（城）镇倾斜。

强化政策支持并鼓励先行先试。借鉴浙江经验，围绕供给产出“质量”，出台《辽宁沿海经济带特色小（城）镇“亩均效益”领跑者行动方案》，按照亩均税收、亩均产出、单位从业人员产出、亩均有效投入、高端要素集聚度、单位能耗等指标作为特色小（城）镇“亩均效益”领跑者行动综合评价标准，开展年度综合评价。对被评为领跑者的特色小（城）镇，在政银企对接服务平台中，可优先向金融机构和重点企业推介。鼓励各地先行先试，出台相关优惠政策和体制机制改革措施，形成完好的特色小（城）镇建设政策框架，以更好地服务于各地的特色小（城）镇发展。

做好用地保障。统筹安排特色小（城）镇建设用地计划指标，结合新一轮的国土空间规划编制，将特色小（城）镇建设用地纳入城镇建设用地范围内。对被评为领跑者的特色小（城）镇给予用地奖励。特色小（城）镇建设确需新增建设用地的，由各地先行办理农用地转用及供地手续，对如期完成年度规划目标任务的，省里按实际使用指标给予相应的配套奖励，对未按期达到规划目标任务的，加倍倒扣省里奖励的用地指标。用好用活增减挂钩指标。在充分保护好进城农民各类相关权益的基础上，健全完善农村产权交易制度和平台，盘活集体建设用地，促进城乡资源高效配置。

加强资金保障。加大财政投入力度，重点支持特色小（城）镇道路、给排水、环境整治等基础设施和公益事业建设，创新财政资金支持方式，由事前补贴转为事中事后弹性奖补。以多元化投资平台开发建设辽宁沿海特色小（城）镇的基础设施。可以通过 PPP 模式解决方案，以项目为核心，搭建一个“政府—社会—金融机构”构成的多元化投资平台，充分利用银行、保险、债券、基金、社会资本、政府扶持资金等各类资本，在遵循科学有效投融资规划基础上，为辽宁沿海特色小（城）镇提供金融支持。鼓励给予海洋装备制造、海水淡化和海洋能发电等给予企业补贴、免减税；鼓励金融机构探索发展以海域使用权等为抵（质）押担保的涉海融资产品，探索发展海洋高端装备制造、海洋新能源、海洋节能环保等新兴融资租赁市场。全面优化营商环境，加强指导、优化服务、开放资源，为辽宁沿海地区打造更多精品特色小（城）镇提供制度土壤。

强化人才保障。以构建产业生态为重点，着力打造一流的生活、生态和社区环境，加快教育、医疗、文化、体育等配套设施建设，吸引更多的“国千”、“省千”、行业领军、“新四军”等人才向特色小（城）镇集聚，增强小（城）镇创新创业新动力。结合各地区特色小（城）镇工作领导小组，配备乡村规划师和小（城）镇建设工程质量安全协管员，确保特色小（城）镇各项工作横向到边、纵向到底。

5. 加强业务指导，做好宣传引导

注重业务培训，加强政策指导。针对部分市县主管部门和投资运营主体对特色小（城）镇概念不清、定位不准、创建路径不清晰等问题，把加强业务培训和政策指导作为特色小（城）镇建设的一项重要基础性工作。组织召开辽宁沿海经济带特色小（城）镇建设交流培训会，邀请国家发展改革委和小城镇中心专家座专题讲座，组织省自然资源厅、生态环境厅、住房城乡建设厅、国开行等有关部门和单位讲解相关政策，交流各地特色小（城）镇建设经验，引导各地准确把握特色小（城）镇内涵和发展方向，促进全省特色小（城）镇健康发展。

建立典型引路和规范纠偏机制。从正反两方面入手，支持辽宁沿海经济带特色小（城）镇规范健康有序发展。从正的方面看，主要是建立典型引路机制。以正面引领高质量发展为导向，支持特色兴镇、产业建镇，坚持政府引导、企业主体、市场化运作，逐年挖掘精品特色小（城）镇，全面实施“亩均效益”领跑者行动，分类产生年度领跑者名单，总结推广典型经验，发挥示范引领作用，引导处于发展过程中的特色小（城）镇对标典型、学习先进，增强小（城）镇发展竞争力。从反的方面看，主要是建立规范纠偏机制。以正确把握、合理布局、防范变形走样为导向，强化年度监测评估和动态调整，淘汰错用概念的行政建制镇、滥用概念的虚假小镇、缺失投资主体的虚拟小（城）镇，整改特色不显、质量不高的问题小（城）镇，确保数量服从质量。

加强特色小（城）镇全生命周期服务。积极推动多主体参与特色小（城）镇发展建设，通过组建辽宁沿海经济带特色小（城）镇发展联盟的方式，加强资源、信息互通与共享，为特色小（城）镇科学发展提供全方位支撑。根据特色小（城）镇发展需求，组织召开特色小（城）镇研讨会、现场会和交流对洽会，为各地区及企业推进特色小（城）镇工作搭建平台。起到“正本清源、树立典型、交流对洽、促进发展”的良好作用。

做好特色小（城）镇宣传推介工作。发挥主流媒体舆论宣传作用，持续跟踪报道建设进展，发现新短板新问题，总结好样板好案例，形成全社会关注关心的良好氛围。注意既不能发现成绩，就一哄而上宣传；也不能发现问题，就一棍子打死；更不能理解偏差、报道失实，造成市场信号混乱。建设辽宁沿海经济带特色小（城）镇官网官微，每日更新特色小（城）镇动态，全面展示宣传小（城）镇建设进展，形成小（城）镇之间“比学赶超”的良好氛围，不断提升辽宁沿海经济带特色小（城）镇品牌影响力。

| 专题报告七 |

辽宁沿海经济带乡村振兴战略的推进路径调查研究报告

一、引　　言

实施乡村振兴战略，是党的十九大做出的重大决策部署。2018 年中央一号文件《关于实施乡村振兴战略的意见》对实施乡村振兴战略进行了全面部署；2018 年 9 月 26 日中共中央、国务院印发了《乡村振兴战略规划（2018～2022年）》，对实施乡村振兴战略做出阶段性谋划，细化实化了工作重点和政策措施，部署重大工程、重大计划、重大行动，确保乡村振兴战略落实落地；2019 年的中央一号文件从“坚持农业农村优先发展”角度落实全面推进乡村振兴战略的实施；2019 年 6 月 1 日，习近平总书记在《求是》杂志发表重要文章《把乡村振兴战略作为新时代“三农”工作的总抓手》中指出，“实施乡村振兴战略是关系全面建设社会主义现代化国家的全局性、历史性任务”，并进一步点明“农业农村现代化是实施乡村振兴战略的总目标，坚持农业农村优先发展是总方针，产业兴旺、生态宜居、乡风文明、治理有效、生活富裕是总要求，建立健全城乡融合发展体制机制和政策体系是制度保障”。2019 年 6 月 23 日，中共中央办公厅、国务院办公厅印发《关于加强和改进乡村治理的指导意见》，提出要推进乡村治理体系和治理能力现代化，夯实乡村振兴基层基础。从国家层面来看，乡村振兴的一系列战略举措不断推出，乡村振兴战略不断向纵深推进。

为深入贯彻落实乡村振兴战略的实施，辽宁省委、省政府也出台了相应的务实措施。2019年辽宁省政府工作报告中对“扎实推进乡村振兴”提出了明确要求，通过“推动现代农业提质发展、推动农村环境提档升级和推动农村改革提速深化”三方面的推动，开创“三农”工作新局面。与省内其他区域相比，辽宁沿海经济带上的农村具有更好的区位优势、产业优势、人力资源优势、社会资本优势等，按照区域经济发展的差序格局发展路径，实现辽宁省的全面振兴和全方位振兴，首先应该是辽宁沿海经济带的振兴，辽宁省乡村振兴的差序发展格局，也应该是首先推进沿海经济带的乡村振兴。

本项目通过对沿海经济带典型地区农村、农业和农户的实地调研，对沿海经济带乡村振兴战略推进现状进行调查、对已经实施的乡村振兴战略举措进行评估，对其存在的问题进行分析，提出辽宁沿海经济带乡村振兴战略的推进路径，为扎实推进辽宁省乡村振兴战略提供政策参考。

本项目实地调研主要根据“产业兴旺、生态宜居、乡风文明、治理有效、生活富裕”五方面乡村振兴战略总要求设计，对标乡村振兴战略规划要求，基于农户需求视角，综合考虑农村的各种资源禀赋，从两个角度开展研究：一方面，对正在实施的乡村振兴战略举措进行评估，发现已经存在或存在潜在可能的问题，分析和研究产生的原因；另一方面，根据农户的现实需求，综合正在实施的乡村振兴战略举措，设计乡村振兴战略的推进路径，提出相应的对策建议。

项目实地调研于2019年7月14日至20日实施，调查员包括2名农业经济管理专业的博士教师，2名企业管理专业研究生和1名本科生，实地调研共包括两部分内容：一部分是实地观察，调查员分五个方向在村内步行开展观察，主要包括调研村的道路、路灯、垃圾处理设备设施、村容村貌、农户庭院房屋、体育娱乐公共设施等情况，对调研村进行综合评分；另一部分是村民访谈，调查员对本村村民进行访谈，访谈内容包括乡村民风、乡村治理情况、村容村貌整治等情况。

项目调研样本选择依据第三次全国农业普查村数据，综合考虑区位、村庄类型等因素，调研原计划开展两次，但因受疫情影响，第二次调研未能实施。项目调研样本分布在沿海4市10个县市区73个村，其中大连调研3个县市区33个村，调研村占项目调研村总数的45.21%，营口调研5个县市区23个村，调研村占项目调研村总数的31.51%；调查员在实地调研过程中，共访谈村民243人，其中大连受访村民123人，占受访村民总数的一半，营口受访村民66人，占受访村民的四分之一以上（见表7-1）。本文中所有数据均来自项目实地调研数据。

表 7－1　　调研样本情况

地级市	县市区	调研村数（个）	所占比重（%）	访谈村民数（人）	所占比重（%）
大连	瓦房店市	26	35.62	94	38.68
	普兰店区	5	6.85	20	8.23
	金州区	2	2.74	9	3.70
	合计	33	45.21	123	50.62
营口	盖州市	12	16.44	32	13.17
	鲅鱼圈区	4	5.48	13	5.35
	大石桥市	3	4.11	8	3.29
	老边区	2	2.74	4	1.65
	西市区	2	2.74	9	3.70
	合计	23	31.51	66	27.16
锦州	凌海市	6	8.22	15	6.17
盘锦	大洼区	11	15.07	39	16.05
总计		73	100.00	243	100.00

资料来源：根据调研数据整理。

调研样本村中受访村民中有知道乡村振兴战略的村的数量为 27 个，占调研村总数的 36.99%，从县市区来看，盖州市最低，仅有 1 个村有村民知道乡村振兴战略，占调研村的 8.33%；从受访村民的总体情况来看，243 个受访村民中仅有 31 个知道乡村振兴战略，占比 12.76%，其中大石桥市、老边区、大洼区、凌海市受访村民中知道乡村振兴的比例超过 20%，其余 6 地都在 10% 左右，最低的盖州市仅有 1 人，占受访村民的比例为 3.13%（见表 7－2）。

表 7－2　　受访村民乡村振兴战略认知情况

县市区	有受访村民知道乡村振兴战略的村数（个）	占本地调研村的比重（%）	知道乡村振兴战略村民数（人）	占受访村民比重（%）
鲅鱼圈区	1	25.00	1	7.69
大石桥市	2	66.67	2	25.00
大洼区	6	54.55	8	20.51
盖州市	1	8.33	1	3.13

续表

县市区	有受访村民知道乡村振兴战略的村数（个）	占本地调研村的比重（%）	知道乡村振兴战略村民数（人）	占受访村民比重（%）
金州区	1	50.00	1	11.11
老边区	1	50.00	1	25.00
凌海市	3	50.00	3	20.00
普兰店区	2	40.00	2	10.00
瓦房店市	9	34.62	11	11.70
西市区	1	50.00	1	11.11
总计	27	36.99	31	12.76

资料来源：根据调研数据整理。

从村民乡村振兴战略认知途径来看，电视仍然是村民获得信息的最主要渠道，31 个知道乡村振兴战略的村民中有 26 个通过电视知道的，占调研村总数的 83.87%，其余 5 个都是从村委会（或者村干部）处知道，占比 16.13%。

从村民对乡村振兴战略理解的角度来看，14 个村民理解为发展农村，占比将近二分之一，主要市希望让农村变好、变富，更多是对乡村振兴的期盼；有 4 个和 1 个村民分别从环境整治和产业单一角度来理解乡村振兴；另外 12 个村民担心停留在喊口号，缺乏实干，不能很好落实，村民对乡村振兴战略的理解有待修正。

二、产业兴旺的推进途径

（一）农村产业基本现状与问题

1. 种植业基本状况与问题

辽宁省沿海经济带农作物主要以水稻和玉米为主，在调研的 73 个村庄中，单纯以水稻为主要种植作物的村庄有 16 个，占总调研村庄的 21.92%，单纯以玉米为主要种植作物的村庄有 10 个，占总调研村庄的 13.7%，以水稻和玉米以及其他作物为主的有 45 个，占到总调研村庄的 61.64%；果树、葡萄和蔬菜是主要的经济作物，单纯以果树为主要经济作物的村庄有 12 个，占总调研村庄的

16.4%，以果树与其他作物作为主要种植作物的村庄有 14 个，占总调研村庄的 19.17%，其中，樱桃、桃子为主要的果树品种；以葡萄为主要经济作物的村庄有 7 个，占总调研村庄的 9.59%，以葡萄与其他作物为主的村庄有 5 个，占总调研村庄的 6.85%；以种植蔬菜为主要种植作物或者以蔬菜加其他作物为主要种植作物的村庄有 5 个，占总调研村中的 6.85%。具体情况见表 7－3。

表 7－3　　辽宁省沿海经济带农村的农业种植作物状况

种植作物	数量（个）	比例（%）
果树	6	8.22
果树和玉米	1	1.37
葡萄	7	9.59
葡萄和桃	4	5.48
蔬菜	1	1.37
蔬菜玉米	1	1.37
水产	3	4.11
水产品	1	1.37
水产品兼水稻玉米	1	1.37
水稻	16	21.92
水稻玉米	3	4.11
樱桃	6	8.22
樱桃玉米	1	1.37
玉米	10	13.70
玉米果树	8	10.96
玉米和蔬菜	2	2.74
玉米葡萄西瓜	1	1.37
玉米蔬菜	1	1.37
总计	73	100.00

资料来源：根据调研数据整理。

其一，反映出的问题是产业结构单一，有些村中主要以果树或者葡萄为主，且也是收入的主要经济来源，一旦受灾，则损失比较严重；其二，村与村之间的种植品种趋同性严重，虽然从规模上看形成了樱桃、葡萄种植的规模经济，但是由于村与村之间的种植品种趋同，竞争激烈，产品价格竞争力不强，甚至出现了锦州的苹果销往大连部分地区，与当地苹果竞争；其三，三次产业融合率低，主要是产业链上游，产品附加值低，加上靠天吃饭受自然状况约束严重，同区域产品趋同竞争激烈，农民辛苦忙一年，收入很不乐观。

2. 农村畜牧业基本状况与问题

除种植业外，辽宁省沿海经济带农村主要的产业为畜牧业，这也是农民另一个主要收入来源。在调查的73个村庄中，能利用庭院规模养殖的村庄有44个，占总调研村庄的60.27%，没有利用庭院进行规模养殖的村庄有29个，占总调研村庄的39.73%，具体情况见表7－4。

表7－4　农村利用庭院规模养殖情况

利用庭院规模养殖	频数（个）	比例（%）
没有	29	39.73
有	44	60.27
总计	73	100.00

资料来源：根据调研数据整理。

各个地区养殖情况如表7－5所示。

表7－5　调研村规模养殖户情况

县市区	受访村民反映本村存在规模养殖户的村数（个）	占本地调研村的比重（%）
鲅鱼圈区	3	75.00
大石桥市	2	66.67
大洼区	5	45.45
盖州市	11	91.67
金州区	2	100.00
老边区	2	100.00
凌海市	6	100.00
普兰店区	5	100.00
瓦房店市	25	96.15
西市区	1	50.00
总计	62	84.93

资料来源：根据调研数据整理。

其中存在的问题是污染严重，主要为养殖粪便导致的水污染、空气污染，在调研的个别村庄中，由于养殖场所处于水源地上游，导致整个村庄的饮用水严重污染，村民的吃水问题受到极大的影响；由于粪便导致的空气污染，使得村庄局部甚至整个村庄都弥漫着令人窒息的臭味，严重影响了村民的居住条件。

3. 空心化导致的产业凋零

伴随着城镇化，村庄中大批的年轻人大多都选择到县城或者城市居住，即使没有能力移居到城里居住的年轻人，也大多都选择外出务工，村中劳动力严重匮乏，产业发展动力不足，导致农村房屋空置。在调研的 73 个村中，房屋空置率 5% 以下的有 22 个，占总调研村庄的 30. 14%，空置率在 5% 到 10% 的村庄有 34 个，占总调研村庄的 46. 58%，空置率超过 10% 的村庄有 17 个，占到总调研村庄的 23. 29%，具体情况如表 7 - 6 所示。

表 7 - 6　　农村房屋空置率

房屋空置率	频数（个）	比例（%）
5% 以下	22	30. 14
5% ~10%	34	46. 58
10% 以上	17	23. 29
总计	73	100. 00

资料来源：根据调研数据整理。

4. 产业发展带动村民致富能力不足

乡村要振兴，摆脱贫困是前提，必须把提高脱贫质量放在首位，无论是到 2020 年底完成打赢脱贫攻坚战任务，还是实现乡村振兴的阶段性目标，产业发展都处于根本性地位。一般而言，如果一个村庄有支柱产业，往往这个村庄的整体富裕率（富裕的户数占总户数的比重）较高，因此一个村庄的富裕率也从一定程度上反映了这个村庄的产业状况。从调研情况看，富裕率在 1% 以下的村庄有 12 个，占总调研村庄的 16. 44%，超过一半的村庄富裕率在 1% 到 5%。具体情况见表 7 - 7 所示。

表 7－7　　村庄富裕率

富裕率	频数	比例（%）
1%以下	12	16.44
1%～5%	40	54.79
5%以上	21	28.77
总计	73	100.00

资料来源：根据调研数据整理。

从对整个村庄的判断看，超过68%的村庄给人的感觉是不够“振兴”，乡村振兴的道路依然任重而道远见表7－8所示。

表 7－8　　村庄整体评分

评分分组	频数（个）	比例（%）
60分以下	50	68.4
60分（含）以上	23	31.6
总计	73	100.00

资料来源：根据调研数据整理。

（二）产业兴旺推进路径

1. 产业发展，政府既要有为，也要有限，要结合该地区的经济社会发展现状。政府在扶贫产业发展中扮演着更为重要的角色——既要有为、也要有限。[1]有为，一方面是因为产业发展缺乏外源性支持，比如资金、技术、龙头企业引进等，政府应积极发挥主要作用；另一方面，在中央不断加大资金投入的情况下，有些地区的地方政府在产业方面的政策措施趋于保守，对有些很有潜力的产业，怕追责不敢积极支持，应摒弃这种怕担责不作为的观念。有限是政府应在尊重市场规律基础上，发挥有限责任，主要做好具有外部性特征的基础设施、技术推广、技术培训、质量监督、公共品牌创建和维护等公共服务工作。在微观层面上，应该让企业、社会化服务组织、合作社、农户等成为面对市场、参与竞争、自我决策、自担风险的独立经营主体，这样才能有效发挥政府在产业发展中的良性作用。

2. 打造优势特色产业，依靠龙头企业做深做强，依托品牌化实现价值增值。产业发展首先要甄别具有市场潜力与本地比较优势的产业形态，只有基于自身自然生态环境、特色农林产品与劳动力等禀赋结构优势的产业发展，才能够形成有竞争力的产品，进而在资源整合、精深加工、配套产业服务等产业链上做深做强。对于产业链的拓展延伸，要重视上游产品的规模化、标准化与品质化生产，通过内置村社的合作组织推动小农的组织化。要重视生鲜农产品错季销售的冷链仓储及冷链物流体系建设，最大化避免季节性供过于求导致的“丰产不丰收”现象；对于价值链的提升，要抓住龙头企业。重视基于优质农产品产业链的品牌化建设，以品牌溢价创造更高的价值；要重视对产业链深加工环节的价值链融资，提高金融支持力度，促进贫困地区内生性产业发展力量。

3. 加大产业发展市场化主体的支持培育力度，完善产业扶贫利益联结机制。政府应加大市场主体的培育力度，围绕有潜力的特色产业，依靠龙头企业、合作社等更具有能力的主体，从提升产业链竞争力和带贫能力着手，加大对这些主体包含信贷、用地、发展奖补等支持政策，推动他们的发展。一些地区产业发展落后，与生产组织方式落后密切相关。一家一户分散的小规模生产方式，由于缺乏分工和规模效应，抵抗市场风险能力很弱，小生产与大市场矛盾突出。另外，在促进产业的合作化、分工化和规模化过程中，一定要积极对接贫困户，开展技能培训、提供就业岗位，让贫困户真正嵌入产业发展，在产业发展中受益，并提高自身发展动力与能力，实现稳定且可持续的脱贫。

三、生态宜居的推进途径

（一）生态宜居的基本现状与问题

为深入贯彻落实《中共中央办公厅、国务院办公厅关于印发〈农村人居环境整治三年行动方案〉的通知》精神，加快推进农村人居环境整治，进一步提升农村人居环境水平，辽宁省出台了《辽宁省农村人居环境整治三年行动实施方案（2018～2020年）》，各地农村人居环境有了一定的改观，各类示范村整治效果明显，但由于种种原因，农村人居环境整治仍然存在不少问题。

1. 示范村数量少，带动作用不强。从整体情况看，农村环境整治比较好的主要在示范村，一个市县倾力打造的仅仅是两三个样板村，大量资源都集中投放在这些样板村，但这种用重金打造样板村的做法，很难起到带动作用，大多数面上村由于享受不到示范村的政策待遇，缺乏必要的资金等原因，行动缓慢甚至没有行动，仍然处于等待观望之中，村庄面貌改变不大，不少村庄“脏乱差”现象依旧。

2. 村路硬化和路灯覆盖面有待提高，村内排水不畅。调研的73个行政村中，有18个村的支路未硬化，54个村硬化到支路，但仅33个村完成硬化支路到每户门前；有17个村道路未安装路灯，41个村部分道路安装路灯，仅14个村全部道路安装路灯；主路排水沟完好的行政村数量仅为6个，有48个村庄主路没有排水沟或排水沟破损严重，6个村的支路排水沟完好，36个村庄支路没有排水沟或破损严重；调查还发现，村内大多数排水沟中存在垃圾，仅有16个村的沟内无垃圾，调查村庄道路的排水能力非常弱，极易发生内涝灾害。

3. 垃圾清理不及时，垃圾箱覆盖范围小，垃圾处理运行成本高。调查的73个行政村中95%都建有水泥垃圾池、金属垃圾箱或统一配备塑料垃圾箱，但村民普遍反映清理不及时，仅有5个村能做到天天清理，20个村3～7天清理一次，3个村直到垃圾满池才清理，甚至个别村一年清理一次；65%的被调查村垃圾箱安排在特殊位置点，如主路旁边等，只有少数村的垃圾箱按照一定距离安放。在特殊位置点安放的垃圾箱覆盖范围有限，都是附近村民投放垃圾，距离稍远的村民多会选择将垃圾扔到沟边、河边或路边，进而导致村内卫生环境较差。农村垃圾处理缺乏统一规范，处理方式随意，几乎所有的村庄都没有实质性开展垃圾分类工作，大多由乡镇或村级政府机构雇佣当地村民在村庄周围就近填坑、堆放或焚烧，做掩埋处理的村庄不多，村周围土地、水体和空气已造成或即将造成严重的污染。部分村垃圾处理按照“村收集、镇转运、县处理”的“城市化”处理模式，虽然运行有效，但垃圾处理费由上级补助，运行成本太高。

村委会开展农村生活垃圾处理工作已经成为各村的日常工作，但是不同区域、不同农户感受到的垃圾清运频率存在差异。受访村民中87位反映基本每天都有清运，占比三分之一以上；反映一周至少一次的有37位，占比超过15%，两类合计超过50%；另外，反映没有垃圾清运的有36位，占比接近15%（见表7－9）。

表7-9　受访村民反映的各村垃圾清运频率的情况

垃圾清运频率	受访村民数（位）	比重（%）
基本每天	87	35.80
一周至少一次	37	15.23
半个月至少一次	10	4.12
一个月以上	17	7.00
装满清理	22	9.05
无固定规律	26	10.70
说不清楚	8	3.29
无垃圾清运	36	14.81
总计	243	100.00

资料来源：根据调研数据整理。

从受访村民对村委会垃圾处理满意情况来看，共有34个村的全部受访村民对本村的垃圾处理表示满意，占调研村的46.58%，金州区、老边区和凌海市都是100%，大洼区达到90%以上；从整个受访村民的满意率来看，共有159个受访村民满意，占比超过65%；从不同地区来看，除了西市区低于50%以外，其余9个县市区的受访村民满意率都超过50%（见表7-10）。

表7-10　受访村民对所在村垃圾处理满意情况

县市区	受访村民满意率100%的调研村数（个）	占该地调研村比重（%）	对垃圾处理满意的受访村民数（位）	满意村民占本村受访村民数的比重（%）
鲅鱼圈区	3	75.00	10	76.92
大石桥市	1	33.33	4	50.00
大洼区	10	90.91	38	97.44
盖州市	4	33.33	13	40.63
金州区	2	100.00	9	100.00
老边区	2	100.00	4	100.00
凌海市	6	100.00	15	100.00
普兰店区	1	20.00	13	65.00
瓦房店市	5	19.23	49	52.13
西市区	0	0.00	4	44.44
总计	34	46.58	159	65.43

资料来源：根据调研数据整理。

4. 农村旱厕改造流于形式、实用性差。冲水式厕所是当前大多数农村旱厕改造的方式，但产生了额外的水费，另外抽粪费用太高，导致许多农民接受却不会选择安装。更甚者，调研村庄中有超过 18% 的村庄饮用水困难，无法满足旱厕改造后的用水需求。辽宁省冬季气温较低，加上上级拨款资金有限，旱厕改造仅仅流于形式，改造后的水厕多数无法使用，成为家中的摆设，不能发挥应有的功能。被调查的 73 个村庄中，大多都保留了传统旱厕或村内公厕，仅 30 个村开展了旱厕改造，其中 13 个村虽统一修建了水厕，但并未实际利用，大多被村民改造成仓库或浴室，已经统一改造厕所的村中，仅有 17 个村能真正利用。

5. 养殖排污问题严重。环境保护是乡村振兴战略实施中非常重要的一环。畜禽规模养殖排污问题对环境造成的负面影响成为乡村生态宜居的主要影响因素之一。从调研情况来看，有 62 个村有规模养殖户，占调研村的比重接近 85%（见表 7－11）。从粪污的处理方式来看，仅有 6 位村民反映规模养殖户的粪污处理利用化粪池等环保方式。

表 7－11　　　　调研村规模养殖户情况

县市区	受访村民反映本村存在规模养殖户的村数（个）	占本地调研村的比重（%）
鲅鱼圈区	3	75.00
大石桥市	2	66.67
大洼区	5	45.45
盖州市	11	91.67
金州区	2	100.00
老边区	2	100.00
凌海市	6	100.00
普兰店区	5	100.00
瓦房店市	25	96.15
西市区	1	50.00
总计	62	84.93

资料来源：根据调研数据整理。

村民对农村生态满意程度有待提高。从受访村民对村生态环境的满意情况来看，共有 30 个村的全部受访村民对本村的生态环境表示满意，占调研村的比重略高于 40%，老边区和凌海市是 100%，大洼区达到 70% 以上；从整个受访村民的满意率来看，共有 147 个受访村民满意，占比超过 60%；从不同地区来看，西市区、瓦房店市和盖州市低于 50%，其余 7 个县市区的受访村民满意率都超过 50%（见表 7－12）。

表 7－12　　受访村民对所在村生态环境满意情况

县市区	受访村民满意率 100% 的调研村数（个）	占该地调研村比重（%）	对生态环境满意的受访村民数（位）	满意村民占本村受访村民数的比重（%）
鲅鱼圈区	1	25.00	8	61.54
大石桥市	1	33.33	4	50.00
大洼区	8	72.73	36	92.31
盖州市	3	25.00	15	46.88
金州区	1	50.00	7	77.78
老边区	2	100.00	4	100.00
凌海市	6	100.00	15	100.00
普兰店区	2	40.00	11	55.00
瓦房店市	6	23.08	44	46.81
西市区	0	0.00	3	33.33
总计	30	41.10	147	60.49

资料来源：根据调研数据整理。

（二）农村生态宜居推进路径

1. 重点整治垃圾、污水污染，全域推进农村人居环境整治。第一，农村人居环境整治需要解决的问题很多，但当前最突出的矛盾是垃圾、污水带来的环境污染和“脏乱差”问题，建议将农村人居环境整治的重心集中在全域的垃圾污水治理上面；第二，整治工作的着力点，应当在坚持抓好示范村建设的同时，把示范村的经验更多地复制到面上村，把给示范村的政策也尽量惠及到其他村，大多数村庄完成人居环境整治任务，才是开展农村人居环境整治、建设生态宜居美丽乡村的根本目的。

2. 公共设施要建设与维护并重。第一，建议对农村基础设施建设进行科学有效的规划，做到真正沉入基层、走访基层、调研基层，结合本地的实际情况利用有限的资金，对将建的基础设施做出“接地气”的安排，对能推动农村各项事业发展的交通基础设施建设，形成乡村交通与特色产业、乡村交通与农村各项事业融合发展的模式，在优先建设形成特色产业村镇的同时，也要兼顾落后地区的基础设施建设；第二，农村公共管理和公共服务设施、绿化设施、道路等非经营性基础设施，按照权属关系，由乡镇政府或村级组织负责管护，落实到人，鼓励地方设立公益性管护岗位，优先从贫困户中聘请管护员，负责村属公共基础设施日常巡查、小修、保洁等管护工作；第三，鼓励地方政府逐步由直接提供管护服务向购买服务转变，采用多种形式，有序引导社会力量参与管护，制定完善鼓励社会资本和专业化企业有序参与农村公共基础设施管护的政策措施，保障管护主体合理收益，形成多元化管护格局。

3. 创新农村垃圾、污水处理的思路和模式。第一，加大农户垃圾、污水处理模式改革创新力度，激发农民搞好环境卫生的内生动力，着力点是把工作重点从垃圾、污水处理的末端转移到前端和源头，提高农民的卫生意识，开展多种形式的宣传，努力营造人人关心卫生环境、时时注意环境保护的社会氛围，同时推行农户对门前屋后卫生“三包”政策，村村成立义务保洁队，定期检查公布每户卫生情况，建立村民自洁督促制度；第二，市级政府形成《农村垃圾处理条例》，制定农村垃圾处理的管理机制，明确村民、村委会、乡镇政府的责任，县级政府合理制定本县的垃圾处理方式，比如焚烧发电还是堆肥还田，就地消纳还是集中处置，是否需要对垃圾进行分类处理，是否需要更新垃圾桶，是否需要引进环卫车，同时，县级政府要与乡镇政府合理选择垃圾处理的地点；第三，充分发挥专家和基层干部群众的智慧，共同研究制定切合农村实际的生活污水处理方法及工艺，同时借鉴其他地区的成功经验，坚持“因陋就简，土法上马，土洋结合”的原则，降低生活污水处理成本，提高财政补助资金的使用效率。

4. 旱厕改造要因地制宜、统筹推进。第一，建议市县乡各级政府的农业农村、卫生健康等职能部门要安排相关人员开展集中宣传活动，积极宣传“厕所革命”的意义和好处、无害化厕所正确使用和管护、改厕的安全保障方法，在做好主动宣传的同时，还认真听取群众的意见建议，及时解答提出的相关困难和问题，增强群众对“厕所革命”的认识；第二，建议县级政府的农业农村部门根据当地地理环境、气候条件、经济水平、农民生产生活习惯等因素，结合乡村振兴、脱贫攻坚、改善农村人居环境等规划，按照村庄类型，突出乡村特色，体现风土人情，因地制宜提出农村旱厕改造指导意见，统筹推进农村改厕工作；第三，各乡镇政府积极组织村镇干部逐户走访，在查看农户厕所现状、了解改厕改造意愿的基础上，坚持因地制宜，精准施策，宜水则水、宜旱则旱、宜分户则分户、宜集中则集中，在城镇污水管网覆盖村庄、配建污水处理设施的重点饮用水源地、保护区内村庄和新型社区，优先采用水冲式厕所，建立管网集中收集处置系统，实现达标排放，在气候条件适宜的平原区、浅山区，可选择使用三格化粪池、双瓮漏斗厕所等模式改造，在缺水地区，可选择使用粪尿分集、双坑交替等模式改造。

四、乡风文明的推进路径

（一）乡风文明的基本现状与问题

1. 人情往来负担重，文明户示范作用甚微。人情礼往原本是社会群体内互助互济的一种形式，是值得传承的千年传统，也是乡风文明的一个重要指标。但是，在当前农村，人情往来却转变成农民难以承受的经济负担，且愈演愈烈，甚至影响农村经济的发展，阻碍乡风文明的推进。调研中有 33 位受访村民明确表示“乡村人情往来多”，占受访村民的 13.58%；这 33 位村民分布在 6 个县市区的 28 个村，占调研村的 38.36%，盖州市、大洼区、鲅鱼圈区和普兰店区有村民反映人情往来多的村占比超过一半以上（见表 7－13）。此次调查也表明，当前农村人情消费呈现出随礼频率高，单次礼金绝对数量高，礼金支出占年收入比重高“三高”现象。甚至有几位被调查者表示，每年礼金支出已经超过家庭年收入，需要借债来维系礼尚往来。农村人情礼往的礼金消费已影响到农民的正常生活和生产，成为农民名副其实的负担。

表 7－13　　受访村民对乡村人情往来情况的看法

县市区	有受访村民反映人情往来多的村数（个）	占本地调研村的比重（%）	反映人情往来多的村民数（人）	占受访村民比重（%）
鲅鱼圈区	2	50.00	2	15.38
大石桥市	0	0.00	0	0.00
大洼区	6	54.55	6	15.38
盖州市	8	66.67	9	28.13
金州区	0	0.00	0	0.00
老边区	0	0.00	0	0.00
凌海市	1	16.67	1	6.67

续表

县市区	有受访村民反映人情往来多的村数（个）	占本地调研村的比重（%）	反映人情往来多的村民数（人）	占受访村民比重（%）
普兰店区	3	60.00	3	15.00
瓦房店市	8	30.77	12	12.77
西市区	0	0.00	0	0.00
总计	28	38.36	33	13.58

资料来源：根据调研数据整理。

文明户评选活动本是提高农民综合素质、推动群众精神文明建设、实现乡风文明的重要手段，但从实际效果看，文明户的典型示范作用非常有限。调研中有 39 位受访村民表示“所在村有文明户评比”，占受访村民的 16.05%；这 39 位村民分布在 9 个县市区的 27 个村，占调研村的 36.99%，金州区的 2 个调研村都有村民反映有文明户评比，大洼区、大石桥市、老边区和西市区有村民反映有文明户评比的村占比超过一半以上（见表 7－14）。但近八成的被调查农户不知道本村开展了文明户评选活动，仅三分之一的被调查村庄有农户表示知道“所在村有文明户评比”，说明文明户评比活动并未被大多数村民所熟知，那么可以推断，文明户对村民的文明示范作用也非常甚微。可见，要真正实现乡风文明任重道远。

表 7－14　　受访村民反映所在村存在文明户评比的情况

县市区	有受访村民反映有文明户评比的村数（个）	占本地调研村的比重（%）	反映有文明户评比的村民数（人）	占受访村民比重（%）
鲅鱼圈区	0	0.00	0	0.00
大石桥市	2	66.67	3	37.50
大洼区	8	72.73	15	38.46
盖州市	4	33.33	4	12.50
金州区	2	100.00	3	33.33
老边区	1	50.00	1	25.00
凌海市	2	33.33	3	20.00
普兰店区	2	40.00	2	10.00
瓦房店市	5	19.23	7	7.45
西市区	1	50.00	1	11.11
总计	27	36.99	39	16.05

资料来源：根据调研数据整理。

2. 图书室覆盖率高但利用率低。为深入贯彻落实中共中央、国务院《关于推进社会主义新农村建设的若干意见》和《关于进一步加强农村文化建设的意见》，切实解决广大农民群众“买书难、借书难、看书难”的问题，2007 年 3 月，新闻出版总署会同中央文明办、国家发展改革委、科技部、民政部、财政部、农业部、国家人口计生委联合发出了《关于印发〈农家书屋工程实施意见〉的通知》，开始在全国范围内实施“农家书屋”工程。经过 13 年的发展，我省乡村图书室的建设已取得了瞩目成就，覆盖率接近八成。从实地调研情况来看，受访村民反映所在村有图书室的村 56 个，占调研村的比例达到 75% 以上；金州区、老边区和凌海市的调研村都有村民反映有图书室，大洼区和盖州市有村民反映所在村有图书室的村占比超过 90% 以上（见表 7 - 15）。可见，乡村图书室在辽宁沿海经济带各乡村的覆盖率相当高。

表 7 - 15　受访村民反映所在村图书室建设情况

县市区	有受访村民反映有图书室的村数（个）	占本地调研村的比重（%）
鲅鱼圈区	2	50.00
大石桥市	2	66.67
大洼区	10	90.91
盖州市	11	91.67
金州区	2	100.00
老边区	2	100.00
凌海市	6	100.00
普兰店区	2	40.00
瓦房店市	18	69.23
西市区	1	50.00
总计	56	76.71

资料来源：根据调研数据整理。

乡村图书室覆盖率虽很高，但也遭遇了利用率低、管理松散、资源单一等诸多难题。调研数据反映，所在村有图书室的受访村民有 88 位，占受访村民的比例为 36.21%，其中老边区、凌海市、大石桥市和盖州市反映所在村有图书室的村民占比超过50%；这些知道所在村有图书室的村民自己或者家人去过图书室的有14人，占知道所在村有图书室村民的比例仅为15.91%。由于同一村受访村民反映的本村村民去图书室的比重有不同看法，此处分析将同村村民的看法取最高值进行处理。从图书室利用情况的认识来看，图书室的利用率较低：56个村中有21个村的受访村民反映村民去图书室的比重为0，另有20个村的村民反映比重为5%（或者低于5%），这两种情况就有41个村，占比达到80%以上。实地走访发现建在村委会的村图书室都大门紧闭，向室内看去，书架上、桌椅上覆盖着较厚的灰尘，甚至有些村的图书室都变成了仓库，图书借阅记录上记录的出借信息都是三五年前的，这些说明村图书室的使用率并不高。有些村图书室虽可以进去，但图书大多也比较陈旧，部分种植和养殖有关的书籍很多也与当地种植和养殖情况不一致。图书出借管理和流转基本流于形式，大多书籍处于闲置状态（见表7－16、表7－17）。

表7－16　　受访村民自己或者家人去过村图书室的情况

县市区	反映有图书室的村民数（人）	占受访村民比重（%）	反映自己或者家人去过图书室的村民数（人）	占反映有图书室村民比重（%）
鲅鱼圈区	2	15.38	1	50.00
大石桥市	5	62.50	0	0.00
大洼区	17	43.59	6	35.29
盖州市	18	56.25	1	5.56
金州区	3	33.33	0	0.00
老边区	3	75.00	1	33.33
凌海市	11	73.33	0	0.00
普兰店区	2	10.00	1	50.00
瓦房店市	25	26.60	4	16.00
西市区	2	22.22	0	0.00
总计	88	36.21	14	15.91

资料来源：根据调研数据整理。

表 7 – 17　　受访村民反映所在村图书室建设情况

县市区	有图书室的村数（个）	去图书室的比重为 0 的村数（个）	去图书室的比重 5% 的村数（个）	去图书室的比重 10% 的村数（个）	去图书室的比重 20% 的村数（个）	不知道图书室的比重的村数（个）
鲅鱼圈	2	1	0	1	0	0
大石桥	2	0	1	1	0	0
大洼区	10	3	2	2	3	0
盖州市	11	5	6	0	0	0
金州区	2	1	0	1	0	0
老边区	2	0	0	1	0	1
凌海市	6	0	4	2	0	0
普兰店	2	1	0	1	0	0
瓦房店	18	9	7	2	0	0
西市区	1	1	0	0	0	0
总计	56	21	20	11	3	1

资料来源：根据调研数据整理。

3. 公共设施覆盖广，但利用率偏低。农村文化广场建设，可以充分发挥精神文明建设的引领力、凝聚力和推动力，激发乡村文化活力，提振农民群众精气神，助力乡村文明建设，满足乡村振兴发展和群众的文化需求。从调研情况来看，村文化广场建设的覆盖面比较广，调研村中有 68 个村建有文化广场，占比达到 93.15%，10 个县区市中仅有普兰店市和瓦房店市村文化广场未能实现全覆盖。基于辽宁农村的行政村多由 3 ~ 5 个自然村屯组成的现状，调研时有很多村民表示，文化广场都建在行政村的村委所在地，距周围自然村屯尚存在 1 ~ 3 千米的距离，村民都希望能在自己村屯也建文化广场（见表 7 – 18）。

表 7 – 18　　调研村文化广场建设情况

县市区	有受访村民反映有文化广场的村数（个）	占本地调研村的比重（%）
鲅鱼圈区	4	100.00
大石桥市	3	100.00
大洼区	11	100.00
盖州市	12	100.00

续表

县市区	有受访村民反映有文化广场的村数（个）	占本地调研村的比重（%）
金州区	2	100.00
老边区	2	100.00
凌海市	6	100.00
普兰店区	4	80.00
瓦房店市	22	84.62
西市区	2	100.00
总计	68	93.15

资料来源：根据调研数据整理。

关于农村文化广场利用方面的问题，受访村民中还有这样的现象，同一村的村民在文化广场这样的大事上也存在不同看法，这也从另外一个侧面反映了村文化广场的利用水平。调研村中有68个村建有文化广场，其中31个村出现村民看法不一，调研村有文化广场但受访村民不知道的村民共有51位，占受访村民的比重为20%（见表7-19）。

表7-19　受访村民反映所在村文化广场建设看法不一致情况

县市区	受访村民对文化广场建设看法不一的村数（个）	调研村有文化广场但受访村民不知道的村民数（位）	占受访村民的比重（%）
鲅鱼圈区	2	3	23.08
大石桥市	0	0	0.00
大洼区	2	2	5.13
盖州市	5	9	28.13
金州区	0	0	0.00
老边区	0	0	0.00
凌海市	1	1	6.67
普兰店区	4	9	45.00
瓦房店市	16	26	27.66
西市区	1	1	11.11
总计	31	51	20.99

资料来源：根据调研数据整理。

公共体育设施作为乡村居民参与体育锻炼的重要载体，在保障群众体育健身权益、满足群众体育健身需求方面日益发挥着更加重要的作用。加强和改善公共体育设施服务，是各级政府履行公共服务职能的重要内容。在辽宁沿海地区农村中，公共体育设施的覆盖率较高，但使用率还不尽如意。从调研情况来看，65 个村有村民反映该村建有公共体育设施，占调研村的比重接近 90%，同时有 165 位村民反映该村有公共体育设施，占受访村民的比重达到三分之二以上（见表 7－20），说明公共体育设施覆盖率虽高，但提升的空间还很大。

表 7－20　　调研村公共体育设施建设情况

县市区	有受访村民反映有公共体育设施的村数（个）	占本地调研村的比重（%）	反映有公共体育设施的村民数（位）	占受访农民的比重（%）
鲅鱼圈区	4	100.00	8	61.54
大石桥市	3	100.00	7	87.50
大洼区	11	100.00	36	92.31
盖州市	12	100.00	28	87.50
金州区	2	100.00	5	55.56
老边区	2	100.00	4	100.00
凌海市	6	100.00	14	93.33
普兰店区	3	60.00	6	30.00
瓦房店市	20	76.92	49	52.13
西市区	2	100.00	2	22.22
总计	65	89.04	165	67.90

资料来源：根据调研数据整理。

对村公共体育设施的利用率数据仍然采用受访村民中回答最高的进行统计。从 65 个建有公共体育设施的村来看，利用村民比较多的村有 34 个，占比达到一半以上（见表 7－21），这说明体育设施的使用率并不高。进一步了解原因，村民表示一是因为体育设施离家距离远，不方便；二是体育设施有很多损坏，日常维护管理不力。可见，提高体育设施的利用率还有很多工作要做。

表7-21　调研村公共体育设施利用情况

县市区	有受访村民反映有公共体育设施的村数（个）	基本没人去利用公共体育设施的村数（个）	利用公共体育设施的村民比较少的村数（个）	利用公共体育设施的村民比较多的村数（个）
鲅鱼圈区	4	0	2	2
大石桥市	3	0	3	0
大洼区	11	0	3	8
盖州市	12	2	6	4
金州区	2	0	1	1
老边区	2	0	0	2
凌海市	6	0	2	4
普兰店区	3	0	1	2
瓦房店市	20	6	5	9
西市区	2	0	0	2
总计	65	8	23	34

资料来源：根据调研数据整理。

（二）乡风文明推进路径

1. 民间自主移风易俗，发挥文明户宣传和示范作用。加大中国传统优秀文化的宣传力度，引导农民正确认识我国的传统节日、风俗，端正送礼态度。同时加大素质文明教育，增强农民勤俭节约、不铺张浪费的意识，婚丧嫁娶等活动做到适可而止，不互相攀比。转变农民的交往观念，正确引导鼓励农民简化风俗仪式，逐步改变大操大办的人情风俗，扭转不良的社会风气。由于人情往来是农民的个人行为，民间组织似乎比政府更适合这项工作。政府应提供相应的资金、人员、社会资源等帮助乡村成立群众性的民间管理组织，约束村民大力操办人情的行为，简化婚丧仪式，移风易俗，彻底减轻农民人情往来重的负担。

充分发挥文明户评选的示范和带动作用。村镇两级政府要积极开展文明户评选的宣传活动，充分利用村镇墙体、电子屏、宣传栏进行文明户评选的宣传，带头营造评选的浓厚氛围，重点宣传文明户评选的重要意义、评选标准、重点任务等，提高农户的知晓率和参与率。组织文明户和优秀干部，深入农户家中开展座谈、帮扶、帮教等活动，发挥文明户的示范带动作用，促进村民文明素质提升，为推进乡风文明做出积极的贡献。

2. 村干部转变观念，明确图书室管理运营责任。村图书阅览室办得好不好，关键在村干部认识是否到位。村干部要破除“无效益”思想，树立村民通过阅览书刊提高了道德素养、增强了文明意识、学习了科技知识、发展了生产、增加了收入的“大效益”观念；破除“难作为”思想，树立事在人为、办法总比困难多的“有可为”观念。同时，各级政府部门也要通过各种手段、各种场合大力宣传乡村图书室，增强广大农民文化意识、求知意识、文明意识，把他们从棋牌室引导到图书室来，从麻将桌引导到阅览桌上来。

图书室管理和运营责任要到位。村图书阅览室能否办好，很大因素取决于管理人员的责任心。要改变管理人员素质不高，管理制度混乱，书刊流失严重，管理员变动频繁的现状。图书阅览室管理人员，可以通过村民小组推荐、村民委招聘等办法择优录用，由初中或初中以上文化程度，能热情为村民服务、会动脑筋、肯想办法、责任心较强的人员来担任。县区、乡镇图书馆也要承担业务培训、工作指导的责任，使他们尽快熟练业务，善于管理和运营。人员一旦确定，就不要频繁变动，保持相对稳定，同时要给予管理人员的一定收入。只有这样，才能真正办好村图书室。

3. 切实提高农村基础文化和体育设施覆盖率和使用率。多方筹措资金开展农村基础文化和体育设施建设。财政性建设资金要向农村倾斜，省市级政府要调整国家建设资金的投向和结构，扩大公共财政覆盖农村的范围，调动各方面投入的积极性，大力加强农村基础设施建设，改善农村的基础设施条件。公共服务部门，要关注和支持农村，把工作重心逐步地转向农村，把掌握的资源更多地投向农村，把基础设施建设重点转向农村，提高农村地区基础文化和体育设施的覆盖率。市级政府要重视发挥城市对农村的辐射作用，组织职能部门和企事业单位到最困难、最薄弱村进行蹲点帮扶，增加对农村基础文化和体育设施的投资。

为了扭转农村文化广场和体育设施长期闲置、挪作他用和损坏的现状，建议宣传与引导并举，转变观念形成习惯。以村委会为着力点，宣传并转变农民也要健身的思想观念。从乡镇一级出发，多组织农民广场舞、运动会、各类球赛等赛事，使得农民积极投入健身活动，充分利用文化广场和运动器材，不要让其“荒废”。同时要指导与维护并重，延长健身器材寿命。相关部门在配备体育器材时，可在器材周围用简单漫画图示意如何正确使用，减少因使用不当造成器材损坏的可能。乡镇和村应派专人负责体育设施的管理和维护，保证农村居民在锻炼时的安全，延长体育器材的使用寿命。

五、生活富裕的推进路径

（一）生活富裕的基本现状与问题

1. 传统农业收入低，难满足日常生活支出。近年来，各级政府为了农业增效、农民增收，采取了许多切实可行的措施，农户收入来源呈现多样化特点。种植传统农作物的主业收入比例逐步降低，养殖业、经济作物等副业收入有所增加。从调查情况看，73 个调研村中，仅种植玉米的有 10 个村，仅种植水稻有 16 个村，同时种植玉米和水稻有 3 个村庄，剩余村庄都会种植经济作物或搞水产养殖，甚至有 27 个村庄完全放弃了玉米和水稻等传统农作物，可见，以种植传统农作物为主要农业收入的村仅占被调查村的 39.72%，种植经济作物和养殖业已成为农户传统作物收入的重要补充。

进一步调查发现，因为受农业资源和种植习惯的约束，农民种植低附加值的大宗农产品，成本居高不下，价格却不断走低，常有“增产不增收”的现象，种植传统作物的收入很难满足农户的日常支出。根据调查测算，正常年景下，种植一亩地玉米成本高达 360 元（不含人工）左右，其中：种子 80 元、化肥 100 元、农药 20 元、机耕与种植费 80 元、收割费 80 元，玉米常产合计在 600 千克左右，按平均 2 元/千克计算，每亩收入 840 元，而在人均耕地 3 亩/人左右的辽宁省，种植传统作物的人均收入仅为 2500 元左右，很难满足农户的日常支出。

2. 农户收入来源多，但收入不稳定。种植传统作物的收入受天气影响大。农民从田里取得的收入本就微乎其微，稍有不慎便是“赔本买卖”，遇有荒年灾害，那自然“赔”多和“赔”少的问题，这导致种植传统作物的收入很不稳定。被调查地区的农户也反映近三年干旱天气导致玉米和水稻产量严重降低，甚至颗粒无收，种地根本不赚钱甚至赔钱。

农民副业收入波动大。随着近年来种养结构的调整，政府扶持和投入，“副业”收入较以前有较大提高，但由于其技术要求高，受环境及市场因素的制约，其收入稳定性差。就调研地区而言，大规模养殖猪、肉鸡、蛋鸡等已被少数大户垄断，与诸多农户无缘，散户养殖仅限于河蟹和肉牛，但河蟹养殖受水源质量、育苗成本、销售价格影响，收入波动很大；肉牛养殖因资金投入大、人力投入多，普通农户不可能大规模养殖，养殖收入也非常有限。

农户外出打工收入不稳定。随着我国经济的快速发展，农村劳动力非农产业转移已成趋势，非农收入已成为农民收入的重要来源，“转移”已成为农民增收的关键词，但是就目前来看，农民的文化素质和非农劳动技能的缺乏，就业面被限在一些体力工作和简单操作等很小的范围内，还有受打零工及季工的制约，非农收入特别是打工收入存在较大的不稳定性。被调研地区的农户也显示了这样的特征，18~60 周岁的男性大多外出打工，多从事水产养殖工、建筑工、小工厂操作工、农业季节性零工等不稳定的工作，收入呈现较大的不稳定性。

3. 生活富裕任重道远。生活富裕不仅表现为农民的收入有保障，还表现为经济宽裕、衣食无忧、生活便利等诸多方面，要真正实现生活富裕还任重道远。被调研地区的农户虽都解决了温饱，但根据调研小组对农户房屋状态、家庭装修、家庭拥有交通工具、院落整洁度等方面的观测，73 个村中富裕户占村总户数均值为 5.05%，最高值为 21.05%，可见，达到经济宽裕和衣食无忧的农户最多不超过两成。

为了改善和提高农村居民的生产和生活水平，各级政府都加大了对农村基础设施建设力度，农民生活的便利度有很大提升，但仍有很多工作要做。垃圾池几乎各村都有，但覆盖范围有限，村民利用率不高，垃圾清理更难做到及时和彻底。硬化道路已实现村村通，但支路未硬化的村在被调研村中还占四分之一，道路全部安装路灯的村也仅有 14 个。30 个村开展了旱厕改造，但大部分仍保留了传统旱厕或村内公厕。13 个村虽为每户村民统一修建了厕所，但大多未实际利用，多被村民改造成仓库或浴室。很多搞大规模养殖业的村，村内环境污染严重，道路两侧禽畜粪便堆积严重，村内空气污浊，地下水根本不能引用，村民癌症高发。

（二）生活富裕的推进路径

1. 降低种植成本，开展农业技术帮扶。推行规模化种植，降低生产成本。针对辽宁沿海经济带农村劳动力缺乏的现状，政府应通过组建专业的农业合作社，发展种粮大户，引入农业龙头企业，推广土地托管，鼓励土地流转等方式，推动农业生产的规模化和集约化。通过农业生产经营主体的引入，使用农业生产呈现生产资料大批量采购、品种规模化种植、生产集约化布局的局面，改变过去一家一户土地条块分割、分散经营的传统模式，为农业综合开发、农业现代化、机械化发展创造了条件。规模化、集约化种植，大幅降低生产成本，有效提高了农作物产量，提高粮食质量，实现农业生产的增产增效。

辽宁沿海经济带农村地形以丘陵为主，且历史上有养殖河蟹、种植瓜果、种植蔬菜的传统，建议各村镇政府结合当地生产条件，集中选择1～3种经济作物或养殖项目作为特色农业的切入点，引导农户开展规模种植和养殖。乡镇政府可组织各村意向农户赴省内规模化种植和养殖特色突出地区进行参观学习，同时由省市农技部门联系省内大专院校、科研院所的农业技术专家与各村建立技术结对帮扶机制，对养殖和种植中遇到的问题开展远程技术指导。

2. 稳定收入来源，增加非农收入。辽宁沿海经济带农户收入主要有传统作物种植收入、副业收入和非农收入三个部分。对于玉米和水稻等传统作物种植，政府除了出台引导规模化生产降低生产成本的鼓励政策外，还要加大农业生产基础设施建设，增强抵御灾害天气的能力，保证农户传统作物种植的收入。对于经济作物种植和禽畜及水产养殖等副业收入，政府需要从资金、技术、销售渠道等方面着力。资金上以奖代补引导先进农户带动后进农户开展副业生产；技术上与相关技术单位和技术专家建立结对帮扶机制，实现现场专业技术培训与远程技术指导并重；销售渠道上与市内外超市、菜市场、网上平台完成对接，保障销售收入。

增加农户非农收入，还需三产联动。一是通过推进蔬菜种植、瓜果种植、畜牧养殖等产业化，促进农民向职业化转变，增加种植和养殖产业化的农民务工收入；二是针对附近企业用工需求，加大劳动技能培训，促进农村劳动向周边企业转移，增加工资性收入；三是推进以农家旅游、餐饮、运输、技术指导、农资销售、农机出租等服务为主的第三产业发展，提高农民家庭的经营性收入比重。

3. 补齐基础设施短板，逐步实现生活富裕。市县两级政府要加大资金投入，补齐基础设施建设中的隐形短板。村镇两级政府要合理使用下拨资金，增加道路和路灯铺设密度，成立环卫保洁队，保证各村垃圾及时彻底清理。大规模养殖户的选址审批要科学规划，粪便排放和处理要符合环保要求。政府要加速提升供水设施建设，加大资金投入力度，完善供水设施管理机制，鼓励引导吸收社会资本，政府主导，市场参与，结合优势，打通乡村用水“最后一公里”。以安全饮水为本，带领群众走出“水”困局，持续增强群众用水安全感。农民生活富裕不可能一蹴而就，需要各环节有机衔接，逐步实现。

六、有效治理的推进路径

（一）村民对农村有效治理的满意度

治理是否有效，关键还得看村民满意与否。村民对村干部选举的关注度侧面反映了对村治理的关注程度，从受访村民对村干部选举的态度来看，非常不重视的受访村民最多，共有 145 位，占受访村民的比例接近 60%，比较不重视的村民有 16 位，占比 6.58%，上述两类共有 161 位，占比接近三分之二（见表 7－22）。

表 7－22　　受访村民对村干部选举重视程度情况

对村干部选举的态度（1－5 从非常不重视到非常重视）	受访村民数（位）	比重（%）
1－非常不重视	145	59.67
2－比较不重视	16	6.58
3－一般	27	11.11
4－比较重视	8	3.29
5－非常重视	42	17.28
未作答	5	2.06
总计	243	100.00

资料来源：根据调研数据整理。

从不同地区来看，老边区没有受访村民表示对村干部选举非常不重视，金州区受访村民共有 3 位表示非常不重视，占该地受访村民的比例为 33.33%，凌海市和大洼区受访村民对村干部选举非常不重视的比例不到一半；西市区最高，该比例达到 88.89%（见表 7－23）。

表 7-23　不同地区受访村民对村干部选举非常不重视情况

县市区	对村干部选举非常不重视的受访村民数（位）	占本村受访村民数的比重（%）
鲅鱼圈区	9	69.23
大石桥市	4	50.00
大洼区	19	48.72
盖州市	25	78.13
金州区	3	33.33
老边区	0	0.00
凌海市	6	40.00
普兰店区	13	65.00
瓦房店市	58	61.70
西市区	8	88.89
总计	145	59.67

资料来源：根据调研数据整理。

“选举时不在家不会专门回来参加”和“不在意谁做村干部”的态度是一致的，全部受访村民中有 181 位表示“如果选举时不在家不会专门赶回来参加选举”，占比略低于四分之三；与此同时，对“谁做村干部并不在意”的村民数为 183 位，比前者多 2 位；从不同地区来看，“选举时不在家不会专门回来”的受访村民占比低于 50% 的仅有凌海市，其余地区都高于 50%，鲅鱼圈区、大洼区和普兰店区该比例达到 80% 以上，而“谁做村干部并不在意”仅有老边区的比例低于 50%（见表 7-24）。

表 7-24　受访村民不会专门参加选举和不在意谁做村干部情况

县市区	选举时不在家不会专门回来的受访村民数（位）	占该地受访村民比重（%）	谁做村干部并不在意的受访村民数（位）	占该地受访村民数的比重（%）
鲅鱼圈	11	84.62	11	84.62
大石桥	5	62.50	5	62.50
大洼	33	84.62	33	84.62
盖州	25	78.13	24	75.00
金州	6	66.67	6	66.67

续表

县市区	选举时不在家不会专门回来的受访村民数（位）	占该地受访村民比重（%）	谁做村干部并不在意的受访村民数（位）	占该地受访村民数的比重（%）
老边	2	50.00	1	25.00
凌海	6	40.00	8	53.33
普兰店	16	80.00	17	85.00
瓦房店	70	74.47	70	74.47
西市	7	77.78	8	88.89
总计	181	74.49	183	75.31

资料来源：根据调研数据整理。

受访村民知道村主任年龄情况也是其参与村治理态度的反映。本项目将调研获得的村主任年龄分成 4 组，将单个村受访农民数超过 2（包括 2 位）位的回答村主任年龄一致的村进行统计，结果仅有 16 个村的村民能回答一致，占调研村的比重不到 22%；回答一致的村民共有 45 位，占受访村民的比重不到 19%；从不同地区来看，盖州和老边区的有一半的村受访村民回答村主任的年龄是一致的（见表 7－25）。

表 7－25　　受访村民知道村主任年龄准确性情况

县市区	同村村民回答村主任年龄一致的调研村数（个）	占该地调研村比重（%）	回答村主任年龄一致的受访村民数（位）	占该地受访村民数的比重（%）
大洼	1	9.09	2	5.13
盖州	6	50.00	13	40.63
老边	1	50.00	2	50.00
凌海	2	33.33	4	26.67
瓦房店	6	23.08	24	25.53
总计	16	21.92	45	18.52

资料来源：根据调研数据整理。

从受访村民对村两委工作的满意情况来看，受访村民中共有 111 位反映对村两委工作满意，占比略高于 45%，其中凌海市的受访村民满意率最高，共有 13 位受访村民表示满意，占比达到 85% 以上，大石桥和老边区都是一半，其余地区则低于 50%；从受访村民都对村两委工作满意的村来看，仅有 17 个村，占调研村的比重不到四分之一，其中仅有凌海市超过一半，6 个调研村中 5 个村的受访农民对村两委工作满意（见表 7－26）。

表 7－26　　受访村民对村两委工作满意情况

县市区	受访村民对村两委工作满意率 100% 的村（个）	占该地调研村数比重（%）	对村两委工作满意受访村民数（位）	占该地受访村民数的比重（%）
鲅鱼圈	1	25.00	5	38.46
大石桥	1	33.33	4	50.00
大洼	2	18.18	19	48.72
盖州	3	25.00	13	40.63
金州	0	0.00	4	44.44
老边	0	0.00	2	50.00
凌海	5	83.33	13	86.67
普兰店	1	20.00	9	45.00
瓦房店	4	15.38	42	44.68
西市	0	0.00	0	0.00
总计	17	23.29	111	45.68

资料来源：根据调研数据整理。

受访村民对乡镇关心的满意情况更低，受访村民中仅有 67 位反映对乡镇关心满意，占比略高于 25%，其中凌海市的受访村民满意率最高，共有 10 位受访村民表示满意，占比达到三分之二，其余地区都低于 40%；从受访村民都对乡镇关心满意的村来看，仅有 7 个村，占调研村的比重不到 10%，其中仅有凌海市超过一半，6 个调研村中 4 个村的受访农民对乡镇关心满意（见表 7－27）。

表 7－27　　受访村民对乡镇关心满意情况

县市区	受访村民对乡镇关心满意率 100% 的村（个）	占该地调研村数比重（%）	对乡镇关心满意的受访村民数（位）	占该地受访村民数的比重（%）
鲅鱼圈	0	0.00	2	15.38
大石桥	1	33.33	3	37.50
大洼	0	0.00	14	35.90

续表

县市区	受访村民对乡镇关心满意率 100% 的村（个）	占该地调研村数比重（%）	对乡镇关心满意的受访村民数（位）	占该地受访村民数的比重（%）
盖州	1	8.33	9	28.13
金州	0	0.00	3	33.33
老边	0	0.00	0	0.00
凌海	4	66.67	10	66.67
普兰店	0	0.00	5	25.00
瓦房店	1	3.85	21	22.34
西市	0	0.00	0	0.00
总计	7	9.59	67	27.57

资料来源：根据调研数据整理。

（二）农村有效治理的主体选择

1. 农村治理模式类别

改善农村是国家实施乡村振兴战略的一项重要任务，其经济学属性决定了可以由政府作为治理主体，即政府一元治理模式。多中心治理理论认为，管理模式不能由政府完全垄断，随着政府失灵和市场失灵的出现，政府一元治理模式难以为继，而治理过程中也不能完全交给企业和个人，治理主体由单一型向多元化转变是广泛应用于实践后得出的理想模式。从市场经济的角度看，农村治理可以通过市场价格机制和竞争机制等完全放开由市场进行。农业农村部办公厅印发的《社会资本投资农业农村指引》中提出要“支持社会资本投资农村整治，参与农村厕所革命、农村生活垃圾治理、农村生活污水治理等项目建设运营，开展村庄清洁行动、美丽宜居村庄、文明渔港和最美庭院创建等活动，推进农村整治与发展乡村休闲旅游等有机结合”，让社会多元主体参与农村治理，本质上是一种多元主体共生的社会博弈。

2. 农村治理主体的选择

农村治理包含的内容较多，不同项目的性质不同，例如农村生活垃圾处理项目和农村整治与乡村休闲旅游的结合项目具有不同的资产专用性，根据交易费用经济学理论，若最优资产专用性水平很低，则从市场中寻找治理主体，在规模经济和治理方面都有优势；若最优资产专用性水平很高，则由于资产高度专用，会带来适应性风险，因此应该在组织内部运行，即上级通过行政指令派给下级任务的基层组织治理形式；若最优资产专用性水平中等时，只存在很小的成本差异，此时会出现混合形式的治理结构，即部分由组织内部治理，部分由市场主体参与治理。实际上，农村厕所革命、农村生活垃圾治理和农村生活污水治理等建设运营项目，村庄清洁行动、美丽宜居村庄、文明渔港和最美庭院等创建活动，以及农村整治与发展乡村休闲旅游等有机结合项目，具有不同的资产专用性，应该具体分析选择不同的治理模式。从这一视角来看，农村治理最需要的不是通论的选择政府一元治理模式或者政府主导的社会共治模式，而是明确农村治理具体项目中的治理主体。

（三）农村有效治理的路径选择

1. 假设在农村治理中，上级政府作为委托人，治理主体作为代理人，由于信息不对称，委托人（上级政府）和代理人之间无法实现最优的分险分担，可能会出现上级政府目标利益的冲突，如在农村厕所革命中，为完成改造目标，虚报增报实际数量；农村生活生产垃圾处理问题上，瞒报不报，减少处罚等。

上级政府只能设法获取更多的信息，常用的解决办法是上级政府加强对农村环境治理工作的监督和检查，利用监督和检查获得的额外信息来补充农村治理契约，从而可以实现最优风险分担。但是，上级政府不可能充分观察或监督到农村治理中的所有行动，或者需要相当高的观察或监督成本，最终也只能利用不完美度量来补充契约，只有不完美度量的信息是有价值时，才可以用来改善契约。上级政府可以考虑使用充分统计量来捕捉关于农村治理的更多信息。如通过打造农村治理的典型示范村，作为农村治理的充分统计量，典型示范村在农村治理的各个方面树立了明确的达标标准，可以作为农村治理的同类参照对比和考核标准，并反映出代理人在农村治理中的努力水平。

2. 代理人既要承担农村环境治理工作，还可能要承担诸如发展农村产业、建设美丽乡村、打造乡风文明、提高农民收入水平等多项乡村振兴任务，各项任务间的关系既可能互补，也可能相互替代。

假设两项任务是相互替代关系，如通过招商引资发展农村产业和参与农村治理，要实现集体经济组织的获利增收，还要承担农村治理的社会责任。但招商引资发展农村产业有可能会导致农村的污染，且招商引资发展农村产业在短期内的成效是显著的，一种极有可能发生的情形是，代理人为追求短期政绩，会将更多的精力投入到招商引资中，甚至将上级政府用于人居环境治理的资金挪用在村集体的投资建厂项目，在两种替代关系的任务中套利。在这种情况下，上级政府为防止两任务间的套利行为，应适当降低两项任务的激励强度，必要时采取相同政策或固定财政补贴这种低能激励方式，以便满足“两项任务等报酬原理”。两项任务是相互补充的关系，如建设美丽乡村和农村生活垃圾处理，农村生活垃圾处理也是建设美丽乡村的一项工作，在这种情况下，上级政府完全可以放心地去提高建设美丽乡村任务考核的激励强度，为了得到更多的考核任务回报，代理人会在两项相互补充的任务中加大努力程度去完成不可考核的另一项生活垃圾处理任务。

3. 在农村治理中，可能会涉及多个主体共同完成某项任务，如对某条流经多个行政村河流的污染治理任务。第一种情况，多个组织（行政村）共同完成此项任务，如对整条河流进行污水净化，在信息不对称的情况下，搭便车是每个治理主体的最优策略选择，因此每个治理主体都偷懒。阿尔钦和德赛姆茨（1972）提出了利用剩余索取权来解决此类问题的办法，即让其中某个组织由代理人的身份转变为第二层委托人的身份，赋予其河流污染治理的剩余索取权，作为第二层委托人便有了动力去监督其他主体的努力程度，负责为其他主体提供固定的转移支付或奖金分配，以达到激励其他组织付出最优的工作努力程度，最终实现河流污染团队生产的有效治理。[2]

第二种情况是，假设治理绩效之间存在相关性，在这种情况下，过滤掉“噪音”并评价出每个组织的真实努力水平成为解决问题的关键。根据 Holmstrom（1982）设计的“相对绩效评估法”，上级政府确定相关组织的治理绩效不仅要根据自身的治理绩效来确定，还要考虑相关组织的治理绩效。[3]

（四）农村有效治理的改革方向

农村治理的制度困境，理论上大多可以找到合理的解决路径，但是每一条解决路径的实现是与其他保障措施的配套为前提。而当前由于中国农村的现实条件，决定了路径的实施仍然存在着不可逾越的障碍。未来农村治理的改革方向可以从以下几个方面展开：

1. “精准”治理主体。通过设计机制实现信号甄别的分离均衡，制定严格可证实的责任目标条款，组成一组可证实且被保障的契约和选择规则，使得甄别治理主体的分离均衡存在且唯一，可以不需要在任务执行的“事前”去花费大量的人力物力去核验申请人的资格，也无需在“事中”去监察治理主体的努力程度，从重过程向重结果转变，这样既可以节省事前的审核成本，又可以节省事中的监督成本，还能保证目标任务的效率。

2. 健全治理权责机制。考虑到农村环境治理的特殊性，污染来源与类型、经济发展环境、社会结构等方面有别于城镇，应当建立专门的关于农村污染治理与资源保护的相关法律，应明确农村治理的范围、责任主体、农村环境评价体系等内容，以及建立健全农村治理中的污染物的总量控制制度、污染许可证制度、污染风险评估制度等，应明确规定各个治理主体的职权范围和承担的责任等，要明确规定基层组织参与农村治理的基层自治权，赋予基层组织在农村治理中的权力和义务，建立有效的农村治理的主体约束机制，明确禁止其他各级政府和相关部门对农村治理基层组织自治权的行政干涉。可选择委托专门的社会组织，参照相应的标准对基层组织的农村治理进行评价，对整治措施有力、效果显著、群众满意度高的单位和个人，适时给予表彰奖励；对措施不力、搞虚假形式主义、劳民伤财无效实施的，要依法依规批评问责，保证任务条款契约的可证实。

3. 产权改革与农村治理结合。随着农村的发展，可能无法预料未来的或然情况，即使可以预测，由于农村社会的复杂性，难以提供完备的契约条款，或者缔结条款无法由第三方证实，则农村治理的剩余控制权界定就变得尤其重要，这时产权界定就成为一把双刃剑，给一方带来更大激励空间的同时，也会减少另一方的激励。当产权可以保护一方当事人的权力不受侵犯，当一方的权利感受更重要另一方不敏感，则界定是可行的，如果界定产权导致外部选择权与内在价值偏离较大，则联合产权是最佳选择，因此未来农村治理中的产权改革，还应将权力感受价值等因素的研究纳入进来，不完全契约理论在中国农村治理中可能具有更大的应用空间。

参考文献

[1] 朱海波，聂凤英．深度贫困地区脱贫攻坚与乡村振兴有效衔接的逻辑与路径——产业发展的视角．南京农业大学学报（社会科学版），2020，20（3）：15－25.

［2］聂辉华，阮睿，李琛．从完全契约理论到不完全契约理论——2016 年诺贝尔经济学奖评析．中央财经大学学报，2016（12）：129－135.

［3］Holmstrom B. Moral Hazard in Teams. Bell Journal of Economics，1982，13（2）：324－340.

专题报告八

辽宁沿海经济带民营经济发展研究报告

一、引　言

2020年是辽宁沿海经济带一个重要的年份，是国家批准辽宁沿海经济带发展规划（2010~2020年）实施的最后一年，也是辽宁省《辽宁沿海经济带三年攻坚计划（2018~2020年）》的收官之年。自2009年7月1日《辽宁沿海经济带发展规划（2010~2020年）》获得国务院批准，辽宁沿海经济带整体开发、开放上升为国家战略以来，在省、市各级政府和民营企业的共同努力下，以辽宁省内的大连、丹东、营口、锦州、盘锦、葫芦岛六个沿海城市为依托，由6市所辖21个市区及东港市、庄河市、普兰店市、瓦房店市、长海县、盖州市、大石桥市、大洼县、盘山县、凌海市、兴城市、绥中县等12个沿海县（市）组成的辽宁沿海经济带的民营经济，得到了快速的发展。截至2019年底，辽宁沿海经济带民营市场主体总量达157.14万户，比2010年增长111.3%；民营经济完成增加值6927.37亿元，占辽宁沿海经济带GDP比重为55.8%，比2010年增长51.4%。[①]

实施《辽宁沿海经济带三年攻坚计划（2018~2020年）》以来，辽宁沿海经济带发展取得了很大的成就，一轴两翼的发展格局正在形成。港、产、城融合发展全面推进，大连龙头作用正在凸显，大连都市区正在构建，大连作为东北亚国

① 根据大连、锦州、营口、葫芦岛、盘锦、丹东（2010—2019年）统计年鉴数据整理而得。

际航运中心地位逐步实现；海洋经济和临港产业得到大力发展，辽宁沿海经济带成为辽宁经济增长的引擎，成为引领东北振兴的重要增长极。在这些发展成就中，沿海经济带民营经济的发展和崛起发挥了至关重要的作用。

2020 年初，新冠疫情席卷全球，随之带来需求端萎缩，营商环境变得更为严峻，新冠疫情带来的最大变化可能是全球产业链的重新定位，站在这一关键的历史节点，如何规划辽宁沿海经济带民营经济的发展方略，规划其产业发展蓝图，对于辽宁的振兴与民营经济的发展都有极强的现实意义和深远的历史影响，从而为政府制定相关政策提供理论和研究依据，为企业的发展出谋划策，为企业家个人提供建设性意见，以期实现科学研究不仅解释实践还应指导实践的作用。

本研究报告对民营经济在辽宁沿海经济带发展中的地位和作用进行了概括；对辽宁沿海经济带民营经济的发展现状进行了深入的调研；分析了辽宁沿海经济带民营经济发展存在的问题及制约因素；最后提出了后疫情时代辽宁沿海经济带民营经济发展的对策建议。

文中所有数据均来源于调研中获取的辽宁沿海经济带各市局提供的统计数据、各市历年统计年鉴、辽宁省和各市发布的统计公报、政府工作报告的统计数据、Wind 数据库，经作者计算整理所得。

二、辽宁沿海经济带民营经济的地位和作用

（一）我国民营经济的定位

1. 民营经济是我国经济制度的重要组成部分

民营经济的定位在我国经历了漫长的过程，由最初的排斥到有益的补充，再到共同发展，最终成为我国经济制度的重要组成部分。2018 年 11 月 1 日，习近平总书记在民营企业座谈会的讲话中强调："在全面建成小康社会、进而全面建设社会主义现代化国家的新征程中，我国民营经济只能壮大、不能弱化，不仅不能'离场'，而且要走向更加广阔的舞台。"这既是总书记对我国民营经济发展的决心，更是对民营经济的肯定。对于公有制经济而言，资本力量较为雄厚，有利于集中力量办大事；而民营经济具有公有制经济不能比拟的机制灵活性、市场

适应性、较强的自我发展能力以及可持续成长的巨大优势，民营经济的特点决定了民营企业是我国基本经济制度的重要组成部分。因此在全球化多维度的竞争下，两者协调发展才能形成抵御世界范围内经济波动与冲击的合力，这是中国经济可持续发展的关键所在。

2. 民营企业是我国经济创造奇迹的重要参与者

改革开放以来，中国经济创造了持续 30 年以超过 10% 的速度增长的奇迹，截至 2019 年，中国的经济总量为 990865 亿元，是 1978 年的 271.8 倍，中国经济高速增长的成就离不开民营企业的参与，民营企业既是经济发展的发动机，也是吸纳社会就业的主渠道①。目前，我国民营企业对税收的贡献率超过 50%；民营企业创造的国内生产总值、固定资产投资以及对外直接投资超过 60%；民营企业中高新技术企业占比超过 70%；民营企业提供城镇就业超过 80%，对新增就业的贡献率达到了 90%②。

3. 民营经济是我国经济高质量发展的推动者

当前我国经济发展进入新时代，中国经济发展模式已经发生根本性的转变，从要素投入为主转为科技和资本投入为主，相应地以劳动密集型为主的生产方式势必要转为以科技密集型和资本密集型为主。我国产业结构和经济结构的逐步调整意味着未来的经济发展过程是一个不断强化创新的过程，也就是高质量发展的过程。我国民营经济一路走来，之所以获得长足进展，是因为民营企业更多是依靠市场内生形成的创新，代表着技术进步、模式创新和全要素生产率的改进。民营企业是新型产业的培育温床，是推动效率变革的积极力量，在未来中国经济高质量发展的背景下，民营经济必将成为中国经济高质量发展的推动者。

4. 民营经济是民生幸福的重要来源

人民群众的幸福感主要来源于收入的增加、物质的极大丰富以及满足个性化需求的服务。民营企业满足了我国城镇 80% 以上的劳动就业，直接支持了民众

---

① 国家统计局网站数据整理。

② 2018 年 11 月 1 日，中共中央召开了民营企业座谈会，习近平总书记将我国民营经济的特征概括为“五六七八九”。

收入的增加，同时也提升了社会福利水平，使人民群众直观感受到社会发展所带来的好处，感知社会进步带来的幸福。民营企业市场化程度较高，能对市场资源进行有效分配，提供了极其丰富的产品，是中国市场供给的中流砥柱，满足了近几十年发展过程中人民群众日益增长的物质和精神追求。同时，民营经济提供的大量税收有力地缓解了我国医疗保障、就业保障的缺口。因此，民营经济的发展是关系国计民生的重要问题，也是实现“两不愁、三保障”的有力举措①。

（二）民营经济振兴辽宁沿海经济带经济的重要作用

1. 民营经济是辽宁沿海经济带经济发展的驱动引擎

习总书记在民营企业座谈会的讲话中高度评价了民营经济为我国发展做出的重大贡献，充分肯定了民营经济的重要地位和作用。《中国民营经济报告：2019》显示，截至 2019 年民营企业税收占比 56.9%；民间固定资产投资占比 60.3%，在制造业投资中占比更达到 85% 以上；民营企业发明专利占比超 75%；民营企业就业存量占比近 80%，增量占比超 100%；民营企业数量占比超 95%，民营经济在促进我国经济发展方面功不可没，为中国经济高速高质发展做出巨大贡献。

近年来，辽宁全力发展民营经济，并将其作为带动辽宁振兴的突破口。随着省政府出台了加快民营经济发展的 23 条措施，辽宁沿海经济带的大连、盘锦、营口、葫芦岛、锦州、丹东六市相继发布并实施了多项壮大民营经济的有力举措，民营经济对沿海经济带经济增长的贡献度不断增强，民营经济已经成为市场的主体力量。截至 2018 年底，沿海经济带共有民营经济市场主体总量达 157.14 万户，贡献了 70% 以上的经济增加值、60% 以上的税收、85% 以上的劳动就业、95% 以上的企业数量，在经济发展中发挥着巨大的作用②。

2. 民营经济是辽宁沿海经济带就业增长的稳定器

就业问题是我国长期的重大战略问题，也是中国政府始终高度关注的一个

---

① 2019 年 4 月 16 日下午，中共中央总书记、国家主席、中央军委主席习近平在重庆主持召开解决“两不愁三保障”突出问题座谈会并发表重要讲话。“两不愁”就是稳定实现农村贫困人口不愁吃、不愁穿；“三保障”就是保障其义务教育、基本医疗和住房安全。

② 辽宁生活网。

重大经济社会问题。2020 年新冠肺炎疫情发生以来，“稳就业”居“六稳”之首，更是我国恢复经济、保民生的首要目标[①]。稳就业离不开民营经济的发展壮大，据辽宁省市场监管局发布的《全省私营企业数据分析报告（2020）》显示，截至 2019 年 12 月 31 日，辽宁省私营企业数量达到 883852 户，占全省企业总量的 88.13%；私营企业从业人员为 372.9 万人，其中高校毕业生和失业人员再就业分别为 84.7 万人、28.1 万人，民营经济已成为带动就业增长的主力军[②]。

辽宁沿海经济带六市自加快民营企业发展步伐以来，政策效益已经开始显现，民营企业的发展势头越来越好，对新增就业贡献率达到了 90%。截至 2019 年底，辽宁沿海经济带个体从业人员数达 236.4 万人，私营企业从业人员达 252.4 万人，民营经济从业人员占全省民营经济从业人员的 50.39%，已成为城镇就业的最大保障。

3. 民营经济是辽宁沿海经济带产业结构转型的助推器

《中国民营企业 500 强的调研分析报告》显示，产业结构的持续优化是民营经济 500 强的重要亮点。从入围企业的数量来看，民营企业 500 强仍以制造业为主导，第二企业入围企业数量下降，第三产业入围企业增加，由此可以看出民营企业在产业转型升级方面的变化代表着中国产业结构的转型趋势，民营经济对中国经济转型发挥了引领带动作用。

在辽宁省政府产业结构转型升级的政策支持与引导下，目前辽宁已初步搭建起“科技型中小企业、高新技术企业、瞪羚独角兽企业”三级梯度培育体系，辽宁沿海经济带各市区民营经济的产业结构也随之出现调整，不断向高新技术方向转变。截至 2019 年底，辽宁沿海经济带共有科技型中小企业 4306 万户，高新技术企业 803 户，潜在和种子独角兽企业 2 家，瞪羚企业 60 家，6 家辽宁省国家级小微企业创业创新示范基地，民营科技企业已经成为技术创新的重要主体，是辽宁沿海经济带实现经济转型的主体力量[③]。

---

① 2019 年 9 月 4 日，国务院总理李克强主持召开国务院常务会议，部署精准施策加大力度做好“六稳”工作。“六稳”指的是稳就业、稳金融、稳外贸、稳外资、稳投资、稳预期。

② 根据《辽宁统计年鉴 2019》数据整理。

③ 根据科技部火炬中心发布的《科技中小企业数据快报》、辽宁中小企业公共服务平台数据整理。

三、辽宁沿海经济带民营经济的发展状况

辽宁省 2020 年政府工作报告中写到："要强化科技创新能力，紧紧扭住创新第一动力，争取国家支持，聚焦经济主战场，集聚顶尖人才，成立辽宁实验室，打造引领创新主引擎。"自省内开展科技创新引领产业振兴专项行动以来，19 项科研成果荣获国家科技奖，获奖数量创十年来新高；省内转移转化科技成果超 3000 项，高新技术企业超 5000 户，科技型中小企业突破 7500 户，瞪羚、独角兽企业达到 134 户，民营企业成为辽宁科技创新的引领者。

辽宁沿海经济带发展规划获批以来，大连、丹东、锦州、营口、盘锦、葫芦岛 6 个沿海城市在十年间让 2920 公里的海岸线发生了惊人的巨变。今日的辽宁沿海经济带已成为辽宁经济实现高质量发展的"支撑带"。2018 年，沿海六市共完成地区生产总值占全省的 51.6%，一般公共预算收入占全省的 46.9%；实际利用外资占全省的 65.1%[①]。沿海区域中大连主要经济指标在沿海六市中占据了半壁江山，因此，整个沿海经济带以大连为龙头，"大连—营口—盘锦"一线为主轴，"盘锦—锦州—葫芦岛"渤海沿岸和"大连—丹东"黄海沿岸及主要岛屿为两翼，形成"一核、一轴、两翼"的总体布局框架。近年来随着《辽宁省工业互联网创新发展三年行动计划》的实施，沿海经济带更是蓬勃发展，一批工业互联网民营企业相继落地，华为锦州云计算数据中心启动运行，平台上云企业已达 3 万多户；恒力石化 2000 万吨炼化一体化项目全面投产；恒大新能源汽车等重大项目开工建设，企业科创板上市取得突破；芯源微电子成功挂牌；锦州神工半导体通过审核；民营经济的快速发展带动了辽宁沿海经济带不断提升经济活力、创新力和竞争力。

（一）辽宁沿海经济带民营经济的总体情况

1. 民营经济对辽宁沿海经济带经济增长的贡献情况

辽宁沿海经济带民营经济每年贡献 70% 以上的经济增加值、60% 以上的

① 根据辽宁省及辽宁沿海经济带六市统计年鉴整理所得。

税收、85%以上的劳动就业、95%以上的企业数量，民营经济在经济发展中发挥着巨大的作用。2019年辽宁沿海经济带新增民营经济市场主体28.86万户，同比增长6.77%，占全部新登记市场主体总量的99.2%。截至2019年底，民营经济市场主体总量达157.14万户，比2018年增长22.5%，其中私营企业户数37.9万户，个体工商户达112.2万家，同比分别增长13.54%和11.0%①。

从民营经济对经济增长的贡献来看，2019年辽宁沿海经济带的民营经济增加值为6927.37亿元，占GDP比重为55.8%，增速高于同期GDP增长水平，民营经济增加值对辽宁沿海经济带经济增长的贡献率达70.9%②。

民营企业在拉动地区经济增长的同时，在贡献税收和国际贸易方面也发挥着重要作用。从税收方面来看，2019年，辽宁沿海经济带民营企业实现税收收入938.1亿元，占全部税收总额的43.9%。从进出口贸易来看，2019年民营经济进出口总额达到1880.3亿元，同比增长9.2%，占全部进出口总额的73.9%。以上数据表明在辽宁沿海经济带的经济构成中，民营经济已经占据半壁江山，是整个区域经济的活力与亮点。

2. 民营经济对辽宁沿海经济带就业的影响情况

辽宁沿海经济带的民营企业大部分集中于批发零售业、建筑业、交通运输业、住宿餐饮业、商业服务业等领域，对拉动就业起到了积极作用。截至2018年底，个体从业人员数达236.4万人，私营企业从业人员达252.4万人，沿海经济带的民营经济从业人员占全省民营经济从业人员的50.39%。表8-1中显示自2013年以来民营经济的从业人员保持逐年增长，从2016年开始从业人数较前期明显减少，增长幅度有所下降，从2015年的469万人降至2016年的398.6万人，原因在于我国制造业出现了一定程度的萎缩，钢铁、建材、纺织等就业机会减少。2017年随着国家鼓励民营经济的发展政策颁布，就业人数再次出现大幅度上升，2017年就业人数升至467.7万人，基本恢复到2015年的水平，2018年达到488.8万人，创历史最高水平，可见民营经济为沿海经济带稳定并扩大社会就业做出了突出的贡献。

---

① 根据2019年沿海经济带六市政府工作报告整理而得。

② 根据辽宁省六市政府部门网站和统计公报计算而得。

表 8-1　辽宁沿海经济带各地区个体和私营企业从业人员　单位：户、万

	2013 年		2014 年		2015 年		2016 年		2017 年		2018 年	
	户数	从业人数	户数	从业人数	户数	从业人数	户数	从业人数	户数	从业人数	户数	从业人数
大连	419355	47.9	463057	52.6	524032	113.9	579597	135.3	625319	214.5	674257	231.3
丹东	107328	32.3	117973	33.5	129015	36.9	141737	37.4	156289	38.7	169337	41.6
营口	162555	77	176188	87.3	185311	167.4	202734	90.1	228172	82.3	205568	78.7
锦州	146561	54.4	159038	65.3	178235	70.4	190471	53.4	173270	47.5	166492	46.8
盘锦	78053	20.6	87145	22.5	98494	25.7	105229	26.8	95229	26.3	100723	27.5
葫芦岛	114737	50	128683	62.9	139676	54.7	153650	55.6	165642	58.4	184709	62.9
合计	1028589	282.2	1132084	324.1	1254763	469	1373418	398.6	1443921	467.7	1501086	488.8

资料来源：2019 年辽宁统计年鉴。

3. 民营经济对辽宁沿海经济带产业结构转型的影响情况

在辽宁省政府产业结构转型升级的政策支持与引导下，辽宁沿海经济带各市民营经济的产业结构也随之出现调整，不断向高新技术产业转变。目前，辽宁已初步搭建起“科技型中小企业、高新技术企业、瞪羚独角兽企业”三级梯度培育体系①。

2018 年随着《辽宁省实施科技成果转移转化三年行动计划（2018～2020)》的开展，大连、营口、盘锦和葫芦岛的科技型中小企业数量出现了跨越式的翻倍增长，民营经济成为技术创新的重要主体。截至 2019 年底，辽宁沿海经济带共有科技型中小企业 4306 万户，占全省科技型中小企业的 55.49%；高新技术企业有 803 户，占全省高新技术企业的 16.06%；潜在和种子独角兽企业 2 家，瞪羚企业 60 家，共占全省 46.27%，62 家瞪羚独角兽企业中高新技术企业占比达 84%，这些民营科技企业是辽宁沿海经济带实现经济转型的主体力量（见表 8-2 和图 8-1）。

① “独角兽”企业是指那些爆发式增长、稀少、被投资者“热捧”的创业企业，其衡量标准是创业十年左右、企业估值超过 10 亿美元，超过 100 亿美元的则被称为超级“独角兽”。而“瞪羚”企业是指那些成长性好、具有跳跃式发展态势的高新技术企业。他们具有成长速度快、创新能力强、专业领域新、发展潜力大的特征。

表 8-2　　　辽宁沿海经济带的科技企业的城市分布

	科技型中小企业			高新技术企业		独角兽与瞪羚企业	
	2017（户）	2018（户）	2019（户）	2019（户）	比例（%）	2019（户）	比例（%）
大连	538	1322	1619	342	6.84	41	30.60
丹东	86	88	135	180	3.60	3	2.24
营口	12	57	48	71	1.42	5	3.73
锦州	40	64	75	136	2.72	6	4.48
盘锦	17	60	48	49	0.98	3	2.24
葫芦岛	5	41	51	25	0.50	4	2.99
辽宁沿海经济带	698	1632	1976	803	16.06	62	46.27
辽宁省	1141	2982	3637	5000		134	

资料来源：辽宁省中小企业公共服务平台。

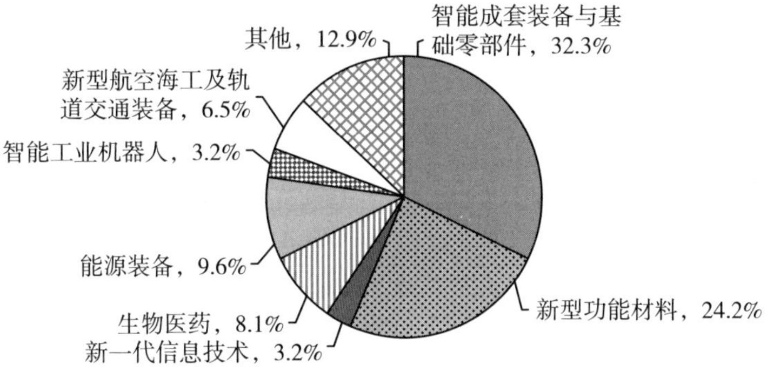

图 8-1　辽宁省瞪羚独角兽企业的产业分布

资料来源：辽宁省中小企业公共服务平台。

（二）辽宁沿海经济带民营企业经营情况分析

1. 2018 年辽宁沿海经济带上市公司经营分析

（1）辽宁省民营上市公司整体情况。

截至 2018 年底，辽宁省共有上市民营公司 31 家，资产总额 947.01 亿元；

其中辽宁沿海经济带共有上市民营公司 13 家（具体见表 8－3）。上市公司主要涉及制造业、信息传输业、批发零售业、教育等行业，其中装备制造业为民营上市公司的主体，共有 9 家，占比 69.2%。企业注册地主要是大连市（9 家）、占比 69.2%。

表 8－3　辽宁沿海经济带民营上市公司一览表

证券代码	证券简称	所属证监会行业名称	城市
000679. SZ	大连友谊	批发和零售业	大连市
603318. SH	派思股份	制造业	大连市
002447. SZ	晨鑫科技	信息传输、软件和信息技术服务业	大连市
002606. SZ	大连电瓷	制造业	大连市
002621. SZ	美吉姆	教育及其他	大连市
300097. SZ	智云股份	制造业	大连市
300125. SZ	易世达	科学研究和技术服务业	大连市
002220. SZ	ST 天宝	制造业	大连市
603360. SH	百傲化学	制造业	大连市
600303. SH	曙光股份	制造业	丹东市
000818. SZ	航锦科技	制造业	葫芦岛市
603396. SH	金辰股份	制造业	营口市
603399. SH	吉翔股份	制造业	锦州市

资料来源：WIND 咨询。

（2）民营上市公司的资产、收入、利润增长缓慢，增长速度下降。

2018 年除一家公司（美吉姆，受惠于业务拓展以及自身的并购行为）资产出现大规模增长外，总体增长缓慢。辽宁沿海经济带 13 家民营上市公司资产总规模为 947.01 亿元，比 2017 年仅增长 1.7%，增长率同比下降 8.46%。总资产规模上涨的上市公司仅有 15 家（比 2017 年少了 5 家），有 16 家企业的资产规模呈现负增长，个别企业的资产缩水规模较大，整体情况令人担忧（见表 8－4）。

表8-4　　2018年辽宁省民营上市公司总资产增长情况

证券代码	证券简称	同比增长率（%）	证券代码	证券简称	同比增长率（%）
002621. SZ	美吉姆	220. 7184	002220. SZ	ST天宝	-3. 0625
603396. SH	金辰股份	18. 1340	603399. SH	吉翔股份	-7. 1344
603318. SH	派思股份	16. 3112	000679. SZ	大连友谊	-7. 5373
603360. SH	百傲化学	15. 1478	002606. SZ	大连电瓷	-10. 1900
000818. SZ	航锦科技	11. 0298	300125. SZ	易世达	-10. 2695
300097. SZ	智云股份	2. 3982	600303. SH	曙光股份	-17. 5113
			002447. SZ	晨鑫科技	-27. 7102

资料来源：WIND咨询。

从经营状况看，大多数上市公司的经营业务在增长。2018年营业收入增加的有6家，占民营上市公司的46. 2%；但也有一些企业营收下降幅度较大，曙光股份、大连电瓷、天宝、晨鑫科技、大连友谊等公司的收入下降都在20%以上（见表8-5）。

表8-5　　2018年辽宁省民营上市公司营业收入变化情况

证券代码	证券简称	同比增长率（%）	证券代码	证券简称	同比增长率（%）
603399. SH	吉翔股份	69. 6469	600303. SH	曙光股份	-23. 4730
300097. SZ	智云股份	6. 8903	603318. SH	派思股份	-25. 0748
002621. SZ	美吉姆	49. 7760	002606. SZ	大连电瓷	-27. 4855
000818. SZ	航锦科技	12. 4798	002220. SZ	ST天宝	-29. 0943
603360. SH	百傲化学	28. 7078	002447. SZ	晨鑫科技	-37. 6103
603396. SH	金辰股份	32. 4954	000679. SZ	大连友谊	-40. 9976
			603318. SH	派思股份	-25. 0748

资料来源：WIND咨询。

2018年辽宁民营上市公司整体盈利能力下降，利润总额2. 43亿元，同比下降94. 2%（见表8-6）。利润增长的上市公司有12家，其中美吉姆利润增长迅速。美吉姆持续推进新的发展战略，通过对优质教育类资产的并购整合，开启向教育产业转型的全新发展阶段，公司全资收购在低龄留学语培赛道处于领先地位的楷德教育，迈出了布局教育的第一步，初步形成了教育和制造业双主业运营的产业格局。报告期内，公司收购了天津美杰姆教育科技有限公司，进一步强化了教育产业的主体地位，大大增厚了上市公司盈利。

表 8-6　2018 年辽宁省民营上市公司净利润变化情况

证券代码	证券简称	同比增长率（%）	证券代码	证券简称	同比增长率（%）
002621. SZ	美吉姆	118. 2459	603318. SH	派思股份	-91. 9934
000818. SZ	航锦科技	97. 1740	002606. SZ	大连电瓷	-133. 2845
603360. SH	百傲化学	45. 2359	600303. SH	曙光股份	-141. 6009
603396. SH	金辰股份	16. 0923	002220. SZ	ST 天宝	-223. 4866
603399. SH	吉翔股份	-11. 7391	002606. SZ	大连电瓷	-133. 2845
300097. SZ	智云股份	-28. 3905	002447. SZ	晨鑫科技	-278. 1093
			000679. SZ	大连友谊	-21716. 4714

资料来源：WIND 咨询。

2018 年，有 53. 8% 的上市公司利润下滑，特别是大连电瓷、曙光股份、天宝、晨鑫科技、大连友谊的利润下滑都在 100% 以上。大连友谊因其房地产业在售项目系商业地产产品，受所处区域商业地产持续低迷的影响，项目去化缓慢，销售收入下降，同时，存货市场价值下降，计提存货跌价准备导致其净利润大幅下跌。

（3）制造业民营上市公司经营业绩有所好转，但不容乐观。

在辽宁沿海经济带的上市公司中，制造业企业占绝大多数（13 家上市企业中，有 9 家为制造业，占比 69. 2%），分析制造业的上市公司业绩会很有代表性。

从净资产收益率来看，9 家民营制造业上市公司中有 55. 6% 在盈利，净资产收益率超过 10% 的仅有 2 家，平均的净资产收益率为 5. 9221%，总体盈利能力不强，但高于辽宁省和全国的平均盈利水平（辽宁省民营制造业上市公司平均值为 2. 9683%，全国为 -1. 2879%）。

从总资产收益率来看，辽宁沿海经济带的民营制造业平均总资产收益率为 6. 242%，高于辽宁省和全国平均水平，说明沿海经济带的民营制造业企业在从资本角度创造财富方面要优于全省平均水平，但与 2017 年相比（辽宁民营制造业上市公司平均值为6.32%，全国民营制造业上市公司平均值为7.64%），2018年沿海经济带民营制造业企业的盈利出现了显著的下滑。

从总资产周转率来看，辽宁沿海经济带民营制造业上市企业的资产运营效率好于上一年，仍处于较低水平，资产周转率平均值仅为0.5084次/年，但总资产周转率、应收账款周转率都高于全国的平均水平，企业资产的管理质量和利用效率较往年有了一定的提高，这说明制造业企业资产运营效率有好转的迹象。

从资产负债率来看，辽宁沿海经济带民营制造业上市企业的债务风险较大，企业偿债能力问题不容忽视。有67%的制造业上市公司资产负债率超过辽宁省和全国的平均水平；从表8－7可以看出，沿海经济带民营制造业企业的已获利息倍数显著低于全国平均水平，与全国平均水平的较大差异说明，民营制造业企业的偿债能力问题不容忽视，普遍面临亏损、偿债的安全性与稳定性下降的风险。

从营收增长来看，辽宁沿海经济带的民营制造业企业的营业收入增长平均仅为5.01%，远低于全省6.37%的平均水平，部分企业面临较大困难，经营增长缓慢。

从研发投入资金占比来看，辽宁沿海经济带民营制造业企业的研发投入低，研发支出总额占营业收入为3.14%，低于全省3.82%的平均水平，这说明沿海经济带的民营制造业企业无法更多地从技术方面确立核心竞争力，从而影响企业的长期可持续发展，企业增长在技术方面的支撑还有待强化。

2. 中国民营经济500强中的辽宁沿海经济带企业经营情况分析①

2014～2018年，辽宁沿海经济带入围的民营企业每年都是4～6家，2019年则大幅跃升到10家，创近五年新高。从图8－2中可以看出辽宁每年入围中国民营经济500强中的企业70%以上处于辽宁沿海经济带地区，尤其是2019年占比达到91%。2019年辽宁新增500强榜单企业的6家公司（辽宁嘉晨控股集团有限公司、福佳集团有限公司、铭源控股集团有限公司、五矿营口中板有限责任公司、辽宁宝来生物能源有限公司、盘锦浩业化工有限公司）都集中在大连、营口、盘锦沿海城市，可见辽宁沿海经济带民营企业是全省民营企业的标杆，也是全省民营经济的发展龙头。

① 全国民营经济500强榜单由全国工商联组织各省市区工商联在各自区域、行业范围内实施，以民营企业自愿加入为原则，调研对象为2018年营业收入总额在5亿元以上的私营企业、非公有制经济成分控股的有限责任公司和股份有限公司，并定期公布。

表 8 – 7　　2018 年辽宁省民营制造业上市公司净资产收益率情况

证券代码	证券简称	净资产收益率 ROE（%）	总资产报酬率 ROA（%）	总资产周转率（次）	应收账款周转率（次）	资产负债率（%）	已获利息倍数	营业收入增长（%）	研发支出总额占营业收入比（%）
000818. SZ	航锦科技	20. 4630	15. 9477	0. 9535	11. 9312	41. 607	27. 6378	12. 4798	0. 64
603360. SH	百傲化学	20. 4176	20. 4176	0. 63	5. 3882	11. 0709	—	28. 7078	3. 63
603396. SH	金辰股份	9. 8870	6. 8236	0. 4802	3. 0586	47. 1184	27. 6378	32. 4954	7. 77
603399. SH	吉翔股份	8. 5152	7. 5822	0. 8724	5. 0563	41. 9524	5. 923	69. 6469	0. 02
300097. SZ	智云股份	6. 2122	5. 9262	0. 3763	1. 551	25. 1203	19. 5521	6. 8903	4. 19
603318. SH	派思股份	0. 4287	2. 0174	0. 2142	1. 2547	51. 8041	1. 2217	–25. 0748	4. 21
002606. SZ	大连电瓷	–2. 1439	–1. 3492	0. 4318	1. 4203	33. 1961	—	–27. 4855	5. 15
600303. SH	曙光股份	–4. 2888	–0. 6567	0. 4118	3. 1917	52. 5514	—	–23. 473	2. 35
002220. SZ	ST 天宝	–6. 1917	–0. 5306	0. 2058	0. 8009	48. 0486	—	–29. 0943	0. 27
辽宁民营制造业上市公司平均值		2. 9683	3. 8475	0. 6394	6. 1126	38. 8645	7. 8407	6. 3679	3. 8254
全国民营制造业上市公司平均值		–1. 2879	2. 5929	0. 4806	4. 0555	38. 8002	86. 9928	17. 1209	6. 2126

资料来源：WIND 咨询。

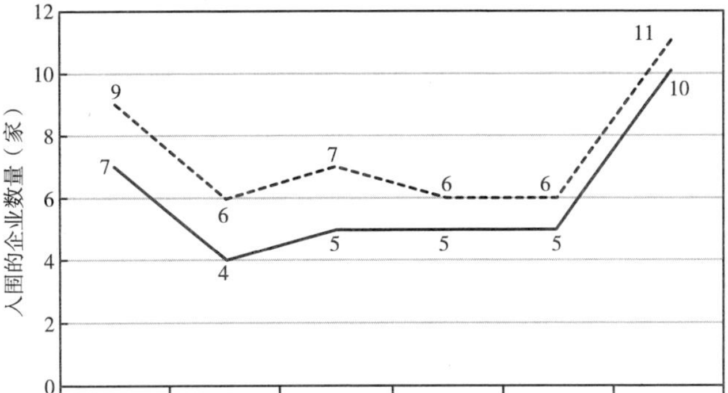

	2014	2015	2016	2017	2018	2019（年份）
——辽宁沿海经济带	7	4	5	5	5	10
----辽宁省	9	6	7	6	6	11

图 8－2　2014～2019 年辽宁沿海经济带入围民营经济 500 榜单的数量

资料来源：中华全国工商业联合会官网。

从入围企业的营业收入增长状况来看，辽宁沿海经济带民营企业保持持续的良好态势，原入选 2018 年 500 强榜单中的 5 家企业中，有 4 家企业依旧入选了 2019 年榜单（大连金玛商城企业集团有限公司未能入选），近几年连续入围企业中，大商集团有限公司、盘锦北方沥青燃料有限公司、环嘉集团有限公司均实现了营业收入的良好增长，其中大商集团有限公司突破 300 亿元，盘锦北方沥青燃料有限公司营收增长 81%，增长态势强劲。

从历年入围榜单来看，零售、地产企业规模巨大，大商集团有限公司与大连万达集团股份有限公司排名显著高于其他入围企业，其中大商集团的营收超过除万达以外其他入围企业营收之和。

从入围企业的行业分布来看，以能源加工为代表的生产服务业占比猛增，2019 年新入围的 6 家企业中，有 5 家为生产服务业，其他入围企业则主要包括零售、农产品加工、批发以及综合服务类企业。2019 年的入榜企业中，重化工业企业有 6 家，占比为 60%，特别是石化产业占比突出，体现了辽宁沿海经济带在重化工业的产业优势特点。

从地域分布特点来看，大连地区成为辽宁沿海经济带民营经济发展的主阵地，以 2019 年为例，10 家入围企业有 5 家来自大连地区，3 家来自盘锦，2 家来自营口，其他 3 个地级市无一家入围企业，地域集中度高，地域失衡特征明显（见表 8－8）。

表 8－8　2014～2019 年辽宁沿海经济带入围民营经济 500 榜单情况

单位：万元

2014 年榜单				2015 年榜单			
排名	企业名称	所属行业	营业收入总额	排名	企业名称	所属行业	营业收入总额
8	大连万达集团股份有限公司	房地产业	18664000	153	大连万达集团股份有限公司	房地产业	24248000
104	嘉晨集团有限公司	黑色金属冶炼和压延加工业	3116567	288	亿达集团有限公司	综合	2786031
124	福佳集团有限公司	化学原料和化学制品制造业	2827561	368	盘锦北方沥青燃料有限公司	石油加工、炼焦和核燃料加工业	1552519
134	亿达集团有限公司	房地产业	2704884	462	锦联控股集团有限公司	水上运输业	1058848
395	盘锦北方沥青燃料有限公司	石油加工、炼焦和核燃料加工业	1125517	463			
440	辽宁曙光汽车集团股份有限公司	汽车制造业	1030000				
495	锦联控股集团有限公司	水上运输业	920182				
总计	7 家		30388711	总计	4 家		29645398

2016 年榜单				2017 年榜单			
排名	企业名称	所属行业	营业收入总额	排名	企业名称	所属行业	营业收入总额
7	大连万达集团股份有限公司	房地产业	29016000	9	大连万达集团股份有限公司	综合	25498000
170	亿达集团有限公司	房地产业	2646729	147	环嘉集团有限公司	批发业	3536431

续表

2016年榜单				2017年榜单			
排名	企业名称	所属行业	营业收入总额	排名	企业名称	所属行业	营业收入总额
224	盘锦北方沥青燃料有限公司	石油加工、炼焦和核燃料加工业	2037682	158	盘锦北方沥青燃料有限公司	石油加工、炼焦和核燃料加工业	3309665
356	环嘉集团有限公司	批发业	1402582	351	大连金玛商城企业集团有限公司	租赁业	1684521
416	锦联控股集团有限公司	水上运输业	1208869	457	锦联控股集团有限公司	水上运输业	1307303
总计	5家		36311862	总计	5家		35335920

2018年榜单				2019年榜单			
排名	企业名称	所属行业	营业收入总额	排名	企业名称	所属行业	营业收入总额
10	大商集团有限公司	零售业	28080516	12	大商集团有限公司	零售业	30029186
17	大连万达集团股份有限公司	综合	20185519	23	大连万达集团股份有限公司	综合	18076999
162	盘锦北方沥青燃料有限公司	石油加工、炼焦和核燃料加工业	4107120	114	盘锦北方沥青燃料有限公司	石油加工、炼焦和核燃料加工业	6003399
187	环嘉集团有限公司	批发业	3838626	143	辽宁嘉晨控股集团有限公司	黑色金属冶炼和压延加工业	4963961
438	大连金玛商城企业集团有限公司	商务服务业	1775527	182	福佳集团有限公司	化学原料和化学制品制造业	4273426
				204	环嘉集团有限公司	废弃资源综合利用业	3914517
				289	铭源控股集团有限公司	批发业	2964371

续表

2018年榜单				2019年榜单			
排名	企业名称	所属行业	营业收入总额	排名	企业名称	所属行业	营业收入总额
				341	五矿营口中板有限责任公司	黑色金属冶炼和压延加工业	2516410
				383	辽宁宝来生物能源有限公司	石油加工、炼焦和核燃料加工业	2256639
				385	盘锦浩业化工有限公司	石油加工、炼焦和核燃料加工业	2254118
总计	5家		57987308	总计	10家		77253026

资料来源：根据全国工商联发布的历年全国民营经济500强榜单整理所得。

3. 辽宁沿海经济带百强民营企业分析

2019年9月，辽宁省工商联发布了《2019辽宁民营企业百强榜单》，此次共有239家民营企业自愿申报，省工商联再根据各民营企业上一年度营业收入总额、企业发展等指标评选出辽宁民企百强排行榜。百强企业中57家位于辽宁沿海经济带区域，占据全省半壁江山，表明沿海地区的民营企业发展优势较大（见表8－9）。

表8－9　2019年辽宁沿海经济带百强民营企业名单

排名	企业名称	所属地区	排名	企业名称	所属地区
1	大连万达集团股份有限公司	大连	6	辽宁嘉晨控股集团有限公司	营口
2	大商集团有限公司	大连	32	无限极（营口）有限公司	营口
3	逸盛大化石化有限公司	大连	33	营口东盛实业有限公司	营口
4	恒力石化（大连）有限公司	大连	62	营口万隆广场商业管理有限公司	营口

续表

排名	企业名称	所属地区	排名	企业名称	所属地区
5	福佳集团有限公司	大连	72	营口康辉石化有限公司	营口
53	亘百锐供应链管理股份有限公司	大连	77	辽宁方大集团国贸有限公司	营口
56	大连软件园中兴开发有限公司	大连	79	辽宁东林瑞那斯股份有限公司	营口
58	中升（大连）集团有限公司	大连	83	辽宁红运投资（集团）有限公司	营口
60	金葵食品集团有限公司	大连	41	营创三征精细化工有限公司	营口
10	环嘉集团有限公司	大连	9	盘锦北方沥青燃料有限公司	盘锦
18	锦联控股集团有限公司	大连	52	辽宁宝来生物能源有限公司	盘锦
12	铭源控股集团有限公司	大连	57	盘锦浩业化工有限公司	盘锦
29	大连远东企业集团有限公司	大连	62	盘锦益久石化有限公司	盘锦
42	大连奥托股份有限公司	大连	72	盘锦辽通化工有限责任公司	盘锦
66	西姆集团有限公司	大连	77	辽宁大禹防水科技发展有限公司	盘锦
68	大连瑞光非织造布集团有限公司	大连	79	禹王防水建材集团有限公司	盘锦
69	大杨集团有限责任公司	大连	83	盘锦鑫河化工有限公司	盘锦
70	大连万运高科技发展集团有限公司	大连	51	凤城市宝山炭素有限公司	丹东
74	亿达发展有限公司	大连	20	辽宁五一八内燃机配件有限公司	丹东

续表

排名	企业名称	所属地区	排名	企业名称	所属地区
92	辽宁锦文贸融供应链有限公司	大连	78	丹东鑫兴炭素有限公司	丹东
93	大连金鑫贸融供应链管理有限公司	大连	37	辽宁东港电磁线有限公司	丹东
49	大连东阳房地产开发有限公司	大连	46	辽宁曙光汽车集团股份有限公司	丹东
55	葫芦岛市钢管工业有限公司	葫芦岛	54	锦州奥鸿药业有限责任公司	锦州
100	绥中县古城粮油贸易有限公司	葫芦岛	15	锦州万得汽车集团有限公司	锦州
97	葫芦岛盈瑞粮油有限公司	葫芦岛	40	锦州汉拿电机有限公司	锦州
89	辽宁九江实业有限公司	葫芦岛	48	辽宁新华龙大有钼业有限公司	锦州
28	辽宁正业集团房地产开发有限责任公司	葫芦岛	91	锦州利新石油化工产品有限公司	锦州
21	航锦科技股份有限公司	葫芦岛	44	锦州吉翔钼业股份有限公司	锦州
100	绥中县古城粮油贸易有限公司	葫芦岛			

资料来源：辽宁省工商业联合会官网。

从百强企业地区分布来看，地区差异明显，大连（22 家）占比仅次于沈阳（24 家），且前五名万达、大商集团、逸盛大化、恒力石化、福佳集团都是来自大连的企业。营口、盘锦、锦州等市数量出现急剧下降。

从上榜企业所处的行业看，大部分上榜企业属于能源及金属加工企业，重化产业优势明显。但是，农产品加工业、批零业等贸易企业近年来发展很快，出现了一大批在国内有一定影响力的农产品加工以及综合服务业（见图 8－3）。

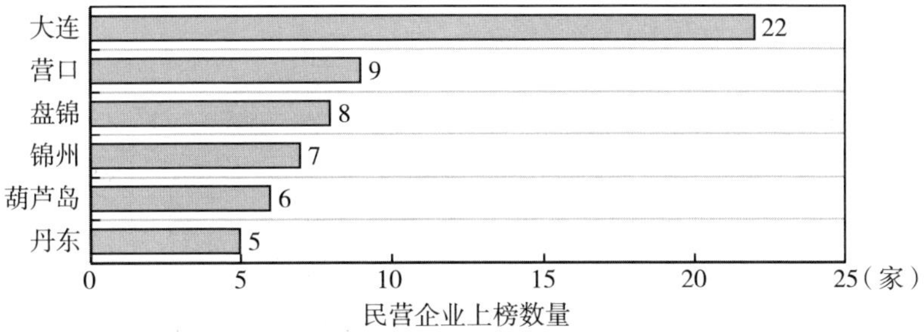

图8－3　2019年辽宁沿海经济带民营企业100强地区分布情况

资料来源：辽宁省工商业联合会官网。

4. 辽宁沿海经济带中小民营企业的运营状况分析

为客观反映辽宁沿海经济带中小民营企业的运营状况，本报告基于我国中小企业股份转让来进行分析。全国中小企业股份转让系统（简称“全国股转系统”，俗称“新三板”）是经国务院批准，依据证券法设立的继上交所、深交所之后第三家全国性证券交易场所，也是我国第一家公司制运营的证券交易场所。设立全国中小企业股份转让系统是加快我国多层次资本市场建设发展的重要举措。新三板市场的设立与不断改革为服务中小民营企业，支持实体经济发挥了重要作用。

（1）辽宁沿海经济带新三板市场上市企业基本情况。

截至2019年，辽宁沿海经济带共有98家企业在新三板市场上市，在全省所有新三板上市企业的54.7%，主要集中在大连（70家）。从行业分布来看，主要集中在制造业（占51%）、信息传输、软件和信息服务业（占18%），其区域与行业分布见图8－4、图8－5。

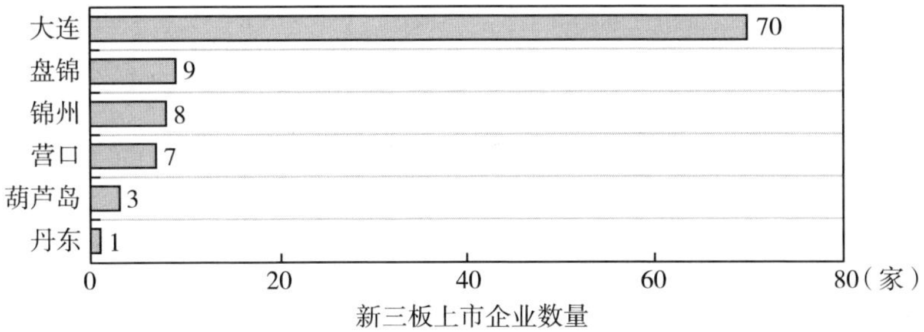

图8－4　新三板市场中辽宁沿海经济带上市企业的地区分布情况

资料来源：根据WIND咨询计算所得。

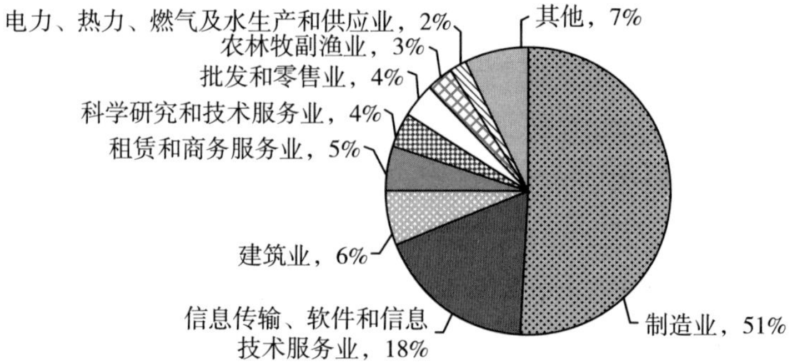

图 8 -5　新三板市场中辽宁沿海经济带上市企业的行业分布情况

资料来源：根据 WIND 咨询计算所得。

（2）中小民营企业成长速度慢。

从 2015 年到 2018 年来看，辽宁沿海经济带新三板上市民营企业的增长呈现不断递减的趋势，总资产规模增长率从 2015 年的 38.42% 降低到 2018 年的 3.5%，急剧下滑。而且资产规模增长率一直低于全省平均水平（见图 8 -6）。

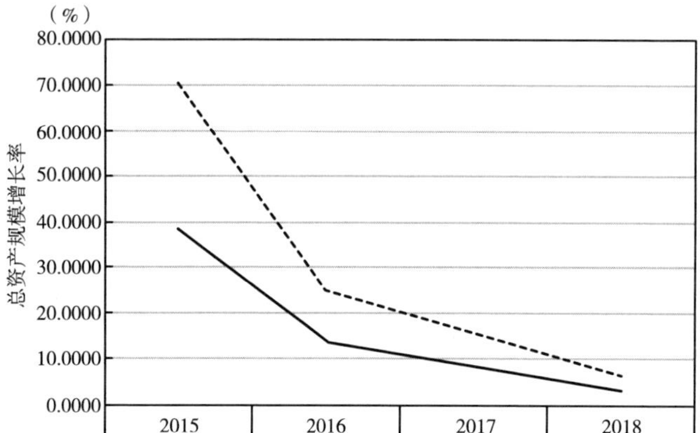

	2015	2016	2017	2018	（年份）
—— 辽宁沿海经济带平均值	38.4240	13.8063	8.2526	3.5027	（%）
- - - - 辽宁平均值	70.25	25.24	15.09	6.40	（%）

图 8 -6　辽宁沿海经济带新三板上市企业历年总资产增长比较情况

资料来源：根据 WIND 咨询计算所得。

（3）中小民营企业经营困难。

近几年，辽宁沿海经济带新三板上市企业不仅规模扩张速度下降，经营收入增长也不断放缓，营业收入增长率从 2015 年的 48.95% 降低到 2018 年的 4.66%，增长率下降的幅度明显，且其历年增长率远远低于全省平均水平（见图 8 -7），营收困境显然是影响企业总资产规模扩张的主要因素。此外，总体盈利水平也不乐观，从2017年开始，辽宁沿海经济带中小民营企业的盈利由正转负，2018年的净利润增长率为 -9%（见图8-8）。民营企业经营面临着较大困境。

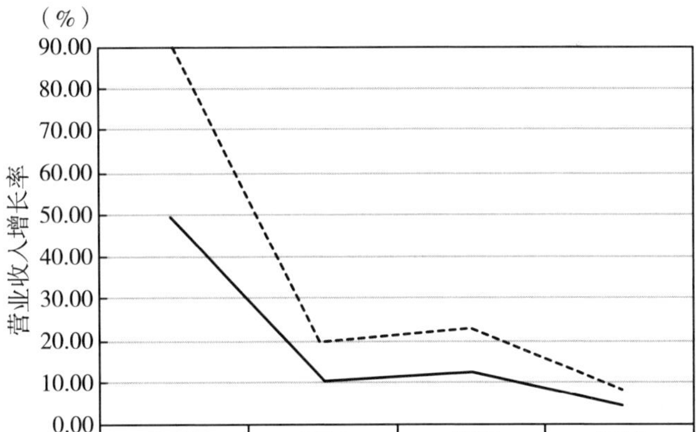

	2015	2016	2017	2018	（年份）
—— 辽宁沿海经济带平均值	48.95	10.55	12.54	4.66	（%）
---- 辽宁平均值	89.49	19.29	22.93	8.51	（%）

图8-7　辽宁沿海经济带新三板上市企业历年营业收入增长比较情况

资料来源：根据WIND咨询计算所得。

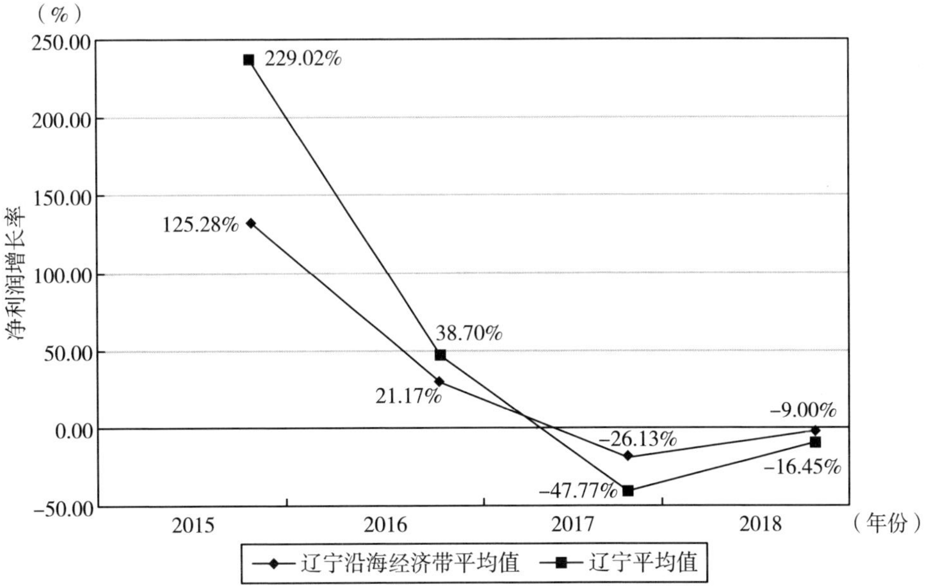

图8-8　辽宁沿海经济带新三板上市企业历年净利润增长比较情况

资料来源：根据WIND咨询计算所得。

（4）资产质量在下降，资产利用率不高。

2015 年至今，辽宁沿海经济带新三板上市企业的总资产周转率持续下降，2018 年为 0.4%，低于全省的平均值 0.74%，说明沿海经济带新三板上市企业资产的运营能力持续下降，但是要略高于沿海经济带在主板上市的企业（2018 年为 0.5084），究其原因主要是销售能力下降、存货增多以及闲置资金等因素导致（见表 8－10）。

表 8－10　　辽宁沿海经济带与辽宁新三板上市企业历年总资产周转率比较情况

单位：%

	2015	2016	2017	2018
辽宁沿海经济带平均值	0.4496	0.4278	0.4339	0.4071
辽宁平均值	0.8219	0.7821	0.7932	0.7443

资料来源：根据 WIND 咨询计算所得。

（5）资本结构较为合理，但偿债能力较弱。

2015 年以来，辽宁沿海经济带新三板上市企业的平均资产负债率较为稳定，其中 2018 年为 20.65%，要显著低于全省平均水平的 37.75%，从绝对值看，辽宁沿海经济带新三板上市企业的整体资产负债结构较为合理，债务负担相对较小，同时从侧面反映出新三板上市企业的债务利用率相对较低。

2015 年至今，辽宁沿海经济带新三板上市企业的应收账款周转率持续下降，2018 年为 4.6776%，且显著低于全省平均水平 5.5%，这说明辽宁沿海经济带新三板企业的平均收账期延长，坏账损失增加，资产流动性降低，短期偿债能力减弱，经营风险凸显（见图 8－9）。2018 年辽宁沿海经济带新三板上市企业的已获利息倍数为 10.65，显著低于全省的平均水平（19.46），过低的已获利息倍数说明沿海经济带民营企业的长期偿债能力较差，未来要重点关注民营中小企业债务的偿还问题。

综上所述，辽宁沿海经济带中大连核心地位和龙头作用显著提高，大连—营口—盘锦主轴作用进一步加强，渤海翼、黄海翼实力不断壮大。大连东北亚国际航运中心辐射作用显著增强，一些重要领域的科技创新能力达到全国先进水平。

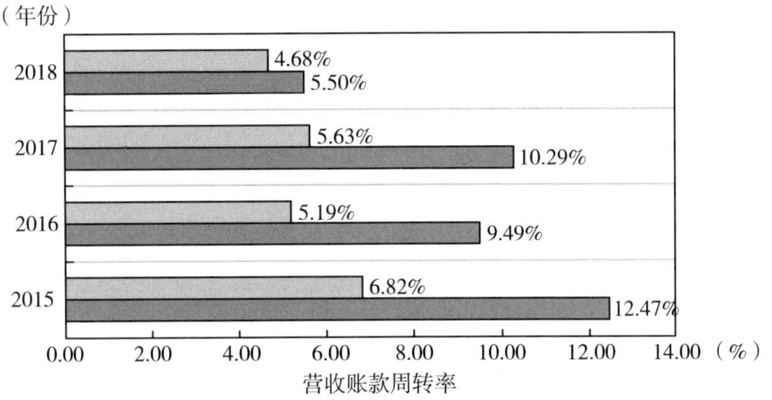

	2015	2016	2017	2018	（年份）
□辽宁沿海经济带平均值	6.82	5.19	5.63	4.68	（%）
■辽宁平均值	12.47	9.49	10.29	5.50	（%）

图 8－9　辽宁沿海经济带新三板上市企业历年应收账款周转率比较情况

资料来源：根据 WIND 咨询计算所得。

（三）辽宁沿海经济带的自贸试验区和产业链建设状况

辽宁沿海经济带大力推进对外开放，加快对内整合的步伐，相继建立中国（辽宁）自由贸易试验区大连片区、营口片区，深化“放、管、服”改革，对外资企业实施准入前国民待遇加负面清单管理模式。同时，积极参与“一带一路”建设，加速构建了“辽满欧”“辽蒙欧”“辽海欧”三条综合交通运输大通道，并积极吸引外商投资，与“苏辽”“沪连”对口合作，共建了一批不同类型的合作园区。

借助沿海优势，辽宁沿海经济带六市通过科技创新，大力发展海洋经济和战略性新兴产业，各市大力培育和引进创新型企业，围绕航空装备、汽车、智能机器人等领域，建立了多个战略性新兴产业基地和高新技术园区。2018 年，辽宁省对沿海各市区位相邻和产业趋同的重点园区进行了优化整合，对重点园区实施了体制改革创新，采用了“管委会＋公司”的运营机制。在港口资源整合方面，辽宁沿海经济带设立了辽宁港口集团，以推进“港口、产业、城市”融合发展为切入点，以大连东北亚国际航运中心建设为核心，以临港产业发展为依托，构建了大连港、营口港、锦州港、葫芦岛港的港口主体一体化，形成了沿海经济带的完整港口产业链构建，实现可持续发展。

四、2019 年辽宁沿海经济带促进民营经济发展具体举措及成效

（一）辽宁沿海经济带六市成立统筹民营经济工作的领导小组

为贯彻落实习总书记在辽宁视察时和在民营企业座谈会上的重要讲话精神，破解民营经济发展难题，进一步提振民营企业发展信心，根据 2018 年辽宁省颁布实施的《中共辽宁省委、辽宁省人民政府关于加快民营经济发展的若干意见》，大连市、丹东市、盘锦市、葫芦岛市均成立了以市委市政府主要领导任组长的促进民营经济（中小企业）发展工作领导小组办公室（辽宁省市长联系制度），锦州市整合了 9 个事业单位，组建市工业及民营经济服务中心，营口市设立了社会投资与民营经济发展中心，各市领导小组和服务中心及时研究制定贯彻落实的具体配套政策，形成以辽宁省促进民营经济（中小企业）发展领导小组为龙头，各市成员单位齐抓共管、共同推进的工作局面，为民营经济发展提供坚强的组织保障。

（二）辽宁沿海经济带六市颁布并实施加快民营经济发展的政策制度

为进一步配合辽宁省颁布的《中共辽宁省委、辽宁省人民政府关于加快民营经济发展的若干意见》和《全省金融机构支持民营企业发展奖励办法》，辽宁沿海经济带的 6 个城市认真落实工作举措，推动政策落实细节，共出台贯彻落实的政策文件 26 个，提出各类政策举措 300 多条。2018 年 12 月，锦州市发布了《锦州市支持民营经济发展壮大的若干意见》，31 项举措眼于解决民营企业突出困难和问题，其中多项政策明确了拿出“真金白银”奖励民企做大做强。同期丹东市颁布了《关于加快民营经济发展的实施意见》，为民营企业送上了包括优化环境、降低成本、保护合法权益等六大方面 24 项惠企政策“大礼包”，助推民营经济驶入发展快车道。同期，盘锦市工业和信息化局发布了《中共盘锦市委盘锦市人民政府关于进一步做活做宽做好民营经济的实施意见》，聚焦激发民营经济主体活力，大力弘扬优秀企业家精神，鼓励民营企业参与我市重点产业发展。2019

年1月，葫芦岛市制定出台了《葫芦岛市关于加快民营经济发展实施意见》、《葫芦岛市金融机构支持民营企业发展奖励办法》和《葫芦岛市“个转企、小升规、规升巨”培育行动实施方案》，从营造公平竞争环境、降低生产经营成本、缓解融资难融资贵、推动企业高质量发展、维护企业家合法权益等5个方面，推出26项工作举措。8月，营口市发布了《营口市进一步支持实体经济发展的若干政策措施》，25项措施着力于破解制约实体经济特别是民营经济发展的突出问题。2020年3月，大连市委统一战线工作领导小组发布并实施《大连市贯彻落实〈关于加强新时代民营经济统战工作的意见〉责任分工方案》，方案中要求扎实做好民营经济统战工作，加强政企沟通协商制度建设，精准帮助民营企业特别是中小企业纾困解难，全力推动民营经济高质量发展。

（三）辽宁沿海经济带六市强化对发展民营经济工作的绩效考核体系

为确保各市颁布实施的加快民营经济发展的意见能够落实到位，沿海经济带6个城市均强化了对发展民营经济工作的考核，对各市、各区的统筹民营经济工作的领导小组和相关部门实施年度绩效考核，加强督导推进，开展明察暗访，并将结果与绩效考核奖惩挂钩。例如2019年，大连市把民营经济发展情况纳入对各部门、各街道绩效评估，纳入各级党委（党组）书记年度述职内容，对民营企业反映的合理合法问题办理不力、政策执行不到位的责任单位和责任人进行通报、问责。盘锦市本级及各县区（经济区）党委政府（派出机构）组织各级各类民营企业对各级政府涉企部门进行“打分”，做出综合评价，每年至少一次，把评价结果作为实绩考核的重要参数，对民企评价满意度低于60%的涉企部门，各级党组织将采取有效的组织措施。锦州市开展红旗县（市）区评选，设金、银、铜奖，表彰发展民营经济业绩突出的县（市）区。葫芦岛市建立民营经济暨中小微企业发展评价体系，将民营经济暨中小微企业发展年度计划分解到各县（市）区、开发区（园区），并纳入市政府绩效考核指标体系。

（四）辽宁沿海经济带六市建立多个民营企业、中小企业公共服务平台

随着2019年9月辽宁省民营经济（中小企业）跨部门政策信息发布平台的

启动，辽宁沿海经济带的 6 个城市也纷纷相继组建多个面向民营企业、中小企业的政策信息共享和发布平台，为民营经济提供畅通及时的政策服务，推动民营企业和中小企业的健康发展。2019 年，大连市已累计创建小企业创业基地 29 个，中小企业公共服务平台 22 个，其中国家级公共服务平台 6 个，为中小企业提供融资、网络信息、创业辅导、人才培训、法律服务、管理咨询等多方面服务；大连市经信委委托大连瀚闻资讯有限公司建立了“全球贸易监测分析系统 GTA”，集合了各个国家的报关单、提单等数据，形成庞大的贸易数据库提供给企业在线自主查询，为大连地区 1500 余家中小企业免费提供信息咨询、数据检索服务。葫芦岛为民营经济搭建信息服务平台与葫芦岛市投融资服务平台，完善中小企业公共服务云平台功能，大力推广“惠企通”手机 APP，以线上和线下相结合的形式，为民营企业提供法律咨询、政策法规、技术创新、市场营销等服务，并委托绿盾全国企业征信系统对全市重点民营企业进行免费信用信息服务。锦州累计已建省级中小企业创业创新示范基地 4 个，中小企业公共服务平台 2 个，服务体系涉及金融、投资、营销策略、电子商务、大学生创业、企业孵化等多个领域，每年为全市 3000 多家中小企业提供优质服务。营口市于 2019 年相继建立了“招商引资项目建设平台”和“企业服务平台”，前者实现了项目与城市建设、产业发展、企业需求和基础资源的充分对接，从项目招商到建设调度完成信息化服务；后者以营口 2000 多支机关干部帮扶团队对接 1549 个项目和企业，为全市民营企业提供真心服务、精准服务、有效服务。盘锦 2019 年完成了“民营企业服务平台”的建立，为民营企业提供一站式“信息直通车”服务，“留言板”特色功能还可以让民营企业随时发布在生产经营中遇到的困难和问题。

（五）发挥优秀民营企业示范引领效应，弘扬企业家精神

打造优秀民营企业可以更好地发挥民营企业的带动引领示范效应，弘扬民营企业家精神。辽宁沿海经济带六市积极组织优秀的民营企业和民营企业家参加辽宁省百家优秀民营企业和百名优秀民营企业家的评选活动。2019 年 9 月辽宁省工商联发布的《2019 辽宁民营企业百强榜单》中，57 家位于辽宁沿海经济带，其中大连 22 家，营口 9 家，盘锦 8 家，葫芦岛 7 家，锦州 6 家，丹东 5 家。在小型微型企业创业创新示范基地建设方面，截至 2019 年，辽宁沿海经济带有 6 家成为辽宁省国家级小微企业创业创新示范基地（全省共 15 家），其中大连、盘锦各 2 家，丹东、葫芦岛各 1 家，入驻中小微企业约 2400 多户。在民营企业建立

现代企业制度方面，2018 年，沿海经济带区域内的丹东华日理学电气有限公司、大杨集团有限责任公司、营口金辰机械股份公司、瓦房店金峰轴承制造有限公司被确定为第三批辽宁省民营企业建立现代企业制度示范企业；2019 年，大连德迈精密科技股份有限公司、中冶葫芦岛有色金属集团有限公司、锦州阳光能源有限公司被列入第四批确定名单中。在弘扬民营企业家精神方面，大连市建立了省内第一家非公企业教育实践基地—大连市民营企业家教育实践基地，旨在通过开展学习教育、实践锻炼、交流互动和业务培训，打造民营企业家健康成长环境；盘锦、营口、丹东、锦州、葫芦岛市定期对“优秀民营企业”和“优秀民营企业家”进行通报表扬及宣传报道，组织开展优秀民营企业家宣讲，弘扬优秀民营企业家代表的先进事迹和成功经验，弘扬新时代创业精神，积极推荐优秀民营企业家担任各级党代表、人大代表和政协委员参政议政。

（六）鼓励民营企业创新发展，“育龙计划”加速了民营企业转型

为增强民营企业发展活力，推进企业自主创新，辽宁沿海经济带六市相继发布了多项文件政策实施“育龙计划”，目的在于培育一批创新型龙头企业，催生一批创新型中小企业集群，以促进企业转型发展。2019 年，大连市出台了《关于支持企业创新和发展的政策措施》与《大连市认定企业技术中心管理办法》，实施“专精特新”中小企业培育计划，对获得省长质量奖、市长质量奖、辽宁省专精特新产品（技术）的民营企业给予奖励；放宽了对战略性新兴产业领域创新能力强、研发投入大的创新企业的认定条件，对新认定的国家、省、市级企业技术中心分别给予 200 万元、100 万元、50 万元的资金扶持；建立大连市科技创新型企业、服务机构资源库，搭建“科技指南针”公共服务平台、中小企业创新创业公共服务平台、大型科研仪器共享、支持中小企业走出去公共服务平台等 8 个平台。营口市发布了《营口市推进科技创新十项政策》，鼓励企业研究开发“专精特新”产品、技术，对被评为省级以上“专精特新”中小企业给予 10 万元奖励；鼓励现有企业实施战略性新兴产业项目、绿色制造发展项目特别是重点支持节能技术改造和资源综合利用项目，按照项目实际完成固定资产投资额的 5% 且按企业当年地方财政贡献额度最高 60% 的比例，由市县两级财政按留成比例予以补助；对列入首台（套）重大技术装备产品名单的制造企业给予最高 100 万元奖励。盘锦发布《盘锦市提升企业自主创新能力专项行动计划》，实施企业创新主体培育工程，按入库库企业不同类型，对照高新技术企业标准，列出问题

清单，指定培育方案，分解任务，精准帮扶，推动高新技术企业做大做强。丹东发布《丹东市大力推广支持创新相关改革举措实施方案》，对纳入全国科技型中小企业信息库的科技型中小企业提供精准支持和精准服务，享受研发费用税前加计扣除优惠政策；对国家省市科技部门认定的技术创新中心、通过高新技术企业认定的企业、新获批的省级产业共性技术创新平台、产业专业技术创新平台、产业技术创新综合服务平台给予补助资金。锦州市实施了科技产业“双百”计划，在创新平台、科技项目、知识产权、产业升级、财税政策、融资发展、人才培养等方面给予企业重点支持，使一大批科技创新型中小企业成长为高新技术企业。葫芦岛发布了《葫芦岛市强化实施创新驱动发展战略进一步推进大众创业万众创新深入发展工作方案》，建立了创业创新专家库，贴身为创业者给予指导、提供服务；依托高新区“葫芦岛创客空间”、东戴河“知谷汇”、辽宁财贸学院“双创”基地、葫芦岛经济开发区双创小微企业孵化园等创新创业载体，为企业创新提供有力支撑。

（七）扶持民营企业做优做大做强

2018 年 12 月《辽宁省“个转企、小升规、规升巨”培育行动实施方案》发布后，辽宁沿海经济带六市积极部署，贯彻落实方案内容，加强对民营经济的分类扶持，通过政策引导、资源配置、建立和完善中小企业成长促进机制，扩大企业规模，提高企业市场竞争力，逐步形成“个转企，小升规，规升巨”的良性氛围，实现民营经济高质量发展。2019 年，大连市实施了“个转企”“小升规”“规升巨”三年行动计划，对个体工商户转型为企业且存续超过一年以上，一次性给予 3000 元奖励；对主营业务收入达到规模并新纳入统计范围的小升规企业，一次性给予 5 万元奖励，其中新兴产业企业一次性奖励 10 万元；对营业收入达到 3 亿元以上的入库民营企业，一次性给予 50 万元奖励，以后每年以 3 亿元为基数，每新增 1 亿元给予 20 万元奖励，奖励资金上限不超过区级经济贡献的 30%。葫芦岛市制定出台了《葫芦岛市“个转企、小升规、规升巨”培育行动实施方案》，将建立完善“个转企”“小升规”“规升巨”培育库，设立“个转企”绿色通道，指定专人提供协同代办服务，协助转型升级企业申报材料办理手续；按照产品有市场、技术有依托、发展有项目、增长有潜力的标准，选择一批工业规上企业作为重点培育对象；对规模较大、税收就业突出、成长性好的民营企业，向金融机构重点推荐，逐步解决“融资难”“融资贵”问题。盘锦以园区孵化器和创业基地为平台引导个体工商户入驻产业园区，设立“个转企”绿色通道，为企业提供跟踪、协调、督办、回访全流程服务机制，引导“专精特新”中小企业群体与大企业协同创新、融合发展，定期对入库企业进行量化考核和精准培育，定期公布企业名单，并向金融机构推荐为优良客户，每年对在社会贡献、市场竞争力、创新能力和社会公益等方面做出贡献的民营企业进行表彰。锦州市引导相关产业个体工商户入驻创业基地、产业园区，开展“为企送贷助转型”主题活动；实施“项目管家”制度，为规模以上、限额以上的522户企业，以及总投资500万元至10亿元的所有项目配备“项目管家”，积极为“小升规、规升巨”做好超前培育服务；同时，积极鼓励银行和融资担保机构为小微企业提供优质金融服务，对中小微企业申请境外专利、商标注册和产品认证等予以90%的补助支持对，符合奖励条件的“小升规”企业每户奖励10万元。营口支持“个转企、小升规、规升巨”，对首次上规入库的工业企业，给予一次性奖励5万元。丹东市组织“百亿送贷行动”、“个转企”专题融资对接会、“送贷助转型”、“送贷进企业”等系列主题活动，设立“个转企”绿色通道，优化细化业务流程，制定操作规程，营造良好政务服务环境。

（八）加大对民营企业的金融支持

1. 定期开展政银企对接大会，鼓励金融机构加大对民营企业的信贷投放

近年来，沿海经济带六市以提高金融服务覆盖面、可得性、满意度为目标，以解决小微企业、“三农”融资难为重点，采取了一系列措施着力提升金融服务的便利性和获得感。2019年，大连银保监局组织编写了《大连市民营企业小微企业银行信贷产品指南》，收录40家银行业机构民营企业、小微企业融资产品140余种，增强企业对银行信贷产品查询的实用性和便捷性；先后开展了两轮民营企业、小微企业融资对接大会，印发落实《大连市支持科技创新若干政策措施》金融扶持方面的六个实施细则，修订印发《关于促进大连区域性金融中心建设若干政策措施》，开展普惠金融乡村行、“三方四面”助民企融资服务年等系列活动，引导金融机构提升普惠金融服务水平。锦州银保监分局加快推进“百行进万企”融资对接，督导银行保险机构加强对小微企业、“三农”的金融支持，要求银行继续加大民营小微企业展期、续贷和新增授信，全面提升保险赔付速度。营口市利用“金小二金融服务平台”，为全市33家银行业金融机构及辖区

中小微企业提供线上信贷产品发布及融资需求服务，满足企业“一站式”金融服务需求；先后建立了《市级贷款利率动态监测制度》和《小微企业金融支持效果监测制度》，对企业贷款利率尤其是小微企业贷款利率实行动态监测，及时评估金融支持小微企业发展效果；定期召开“金融支持小微企业推进会”，探索金融支持民营经济发展经常化、制度化的新途径；制定了《营口市金融创新成果评选奖励办法》《金融创新工作指引》等一系列制度，指导金融机构先后推出“商标权质押贷款”“融货贷”“订单融资贷款”和“商圈融资贷款”等多种为小微企业量身打造的融资产品。盘锦银保监分局针对收集到的企业需求情况和融资条件进行分析分类，分层次、有针对性地推介给银行、担保机构等，随后组织县区、经济区各金融机构与企业多轮对接；对于抵押物不足、银行认为可介入担保的民营企业，迅速推荐给融资担保机构进行调查筛选，提供金融保障；组建市担保集团，支持市科技担保公司与银行开展合作，尝试并倡导为中小微企业提供“信用贷款”，弥补信用不足短板，解决中小微企业融资难、融资贵问题。丹东市鼓励金融机构开展科技小额贷款、科技保险和科技担保业务，为产业技术创新活动提供全程金融支持；鼓励银行业金融机构为民营企业提供 1 年期以上的中长期贷款。葫芦岛市出台了“金融机构支持民营企业发展奖励办法”，设立金融机构支持民营企业发展奖励资金，对服务民营企业贡献突出的金融机构予以奖励；组织开展“百名行长帮扶百户企业”活动，提高企业融资获得率。

2. 鼓励金融机构充分利用再贷款低成本资金，降低民营企业融资成本

为了加大对民营企业、中小微企业的信贷支持力度、降低民营企业融资成本，沿海经济带六个城市的监管部门纷纷出台了一系列的金融政策支持。大连市对民营小微企业经营性银行承兑汇票贴现费用予以补贴，补贴费用为年度贴现费用的 10%，单个企业补贴总额每年最高不超过 30 万元；对认定为国家高新技术企业的民营企业，上一年新增单笔（一年期以上）银行贷款给予贴息，贴息期限不超过 12 个月，贴息比例不超过中国人民银行当期基准利率 30%，单个企业贴息最高不超过 50 万元。营口市通过支持金融机构实施定向降准，释放资金用于支持小微、“三农”等普惠金融贷款；并灵活运用再贴现货币政策工具，为金融机构的民营企业、中小微企业贷款票据办理再贴现。盘锦印发了《盘锦市大洼区支持民营企业利用资本市场加快发展实施意见的通知》等相关文件，鼓励各金融机构主动承担中介费用，多渠道减轻企业负担；利用央行再贷款、再贴现等货币工具，获取低成本资金，切实降低中小微企业的贷款利率，全力推进小微企业差别化定价；积极争取省级担保降费补贴政策，拓宽民营企业融资渠道。锦州市鼓励市辖区内金融机构结合“百行进万企”融资对接活动，落实收费减免要求，主动承担与贷款相关费用，切实降低小微企业综合融资成本；通过降息、调整付息、展期、应急转贷资金等方式加大金融扶持力度，减轻企业负担，不盲目抽贷、断贷、压贷，为小微企业贷款办理展期，同意受困企业延后支付贷款利息。葫芦岛举办专题政策讲解培训班，鼓励引导金融机构用足用好再贷款工具，提高再贷款使用率，有效降低小微企业、涉农企业贷款利率。

3. 完善金融机构监管考核机制，督查政策落实情况

为切实改进民营企业小微企业金融服务水平，辽宁沿海经济带六市协调监管部门对商业银行和保险机构建立了有效监管激励机制和政策落实情况的监督检查，提高了民营企业、中小微企业金融服务在银行考核中的权重，目的在于引导金融机构加大对民营企业的资源投入。2019 年大连市银监局发布了《大连市银行保险机构民营企业小微企业金融服务考核评价办法》，对各银行保险机构民营企业小微企业金融服务工作开展情况进行综合评价，考核银行业机构贷款融资规模、增速、结构、资金投放效率、价格及资产质量，以及保险机构对民营企业小微企业风险保障和融资增信相关险种的承保理赔金额占比等指标，并据此确定差别化监管要求和监管重点。营口市制定了《营口市金融机构支持地方经济发展考核奖励办法》，对符合省支持条件的企业贷款余额增长超过 30% 和 50% 的银行机构，分别按照当年新增贷款额的 0.25% 和 0.5% 给予资金奖励；鼓励各类保险机构开展针对企业的贷款保证保险业务，首年贷款保证保险保费收入达到 5000 万元及以上、2000 万元及以上，分别按照承保额度的 0.5% 和 0.25% 给予奖励，从次年起贷款保证保险规模增长超过 30% 和 50% 的保险机构，分别按照承保额度的 0.5% 和 1% 给予资金奖励。盘锦市印发了《关于进一步强化中小微企业金融服务的指导意见》，将金融机构绩效考核与普惠型小微企业贷款情况挂钩，开展商业银行小微企业金融服务监管评价，制定金融机构奖励办法，要求银行放宽普惠型小微企业不良贷款容忍度，引导银行业金融机构将新增信贷资源重点投向民营企业、小微企业。葫芦岛发布了《葫芦岛市金融机构支持民用企业发展奖励办法》，对当年新增民营企业贷款给予 0.25%、0.5% 的资金奖励，单户银行机构奖励金额不超过 500 万元；对帮助市内民营企业在境内外上市的证券机构分别给予 50 万元、15 万元、10 万元资金奖励；对贷款保证保险业务规模增长超过 50% 和超过 30%、低于 50% 的保险机构，按照其当年贷款保证保险承保额度分别给予1%和0.5%的奖励。锦州、丹东也发布了《鼓励银行业金融机构支持地方经济发展考核奖励办法》，均强化了各银行机构在服务效率方面的考核。

4. 设立发展专项资金，加大对民营企业上市支持力度

为加大企业上市扶持力度，辽宁沿海经济带六市基于辽宁省政府于2019年出台的《关于进一步支持企业上市发展的意见》，相继发布了《关于进一步加快推进我市企业上市工作的实施意见》等多项文件，从加大企业上市扶持力度、优化企业上市服务环境、完善上市工作保障机制等方面提出支持企业利用资本市场上市融资发展的各项举措，并设立发展专项资金对上市企业给予资金扶持，用于冲减企业上市部分费用，降低企业上市成本。2019年以来，大连市政府全力推进企业科创板上市工作，通过完善扶持政策，提高上市补贴标准，凡境内首次公开发行上市的企业，给予总额不超过300万元的补贴；为重点拟上市企业设立“专班”，“服务秘书”，打造“五个一批”的梯次培育体系，强化培训指导，解决一系列制约企业上市的问题，为企业上市营造良好的氛围。葫芦岛市组织实施“一县（区）一户”上市（挂牌）培育计划，抢培育、抢申报；鼓励民营企业直接融资，对企业在境内外首次公开发行上市，最高奖励300万元；“新三板”挂牌并实现融资的企业，奖励100万元。营口市对首次发行上市、上市公司注册地迁入营口、新三板挂牌、辽宁股权交易中心挂牌的企业分别给予300万元、200万元、80万元、20万元资金奖励；支持符合条件的企业发行企业债、公司债等债务融资支持工具；支持有条件的企业设立股权投资基金；对企业给予引导基金股权直接投资支持。丹东市和盘锦市支持优质企业发行企业债券，加大支持力度，对在境内科技板、主板、中小板、创业板和境外证券交易市场实现挂牌上市的企业，给予100万元的资金扶持。

5. 建立应急转贷、风险补偿机制，解决民营企业过桥资金问题

为了解决企业过桥资金问题，帮助民营企业解决续贷资金难题，辽宁沿海经济带六市均建立了应急转贷和风险补偿机制，为当地小微企业提供较低成本的“过桥”资金支持。2019年，为鼓励融资担保公司加大对科技创新企业的资金支持，大连市修订完善了《科技创新投资引导基金管理暂行办法》与《大连市科技创新企业融资担保风险补偿实施细则》，设立“中小微企业发展信贷风险补偿专项资金”及“应急转贷专项资金”，对经大连市政府相关部门认定的高新技术企业、技术先进型服务企业、科技型中小企业、在市级以上科技部门认定或备案的科技企业孵化器或备案众创空间内孵化的企业，实施融资风险担保。按实际损失的20%进行补偿，单一法人机构年最高补偿500万元，缓解中小企业融资难题。营口市与华夏、浦发等金融机构开展合作设立“创业投资引导基金”“中小企业持续发展基金”，帮助民营企业完成倒贷问题；建立“助保贷”风险资金池，完善科技企业融资需求库，为符合条件的企业开展“助保贷”业务。锦州建立应急转贷、风险补偿机制，以华信集团为平台，与银行合作，建立了应急转贷基金，解决企业过桥资金问题；利用财政资金的杠杆作用，设立风险资金池或专项基金，建立风险补偿机制。盘锦进一步做大企业应急转贷基金，满足有信誉民营企业对“过桥贷款”的需求，有效降低民营企业融资成本。葫芦岛市利用省级应急转贷资金，建立应急转贷、风险补偿等机制，推进“助保贷”业务，降低企业融资成本，为企业融资提供便利。丹东市设立业贷款贴息资金、应急转贷资金、支持“飞地经济”发展专项资金，为企业创业担保贷款贴息，缓解民营企业融资难问题。

五、辽宁沿海经济带民营经济发展存在的问题

辽宁沿海经济带开发开放战略实施10年来，取得了一定的成就，但在全球价值链、产业链重塑，我国新型城镇化格局加速形成的背景下，特别是在新冠重大疫情之后，在百年不遇的重大变局下，辽宁沿海经济带民营经济存在的问题会被放大，发展面临诸多变数，也可以说危与机并存。怎样才能最大限度地规避风险，化危为机，是辽宁沿海经济带民营经济发展面临的重大课题。因此，科学、系统、全面地梳理目前辽宁沿海经济带民营经济存在的问题及未来发展将面临的问题，是制定辽宁沿海经济带民营经济发展目标、政策、实施路径的根本依据。

对于民营经济发展遇到的困难和挑战，习总书记在民营企业座谈会上的讲话很明确，要抓好6个方面政策举措落实：第一，减轻企业税费负担；第二，解决民营企业融资难融资贵问题；第三，营造公平竞争环境；第四，完善政策执行方式；第五，构建亲清新型政商关系；第六，保护企业家人身和财产安全。这六个方面的问题，是每个地区民营企业发展亟待解决的共性问题，各地区政府都在围绕总书记的讲话来制定政策，解决这六个方面的问题。很多学者在这几方面都进行了深入研究，并提出了卓有成效的对策建议。辽宁沿海经济带民营经济的发展

既有后疫情时代民营经济面临的共性问题，又有辽宁沿海经济带民营经济发展的个性问题，本课题主要梳理了沿海经济带民营经济发展的个性问题。

（一）辽宁沿海经济带的发展规划缺乏专项规划的支撑

辽宁沿海经济带规划的制定过于宏观，由于缺乏专项规划的支撑，因而实施起来波动较大。此规划初始雷声大（2010～2012 年），中间雨点小（2013～2017）。之后制定了三年攻坚计划（2018～2020），总算在收官之年取得了不错的成绩。但纵观实施辽宁省沿海经济带规划的过程可以发现，在辽宁沿海经济带的规划制定之初，没有将各个指标细分，也未制定专项实施规划，例如在整个沿海经济带 10 年发展规划中，没有具体提及民营经济发展问题，没有明确民营经济怎么发展，怎么发挥作用，怎么引导民营经济参与到沿海经济带的实施中来，正因为缺乏科学性、系统性、前瞻性、可操作性的专项规划，使得很多目标在完成的过程中，统筹、协调、布局都出现了问题，延缓、降低了目标的达成度。由此可见，辽宁沿海经济带专项规划的缺失，阻碍了沿海地区城市的协同发展。

（二）没有形成独具特色的沿海经济带民营经济发展模式

中国民营经济发展的实践证明，民营经济是一个地区发展的晴雨表，一个地区民营经济的发展状况决定了该地区经济发展水平。无论是苏南模式、温州模式还是长三角发展模式，地区经济发展恰恰是自身区域的民营企业找到了适合自己的独特的发展模式。可见，哪个地区的民营经济能够找到适合自己的发展模式，哪个地区的民营经济就会发展的如火如荼。因此，寻求适合辽宁沿海经济带民营经济发展的创新模式，是民营经济发展的必由之路。

在辽宁沿海经济带民营经济的发展过程中，也曾借鉴尝试了多种发展模式，但这些模式，并没有形成独具特色的适合沿海经济带各地区的经济基础、产业特点、资源禀赋情况的具体模式，没有形成多元的可以被总结、被复制的民营经济发展模式。

1. 国有企业和民营企业共生发展模式收效甚微

首先，这种模式的初衷是建立国企与民企是相互依存、休戚与共的关系，破除制约民营经济发展的思维桎梏，形成国企民企、大小企业相得益彰、共同发展的局面。但是从结合的情况看，并不理想。首先，辽宁沿海经济带各城市的民营企业并没有通过出资入股、增资扩股、股权置换、项目合作、资产证券化、市场化法治化债转股等方式，参与和推进竞争领域企业混改，即使是最近辽宁推出的国企混改项目，也没有在民营企业中引起太大的反响。

其次，国有经济和民营经济融合方面，民营企业管理优势与国有企业的市场、人才、技术优势没有得到互相融合，激发企业活力，共同发展的效果。辽宁沿海经济带的多数民营企业并没有实现大树底下好乘凉，相反很多国企的品牌、资源和人才被域外民营企业相融合，比如苏泊尔品牌的前身就是辽宁国企双星压力锅。辽宁国有企业在参与上市民营公司纾困，发挥国有资本在重大区域开发、重大战略资源整合、重大产业集群建设的平台作用方面非常有限。

2. 大中小企业配套发展模式未能形成产业生态圈

依据丛林理论，一个地区的产业良性发展，必须打造良好的企业生态。辽宁省委书记陈秋发指出，要实现辽宁全面振兴、全方位振兴，既需要一批顶天立地的大企业，更需要铺天盖地的中小企业。这是一个非常符合区域企业发展规律的思路，但要建构这样的区域产业生态，客观上要求打造构建一批优势产业集群和特色产业集群，在这方面，辽宁沿海经济带缺乏这样的产业集群和产业链条，因而辽宁沿海经济带尽管中小微企业数量众多，但基本属于各自为政，自己发展自己的，没有形成产业生态圈。

3. 未能形成产业链招商的金字招牌

产业链招商模式也是一个很成功的发展模式。对于辽宁沿海经济带来说，建设先进装备制造业基地、造船及海洋工程基地、大型石化产业基地、电子信息及软件和服务外包基地，大力发展集成电路、海洋与生物工程等高技术产业集群，石油化工产业等，这些都应该成为产业链招商的金字招牌。可事实上，在这方面沿海经济带还有很大的潜力和发展空间。辽宁沿海经济带产业集群应该成为民营企业良性发展的生态环境，以产业集群促进地区民营经济发展，向集群生态争空间，优化企业、产业、社会三重生态圈。综上所述，辽宁沿海经济带的民营经济发展迫切地需要形成一个有辽宁特色，适合辽宁经济增长的模式，这个模式一旦形成，会为辽宁民营经济发展带来重大利好。

（三）辽宁沿海经济带民营经济的创新质量有待提高

在 2017 年和 2018 年的我国《政府工作报告》中，重点提出大力促进“数字经济”和发展“互联网 +”等相关领域。习近平总书记在党的十九大报告中指出，要加快我国现代化经济体系的建设，助力实体经济，推动互联网、大数据、人工智能与实体经济的融合发展。为了大力发展数字经济，推进辽宁实体经济与互联网、云计算、大数据和人工智能等新一代信息技术深度融合，促进辽宁经济社会实现高质量发展，辽宁省出台了《关于加快数字经济发展的实施意见》和《辽宁省 5G 产业发展方案（2019 ~ 2020 年）》等相关文件，加快促进全省区块链、大数据、人工智能、物联网等数字产业发展和工业、农业、服务业等产业数字化建设。但在辽宁沿海经济带的民营企业中，创新技术型企业数量不多，瞪羚企业、科技小巨人企业和科技型初创企业的培育蓄养不到位。尽管辽宁沿海经济带民营企业中创新小微企业数量呈递增趋势，特别是大连市，增长比较快，但毋庸讳言，沿海经济带科技创新型企业的数量和质量与科技创新发展较好的区域相比，是有很大差距的，科技创新带给民营经济发展的巨大红利在沿海经济带的民营企业中没有得到充分释放。

目前，民营企业通过制造业数字化、网络化、智能化改造传统产业，已经成为转型升级发展的主要趋势和潮流。但沿海经济带的很多民营企业还徘徊在企业智能升级，智能化应用改造工程之外，大部分企业没有实现高质效、高附加值、低成本制造的模式。即使是排在前列的创新民营企业，对企业引进高端技术、设备，实施智能化改造升级，有效将自己企业与工业互联网平台嫁接，依托平台开展资源共享、产业链协作，提升整个产业链资源整合效率的实施路径不清楚，未能实现依靠数字化提高企业效率。

（四）辽宁沿海经济带民营经济尚未建立协同发展体系

中共中央十九大提出“两个毫不动摇”，毫不动摇地巩固和发展公有制经济；毫不动摇地鼓励、支持、引导非公有制经济发展。“两个毫不动摇”是我们党对多年来坚持和发展基本经济制度成功经验的高度概括；鼓励、支持、引领是国家对民营经济的总方针。辽宁省委书记陈求发同志在辽宁沿海经济带六城市书记市长联席会议强调：“沿海经济带建设是一项系统工程，必须牢固树立新发展理念，咬定三年攻坚计划目标不放松，坚定不移走协同发展之路，在协同中推进一体化、高质量发展，实现资源合理配置和效益最大化。”，会议提出五个协调发展方略：一是要抓好规划协同；二是要抓好产业协同；三是要抓好创新协同；四是要抓好政策协同；五是要抓好环境协同。这充分体现了辽宁沿海经济带协同发展的必要性。

大连财经学院关溪媛博士运用复合系统协同度模型对（2009～2018年）的面板数据进行定量分析，得到辽宁沿海经济带在此期间经济子系统的有序度和经济复合系统的协同度。结果表明：六个子系统的经济有序度都表现出波动上升态势，城市经济发展趋势良好；经济复合系统协同度整体偏低，各城市之间的经济协同水平较差，2014～2016年表现出非协同演进状态。该研究从科学地角度论证了辽宁沿海经济带民营经济发展的协同性问题，可见，当前辽宁沿海经济带的民营经济缺乏协调发展，没有形成合力，没有形成产业生态，是沿海经济带六市面临的亟须解决的重要问题，也是促进整体实力提升的必然途径。辽宁沿海经济带六市的协同发展主要包括产业空间布局的协同、产业链建构与完善的协同、国有企业与民营企业发展的协同、独角兽高成长型企业与传统中小微企业的协同，未来沿海经济带的协同工作还有提升的巨大潜力和空间。

六、加速提升辽宁沿海经济带民营经济发展的对策与路径

针对上述辽宁沿海经济带民营经济发展存在的问题，课题组在深入调研、广泛征求企业专家意见基础上，提出了辽宁沿海经济带民营经济发展的对策建议。

（一）辽宁沿海经济带民营经济的发展对策

1. 编制“十四五”辽宁沿海经济带发展规划——民营经济专项发展规划

制定中长期发展规划是中国经济得以实现快速增长的成功经验。辽宁沿海经济带的发展也验证了这一点：沿海经济带的发展得益于十年前《辽宁沿海经济带规划》的制定，特别是2018年省政府制定了辽宁沿海经济带三年攻坚计划，为辽宁沿海经济带各项目标的实现取得了实质性地推进。可以这样认为，没有这两个规划就没有辽宁沿海经济带今天的发展。尽管在规划的执行过程中，遇到了许

多复杂的情况，规划的推进也遇到了许多问题，很多规划目标并没有如期完成和实现，但总体来说规划的制定促进了沿海经济带的整体发展和繁荣。

回顾十年来辽宁沿海经济带的规划的实施和落实，有一个问题比较突出，那就是专项规划制定的缺失，这是未来沿海经济带发展规划制定急需完善和改进的地方。总规划一般是粗线条的，比较宏观，具有高屋建瓴的性质；而专项规划，则要求具体翔实，将大的目标细化，形成具有可操作性、有明确实施路径和目标节点的方案。没有专项规划，总规划有时候很难落地，甚至会落空。总结前十年的经验教训，辽宁沿海经济带民营经济的发展必须在总体规划的框架下制定，这个规划应该具有一定的法律效应。制定民营经济发展规划应该做到以下三个结合：

（1）必须与辽宁沿海经济带战略目标实现相结合。辽宁沿海经济带要成为东北亚航运中心、发展临港产业、振兴海洋经济、打造“世界级”石化产业基地。这些目标的实现，都需要辽宁沿海经济带民营经济的快速发展。而辽宁沿海经济带的企业的发展必须紧紧围绕这个目标顺势而为。

（2）必须与国家发展民营经济的大局和方向相结合。党的十八大以来，国家一直坚持“两个毫不动摇”，强调给予民营经济公平的发展待遇。特别是习近平总书记在全国民营企业家座谈会上的讲话明确从减轻企业税费负担、解决民营企业融资难融资贵问题、营造公平竞争环境、完善政策执行方式、构建亲清新型政商关系、保护企业家人身和财产安全六个方面支持民营经济的发展，这对民营经济的发展提供了制度保证。

（3）必须与国企进一步深化改革相结合。国企进一步深化改革给民营企业发展带来历史性机遇。辽宁以国有经济见长，国有企业实施的混合所有制改革，必将给民营经济发展带来更多的机遇和更大的发展空间，辽宁沿海经济带的民营企业可以近水楼台，充分准备，积极融入国企改革之中。

2. 辽宁沿海经济带民营经济应形成自己独特的发展模式

费孝通曾指出，区域发展模式是指在一定地区、一定历史条件下，具有特色的经济发展的经济模式，在特定的地域范围内才具有意义，一旦越出区域发展模式就会改变。我国民营经济的发展已经出现了几种成功的模式，概括起来主要有苏南模式、温州模式、珠江模式、晋江模式、重庆模式、中关村模式、青浦模式、三城模式。每一种模式的产生都是区域经济发展的产物。每一种模式的产生，都与当地的经济基础、经济制度、政府调控密切相关。苏南模式是在集体所有制乡镇企业发展而来的；温州模式是在个体和私营经济基础上发展而来的；珠江模式是在港澳地区和国外投资为主的外向型经济发展而来的；晋江模式则是以县域经济“三为主”（即民营企业为主、外资企业为主、股份制企业为主）发展而来的；重庆模式是国有企业与民营企业互为促进的发展模式；中关村模式是发展民营高科技企业的发展模式；青浦模式则是建立民营企业开发区的模式；三城模式则是在国有企业、集体企业改制基础上形成的股份制民营企业发展模式。

鉴于辽宁沿海经济带民营经济的发展情况以及经济发展的特殊性，上述八种模式与沿海经济带直接有关的是“三城”① 模式，间接对沿海经济带民营经济发展起到借鉴作用的是苏南模式。温州模式可以借鉴的地方是以民本经济为本质、以市场经济为精髓、以实体经济为基石、以政府治理的有限、有为、有效为内核。珠江模式可以借鉴的是：政府主导、外向经济、内外市场联动等。晋江模式则是民营经济为主导、集群式发展、品牌建设、资本运作。重庆模式可借鉴的是国企改革与所有制改革的新模式—国、民携手共同振兴。中关村模式是可借鉴的主要是民营高科技产业发展模式。青浦模式可借鉴的是政府搭台企业唱戏。

因此，纵观以上可借鉴模式的特色和沿海经济带自身的经济基础，辽宁沿海经济带可以从中吸收适宜的元素，同时顺应全球化产业变革和贸易升级的趋势，以“一带一路”战略为引领，充分发挥大连、营口自贸区的优势，形成一手抓产业发展，一手促贸易繁荣。在产业规划方面引领沿海经济带的民营企业抓住我国迈进全球产业链的中、高端环节的机遇，积极融入全球产业升级与分工之中，实现产业承接和全球连接。在贸易谋划方面，围绕贸易产业升级，从出口贸易（进口商品直销、汽车平行进口、跨境电子商务等）、服务贸易（包括维护和维修服务、文化旅游、金融服务等）、技术贸易等三个方面来整合发展经济带中的贸易企业，从而形成新型的、有辽宁特色的民营经济发展的“链、群模式”②。以众多中小微企业作为服务主产业链的群企业，以支柱产业链企业为龙头，形成链群产业发展模式，这种模式将产业链与产业集群的优势结合起来，以多产业、业态的协同发展为依托，包括上下游企业核心企业形成链，服务企业围成群。

3. 提速民营产业发展，打造沿海经济带企业生态

产业组织创新发展到现在，概括起来大体经历了五个阶段：孤独的发明者（瓦特、爱迪生）；大企业实验室（贝尔实验室、IBM 实验中心）；独立的小企业

---

① 三城模式指山东诸城、辽宁的兴城、海城形成的泳装批发，海城的西柳服装城模式。

② 群就是产业集群，链产业链。“群链模式”是集产业集群和产业链优势为一身的新的增长模式。

(惠普、英特尔、微软);商业模式创新(支付宝、摩拜单车);目前已经进入第五个阶段创新生态系统。这一阶段以淘宝、苹果、谷歌为代表,社会化协作、平台+族群+个人、技术+产品+商业、全方位创新。发展辽宁沿海带民营经济必须认识到产业组织创新的新形势,通过嵌入式的方法尽快地实现辽宁民营经济发展新模式。每个地区的发展都离不开科学的发展定位,例如硅谷为全球科技创新中心,特拉维夫为全球新经济策源地,中关村为中国经济引领者,深圳为全球经济新样本,贵阳为大数据综合试验区,武汉为世界级半导体基地,辽宁沿海经济带可以借助国企改革的契机,将自身打造成国企民企融合,大、中、小企业合作的企业新生态,迅速升级原有的辽宁沿海经济带产业空间布局规划,要围绕"两新一重"上项目、稳投资,新型基础设施要加快推进5G基站、大数据中心、人工智能、工业互联网等建设;要围绕辽宁沿海经济带产业发展过程中产业链不完整、链条短、大部分企业以加工和资源产业为主的特点,加快"补链强链固链延链"的计划统筹和督促实施工程;实施"链长制",对区域产业链、行业产业链等各类产业链进行深入分析和认真研究,有针对性地引进产业,精准开展配套服务,补齐拉长产业链条,增强产业关联度,推动产业集聚发展、集群发展;应围绕"补短板强弱项"上项目,稳投资,以大数据平台为支撑,加强公共卫生体系建设,推进社会治理创新,实现智能服务和精准管理,抓住疫情催生新产业、新业态、新模式,在辽宁沿海经济带布局一批科技含量高、符合未来发展方向的新项目,培育新的经济增长点、增长极。

同时还要具备工业4.0思维。工业4.0重点是跨界整合,它是虚实整合的系统,因此,在辽宁沿海经济带产业发展过程中不再以追求效益和低成本运营为企业发展的主要目标,通过以能够生产最适宜消费需求的产品为目标,应更重视与现实世界间的适应性,更重视民营经济的竞争"能耗"的形成。这项系统包括了复杂的大数据分析,实时掌握客户对需求的功能、时间、数量、质量、价格、服务和使用等反馈,这就要求构建辽宁沿海经济带产业生态圈、创建优异的系统平台。

4. 加强政府扶持力度,助力民营经济发展

在振兴东北老工业基地的政策指引下,辽宁沿海经济带各城市在省政府的统一安排与指导下,一直在为产业结构转型进行政府规划和政策指引,产业结构的转型离不开民营经济的发展与壮大,而民营经济的发展更需要政府政策的扶持。近几年沿海经济带各地政府相继密集发布了多项做强做多民营经济的惠企政策,从减税、创新、产业扶持、融资多方面减轻民营企业负担,但发布的

政策仍具有较强的行政主观性。未来，六市政府可以尝试多角度地扶持民营企业：一是加大资金技术直接扶持，如加大资金补贴、企业技术培训和技术进步奖励等；二是强化服务意识，政府不应作为直接审批和上项目的投资主体，应该更加注重市场信息发布和监管、公共管理和服务，从管理型的政府向服务型的政府转变，强化服务意识，改进服务方式，创新服务手段；三是加强产业引导，沿海经济带各地政府对民营经济的发展在整体上应有规划，根据国家的产业政策、本地资源优势和自身的特长制定本地区域民营经济发展的主要方向和最优模式，通过制定科学的发展计划，引导企业发展，并通过全民创业、改革转制等形式达到总量的做大，所谓“摊大招人”，也就是形成产业集聚效益，从而助力民营企业发展。

5. 建立沿海经济带云平台

课题组在调研过程中发现，想要获得沿海经济带民营经济资料很难，只能从不同的部门获得一些零散的资料，特别是疫情发生后，研究者不能深入到企业、相关部门实地调研，资料的获得就更为艰难。而资料数据是研究者的研究基础，云平台的建立可以解决数据的问题，不仅可以让学者进一步深入分析辽宁沿海经济带的经济数据，提出更有针对性的良性发展建议，而且也可以让企业、官员都能通过数据的共享深入参与到沿海经济带民营经济的建设中来。建立辽宁沿海经济带云数据平台，一是可以让政府、企业、研究者之间实现信息共享、数据资源共享，更方便快捷地实现彼此间的无障碍沟通。二是让智慧远程服务、智慧结算等全覆盖沿海经济带各市县，从而打造互联网企业＋政府＋专家的服务新模式。三是对民营企业进行全覆盖系统升级改造，可以提升企业的信息化水平。这种扁平化的数据平台可以真正破除政府与企业、企业与企业、政府与专家、专家与企业之间的信息壁垒，全面统一业务入口，确保各部门、各系统之间互联互通和信息共享，从而实现远程业务协同与管理，提高资源链、产业链、价值链的运营效率，从而建构为民营经济提供更有序、更便捷、更高效的全方位的服务平台。

6. 创建适合未来需求侧的商业模式

适应和满足消费者选择多维性与需求多样性。依据“长尾理论”①，消费单

① 《长尾理论》是2006年12月中信出版社出版发行的图书，作者是克里斯·安德森。本书包括长尾市场、大热门的兴衰起伏、长尾的三种力量、新生产者、新市场、新时尚领军人。

品数量减少，多样化需求拉长产业链条的柔性生产时代已经来临。要求企业不仅关注大众化产品的需求，小众化的商品更有市场。以往由供货商主导的态势已然改变，传统大量生产制造的方法已不适用，企业生产改为从需求出发、生产资源智能配置、需要有智能化生产流程并且进行从设计、生产到销售的供应链整合。在兼顾生产时效与成本等要求下，以人为主要生产力的形态也将改变，取而代之是可视化与感知、大数据分析与预测，以及自动化和行动等概念的导入。整合产业价值链建立适应需求侧的数字经济商业模式。

综观全球生产制造朝信息化、智能化发展下，量化生产已进化为多元订制式量产服务模式，产业供应链加速垂直与水平数字化是今后竞争关键，企业领导者需要有领先数字化经济的愿景，能快速反应或预测市场需求，才是赢家。

（二）辽宁沿海经济带民营经济的发展路径

1. 精准施策遵循的总模型为四个维度——“识别”“创新”“质量”“统筹”

辽宁沿海经济带民营企业发展路径可以简单概括为四个维度，三个融入，两个平台。四个维度主要包括“识别”“创新”“质量”“统筹”。

第一，先识别，而后有对策。辽宁沿海经济带各市对民营企业可采取相应的扶强、帮困、育小、出清等多项措施。具体来讲，实施“扶强工程”，加大对领军型、高成长型企业的精准扶持。实施“帮困工程”，帮助那些有潜力的企业成为支撑企业（群狼抱团），以双创氛围和平台集聚企业，建立社群圈子。实施“育小工程”，发挥辽宁小微企业多的特点，聚沙成塔（群蚁筑巢）；形成集群效应。实施“出清工程”，将那些没有存在价值的僵尸企业出清，转型，充分发挥资源重新配置的效应。

第二，有质量才有动力。辽宁沿海经济带促进民营产业发展不应再一味地关注“量”，而更应该聚焦“质”，只有产业质量提升了，金融的效率也会随之提升，整个经济发展就更有动力。

第三，有创新才有活力。辽宁沿海经济带各市政府可从精准度、政策、融资、服务、环境等几个方面提升对民营企业的服务水平，加强企业分类帮扶、强化行动保障等多项措施。招商引资应以培育创新创业生态为主，将沿海经济带民营企业通过产业群、链整合起来，形成新的企业生态，利用沿海经济带空间，实现区域内企业的融合发展。

2. 总规划、专项规划先行

凡事预则立，不预则废。我国应该称得上是世界是最重视规划、最善于制定规划、最精于实施规划的国家。新中国成立后，我国已经实施了 13 个五年计划。明年就将进入第十四个五年计划。规划是指导工作的纲领性文件。规划的制定是通过科学审慎的思考，反复的推演论证得来的，他来源于现实的需要，又为解决现实问题提供完整的思路，既是未来的发展方向又是人们共同的愿景。辽宁沿海经济带民营经济发展需要一个中长期发展规划和支撑总规划的专项规划，比如产业链规划；协同发展规划、打造辽宁民营经济发展模式规划；建构需求侧商业模式规划；构建辽宁沿海经济带民营经济发展云平台规划等。专业规划是总规划的细化和分解，是总规划实现的保证。总规划是专业规划的引领。因此发展辽宁沿海经济带民营经济，就必须规划先行。

3. 政策、措施跟进

无论是总规划和专项规划都必须得到实施才能实现目标。在实现规划目标的过程中，没有相关政策、措施的跟进，是没有办法实现的。政策是国家政权机关、政党组织和其他社会政治集团为了实现自己所代表的阶级、阶层的利益与意志，以权威形式标准化地规定在一定的历史时期内，应该达到的奋斗目标、遵循的行动原则、完成的明确任务、实行的工作方式、采取的一般步骤和具体措施。从政策的定义我们就可以认识到，政策对规划完成发挥不可替代的保证作用和权威作用。从某种意义上说，规划也是政策的体现。二者互相支撑，共同促进和完善，有了政策措施，在规划实施的过程中，很多复杂的问题、复杂的形式、出现的困难，都有政策依循，政策支持。规划实施起来才能有保障，才能顺利进行。

4. 体制、机制助力

体制，通常指体制制度，是制度形之于外的具体表现和实施形式，是管理经济、政治、文化等社会生活各个方面事务的规范体系。机制，通常指制度机制，机制是从属于制度的。机制通过制度系统内部组成要素按照一定方式的相互作用实现其特定的功能。制度机制运行规则都是人为设定的，具有强烈的社会性。如竞争机制、市场机制、激励机制等。我国政治体制与管理机制的创新，为民营经济的发展提供了前所未有的发展环境，也是在体制机制创新的过程中，为民营经济增添了无穷的活力，促使我国民营经济发展就入了快车道。体制机制的创新，为辽宁民营经济提速，按下了快捷键。

5. 法律、法规保障

党的十八大提出“科学立法、严格执法、公正司法、全民守法”。此后，习近平总书记在多次重要讲话中对此作出强调。学者认为，这是中国新时期依法治国的“新十六字方针”，也是法治中国建设的衡量标准。中国要建立社会主义市场经济，社会主义市场经济就是法治经济。民营经济的发展离不开法律法规的保障。十三届全国人大三次会议在人民大会堂举行闭幕会。会议表决通过了《中华人民共和国民法典》，中华人民共和国民法典的颁布，对于民营经济发展来说意义至关重大，给广大的民营企业家吃了定心丸。为了动力发展民营经济，很多方面，都是以法律法规的方式来进行保障的。因而辽宁沿海经济带民营经济的发展也离不开相关法律法规的保障。

6. 目标、管理细化

目标管理是现代管理的重要方式。每个规划都有目标，而每一个最终目标的实现都是一个个小目标实现的累加。俗语云：罗马不是一天建成的。每一个宏伟的目标都是一个个小目标的实现通过聚沙成塔实现的。目标实现是一个渐进的过程，因此目标细化管理细化至关重要。辽宁沿海经济带民营经济的发展既有阶段性的小目标，又有中长期的大目标。所以实行项目督查制、产业链长制、平台台长制、专员负责制，都是目标细化、管理细化的具体方法。

7. 模式创新、扁平调控，协同推进，平台服务

随着数字经济、云平台的创建和发展，管理扁平化已经成为一个大趋势，辽宁沿海经济带民营经济发展创新模式－群链模式，就是实现扁平管理的模式，是协同推进的具体化，是充分利用大数据和平台的创新发展模式。这一模式有利于激活小微企业的科技实力，有助于形成、再造产业链和价值链，有助于形成绿色企业生态，是丛林理论在民营经济群链发展中的具体运用。

渤海大学辽宁沿海经济带发展研究院简介

渤海大学辽宁沿海经济带发展研究院成立于2012年7月1日，是专门从事沿海区域开发开放研究的学术机构。2018年12月，研究院被辽宁省教育厅评为“辽宁省高等学校新型智库”。

组织模式：以渤海大学管理学院为主体，经济学院等相关学院参与，设置若干研究中心，采用矩阵制组织形式，通过独立研究、牵头研究、参与研究等多种方式开展研究活动。

人员构成：邀请国内知名专家作为学术顾问，渤海大学相关学院的教授、博士以及辽宁省政府、沿海各市政府相关部门、兄弟院校的研究人员组成研究团队。

功能定位：(1) 服务地方经济社会发展。积极探索经济社会发展的全局性、前瞻性理论问题，跟踪研究辽宁沿海经济带发展的重点、难点和热点问题，推动沿海城市经济转型升级，加速老工业基地振兴，打造新型区域发展智库。(2) 服务渤海大学学科建设。根据学校、学院学科建设要求，打造跨学科、高水平、有特色的学科科研平台；加强对外合作，定期召开论坛，打造学术交流平台；组织师生参与辽宁沿海经济带发展社会实践，打造创新创业的教育教学平台。

研究领域：经济发展评价、现代化经济体系构建、高质量发展、产业园区与产业集群、中小企业发展、科技创新、对外开放与贸易、海洋经济、乡村振兴、区域旅游、港口物流、环境保护与生态治理、沿海区域发展比较等理论和实践问题。

研究任务：每年出版《辽宁沿海经济带发展研究报告》；每年召开发展论坛；开展纵向课题研究；接受政府委托完成专题研究报告、制定产业发展规划；向有关领导和部门提交咨政建议；提供企业管理诊断与咨询服务。

研究院网址：http：//210.47.176.3/page/depart/glxy/yhyjy/

办公地址：辽宁省锦州市松山新区科技路19号渤海大学院内

办公电话：0416－3402067、3400069　　　传真：0416－3402067

电子邮箱：yanjiuyuan66@163.com

联系人：李庆满

渤海大学海洋研究院简介

渤海大学海洋研究院依托于食品科学与工程、工商管理、物流工程、中国史、应用经济学、环境工程、航海技术等学科和专业，于2019年11月正式成立，励建荣教授担任研究院院长。

海洋研究院下设水产研究所、航运研究所、渤海海岸带研究所、海洋物流研究所和海洋经济文化研究所共5个研究所。

研究院秉承需求导向、全面开放、深度融合、创新引领原则，整合辽西及周边地区海洋产业、高等院校和科研院所的优势创新资源，加快构建开放、协同、高效的海洋科技创新体系。开展陆海统筹、海洋经济、海洋生态保护和海洋历史文化等领域研究，为海洋资源开发、海洋产业发展、海洋生态修复、海洋环境保护和海洋权益维护等方面提供智力支撑；为政府提供咨询建议，协助政府制定产业政策和技术路线图，协助政府和行业组织制定、修订海洋技术与产业标准。

渤海大学海洋研究院是开放平台，吸纳社会各界志同道合的单位和人士的加入。

研究院网址：http：//210. 47. 176. 3/page/depart/spyjs/spxy/Index. asp

办公地址：辽宁省锦州市松山新区科技路19号渤海大学食品学院

办公电话：0416－3400870

传真：0416－3400870

电子邮箱：xuepengli8234@163. com，wangbin0126@163. com

联系人：李学鹏、王彬